사도행전
속로

제10권 우리가 여기 있노라

사도행전 속으로

Into the Acts 10. We are Here

지은이 이재철
펴낸곳 주식회사 홍성사
펴낸이 정애주
국효숙 김의연 박혜란 손상범
송민규 오민택 임영주 차길환

2015. 2. 10. 초판 발행   2024. 7. 15. 6쇄 발행

등록번호 제1-499호 1977. 8. 1.
주소 (04084) 서울시 마포구 양화진4길 3   전화 02) 333-5161   팩스 02) 333-5165
홈페이지 hongsungsa.com   이메일 hsbooks@hongsungsa.com   페이스북 facebook.com/hongsungsa
양화진책방 02) 333-5161

• 잘못된 책은 바꿔 드립니다. • 책값은 뒤표지에 있습니다.

ISBN 978-89-365-1077-0 (04230)
ISBN 978-89-365-0531-8 (세트)

10 우리가 여기 있노라

사도행전 16장

이
재
철

홍
성
사

참된 교회를 그리며

저는 주일예배 시간에 늘 '순서설교'를 합니다. 순서설교는 제가 만든 용어로, 문자 그대로 성경을 순서대로 설교하는 것입니다. 강해설교도 성경의 순서를 따르지만 일반적으로 본문을 넓게 잡기에 각 구절에 대한 비중이 떨어지기 쉽습니다. 그러나 순서설교는 본문을 한두 구절씩 짧게 잡는 것이 특징입니다. 그러다 보니 성경 가운데 책 한 권의 설교를 끝내기 위해서는 상당한 햇수가 필요합니다. 그런데도 제가 목회를 시작한 이래 20여 년 동안 계속 순서설교를 해온 까닭이 있습니다. 1년에 주일은 52일밖에 없습니다. 그러므로 목회자가 한 교회에서 평생 목회해도 주일예배 시간에 성경 66권의 내용을 모두 심도 있게 설교하는 것은 물리적으로 불가능합니다. 주일예배는 물론이고 새벽 기도회, 수요 성경공부, 구역 성경공부 등에 빠짐없이 참석하는 교인은 예외겠지만, 주일예배에만 참석하는 대다수 교인은 결국 일주일에 한 번 설교자가 선호하거나 의도하는 구절에 대한 설교만 듣게 됩니다. 그렇게 해서는 하나님의 말씀이신 성경 전체를 바르게 이해하고 세상에서 하나님의 말씀을 좇아 사는 것은 지극히 어려운 일입니다. 그와 같은 단점을 보완하기 위해 매 주일 본문 구절의 깊이와 성경 전체의 넓이를 동시에 추구하자는 것이 순서설교입니다. 다시 말해 주일마다 각 구절을 깊이 있게 다루면서, 그 깊이만큼 해당 구절을 창으로 삼아 성경 전체를 들여다보고, 예배가 끝난 뒤에는 그 구절을 안경으로 쓰고 일주일 동안 세상에서 살자는 것입니다.

성경은 창세기부터 요한계시록까지 거미줄보다 더 정교하고 치밀하게 얽혀 있습니다. 그리고 성경 각 구절은 그 전체를 들여다보는 신비로운 창입니다. 똑같은 풍경도 창의 모양과 색깔에 따라 다르게 보이듯이, 성경을 들여다보는 창이 많고 다양할수록 성경 전체에 대한 이해가 더 깊어지고 넓어지기 마련입니다. 제가 순서설교를 선호하는 까닭이 여기에 있습니다. 구약성경의 초점이 '오실 예수'에, 신약성경의 초점이 '오신 예수'에 맞추어져 있기에, 즉 성경 전체의 초점이 '오직 예수' 한 분이기에 순서설교와 절기설교는 상충하지 않습니다. 성경의 모든 구절이 예수님을 들여다보기 위한 창이기 때문입니다. 특정 절기와는 무관해 보이는 구절로 그 절기를 묵상함으로써 오히려 성경의 오묘함을 더 깊이 확인할 수 있습니다.

100주년기념교회 주일예배 설교 텍스트로 사도행전을 선택한 데엔 두 가지 이유가 있습니다. 저의 첫 목회지였던 '주님의교회'에서 요한복음 순서설교를 끝으로 10년 임기를 마친 것이 첫 번째 이유입니다. 목회의 장소와 형태 그리고 목적은 달라져도 목회의 영속성이 단절되는 것은 아니기에 요한복음에 이어 사도행전을 선택하였습니다. 두 번째 이유는 100주년기념교회로 저를 불러내신 주님께서 제게 부여하신 소명이 한국 교회의 출발점인 양화진외국인선교사묘원 묘지기이기 때문입니다. 이미 출판된 요한복음 설교집 〈요한과 더불어〉의 주제가 '주님과 동행'이라면 〈사도행전 속으로〉의 주제는 복음의 결과인 '교회 되기'이므로, 한국 교회의 출발점인 양화진에서 사도행전을 통해 참된 교회의 의미를 되새기기 위함입니다. 2005년 7월 10일 100주년기념교회 창립과 동시에 사도행전 1장 1절부터 순서설교를 시작한 이래 만 5년을 맞는 현재에도 사도행전을 계속 설교하고 있습니다. 주님께서 제 건강과 여건을 허락하신다면, 100주년기념교회에서 목회하는 동안 사도행전 순서설교를 끝내는 것이 제 소박한 바람입니다.

부족하기 짝이 없는 사람을 늘 변함없이 당신의 도구로 사용해 주시는 주님께 감사드릴 뿐입니다.

2010년 7월 양화진에서

이 재 철

차례

일러두기

*〈사도행전 속으로〉 제10권은 2012년 3월 11일부터 2012년 11월 4일까지 100주년기념교회 이재철 목사가
 주일예배에서 설교한 내용을 묶어 낸 것입니다.
*본문에 인용한 성경 구절은 개역개정판 성경을 기본으로 하였고, 그 외의 역본을 따랐을 경우 별도 표기
 하였습니다.
*본문에 인용한 찬송가는 새찬송가를 기본으로 하였습니다.

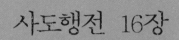

사도행전 16장

바울이 믿었던 여호와 하나님은 부존재의 하나님도,

무능력의 하나님도 아니었습니다.

하나님께서 바울이 투옥당하도록 내버려 두신 것은

바울을 위한, 전능하신 하나님의

신비스러운 섭리였습니다.

1. 디모데라 하는 제자 I 사순절 셋째 주일

사도행전 16장 1-5절

바울이 더베와 루스드라에도 이르매 거기 **디모데라 하는 제자**가 있으니 그 어머니는 믿는 유대 여자요 아버지는 헬라인이라 디모데는 루스드라와 이고니온에 있는 형제들에게 칭찬받는 자니 바울이 그를 데리고 떠나고자 할새 그 지역에 있는 유대인으로 말미암아 그를 데려다가 할례를 행하니 이는 그 사람들이 그의 아버지는 헬라인인 줄 다 앎이러라 여러 성으로 다녀갈 때에 예루살렘에 있는 사도와 장로들이 작정한 규례를 그들에게 주어 지키게 하니 이에 여러 교회가 믿음이 더 굳건해지고 수가 날마다 늘어 가니라

실라와 함께 2차 전도 여행을 시작한 바울은 안디옥을 출발하여 수리아 땅 북쪽으로 올라가다가, 서쪽으로 방향을 바꾸어 바울의 고향 다소가 있는 길리기아 땅을 거쳐 더베와 루스드라로 나아갔습니다. 그리고 도중에 있는 현지 가정교회들을 수소문을 통해 일일이 방문하여 교인들의 믿음을 견고하게 해주었습니다. 수리아 땅에서 길리기아 땅 서쪽으로 진출하기 위해

서는 반드시 험산준령의 아마누스 산맥을 넘어야만 합니다. 오늘날 자동차로 넘는데도 숨이 막힐 것 같은 그 아마누스 산맥을 바울은 실라와 함께 걸어서 넘어갔습니다. 그러나 바울이 이때 아마누스 산맥을 난생처음 넘은 것은 아니었습니다. 바울은 그 이전에도 아마누스 산맥을 세 번이나 넘은 적이 있었습니다.

처음은 바울이 예루살렘 유학길에 오를 때였습니다. 경건한 유대인들은 자신의 아들이 대략 15세가 넘으면 예루살렘 성지를 순례하게 했습니다. 성지 순례인 만큼 반드시 육로로 걸어서 예루살렘을 찾도록 했습니다. 바울 역시 20세 전후에 고향 다소에서부터 700킬로미터가 넘는 거리를 걸어 예루살렘 성지를 순례했을 것입니다. 순례를 마친 바울은 고향 다소로 되돌아가지 않고 예루살렘에서 당시 유대교 최고의 율법학자이던 가말리엘의 문하생으로 수학했습니다. 15세의 나이에 성지 예루살렘을 순례하고, 위대한 율법학자 가말리엘에게 수학하여 유대교 최고 지도자가 되겠다는 청운의 꿈을 안고 아마누스 산맥을 넘을 때, 바울의 발걸음은 희망 속에서 더없이 힘찼을 것입니다. 그러나 그것은 자해 행위를 위한 행진에 지나지 않았습니다. 가말리엘의 문하에서 수학을 끝내고 약관 20대의 나이에 유대교 내에서 자신의 입지를 탄탄하게 굳힌 바울이 고작 한 일이라고는 예수 그리스도를 부정하고, 교회를 짓밟고, 그리스도인들을 핍박하는 것이었습니다. 그것은 하나님 앞에서 자기 인생을 망치는 자해 행위일 뿐이었습니다.

바울이 두 번째 아마누스 산맥을 넘었던 것은 예루살렘에서 고향 다소로 낙향할 때였습니다. 다메섹 도상에서 주님께 사로잡혀 그리스도인이 된 바울은 다메섹에서, 예루살렘에서, 예수 그리스도의 복음을 전하는 전도자의 삶을 살기 원했지만 주님께서 허락하시지 않았습니다. 오히려 바울을 배교자로 간주한 유대교인들의 살해 위협으로 목숨을 부지하는 것조차 힘들었습니다. 바울은 어쩔 수 없이 험산준령의 아마누스 산맥을 넘어 고향 다소로 되돌아가 무려 13년 동안이나 칩거해야만 했습니다. 청운의 꿈을 품고 그 아마누스 산맥을 넘었던 바울이 젊은 20대의 나이에 아무 이룬 것도 없이, 단지 낙향하기 위해 빈손으로 아마누스 산맥을 되넘을 때, 그의 발걸음은 마치 실패자의 발걸음처럼 보였을 것입니다. 그러나 세상 사람들에게 실패자처럼 보인 바울의 그 발걸음이야말로 주님 안에서 주님에 의해 새로이 빚어지기 위한 재창조를 향한 행진이었습니다.

바울이 세 번째로 아마누스 산맥을 넘은 것은 그로부터 13년이 지났을 때입니다. 13년에 걸친 고향 다소에서의 칩거 기간 동안 바울이 주님에 의해 새롭게 빚어졌을 때, 주님께서는 안디옥에 있는 바나바를 통해 바울을 안디옥교회의 공동 목회자로 부르셨습니다. 바울은 그때까지 목회 경력이 전무하였습니다. 목회자가 되리라는 계획을 세워 본 적도 없었습니다. 그러나 바울은 상상치도 못한 주님의 부르심에 순종하여 아마누스 산맥을 세 번째 넘었습니다. 주님께서 예비하신 새로운 미래로 진입하는 감격적인 행진이었습니다. 그리고 바울은 지금 2차 전도 여행을 위해 네 번째로 아마누스 산맥을 넘었습니다. 바울의 2차 전도 여행은 1차 전도 여행과는 달리 아시아 대륙에서 에게 해를 거쳐 유럽 대륙에까지 이어졌습니다. 바울은 자신이 상상치도 못하는 가운데 유럽 대륙을, 로마제국을, 인류의 역사를 새롭게 하기 위해 아마누스 산맥을 네 번째로 넘었습니다. 주님의 섭리에 자신을 맡긴 신비로운 행진이었습니다.

이처럼 바울은 험산준령의 아마누스 산맥을 네 번씩이나 반복하여 넘었지만, 동일한 아마누스 산맥을 넘을 때마다 그 산맥을 넘는 의미는 달랐습니다. 자기 야망에 사로잡혀 그 산맥을 넘은 것이 허망한 자해 행위로 끝나 버렸던 첫 번째 경우를 제외하면, 그 이후에는 동일한 산맥을 넘을 때마다 그 의미가 계속 새로워졌습니다. 그 산맥을 넘게 하신 분이 주님이셨기에 바울이 산맥을 넘을 때마다 주님의 새로운 섭리가 그의 삶 속에 펼쳐졌기 때문입니다.

사도행전 11장 26절을 살펴볼 때 말씀드렸던 것처럼 우리 역시 매일 동일한 인생 산맥을 넘고 있습니다. 매일 똑같은 삶이 반복된다는 의미에서입니다. 단지 그 반복이 무엇을 위한 반복이냐에 따라 결과가 달라질 뿐입니다. 나 자신의 야망을 위해 매일 인생 산맥을 넘는다면 아무리 나의 보무가 당당해도 바울의 첫 번째 아마누스 산맥 넘기처럼 자해 행위로 끝날 수밖에 없습니다. 자기 야망의 종착역은 예외 없이 공동묘지일 뿐이기 때문입니다. 그러나 우리가 동일한 인생 산맥을 매일 주님을 위해 넘는다면 그것은 다람쥐 쳇바퀴 돌듯 무의미한 반복이 아니라, 마치 나사의 골처럼 매일 그 의미가 승화될 것입니다. 날로 낡고 쇠해 가는 인간과는 달리 인간의 상상을 초월하는 주님의 섭리는 늘 새롭기 때문입니다.

오늘의 본문 사도행전 16장 1절은 이렇게 시작되고 있습니다.

바울이 더베와 루스드라에도 이르매.

한글 성경에는 '루스드라' 뒤에 '에도'라는 조사가 붙어 있어, 바울이 이리저리 다니다가 우연히 더베와 루스드라에도 들른 것처럼 여겨집니다. 그러나 헬라어 원문에는 방향을 나타내는 전치사 '에이스εἰς'가 더베와 루스드라 앞에 각각 붙어 있습니다. 바울이 더베와 루스드라를 우연히 방문한 것이 아니라, 처음부터 그 성읍들을 목표로 하고 있었음을 분명히 밝히기 위함입니다. 바울이 2차 전도 여행을 재개하려 했던 것은, 1차 전도 여행 때 복음을 전했던 성읍들을 재방문하기 위함이었습니다. 그러나 바울과 결별한 바나바가 1차 전도 여행의 첫 번째 방문지였던 구브로 섬을 향해 먼저 출발했기에, 바울은 북쪽으로 육로를 택하여 현재의 터키 대륙으로 올라가 1차 전도 여행 때와는 반대로 동쪽에서 서쪽으로 진행하면서 1차 전도 여행 때의 마지막 방문지였던 더베와 루스드라를 먼저 찾아간 것이었습니다.

우리는 1차 전도 여행 당시 더베와 루스드라에서 무슨 일이 있었는지 잘 알고 있습니다. 1차 전도 여행 때는 바울이 서쪽에서 북쪽으로 움직였기에 바울은 더베보다 루스드라를 먼저 방문했습니다. 그곳에서 바울은 선천성 하반신마비자를 예수 그리스도의 능력으로 일으켜 세웠습니다. 그 광경을 목격한 루스드라 사람들은 바울을 신이라 간주하고 경배하려 했고, 바울은 자신의 옷을 찢으며 몽매한 루스드라 사람들을 만류해야만 했습니다. 그러나 얼마 지나지 않아 비시디아 안디옥과 이고니온에서부터 바울을 죽이기 위해 뒤쫓아 온 유대교인들이 바울을 모함하며 루스드라 사람들을 선동했습니다. 이에 격동激動당한 루스드라 사람들은 유대교인들과 함께 바울에게 돌팔매질을 퍼부었습니다. 그 돌팔매질이 얼마나 심했던지, 사람들은 피투성이가 된 채 실신한 바울이 죽었다고 생각하여 바울을 성 밖으로 질질 끌고 나가 내팽개쳐 버렸습니다. 그러나 죽음의 상태에서 소생한 바울은 돌에 터지고 찢어진 몸의 상처를 치료받을 겨를도 없이, 상처투성이의 몸으로 1차 전도 여행의 마지막 방문지였던 더베를 찾아가 복음을 전했습니다. 더베에서 동쪽으로 나아가면 바울의 고향 다소였습니다. 그때야말로 그 어느 때보다 바울이 고향 집 사랑하는 가족들의 품에서 지칠 대로 지친 심신을 추슬러야 할 때였습니다. 그러나 바울은 고향을 지척에 두고서도 자신의 안일을 위해 고향을 찾지 않았습니다. 바울은 더베에 이르기까지 자신으로부터 복음을 영접한 그리스도인들의 믿음을 견고하게 해주기 위해 더베에서 발걸음을 돌려 왔던 길을 되돌아갔습니다.

2차 전도 여행을 시작한 바울은 그 더베와 루스드라를 다시 찾아갔습니다. 어쩌다가 우연히 그곳에 발길이 닿은 것이 아니었습니다. 처음부터 더베와 루스드라가 2차 전도 여행의 1차 목표지였습니다. 루스드라는 바울이 1차 전도 여행 때 죽음의 돌팔매질을 당했던 곳입니다. 그때 바울에게 돌팔매질을 했던 루스드라 사람들이 모두 타 지역으로 이주 간 것이 아니었습니다. 그들은 여전히 루스드라에 살고 있었습니다. 그것은 조그만 꼬투리라도 잡히기만 하면 그들은 또다시 바울에게 죽음의 돌팔매질을 퍼부을 수 있음을 의미했습니다. 그렇다면 바울은 다시는 그런 곳을 방문하면 안 됩니다. 정신이 멀쩡한 사람이라면 절대로 그렇게 해서는 안 됩니다. 하지만 바울은 그곳을 또다시 찾았습니다. 또다시 돌팔매질을 당해 죽어도 좋다는 뜻이었습니다. 바울의 소명의식이 현실의 위험이나 위협보다 더 강했기 때문입니다.

바울을 부르신 분은 오늘 천하를 장악하고 있는 것처럼 보여도 내일 코끝에서 호흡이 멎음과 동시에 그 육체가 썩어 문드러질 인간이 아니었습니다. 바울을 부르신 분은 바울의 죗값을 대신 치러 주시기 위해 십자가의 제물로 돌아가셨다가, 죽음을 깨뜨리고 영원히 부활하신 예수 그리스도셨습니다. 그 주님의 부르심에 순종하며 그분의 부르심을 좇는 한, 그 어떤 현실의 위험이나 위협도 바울에게는 장애물이 될 수 없었습니다. 그렇듯 소명의식이 투철한 바울을 통해 주님께서 인류의 역사를 새롭게 하신 것은 너무나도 당연한 일이었습니다. 바울을 부르신 그 주님께서 우리도 불러 주셨습니다. 그러므로 우리 역시 현실의 위험이나 위협 속에서도 주님의 부르심에 대한 투철한 소명의식으로 살아간다면, 우리도 주님 안에서 얼마든지 한 시대를 새롭게 할 수 있습니다. 우리는 보잘것없지만, 우리를 부르시고 또 우리를 통해 역사하시는 주님께서는 죽음을 깨뜨리고 영원히 부활하신 임마누엘 하나님이시기 때문입니다.

본문 1절은 다음과 같이 계속됩니다.

바울이 더베와 루스드라에도 이르매 거기 디모데라 하는 제자가 있으니 그 어머니는 믿는 유대 여자요 아버지는 헬라인이라.

루스드라에 디모데라는 청년이 있었습니다. 그의 어머니는 "믿는 유대 여자"였습니다. 유대인들은 남녀를 막론하고 태어날 때부터 유대교인으로 태어났습니다. 본문이 디모데의 어머니를 가리켜 '믿는 유대 여자'라고 밝힌 것은 그녀가 유대교인이라는 말이 아니라, 유대교에서 개종하여 예수 그리스도를 믿는 그리스도인이었음을 의미합니다. 그녀는 다른 유대 여인과는 달리 이방인인 헬라인 남자와 결혼하여 아들 디모데를 낳았습니다. 이를테면 디모데는 이방인의 피가 섞인 혼혈아였습니다. 3절에 의하면 바울은 루스드라를 떠나면서 디모데를 자신의 조력자로 대동하였습니다. 그 이후부터 바울의 생애 내내 바울의 동역자가 된 디모데는, 바울이 기록한 거의 모든 서신에 이름이 등장합니다. 특히 신약성경 가운데 디모데전서와 디모데후서는 바울이 디모데 개인에게 보낸 편지이기도 합니다. 바울은 자신의 편지 속에서 디모데를 '아들'이라고 불렀습니다. 생전의 바울에게 여러 명의 동역자들이 있었지만, 그 동역자들 가운데 바울이 아들이라 부른 사람은 디모데가 유일했습니다. 루스드라에서 바울이 디모데를 자신의 조력자로 선택했을 때, 당시 디모데의 나이를 학자들은 대략 18세 정도로 추정하고 있습니다. 오늘날로 따지자면 겨우 청소년에 해당하는 나이입니다. 그 십대의 디모데를 본문이 어떻게 소개하고 있는지 본문 1절을 다시 보시겠습니다.

바울이 더베와 루스드라에도 이르매 거기 디모데라 하는 제자가 있으니.

본문은 그 십대의 디모데를 "제자"라고 소개하고 있습니다. 물론 예수 그리스도의 제자란 말입니다. 우리말로 '있으니'로 번역된 헬라어의 'be'동사 '에이미εἰμί'가 원문에는 미완료형으로 기록되어 있습니다. 헬라어 문법상 미완료형은 반복적 동작을 의미한다고 했습니다. 디모데가 한순간에만 예수님의 제자로 산 것이 아니라, 그동안 계속 예수님의 제자로 살아왔다는 뜻입니다. 그래서 2절 역시 다음과 같이 증언하고 있습니다.

디모데는 루스드라와 이고니온에 있는 형제들에게 칭찬받는 자니.

디모데는 자신의 고향 루스드라뿐 아니라 루스드라에서 45킬로미터 떨어진 이고니온 사람들로부터도 칭찬을 받았습니다. '칭찬받다'라는 헬라어 동사 역시 원문에는 미완료형으로 기록되어 있습니다. 디모데가 칭찬받을 일을 한 번 하고 그친 것이 아니라, 사람들이 칭찬하지 않을 수 없는 삶을 계속 살았다는 말입니다. 한마디로 디모데는 예수님의 진짜 제자였습니다. 우리는 디모데가 언제부터 예수님의 제자로 살았는지 알 수 있습니다. 루스드라는 바울의 1차 전도 여행 때 바울에 의해 처음으로 복음이 전해진 곳이었습니다. 루스드라에 살던 디모데도 그때 복음을 영접하고 그리스도인이 되었습니다. 당시 복음을 전한 바울이 유대교인들의 선동으로 돌팔매질을 당해 질질 끌려 성 밖에 내팽개쳐지는 것을 디모데도 목격하였습니다. 그리스도인으로 사는 것은 자칫 목숨을 걸어야 하는 일임을 직접 확인한 것이었습니다. 그럼에도 그때 복음을 영접한 디모데는 그 이후 계속 예수님의 제자로 살아온 것이었습니다.

　중요한 사실은 사도행전에서 디모데의 이름이 본문 1절에 처음으로 소개되고 있는데, 본문은 디모데를 처음부터 예수님의 '제자'라고 소개하고 있다는 것입니다. 루스드라는 바울의 고향 다소나 수리아의 안디옥처럼 큰 성읍이 아니었습니다. 현재 터키 대륙의 중부지방에 위치해 있던 당시의 루스드라는 로마제국 내에서 지극히 작은 성읍에 불과했습니다. 옛날 성읍들은 돌로 건축되었기에 로마제국의 웬만한 성읍들은 오늘날까지 돌기둥이나 주춧돌 등 흔적이 남아 있기 마련입니다. 그러나 루스드라는 현지를 찾아가 보아도 옛 흔적을 찾아볼 수 없을 정도로 2천 년 전 당시 작은 시골 마을이었습니다. 당시 로마제국 내에 살던 절대다수의 사람들은 그런 시골 마을이 있다는 사실조차도 몰랐을 것입니다. 그러나 보잘것없는 시골 마을의, 나이 고작 18세에 불과한 어린 디모데가 예수님의 참된 제자로 살고 있음을 본문은 정확하게 알고 또 증언하고 있습니다. 어떻게 성경은 그 시골 마을의 나이 어린 디모데를 그토록 정확하게 알고 있었겠습니까? 성경은 하나님의 말씀 아닙니까? 이 세상 사람은 루스드라와 루스드라의 디모데를 알지 못해도, 하나님께서는 그 시골 마을의 나이 어린 디모데를 정확하게 아시고 또 보고 계셨던 것입니다.

　하나님께서 예레미야 1장 5절을 통해 '내가 너를 모태에 짓기 전에 너를 알았고 네가 배에서 나오기 전에 너를 성별聖別하였다' 말씀하셨습니다. 나의 어머니가 나를 임신하기도 전에 하나님께서는 나를 아셨고, 내 어머니가 나를 낳기도 전에 하나님께서는 나를 당신의 자녀로 성별하셨습니다. 나는 어쩌다가 우연히 태어난 존재가 아니라, 하나님께서 당신의 계획에 따라

나를 지으셨기 때문입니다. 하나님께서 우리 각자를 지으셨기에 하나님께서는 우리 자신보다 우리를 더 잘 아시고, 하나님께서 우리를 지으셨기에 하나님께서는 우리 곁에서 우리 한 사람 한 사람을 지켜보고 계십니다. 그래서 세상 사람들은 아무도 우리를 몰라도, 하나님께서는 우리를 다 알고 또 보고 계십니다.

2천 년 전 세계 최고 최대의 제국인 로마제국에 왜 그 시대의 스티브 잡스가 없었겠습니까? 사람들을 매료시키는 당시의 스마트폰인들 왜 없었겠습니까? 당시에도 유명 배우들이 있었고, 사람들을 사로잡는 개그맨들도 있었습니다. 당시에도 사람들이 열광하는 명품들이 있었고, 사람들 입에 오르내리는 유명 인사들과 재벌들이 있었습니다. 그 모든 사람들 위에 살아 있는 신으로 군림하는 로마 황제가 있었습니다. 그들에 비한다면 벽촌 루스드라의 18세 디모데는 아무도 거들떠보지 않는 무명의 존재에 불과했습니다. 그러나 하나님께서는 그 디모데를 정확하게 알고 계셨습니다. 그의 곁에서 그를 늘 보고 계셨기 때문입니다. 그래서 하나님께서는 본문을 통해 우리에게 그를 "디모데라 하는 제자"라고 친히 소개하시고, 그 어린 디모데를 바울의 동역자가 되게 하셨습니다.

이상과 같은 사실은 우리에게 말할 수 없이 큰 힘과 용기를 북돋아 줍니다. 이 세상 사람 아무도 날 몰라주어도, 이 세상 사람들이 나를 하찮은 존재로 취급한다 할지라도, 주님의 부르심을 좇아 사는 나의 삶을 하나님께서 알고 또 보고 계신다는 것보다 더 큰 격려와 위로와 소망이 어디에 있겠습니까? 젊은 바울이 어떻게 13년 동안 실패자처럼 고향 다소에서 칩거할 수 있었겠습니까? 하나님께서 자신을 알고 또 보고 계시기에, 세상 사람들이 보기에는 무의미해 보이는 자신의 칩거를 통해 인간이 상상할 수 없는 하나님의 뜻이 이루어지고 있음을 믿었기 때문입니다. 바울의 소명의식이 아무리 투철했다고 해도, 어떻게 1차 전도 여행 때 죽음의 돌팔매질을 당한 루스드라를 또다시 자기 발로 찾아갈 수 있었겠습니까? 하나님께서 자신을 알고 또 보고 계시기에, 주님의 부르심에 순종하는 한 하나님께서 그 모든 결과를 책임져 주실 줄 믿었기 때문입니다. 그 결과 사도행전은 2천 년 전 로마 제국의 역사 전면에 화려하게 등장했던 유명 인사들의 이야기를 다루지 않습니다. 하나님께서는 사도행전을 통해 우리에게, 그 유명 인사들에 비한다면 무명의 존재에 불과했던 바울의 삶을 구체적으로 보여 주십니다. 하나님께서 주님의 참된 제자로 살아가는 우리의 마음과 처지와 아픔을 다 알고 또 보고 계시고, 하나님의 때에 우리를 통해 반드시 당신의 뜻을 이루실 것임을 우리로 하여금 깨닫게 해주시기 위함입니다.

오늘은 우리를 죄와 사망으로부터 구원하시기 위해 십자가의 제물로 돌아가신 예수님의 고난을 묵상하고 기리는 사순절 셋째 주일입니다. 2천 년 전 로마제국의 유명 인사들에 비한다면, 로마제국의 변방 베들레헴에서 태어나시고 달동네 나사렛에서 사시다가 빈민촌 갈릴리에서 사역하신 예수님 역시 보잘것없는 무명의 존재에 지나지 않았습니다. 그러나 우리는 당시의 로마 황제나 재벌에 대해서는 모르면서도, 로마제국 변방에서 사셨던 예수님의 삶과 수난 그리고 부활에 대해서는 상세하게 알고 있습니다. 예수님을 알고 또 보고 계신 하나님께서 당신의 말씀인 성경을 통해 예수님의 삶과 수난과 부활을 우리에게 그대로 보여 주셨기 때문입니다. 그러므로 우리가 예수님을 믿는다는 것 자체가 우리에게는 말할 수 없는 큰 소망과 위로와 격려가 됩니다. 우리가 예수님을 믿는다는 것 자체가, 그 예수님을 우리에게 보내 주신 하나님께서 우리의 삶을 보고 또 알고 계심을 믿는 것을 뜻하는 까닭입니다.

참회의 절기인 사순절 셋째 주일을 맞아, 하나님을 믿는다면서도 정작 하나님께서 우리 각자를 알고 또 보고 계심을 믿지는 못했음을 회개하십시다. 하나님께서 우리를 보고 또 알고 계시기에, 우리 앞에 첩첩이 가로막힌 인생 산맥은 장애물이 아니라 새로운 미래를 향한 관문이 됩니다. 하나님께서 우리를 알고 또 보고 계시기에, 우리가 작은 성읍 루스드라의 18세 디모데처럼 미약하고 보잘것없는 존재일지라도 우리는 얼마든지 하나님의 도구로 쓰임 받을 수 있습니다. 하나님께서 우리를 알고 또 보고 계시기에, 우리가 소명의 길을 걷다가 바울처럼 세상으로부터 돌팔매질을 당하더라도 우리의 삶은 절대적인 의미를 지니게 됩니다. 하나님께서 우리를 알고 또 보고 계시기에, 우리가 이 세상 사람 아무도 모르게 하나님을 위해 죽어도 우리는 예수님처럼 영원히 부활할 수 있습니다. 그래서 삼위일체 하나님을 사랑하는 것보다 더 자신을 사랑하는 길은 없습니다.

디모데는, 로마제국 내에서 절대다수의 사람들이 알지 못하는 작은 성읍 루스드라의 나이 어린 무명의 존재였습니다. 그는 루스드라를 찾아와 복음을 전한 바울이 돌팔매질을 당해 내팽개쳐지는 것을 목격하였습니다. 예수님을 믿다가는 자칫 자신도 그렇게 될 수 있었습니다. 그러나 디모데는 주님을 영접한 날부터 주님의 참된 제자로 살았습니다. 하나님께서는 그 디모데를 알고 또 보고 계셨습니다. 그리고 하나님의 때에 그를 부르시어 위대한 바울의 동역자로 살게 하셨습니다. 바울이 죽음의 돌팔매질을 당했던 루스드라를 자기 발로 다시 찾는 소명의 삶을 살 수 있었던 것은, 하나님께서 자신을 알고 또 보고 계심을 믿었기 때문입니다. 그래서 그의 삶이 세상에서는 비록 고난과 고통으로 점철되었을망정, 하나님께서는 그를 통해 인류의 역사를 새롭게 하셨습니다.

2천 년 전 로마제국 역사의 전면을 장식했던 유명인들에 비하면, 로마제국의 변방 갈릴리에서 살던 예수님의 삶은 너무나도 초라하고 보잘것없었습니다. 그분이 십자가에 못박혀 돌아가실 때 세상 사람들은 저가 자기 죄로 죽는다고 생각했을 뿐, 아무도 그분이 우리의 죄를 대속하시는 구원자이심을 알지 못했습니다. 그러나 예수님을 알고 또 보고 계신 하나님께서는, 그분의 삶과 수난과 부활을 당신의 말씀인 성경을 통해 세계만방에 친히 알리심으로, 그분을 만민을 위한 구원자로 영원히 세워주셨습니다.

그 하나님께서 우리를 지으셨고, 우리를 부르셨고, 우리를 알고 계시고, 또 언제나 보고 계시건만, 하나님을 믿는다면서도 그 중요한 사실을 믿지는 못한 우리의 믿음 없음을 용서해 주십시오. 이 세상 아무도 알아주지 않아도 하나님께서 알고 또 보고 계시기에 우리의 삶이 절대적인 의미를 지니고, 우리가 아무리 보잘것없어도 하나님의 도구로 예수님의 제자로 살 수 있으며, 늘 반복되는 우리 일상의 삶이 날로 새로운 의미로 승화됨을 온전히 믿게 해주십시오. 그리하여 삼위일체 하나님을 사랑하는 것이 나 자신과 내 가정과 일터, 그리고 이 사회와 이 시대를 동시에 사랑하는 유일한 길임을 언제나 잊지 않게 해주십시오. 아멘.

2. 디모데라 하는 제자 II 사순절 넷째 주일

사도행전 16장 1–5절

바울이 더베와 루스드라에도 이르매 거기 **디모데라 하는 제자**가 있으니 그 어머니는 믿는 유대 여자요 아버지는 헬라인이라 디모데는 루스드라와 이고니온에 있는 형제들에게 칭찬받는 자니 바울이 그를 데리고 떠나고자 할새 그 지역에 있는 유대인으로 말미암아 그를 데려다가 할례를 행하니 이는 그 사람들이 그의 아버지는 헬라인인 줄 다 앎이러라 여러 성으로 다녀갈 때에 예루살렘에 있는 사도와 장로들이 작정한 규례를 그들에게 주어 지키게 하니 이에 여러 교회가 믿음이 더 굳건해지고 수가 날마다 늘어 가니라

시인이나 소설가는 작품을 쓰면서 아무 단어나 생각 없이 사용하지 않습니다. 자신이 독자들에게 전달하고자 하는 내용을 정확하게 표현할 수 있는 단어를 찾기 위해 고심합니다. 때로는 적절한 한 단어를 찾기 위해 밤을 지새우기도 합니다. 그래서 시인이나 소설가가 사용하는 단어들에는 무의미한 단어가 없고, 독자들은 그 각 단어를 안경 삼아 시인이나 소설가의 의

중을 파악하게 됩니다.

저는 시인이나 소설가가 아닙니다. 저는 단지 목회자일 뿐입니다. 그렇다고 제가 설교문을 작성할 때 아무 단어나 사용하는 것은 아닙니다. 올해 초부터 주일에 다섯 번의 예배를 드리기 시작하면서 저는 금요일에 설교문을 작성합니다. 금요일 오전 10시부터 설교 준비를 시작하면 밤 12시를 넘겨 새벽 1시경이 되어서야 1차 설교문이 끝납니다. 15시간이 소요되는 셈입니다. 1차 설교문을 작성하는 데 그토록 오랜 시간을 필요로 하는 것은 전달할 내용을 생각해 내기 위함이 아니라, 하나님께서 제게 주신 깨달음의 내용을 어떤 단어로 어떻게 표현할 수 있을지에 골몰하기 때문입니다. 토요일에는 전날 작성한 1차 설교문을 반복하여 읽으면서 미흡하다고 여겨지는 부분을 교정합니다. 그리고 주일 새벽에 설교문에 대한 최종 손질을 끝낸 후 예배에 임합니다. 매 주말마다 그토록 고된 과정을 되풀이하는 것은 교우님들께 하나님의 말씀을 가장 적합한 단어로 바르게, 그리고 제대로 전달하기 위함입니다.

사람도 이처럼 자신이 전하고자 하는 내용을 바르게 표현하고 전달하기 위해 단어 선택과 사용에 고심한다면, 말씀이신 하나님께서 당신의 말씀이신 성경에 어찌 아무 단어나 마구 동원하셨겠습니까? 성경이 하나님의 말씀이기에, 성경에 기록된 각 단어는 당신의 의중을 인간들에게 정확하게 전해 주시기 위해 하나님께서 특별히 선택하신 단어들입니다. 성경에 기록된 단어 중에 무의미한 단어는 없다는 말입니다.

예루살렘 교회 교인 중에 어리석게도 하나님을 속일 수 있다고 착각한 교인이 있었습니다. 사도행전 5장 1절은 그 어리석은 교인을 "아나니아라 하는 사람"이라고 소개하고 있습니다. 가이사랴의 백부장 고넬료는 이방인이면서도 온 집안과 더불어 하나님을 경외하면서 많은 사람을 구제하고 늘 기도하는 신앙인이었습니다. 그러나 그의 이름이 처음으로 등장하는 사도행전 10장 1절은 그를 이렇게 소개하고 있습니다.

가이사랴에 고넬료라 하는 사람이 있으니 이달리야 부대라 하는 군대의 백부장이라.

경건한 고넬료도 "고넬료라 하는 사람"이라고 되어 있습니다. 예수님께서 이 땅에 오셨을 때 유대 사회 최고의 의결 기구인 산헤드린 의원 가운데 니고데모가 있었습니다. 그는 유대교 최고 지도자 그룹에 속해 있으면서도 예수님을 믿고 흠모하였습니다. 그의 이름은 요한복음 3장 1절에 처음 등장합니다.

그런데 바리새인 중에 니고데모라 하는 사람이 있으니 유대인의 지도자라.

니고데모 역시 "니고데모라 하는 사람"이라고 소개되었습니다. 구약성경도 마찬가지입니다. 구약성경 욥기 1장 1절은 그 유명한 욥을 이렇게 소개하고 있습니다.

우스 땅에 욥이라 불리는 사람이 있었는데 그 사람은 온전하고 정직하여 하나님을 경외하며 악에서 떠난 자더라.

이상과 같은 예를 통해 우리는 성경이 누군가를 처음 소개할 때 'OOO라 하는 사람'이라고 표현하는 것이 성경의 일반적인 소개 방식임을 알 수 있습니다.

그러나 본문의 디모데는 달랐습니다.

바울이 더베와 루스드라에도 이르매 거기 디모데라 하는 제자가 있으니
(1절 상).

본문은 2차 전도 여행을 시작한 바울이 루스드라를 다시 방문한 것을 계기로 성경이 디모데를 처음으로 소개하는 구절입니다. 그렇다면 앞에서 살펴본 것처럼 디모데 역시 '디모데라 하는 사람'이라고 소개함이 마땅하지 않겠습니까? 하지만 본문은 디모데를 특별히 "디모데라 하는 제자"라고 소개하고 있습니다. 하나님께서 당신의 말씀인 성경에서 디모데를 처음 소개하시면서 그의 이름에 특별히 '제자'라는 수식어를 붙이셨다면, 거기에는 분명한 이유가 있지 않겠습니까? 우리는 지난 시간에 그 이유에 대해 생각해 보았습니다.

루스드라는 2천 년 전 지중해 세계를 석권한 대로마제국 내에서 지극히 작은 시골 마을이었습니다. 그 작은 시골 마을의 디모데는 나이 고작 18세로 추정되는, 오늘날의 관점으로 말하면 청소년에 지나지 않았습니다. 대로마제국 내에 살고 있는 사람들의 99.999퍼센트는 로마제국에 그런 시골 마을이 있다는 것도, 그 작은 시골 마을에 18세의 나이 어린 디모데가 있다는 사실도 알지 못할 정도로 디모데는 무명의 존재였습니다. 그러나 하나님께서는 그 작은 시골 마을 무명의 나이 어린 디모데를 당신의 말씀인 성경에서 '디모데라 하는 제자'라고 소개하셨습니다. 이 세상 사람들은 그 작은 시골 마을의 나이 어린 디모데를 아무도 몰라도, 하나님께서는 그가 주님을

영접한 이래 얼마나 주님의 제자다운 삶을 살고 있는지 다 보고 알고 계심을, 성경을 읽는 우리로 하여금 확인토록 해주시기 위함이었습니다. 그래서 한글 성경에는 번역이 빠져 있지만 헬라어 원문에는 '보라'는 의미의 감탄사 '이두ἰδού'가 기록되어 있습니다. 그 원문을 우리말로 정확하게 옮기면 이런 말이 됩니다. '보라, 디모데라 하는 제자가 있도다!' 하나님께서 본문을 통해 우리에게 이렇게 말씀하시는 것입니다. '얘들아, 여기 좀 보거라! 여기에 디모데라 하는 참된 제자가 있단다.' 세상 사람은 작은 시골 마을 루스드라를, 그 마을의 십대의 디모데를 아무도 몰라도 그 디모데의 일거수일투족을 다 보고 알고 계신 하나님께서 우리에게, 그 참된 디모데를 와서 보라고 우리의 시선을 촉구하시는 것입니다. 그리고 하나님의 말씀은 이렇게 계속됩니다.

디모데는 루스드라와 이고니온에 있는 형제들에게 칭찬받는 자니(2절).

디모데는 고향 루스드라뿐 아니라, 루스드라에서 45킬로미터 떨어진 이고니온 사람들로부터도 칭찬받았습니다. 그러나 디모데가 그 마을들에서 아무리 칭찬받는다 한들 대로마제국 내에서 무명의 존재라는 사실에는 아무 변함이 없었습니다. 우리나라 산간 벽촌에 인근 마을 주민들로부터도 칭찬받는 사람이 있다고 해도, 우리나라 국민 99.999퍼센트는 그 사람을 알지 못하는 것과 같은 이치였습니다. 그러나 하나님께서는 십대의 디모데가 자신의 고향뿐 아니라 인근 마을 주민들로부터도 칭찬받음을 다 보고 알고 계셨습니다.

바울이 그를 데리고 떠나고자 할새(3절 상).

바울은 루스드라를 떠나면서 디모데를 자신의 조력자로 대동하였습니다. 그 이후로 디모데는 바울이 '내 아들'이라고 부를 정도로 바울의 생애 내내 바울의 동역자로 살았습니다. 한글 성경에는 우리말 어순상 "바울이 그를 데리고 떠나고자 할새"라고 번역되어 있어, 바울이 그의 의지로 디모데를 선택한 것을 강조하는 듯한 뉘앙스를 풍기고 있습니다. 그러나 헬라어 원문에는 디모데를 칭하는 '그를'이 문장 제일 앞에 기록되어 있습니다. 원문을 어순에 따라 정확하게 번역하면 '이 사람을 바울이 데리고 떠나려 했다'가 됩니다. 원문은 '이 사람', 즉 디모데를 강조하고 있습니다. 하나님께서 바울로 하여금 디모데를 선택하지 않을 수 없게끔 역사하셨음을 밝히기 위함입니다. 이 세상 사람들은 작은 시골 마을의 나이 어린 디모데를 아무도 몰랐지만, 그의 삶을 다 보고 알고 계신 하나님께서는 하나님의 때가 이르렀을 때에 마치 핀셋으로 집어내시듯 그를 위대한 바울의 동역자로 불러내셨습니다.

그 이후 사도 바울이 디모데 개인에게 써 보낸 편지인 디모데후서를 통해 바울은 이렇게 증언하였습니다.

내가 밤낮 간구하는 가운데 쉬지 않고 너를 생각하여 청결한 양심으로 조상 적부터 섬겨 오는 하나님께 감사하고 네 눈물을 생각하여 너 보기를 원함은 내 기쁨이 가득하게 하려 함이니 이는 네 속에 거짓이 없는 믿음이 있음을 생각함이라 이 믿음은 먼저 네 외조모 로이스와 네 어머니 유니게 속에 있더니 네 속에도 있는 줄을 확신하노라(딤후 1:3-5).

"거짓이 없는 믿음"이란 '진실된 믿음'을 의미합니다. 디모데의 믿음은 형식적이거나 이중적이 아니라, 진실된 믿음이었습니다. 그러나 그 믿음은 어느 날 절로 생긴 것이 아니었습니다. 디모데의 진실된 믿음은 외할머니 로이스와 어머니 유니게로부터 이어받은 것이었습니다. 본문 1절을 다시 보시겠습니다.

바울이 더베와 루스드라에도 이르매 거기 디모데라 하는 제자가 있으니 그 어머니는 믿는 유대 여자요 아버지는 헬라인이라.

디모데의 어머니 유니게는 '믿는 유대 여자'였습니다. 믿는 유대 여자라고 해서 유대교인이라는 말이 아니라, 유대교에서 개종하여 예수 그리스도를 주님으로 믿는 그리스도인이라는 의미라고 했습니다. 유니게는 일찍이 이방인인 헬라인 남자와 결혼하여 아들 디모데를 낳았습니다. 디모데는 이를테면 이방인의 피가 섞인 혼혈아였습니다. 당시 선민의식에 젖어 있던 유대인들은 이방인을 짐승이나 지옥의 땔감 정도로 여겼습니다. 그런데도 유대 여인인 유니게가 그 작은 시골 마을에서 이방인 남자와 결혼했다면, 유니게에게는 그렇게 하지 않을 수 없는 피치 못할 사정이 있었을 것입니다. 그러나 성경은 디모데의 아버지에 대해서는 그가 이방인이라는 것 이외에는 더 이상 아무것도 밝혀 주지 않습니다. 그래서 주석가들은 디모데의 아버지가 디모데를 낳은 뒤 일찍 세상을 떠난 것으로 간주합니다.

그렇다면 유대인들이 짐승이나 지옥의 땔감 정도로 여기는 이방인의 피가 섞인 어린 외아들 디모데 한 명을 두고 젊은 나이에 과부가 된 유대 여인 유니게에게 유일한 바람이 있다면, 하나밖에 없는 혼혈 외아들 디모데를 바로 키우는 것 아니었겠습니까? 그 유니게가 1차 전도 여행 중 루스드라를 방문한 바울로부터 복음을 영접하고 예수 그리스도를 주인으로 모시고 사는 그리스도인이 되었습니다. 그렇다면 외아들을 둔 모든 홀어머니 그리스도인들이 다 그렇듯이 유니게 또한 예수 그리스도를 자신의 소망으로 삼고, 주님께서 자신의 외아들 디모데의 삶을 책임져 주시기를 얼마나 간절히 기도했겠습니까? 유니게의 친정어머니, 즉 디모데의 외할머니인 로이스의 입장은 어떠했겠습니까? 성경에 디모데의 외할아버지에 대한 언급이 없음에 비추어 디모데의 외할머니 로이스 역시 과부였음을 알 수 있습니다. 과부로 살아가는 로이스의 희망도 사랑하는 딸 유니게였을 것입니다. 그런데 딸 유니게가 유대인들이 짐승이나 지옥의 땔감 정도로 여기는 이방인 남자와 결혼하여 혼혈 아들을 낳더니, 그만 젊은 나이에 자기처럼 과부가 되어 버렸습니다. 인생의 절망과 좌절을 누구보다 뼈저리게 느꼈을 로이스도 바울의 1차 전도여행 때 복음을 영접하고 그리스도인이 되었습니다. 그러므로 늙은 로이스 또한 인생의 소망을 주님께 두면서 자신의 사랑하는 딸 유니게를 위하여, 그리고 사랑하는 딸의 유일한 피붙이인 외손자 디모데를 위하여 매일 온 마음을 다해 기도했을 것임은 두말할 나위도 없지 않겠습니까?

그런데 로이스와 유니게, 그 모녀의 진실된 믿음이 고스란히 그들의 외손자이자 외아들인 디모데에게 이어졌음을 하나님의 말씀인 성경이 밝혀 주고 있습니다. 대체 무슨 의미이겠습니까? 그 작은 시골 마을에서 늙은 로이스가 자신의 딸과 외손자를 위하여, 그리고 유니게가 자신의 외아들을 위하여 밤낮 기도하는 것을 이 세상 사람은 아무도 몰랐지만, 그러나 하나님께서는 그 작은 시골 마을에서 기도하는 그 가련한 두 여인들을 다 보고 그들의 기도를 다 들으셨다는 의미입니다. 다시 말해 하나님께서 그 작은 시골 마을, 그 가련한 두 여인의 기도에 응답해 주셨다는 말입니다. 그래서 하나님께서 그 작은 시골 마을의 나이 어린 디모데를 주님의 참된 제자로 살 수 있게끔 인도해 주셨고, 하나님의 때가 되었을 때 마치 핀셋으로 집어내듯 디모데를 사도 바울의 동역자로 불러내심으로 그를 온전히 책임져 주셨습니다.

어린 디모데 역시 1차 전도 여행 때 루스드라를 방문한 바울로부터 복음을 영접하고 그리스도인이 되었습니다. 지난 시간에 말씀드린 것처럼 그때 디모데는, 복음을 전한 바울이 그를 배교자로 간주한 유대교인들의 선동으로 사람들로부터 돌팔매질을 당해 죽은 개가 끌려가듯 질질 끌려 나가 성 밖에 내팽개쳐지는 것을 자신의 눈으로 목격하였습니다. 그리스도인으로 살다가는 자기 역시 자칫 그와 같은 끔찍한 수모를 당할 수 있음을 디모데가 자기 눈으로 확인한 것입니다. 그럼에도 그 이후 디모데가 거짓 없는 믿음으로 참된 제자의 삶을 일관할 수 있었던 것은, 이 세상 사람 아무도 몰라도 하나님께서는 작은 시골 마을의 가련한 두 여인—자기 외할머니와 어머니의 기도를 다 들어주심은 물론이요, 보잘것없고 나이 어린 자신의 삶도 다 보고 알고 계심을 깨닫고 또 믿었기 때문입니다. 그 디모데를 통해 하나님께서 그 시대를 위한 당신의 섭리를 이루셨음은 너무나도 당연한 일이었습니다.

하나님께서는 2천 년 전 디모데의 외할머니와 어머니, 그리고 디모데만의 하나님이신 것은 결코 아닙니다. 하나님께서는 오늘 이 시간에도 사랑하는 외딸과 하나밖에 없는 외손자를 위해 기도하는 늙은 과부의 기도와, 자식이라고 외아들 하나뿐인 홀어머니의 기도도 다 듣고 계십니다. 그리고 우리가 이 세상 아무도 모르는, 작은 시골 마을의 18세에 불과한 보잘것없는 존재라 할지라도 하나님께서는 우리의 삶을 다 보고 알고 계십니다. 그래서 우리는 미약하고 보잘것없어도 그 하나님을 의지하여 이 세상 속에 하나님의 섭리를 이루는 그리스도인으로 담대하게 살아갈 수 있습니다.

저 자신의 이야기를 해드리는 것을 양해해 주시기 바랍니다. 우리 나이로 제 나이 열다섯 살 때 제 아버님이 하나님의 부르심을 받았습니다. 제 어머님의 입장에서 보자면 53세의 많지 않은 나이에 어린 외아들을 둔 과부가 된 것입니다. 그 이후 어머님이 86세를 일기로 소천하기까지 이 못난 아들을 위해 얼마나 기도하셨겠습니까? 하나님께서 어찌 그 가련한 여인을 다 보고 아시지 않았겠습니까? 하나님께서 어찌 그 홀어머니의 기도를 들으시지 않았겠습니까? 저는 분명히 알고 있습니다. 허랑방탕하던 제가 거짓 없는 믿음의 아내를 만나 새로운 인생을 살게 된 것은, 제 어머님의 기도에 대한 하나님의 응답이라는 사실을 말입니다.

뒤늦게 목회자가 된 저는 제 첫 전임 목회지였던 주님의교회에서 10년에 걸친 임기를 끝낸 뒤, 3년 동안 스위스에 있는 제네바한인교회를 섬겼습니다. 당시 제네바한인교회가 목회자들이 자원할 정도의 규모를 갖춘 교회였다면 저는 그 교회의 청빙을 사양했을 것입니다. 그 교회는 창립된 지 20년이 되도록 단 한 번도 전임목사를 청빙할 수 없었던 작은 미자립 교회였습니다. 그래서 교인이 많이 출석하는 주일에도 어린이를 포함하여 50명이 채 되지 않던 제네바한인교회는 제게, 사례비를 제대로 줄 수 없으니 가족을 두고 저 혼자 제네바로 와서 3년간 봉사해 줄 것을 요청했습니다. 하나님께서 제게 '재철아, 아무도 가려 하지 않는 곳에 네가 가지 않으련?' 하고 프러포즈하신 셈이었습니다. 다른 사람이 가기 원하는 곳이라면 모르지만 아무 지원자가 없다는 곳으로 하나님께서 프러포즈하셨는데, 그 프러포즈를 거절하면 하나님의 종으로서 직무 유기라는 생각이 들었습니다.

저는 하나님의 프러포즈에 순종하여 가족을 서울에 둔 채 1998년 9월, 3년 기한으로 제네바로 갔습니다. 제네바는 인구가 17만 8천 명에 불과한, 유럽의 작은 도시들 가운데 하나입니다. 우리 교회가 위치하고 있는 서울시 마포구의 인구만도 38만 9천 명인 것과 비교한다면 제네바가 얼마나 작은 도시인지 짐작할 수 있습니다. 당시만 해도 휴대전화가 보편화되기 전이어서 제네바에 도착한 제게는 휴대전화가 없었습니다. 집을 구하기까지 한 달 동안 숙박업소에서 지냈는데, 그 숙박업소의 방에도 전화가 없었습니다. 방에 전화가 없으니 인터넷이 연결될 리도 없었습니다. 한 달 후에 겨우 아파트를 얻어 들어갔지만 전화를 놓는 데 또다시 한 달 이상이 지났습니다. 제네바에 도착한 뒤 두 달 이상 외부와의 개인적인 통신수단을 갖지 못한 셈이었습니다. 서울에 있는 제 가족들도 제가 제네바에서 공중전화를 걸지 않는 한 제게 연락할 길이 달리 없었습니다. 아파트에 전화가 들어오고 인터넷 사용도 가능하게 되었지만 당시 제네바의 인터넷 사정이 얼마나 열악하던지, 처음에는 인터넷 사용료를 분 단위로 지불해야 했고, 더욱이 서울에서 사용하던 전자메일 주소를 사용할 수 없어 제네바에서만 통용할 수 있는 전자메일 주소를 새로 만들어야 했습니다. 이를테면 제가 제네바에 도착한 지 두 달이 넘어서도 제 가족을 제외하면, 다른 사람은 그 누구도 제네바의 제 연락처를 알지 못하는 셈이었습니다. "눈에서 멀어지면 마음에서도 멀어진다"는 말이 있지 않습니까? 유럽의 작은 도시 제네바에 떨어진 저는 사람들로부터 그렇게 잊혀져 가는 존재가 되고 말았습니다.

그러나 하나님께서는 그 외딴 제네바에 홀로 떨어져 있는 저를 다 보고 알고 계셨습니다. 그리고 하나님의 때가 이르자 하나님께서는 저의 의지와 상관없이 하나님의 방법으로 저를 드러나게 하셨습니다. 그 조그마한 제네바한인교회 여름수련회 때마다 아무 광고를 하지 않았음에도 하나님께서는 유럽 여러 도시의 한인 그리스도인들을 매해 참석하게 하셨고, 한인 교회가 있는 유럽의 거의 모든 도시로 저를 불러내시어 하나님의 복음을 증언하게 하셨습니다. 그 작은 제네바한인교회를 목회하던 시절에 선포한 저의 설교와, 마포구보다 더 작은 도시 제네바에서 쓴 저의 책들을 통해 하나님께서는 전 세계 많은 한인 그리스도인들의 심령을 어루만져 주셨습니다. 그뿐이 아니었습니다. 저는 외딴 제네바에서 작은 제네바한인교회를 섬기고 있었을 뿐인데도, 하나님께서는 제가 만나 본 적도 알지도 못하는 전 세계 많은 한인 그리스도인들로부터 신뢰받는 목사로 저를 세워 주셨습니다. 그러나 그것은 결단코 저 자신의 실력이나 능력의 결과가 아니었습니다. 그것은 전적으로 외딴 제네바에서 홀로 살고 있는 나의 삶을 다 보고 알고 계신 하나님께서 나를 책임져 주신 하나님의 은총의 결과였습니다. 그래서 저는 앞으로도 언제나 나의 모든 것을 다 보고 알고 계시는 하나님을 믿고 또 의식하며 살아갈 수밖에 없습니다. 그때에만 세상의 그 어떤 달콤한 유혹 앞에서도, 세상의 그 어떤 거짓 모함이나 돌팔매질 앞에서도, 이 세상 그 누구도 거들떠보지 않는 가장 작은 일 앞에서도, 주님의 제자답게 진리의 삶을 살 수 있음을 이미 저 자신의 삶으로 확인했기 때문입니다.

그 하나님과 죄로 말미암아 단절되었던 우리의 관계를 회복시켜 주시기 위해 2천 년 전 예수님께서 인간의 죄를 지고 십자가의 제물로 돌아가실 때, 당시 예루살렘 주민을 제외한다면 대로마제국 사람 99.999퍼센트는 예수님의 이름이나 죽음을 알지도 못했습니다. 그러나 그로부터 2천 년이 지난 오늘날에는 전 세계 인구 69억 명 가운데 22억 명이 예수님을 자신의 구주로 고백하고 있습니다. 어떻게 이런 일이 가능할 수 있겠습니까? 우리를 위한 예수님의 십자가 고난과 죽음을 다 보고 아신 하나님께서 예수님을 죽음에서 일으키시고, 영원한 부활의 구주로 세워 주셨기 때문입니다. 그러므로 예수님을 믿는 그리스도인에게는 예수님을 믿는 것보다 더 큰 힘과 위로와 소망은 없다고 했습니다. 예수님을 믿는 것은 그 예수님을 죽음에서까지 책임져 주신 하나님께서 자신의 삶도 다 보고 아시며 책임져 주실 것을 또한 믿는 것을 의미하기 때문입니다. 그래서 예수님을 믿는 그리스도인에게는 그 어떤 경우에도 절망이 있을 수 없습니다. 천지를 창조하신 하나님께서 나의 삶을 다 보고 알고 계시는데, 대체 이 세상 그 무엇이 나를 절망시킬 수 있겠습니까?

하나님과 우리의 관계를 회복시켜 주시기 위한 예수님의 고난을 기리는 사순절 넷째 주일을 맞이하여 우리를 위한 예수님의 고난이 헛되지 않게끔, 우리 모두 언제나 우리를 다 보고 알고 계시는 하나님을 의식하며 살아가기로 결단하십시다. 그때부터 우리의 인생에는 어떤 상황 속에서든 새로운 힘과 소망이 넘치게 될 것입니다. 우리의 인생이 본문의 디모데처럼, 주님 안에서 날마다 새로운 의미로 승화될 것이기 때문입니다.

하나님께서는 사랑하는 외딸을 위해 기도하는 늙은 과부의 기도도 들으시고, 의지할 곳 없는 홀어머니가 외아들을 위해 밤낮으로 간구하는 기도도 다 들으실 뿐 아니라, 가련하고 이름 없는 그 여인들의 보잘것없는 외손자와 외아들의 삶도 다 보고 아시며 책임져 주시는 아버지이십니다. 그래서 하나님께서는 나를 위한 우리 부모님의 기도를 듣고 응답해 주셨고, 내 자식을 위한 나의 기도도 듣고 응답해 주셔서, 보잘것없는 우리 각자의 삶을 지금까지 책임져 주셨고, 앞으로도 계속 책임져 주실 것입니다. 하나님의 독생자이신 예수님께서 우리의 죗값을 대신 치르시기 위해 십자가의 제물로 돌아가신 것은, 죄로 말미암아 하나님의 원수 되었던 우리에게 이처럼 하나님의 자녀로 사는 특권을 주시기 위함이었습니다. 우리를 위한 예수님의 고난을 기리는 사순절 넷째 주일을 맞이하여, 우리 모두 언제 어디서나 우리를 다 보고 또 알고 계시는 하나님을 의식하며 살아가기를 결단합니다. 그 하나님을 믿기에 우리의 두려움이 용기가 되게 하시고, 우리의 절망이 소망이 되게 하시며, 우리의 약함이 강함이 되게 해주십시오. 그 하나님을 믿기에, 언제 어디서나 주님의 참된 제자로 살게 해주십시오. 그 하나님을 의지하기에, 아무도 보지 않는 가장 작은 일에 충성하게 해주십시오. 그 하나님과 동행하기에, 우리의 인생이 날로 새로운 의미로 승화되게 해주십시오. 그리하여 어떤 상황에서든, 하나님께서 위로부터 내려 주시는 힘과 소망이 우리의 심령 속에 날마다 차고 넘치게 해주십시오. 아멘.

3. 떠나고자 할새 사순절 다섯째 주일

사도행전 16장 1-5절

바울이 더베와 루스드라에도 이르매 거기 디모데라 하는 제자가 있으니 그 어머니는 믿는 유대 여자요 아버지는 헬라인이라 디모데는 루스드라와 이고니온에 있는 형제들에게 칭찬받는 자니 바울이 그를 데리고 **떠나고자 할새** 그 지역에 있는 유대인으로 말미암아 그를 데려다가 할례를 행하니 이는 그 사람들이 그의 아버지는 헬라인인 줄 다 앎이러라 여러 성으로 다녀갈 때에 예루살렘에 있는 사도와 장로들이 작정한 규례를 그들에게 주어 지키게 하니 이에 여러 교회가 믿음이 더 굳건해지고 수가 날마다 늘어 가니라

　1997년 개봉되었던 제임스 캐머런 감독의 영화 〈타이타닉〉은 당시 세계 영화 사상 최고의 흥행을 기록했습니다. 그 이후 2009년에 개봉된 〈아바타〉에 1위 자리를 내주고도 〈타이타닉〉은 역대 흥행 성적 2위에 랭크되어 있습니다. 그러나 영화 〈아바타〉의 감독 역시 제임스 캐머런이고, 〈아바타〉가 개봉되기 전까지 그가 메가폰을 잡은 〈타이타닉〉이 무려 12년 동안이나 세계

영화 사상 역대 흥행 기록 1위 자리를 고수했고, 그 이후에도 2위 자리를 지키고 있다는 것은 대단한 기록이 아닐 수 없습니다. 그 영화 〈타이타닉〉이 이제 머지않아 역대 흥행 기록 1위 자리를 탈환할 것으로 예상되고 있습니다. 제임스 캐머런 감독이 옛 영화 〈타이타닉〉을 신기술 3D 영상으로 재처리하여 곧 재개봉할 예정이기 때문입니다. 그래서 영화 〈타이타닉〉은 또다시 세인들의 입에 오르내리며 화제를 불러일으키고 있습니다.

〈타이타닉〉은 그 이름만으로도 사람들의 가슴을 설레게 합니다. 사람들은 자신의 형편과는 상관없이 타이타닉호와 같은 호화 유람선을 타고 외국을 크루즈 여행하는 꿈을 일평생 한 번쯤은 품게 됩니다. 저 역시 20대 젊은 시절 외국을 오가며 크루즈 여행 포스터들을 보면서 언젠가는 유람선을 타보았으면 하고 막연한 꿈을 지녔던 적이 있었습니다. 그 이후 수십 년 동안 그런 꿈을 한순간 품었었다는 사실 자체를 잊고 살았는데, 뜻밖에도 작년에 그 옛날의 꿈이 제 삶 속에서 현실로 이루어졌습니다. 작년에 안식월을 지내면서 6월부터 8월까지 3개월 동안 독일 북부 작은 시골 마을인 보르켄에서 지냈음을 말씀드린 적이 있었습니다. 장기간 해외여행을 해보신 분은 아시겠지만, 해외에서 가장 부담스러운 것이 숙박비입니다. 음식은 직접 해먹으면 식재료비는 오히려 우리나라보다 외국이 더 저렴합니다. 제가 제네바 한인교회를 목회할 때 함께 신앙생활하던 한 자매가 독일 보르켄에 살고 있는 독일 청년과 결혼하여 그곳에 정착하였습니다. 마침 그 집에 비어 있는 반지하층이 있어서 3개월 동안 그곳에서 무료로 머물게 되었습니다. 빈방을 장기간 그냥 내어 준 것만으로도 고마운데, 집주인인 독일 청년이 우리 부부에게 크루즈 여행 티켓을 선사하였습니다. 그래서 생각지도 못했던 크루즈 여행을 난생처음 해보았습니다. 네덜란드의 암스테르담을 출발하여 노르웨이의 네 개 도시와 영국 사우샘프턴을 거쳐 암스테르담으로 되돌아오는 8

박 9일의 유람선 여행이었습니다.

암스테르담에서 승선한 이탈리아 선박회사 MSC 소유의 유람선 OPERA는 길이 251.25미터, 폭 28.80미터, 높이 54미터에 13층으로 이루어져 있었습니다. 선실 856개에 승객 2,199명이 탑승할 수 있었고, 승무원의 수만도 728명이나 되었습니다. 배 안에는 4개의 대형 식당과 11개의 바와 카페, 아케이드와 대형 카지노, 그리고 대형 풀장 2개가 있었습니다. 매일 저녁 2회에 걸쳐 각종 쇼를 공연하는 극장에는 안락의자가 713개나 설치되어 있었습니다. 우리가 소위 우리 교회 본당이라 부르는 홍보관 지하 3층 예배실보다 유람선 속의 극장이 1.5배나 더 컸습니다. 그 외에도 디스코텍, 가라오케, 체육관과 사우나, 도서관과 회의실, 그리고 어린이 놀이터까지 갖춘 그 유람선은 한마디로 바다 위에 떠다니는 대형 리조트 호텔이었습니다. 유람선의 용적은 총 5만 9,058톤이었습니다. 그 유명한 타이타닉호가 5만 2,000톤이었으니, 제가 탄 유람선이 타이타닉호보다 더 큰 배였습니다. 선실은 네 등급으로 이루어져 있었습니다. 특등실은 넓은 공간에 훌륭한 내부 시설과 함께 전용 발코니가 딸린 방이었습니다. 1등실은 특등실보다 작은 공간에 전용 발코니가 딸려 있었습니다. 2등실은 밖을 내다볼 수 있는 창문만 있었습니다. 복도 안쪽, 그러니까 배 안쪽에 위치해 있는 3등실은 창문이 없는 작은 방이었습니다. 우리 부부가 8박 9일 동안 지낸 방은 3등 선실이었습니다. 4평이 채 되지 않는 3등 선실은 창문이 없어 낮에도 불을 켜지 않으면 밤처럼 캄캄했습니다. 그러나 그 3등 선실에서 난생처음 경험한 크루즈 여행은 대단히 의미 있고 소중한 인생 체험이었습니다.

암스테르담에서 배가 오후 늦게 출항한 첫날 저녁, 배 속에서 첫 만찬 식탁을 대한 승객들의 얼굴에는 환상적인 크루즈 여행에 참여한 설렘과 행복의 빛이 역력했습니다. 승객은 거의가 커플이었고, 간혹 자녀들이 부모님을 모시고 온 가정도 보였습니다. 이튿날 선내 뉴스레터를 보니 그날 저녁 만찬은 '갈라디너gala dinner'라는 공지가 나와 있었습니다. 프런트에 갈라디너가 무슨 의미인지 물었더니 반드시 정장과 드레스 차림으로 만찬장에 나와야 하는 저녁 식사라고 했습니다. 그러고 보니 이해가 되는 것이 있었습니다. 크루즈 여행을 위해 독일 보르켄을 출발할 때 저희 부부는 비행기 기내에 반입할 수 있는 작은 가방 하나씩만 들고 갔습니다. 그러나 암스테르담에서 배에 승선할 때 보니 다른 승객들의 가방은 모두 대형 트렁크였습니다. 심지어는 대형 트렁크를 세 개나 들고 온 부부도 많았습니다. 그때는 크루즈 여행에 왜 저렇게 큰 가방이 필요할까 의아했는데, 알고 보니 그 큰 가방에는 갈라 디너에 입을 정장과 드레스가 들어 있었던 것입니다. 크루즈 여행 티켓을 선사해 준 독일 청년이 8박 9일의 크루즈 기간 동안 총 세 번의 갈라 디너가 있다는 사실을 전해 주지 않아, 저희 부부는 그 사실을 알지 못한 채 배를 탄 것이었습니다. 아내는 가져간 옷 중에 마침 원피스가 있어, 드레스 대용으로 원피스를 입었습니다. 저는 선내 면세점에서 10유로를 주고 구입한 넥타이를 남방셔츠에 매고 정장 대신 휴대했던 카디건 스웨터를 입고 만찬장으로 갔습니다. 운동장처럼 넓은 만찬장에는 정장 차림의 신사들 그리고 화려한 드레스에 각종 패물로 단장한 숙녀들이 저마다 자신의 자태를 뽐내고 있었습니다. 영화 〈타이타닉〉에서 보았던 장면과 똑같은 광경이었습니다. 그 많은 승객들 가운데 정장과 드레스 차림이 아닌 커플은 우리 부부를 포함하여 단 두 커플밖에 없었습니다. 우리 부부 아닌 그 커플도 갈라디너가 있다는 정보를 접하지 못한 채 배를 탔음이 분명했습니다. 갈라디너가 끝난 뒤 승객들은 11개의 바와 카페, 그리고 디스코텍과 가라오케에서 밤늦게까지 음주 가무를 즐겼습니다. 그 큰 유람선이 밤이 되자 불야성을 이룬 거대한 파티장이 된 것이었습니다.

사흘째 되는 날부터 승객들의 얼굴에는 서서히 피로의 기색이 엿보이기 시작했습니다. 나흘째부터는 무슨 연유로 싸웠는지 두 시간 넘게 소요되는 식사 시간 내내, 냉랭한 표정으로 말 한마디 주고받지 않는 부부도 여기저기 보이기 시작했습니다. 저녁 식사 시간은 좌석이 지정되어 있는 반면에, 아침 식사와 점심 식사는 아무 자리나 앉게 되어 있었습니다. 승객들이 한꺼번에 몰려드는 이른 아침 식사 시간에는 서로 바다가 내다보이는 전망 좋은 식탁을 차지하기 위해 승객 간에 실랑이도 일어났습니다. 그래도 때가 되면 밥을 먹고, 배가 항구에 도착하면 시내 관광을 하고, 밤이 되면 술을 마시며 노래하고 춤추는 승객들의 일상은 매일 반복되었습니다. 그러다가 아홉째 날 배가 출발지인 암스테르담으로 되돌아오자 승객들은 모두 자기 나라, 자기 집으로 뿔뿔이 흩어져 갔습니다. 8박 9일 동안 밤낮 이어진 대형 유람선 속에서의 생활, 그것은 곧 이 세상과 인생의 축소판이었습니다.

유람선 속에는 특등실에서부터 3등실에 이르기까지 네 등급의 선실이 있다고 말씀드렸습니다. 그 선실 가운데 가장 넓은 공간에 초대형 침대와 소파세트 그리고 고급 가구가 갖추어져 있고, 새벽이든 밤이든 언제나 유리창 너머로 바다 풍경을 감상할 수 있으며, 필요할 때마다 전용 발코니로 나가 바닷바람과 냄새를 만끽할 수 있는 특등실 승객은 그 유람선에 승선한 모든 승객 중에 가장 행복하겠습니까? 그보다 선실 공간과 침대 사이즈가 작은 1등실 승객은 특등실에 비해 공간과 침대가 작은 만큼 덜 행복하겠습니까? 방안에 창문도 없어 배를 타고서도 방 안에서 바다를 전혀 내다볼 수 없는 작은 3등 선실에서 8박 9일이나 지내야 했던 저희 부부는 그 배에 탄 승객 중에 가장 불행했겠습니까? 결코 아닙니다. 선실과 가구의 크기, 창문과 발코니의 유무는 배를 처음 탔을 때의 순간적인 기분이나 실용성의 문제일 뿐입니다. 그런 외적 조건은 행불행幸不幸의 기준이 될 수 없습니다. 참된 행복은 위로부터 인간의 마음속에 주어지는 것이기에 모든 외적 조건을 초월합니다.

그러나 많은 사람들이, 심지어는 그리스도인들조차도 보다 큰 집과 보다 좋은 자동차를 행복의 기준인 양 착각하며 살아갑니다. 그것은 유람선 3등실 승객이 2등실을, 2등실 승객이 1등실을, 그리고 1등실 승객이 특등실을 차지하기 위해 안간힘을 쓰는 것과 같습니다. 마치 더 좋은 선실을 차지하면 행복해질 것처럼 말입니다. 제가 탔던 유람선은 13층 높이에 길이 251.25미터의 대형 선박으로 웬만한 빌딩보다 더 거대했습니다. 그러나 그 유람선이 아무리 거대해도 이 넓은 세상에 비한다면 그것은 하나의 작은 점에 지나지 않습니다. 그 작은 점 속에서 특등실, 3등실을 따져 본들 대체 무슨 근본적인 차이가 있겠습니까? 마찬가지로 이 세상에서 아무리 큰 저택이나 자동차라도 하나님 보시기에는 작은 점 하나에도 미치지 못합니다. 그 미미한 점을 삶의 목적으로 삼아서야 어찌 그 속에 참된 행복이 있을 수 있겠습니까?

또 사람들이 이 사람 저 사람과 다투거나 실랑이를 벌이면서 단지 자신의 즐거움과 유익만을 추구한다면, 과연 그 인생 속에 참된 보람이나 의미가 있을 수 있겠습니까? 그것은 부부간에 다투고 옆 승객과 실랑이를 벌이면서도 매일 먹고 마시고 노래하고 춤추는 유람선 속의 유람객과 무슨 차이가 있겠습니까? 그런데도 많은 사람들이 그런 삶을 살고 있습니다. 코끝에서 호흡이 멎는 순간, 내가 왜 그런 삶을 사느라 천하와도 바꿀 수 없는 나의 생명을 허망하게 탕진했을까, 반드시 후회하게 될 그런 삶을 말입니다. 그러므로 그와 같은 유람선 인생에서 벗어나는 것이 그리스도인의 지혜요, 믿음입니다. 인생은 유람이 아니라 소명이고, 소명의 삶 속에만 참된 행복과 보람이 있기 때문입니다.

2차 전도 여행을 시작한 바울은 1차 전도 여행 때 방문했던 루스드라를 다시 찾아갔습니다. 그리고 그곳에서 디모데라 하는 제자를 만났습니다. 디모데는 바울의 1차 전도 여행 때 복음을 영접한 이래, 인근 마을 사람들로부터도 칭찬받을 정도로 거짓 없는 믿음의 청년이었습니다. 그러나 디모데의 거짓 없는 믿음은 절로 생긴 것이 아니었습니다. 지난 시간에 살펴본 것처럼 디모데의 그 거짓 없는 믿음은, 역시 바울의 1차 전도 여행 때 복음을 영접한 외할머니 로이스와 홀어머니 유니게로부터 이어받은 믿음이었습니다. 사도 바울이 디모데의 외할머니와 홀어머니의 믿음에 얼마나 큰 감명을 받았으면 디모데후서 1장 5절에서 그 두 여인의 믿음을 특별히 언급했겠습니까?

　　본문 3절 상반절을 보시겠습니다.

　　　바울이 그를 데리고 떠나고자 할새.

　　"그를"은 디모데를 가리킵니다. 루스드라에서 전도의 사명을 마친 바울은 다음 행선지를 향해 루스드라를 떠나면서 청년 디모데를 데리고 함께 떠나기를 원했습니다. 헬라어 원문에는 디모데를 가리키는 단어 '그를'이 문장 제일 앞에 첫 단어로 기록되어 있습니다. 바울이 자신의 의지로 디모데를 선택한 것이 아니라, 바울이 그를 선택하지 않을 수 없도록 하나님께서 섭리하셨음을 강조하기 위함이라고 했습니다. 우리말 '떠나다'라는 의미로 번역된 헬라어 동사 '엑세르코마이ἐξέρχομαι'는 본래 '나가다'는 의미입니다. '나가다'는 것은 안쪽에서 본 동작이므로 바깥쪽에서 보면 '나오다'가 됩니다. 지금 디모데의 외할머니와 어머니처럼 루스드라에 살고 있는 사람들 입장에서 보자면 디모데가 바울과 함께 루스드라를 나가지만, 본문을 접하는 우리 입장에서 보자면 지금 디모데는 하나님의 역사 속에서 루스드라에서 나오고 있습니다. 이것은 얼마나 위대한 메시지입니까?

루스드라는 대로마제국에서 이름 없는 작은 시골 마을이었습니다. 그러나 루스드라가 아무리 작다 해도 대로마제국의 수도 로마와 규모의 차이만 있을 뿐 본질적으로는 아무 차이가 없었습니다. 아무리 작은 마을이라도 왜 루스드라엔들 특등실, 1등실, 2등실, 3등실의 등급이 없었겠습니까? 보다 좋은 선실 속이라야 행복이 있다고 믿으며 더 좋은 선실을 차지하기 위한 주민 간의 다툼과 실랑이가 왜 없었겠습니까? 그들 나름대로 먹고 마시고 즐기는 방법이 얼마나 많았겠습니까? 좀더 나은 선실을 차지하면 온 천하를 얻은 듯 가족과 더불어 기뻐하지 않았겠습니까? 루스드라 사람들의 삶역시 모양과 형태만 다를 뿐, 한마디로 표현하면 바로 유람선 인생이었습니다. 만약 디모데가 그 루스드라에 계속 살았으면 어떻게 되었겠습니까? 요즈음 착실한 청년 그리스도인들 대부분이 그렇게 하듯이 착한 디모데 역시 자신을 유일한 희망으로 삼고 있는 외할머니와 홀어머니에게 효도를 다하면서, 단란한 가정을 꾸리고, 성실하게 일하며, 자기 인생 선실의 등급을 높여가는 것을 온 가족과 함께 행복의 조건으로 여겼을 것입니다. 디모데가 착한 그리스도인이긴 했지만 그가 처한 삶의 정황상, 그 또한 자신을 위한 유람선 인생에서 벗어나기는 쉽지 않았을 것이라는 말입니다.

그 디모데가 지금 하나님의 역사 속에서 바울의 인도로 루스드라에서 나오고 있습니다. 루스드라의 유람선 인생에서 벗어나고 있는 것입니다. 유람선 인생이 아니라 소명의 삶을 살기 위해 유람선에서 하선하고 있는 것입니다. 그렇다면 루스드라에 그대로 남아 있는 디모데의 외할머니 로이스와 홀어머니 유니게는 어떻게 되는 것입니까? 루스드라에 남은 그들은 하나님을 믿으면서도 무의식 속에서 자신들을 위한 종전의 유람선 인생을 그대로 반복했겠습니까? 그렇지 않습니다. 디모데의 외할머니 로이스는 과부로 외딸

유니게를 키웠고, 젊은 나이에 과부가 된 유니게 역시 홀어머니로 어린 외
아들 디모데를 키웠습니다. 그 과부 모녀—로이스와 유니게의 유일한 희망
은 하나뿐인 피붙이 디모데였습니다. 그들에게 인간적인 꿈이 있다면 외손
자이자 외아들인 디모데의 효도를 오랫동안 받으면서, 디모데의 출세를 통
해 자신들의 인생 선실 등급을 높이는 것 아니었겠습니까? 하지만 자신들
의 유일한 혈육인 디모데가 바울과 함께 자신들의 곁을 떠나려 합니다. 바
울은 당대의 권력자나 재력가가 아니었습니다. 바울은 가난한 전도자였을
뿐입니다. 사랑하는 디모데가 가난한 바울을 따라나섰다가는 세상에서 출
세하지 못하는 것은 말할 것도 없고, 하루 세끼 끼니나 제대로 때울 수 있
을지도 장담할 수 없었습니다.

그러나 그들은 자신들의 곁을 떠나는, 루스드라를 떠나가는 디모데를 막
지 않았습니다. 정확하게 표현하면 로이스와 유니게는 자신들의 유일한 희
망이요, 하나밖에 없는 피붙이인 디모데가 하나님의 부르심에 따라 루스드
라에서 나가도록 허락해 주었습니다. 그 순간 그들 역시 자신들을 위한 유람
선 인생에 마침표를 찍었습니다. 그들 또한 유람선에서 하선하여 소명의 삶
을 살기 시작한 것입니다. 소명의 삶은 반드시 공간의 이동을 통해서만 이루
어지는 것은 아닙니다. 공간 이동 없이 한 공간에 그대로 머물러 있어도 소
명의 삶은 얼마든지 가능합니다. 소명의 삶은 하나님의 부르심에 순종하는
우리의 마음속에서부터 시작하기 때문입니다. 이런 의미에서 하나님께서 당
신의 말씀인 성경 속에서 디모데의 외할머니 로이스와 어머니 유니게의 믿
음을 '거짓 없는 믿음'이라고 칭찬하신 것은 조금도 이상한 일이 아닙니다.

하나님의 소명은 궁극적으로 무엇을 향한 부르심입니까? 하나님의 은혜
속에서 자신을 위한 유람선 인생에서 벗어나 일평생 소명의 삶으로 일관하

고, 또 본문에서 디모데를 소명의 삶으로 불러내는 하나님의 통로로 쓰임 받은 바울의 고백이 그 해답을 제시해 줍니다.

> 우리가 주목하는 것은 보이는 것이 아니요 보이지 않는 것이니 보이는 것은 잠깐이요 보이지 않는 것은 영원함이라(고후 4:18).

하나님의 소명은 세상의 특정 공간이나 특정 인물을 뛰어넘어 영원을 향한 부르심입니다. 눈에 보이는 것이라면 이 세상 그 무엇이든 영원한 것은 아닙니다. 눈에 보이는 것은 반드시 소멸하기 때문입니다. 사람들은 금이나 다이아몬드는 영원하다고 말합니다. 그것이 사실입니까? 거짓말입니다. 금이나 다이아몬드도 계속 사용하면 반드시 닳습니다. 단지 닳는 속도가 더 딜 뿐입니다. 영원은 인간의 눈에 보이지 않습니다. 영원하신 하나님의 말씀 속에서 보이지 않는 영원을 목적으로 삼을 때만 자신을 위한 유람선 인생에서 벗어나 소명의 삶을 살 수 있습니다. 영원은 우리의 가치관을 새롭게 해주고, 가족을 포함한 인간관계를 새롭게 해주고, 우리의 삶과 우리가 처해 있는 공간의 의미를 새롭게 해줍니다. 영원은 세상의 금은보화가 아니라 진리, 사랑, 희생, 헌신, 봉사처럼 자신을 초월한 삶 속에만 깃들기 때문입니다. 그러나 영원이 우리에게 거저 주어진 것은 아닙니다. 영원은 우리의 죗값을 대신 치러 주시기 위해 십자가의 제물로 돌아가신 예수님의 고난을 통해 주어진 하나님의 값진 선물이요, 은총입니다. 우리가 하나님을 믿는다면서도 영원을 향한 소명의 삶을 살지 못한 채 무의미한 유람선 인생을 되풀이하고 있다면, 그것은 우리가 아직도 예수님의 고난의 의미와 이유와 목적을 깨닫지 못했음을 의미합니다.

1912년 4월 10일 타이타닉호가 영국의 사우샘프턴을 떠나 미국 뉴욕을 향해 처녀항해에 나섰을 때, 5만 2,000톤의 타이타닉호는 당시 세계에서 가장 크고 가장 화려한 여객선이었습니다. 그러나 나흘째 되는 날 밤 11시 40분 빙산과 충돌한 타이타닉호는 2시간 40분 만에 65도 각도로 기울면서 뱃머리부터 대서양의 얼음바다 속으로 침몰하기 시작했습니다. 그 참변으로 인해 승객과 승무원 2,224명 가운데 구조된 사람은 겨우 709명이었고, 나머지 1,515명은 세계에서 가장 거대하고 가장 화려한 타이타닉호와 함께 수장되고 말았습니다.

유람선 인생은 아무리 화려해 보여도 언젠가는, 한순간에 침몰하고 맙니다. 그 속에는 영원이 없기 때문입니다. 이 세상이라는 타이타닉호가 침몰하는 순간에도 우리에게 영원을 주시기 위해 예수님께서 당하신 고난을 기리는 사순절 다섯째 주일을 맞이하여, 우리 모두 루스드라에서 나오는 디모데가 되십시다. 사랑하는 디모데를 루스드라에서 내보내 주는 로이스와 유니게가 되십시다. 디모데를 루스드라에서 데리고 나오는 바울이 되십시다. 자신을 위한 유람선 인생에 마침표를 찍고 유람선에서 하선하여, 영원을 향한 소명의 삶을 시작하십시다. 그때부터 우리는 우리의 상황을 초월하여 절대적인 행복을 누리게 될 것이요, 우리의 삶은 디모데를 루스드라에서 데리고 나오는 바울처럼, 침몰해 가는 이 세상의 타이타닉호로부터 뭇사람을 구해 내는 하나님의 통로로 쓰임 받게 될 것입니다.

하나님, 오늘 본문을 통해 우리에게 아름답고도 감동적인 영적 영상을 보여 주셔서 감사합니다. 젊은 디모데가 유람선 인생을 청산하고, 영원을 향한 소명의 삶을 위해 유람선에서 나오고 있습니다. 디모데를 유일한 희망으로 삼았던 외할머니 로이스와 홀어머니 유니게는 하나뿐인 피붙이를 영원을 향해 기꺼이 내보내 줌으로, 그들 역시 자신을 위한 유람선 인생에 마침표를 찍었습니다. 이미 영원을 위해 자신을 내던진 바울은, 젊은 디모데가 유람선 인생에서 벗어나도록 인도하고 있습니다. 그들에게 이 세상의 부귀영화는 없었지만, 그들 모두의 얼굴에는 이 세상이 줄 수 없는 절대적인 행복이 넘쳐 나고 있습니다. 그리고 하나님께서는 그들을 통해 하나님의 영원한 섭리를 이루셨습니다.

이 시간, 그들의 모습 속에서 우리 자신을 비추어 봅니다. 우리는 하나님을 믿는다면서도 영원이 아니라, 세상의 보이는 것에만 연연해 왔습니다. 세상의 것 속에 행복이 있다는 착각 속에, 단지 자기 선실의 등급을 올리기 위해 수많은 사람과 다투고 실랑이를 벌여 왔습니다. 자신의 유익과 즐거움만을 위해 먹고 마시고 노래했습니다. 그 결과 우리의 인생은 행복과는 거리가 먼 채, 의미도 보람도 없이 고갈되었을 뿐입니다.

우리에게 영원을 주시기 위해 십자가의 제물로 돌아가신 예수님의 고난을 기리는 사순절 다섯째 주일을 맞이하여, 우리 모두 유람선 인생에 마침표를 찍기를 결단합니다. 자신을 위한 유람선에서 벗어나, 영원을 향한 소명의 삶을 살아가기를 소망합니다. 세상의 금은보화가 아니라 진리, 사랑, 희생, 헌신, 봉사 속에 깃드는 영원을 우리의 삶으로 매일 확인하게끔 도와주십시오. 어제와 똑같은 일을 오늘 반복할지라도, 영원을 향한 우리의 삶 속에서 그 일의 의미와 가치와 목적이 새로워지게 해주십시오. 영원 속에서 절대적인 행복을 누리는 우리의 삶이, 날로 침몰해 가는 이 세상의 유람선 속에서 수많은 사람을 구해 내는 하나님의 통로로 쓰임 받게 해주십시오. 아멘.

4. 할례를 행하니 _{고난 주일}

사도행전 16장 1-5절

바울이 더베와 루스드라에도 이르매 거기 디모데라 하는 제자가 있으니 그 어머니는 믿는 유대 여자요 아버지는 헬라인이라 디모데는 루스드라와 이고니온에 있는 형제들에게 칭찬받는 자니 바울이 그를 데리고 떠나고자 할새 그 지역에 있는 유대인으로 말미암아 그를 데려다가 **할례를 행하니** 이는 그 사람들이 그의 아버지는 헬라인인 줄 다 앎이러라 여러 성으로 다녀갈 때에 예루살렘에 있는 사도와 장로들이 작정한 규례를 그들에게 주어 지키게 하니 이에 여러 교회가 믿음이 더 굳건해지고 수가 날마다 늘어 가니라

이미 공지해 드린 것처럼 내일부터 일주일 동안 '고난 주간 특별 새벽 기도회'가 열립니다. 특별 새벽 기도회는 두 가지 의의를 지닙니다. 먼저는, 고난 주간 일주일 동안 예수님의 고난을 묵상하면서 우리 각자의 삶을 성찰하기 위함입니다. 예수님께서 2천 년 전 극형이었던 십자가형으로 돌아가신 것은 당신의 죄로 인함이 아니었습니다. 성자 하나님이신 예수님께 죄가 있을 리

만무했지만, 우리의 죗값을 대신 치러 주시기 위해 죄인처럼 돌아가셨습니다. 그리고 예수님의 고난으로 인해 우리가 이처럼 하나님의 거룩한 자녀로 인침을 받게 되었습니다. 따라서 예수님의 고난을 통해 구원받은 하나님의 자녀답게 살고 있는지 자신을 성찰하면서, 각자의 삶을 말씀 안에서 바르게 추스르는 것이 특별 새벽 기도회의 첫 번째 의의입니다.

특별 새벽 기도회의 두 번째 의의는, 1년에 한 번 고난 주간 일주일 동안 열리는 특별 새벽 기도회를 통해 하루 일과를 시작하기 전의 기도를 생활화하기 위함입니다. 아침에 일어나서 아무 생각 없이 허겁지겁 하루의 일과를 시작하는 사람과, 마음을 가다듬고 하나님께 기도드리고 하루를 시작하는 사람의 삶이 동일할 수는 없지 않겠습니까? 기도는 우리의 시선을 하나님께 고정시키는 시간입니다. 기도는 저 멀리 하늘 너머에 계시지 않고 내 앞에 임해 계시는, 영이신 하나님을 나의 영혼으로 느끼는 시간입니다. 기도는 하나님의 숨결로 호흡하는 시간입니다. 기도는 하나님의 말씀으로 나를 정화하는 시간입니다. 한마디로 기도는 나를 비우고, 나의 빈 심령을 하나님으로 충만케 하는 시간입니다. 하나님의 생명과 사랑 그리고 말씀으로 나를 충만하게 채우는 것입니다. 그래서 하루 일과를 시작하기 전에 하나님과 독대하는 기도의 생활화, 기도의 체질화가 중요합니다. 그리스도인의 삶에서 이 부분이 결여될 경우 그리스도인들은 하나님과 무관하게 일상의 삶에 매몰되어 살다가, 단지 자신에게 무언가 다급한 일이 터지고 필요한 것이 있을 때만 자신의 요구 사항을 하나님께 일방적으로 통보하게 됩니다. 그런 기도로는 자신이 필요로 하는 것을 일시적으로 채울 수 있을지는 모르지만, 믿음의 성숙이나 삶의 성화를 이룰 수는 없습니다. 기도의 수준과 신앙의 성숙은 언제나 정비례합니다. 자기의 필요만을 요청하는 기도로는 자기만을 아는 이기적인 신앙에서 탈피할 수 없습니다. 지속적인 기도생활을 통해 매일 자신을 비우고 자신의 심령을 하나님으로 충만케 하는 사람만, 자신의 코끝에서 호흡이 멎는 순간 그리스도인으로서 자신의 삶에 대해 후회하지 않을 수 있습니다.

특별 새벽 기도회의 의미가 이처럼 하루 일과를 시작하기 전에 하나님과 독대하는 기도를 생활화하는 데 있으므로, 특별 새벽 기도회 기간 동안 반드시 이곳 예배당에 나올 필요는 없습니다. 새벽 기도회는 예배가 아닙니다. 우리가 주일에 드리는 예배는 '새신자반'에서 배운 것처럼 우리 자신이 하나님 앞에서 죽는 예식입니다. 옛날 구약시대의 유대인들이 귀한 제물을 하나님 앞에서 송두리째 재로 태워 버리는 번제를 드리듯, 주일예배는 경제성이나 합리성을 따지지 않고 자신의 귀한 시간과 물질을 오직 하나님을 위해 그냥 없애는 것입니다. 그 과정을 통해 자신의 시간과 물질의 주인이 하나님이심을 고백하면서, 자신의 삶 속에서 온전히 하나님만 드러나게 하는 것입니다. 그래서 병이 있거나 거동이 불편한 분 혹은 특별한 상황에 처한 분들을 제외하고는, 모든 그리스도인들은 주일예배는 반드시 예배당에서 드려야 합니다. 집에 앉아서 편하게 예배드리겠다는 마음으로는 하나님 앞에서 온전히 죽을 수 없습니다. 주일에 하나님을 위하여 귀한 시간과 물질을 없애면서 예배당을 찾아 나오는 순간부터 하나님 앞에서 자신이 죽는 예배가 시작됩니다.

하지만 주일예배와 달리 새벽 기도는 어디서나 드릴 수 있습니다. 공간에 따라 기도의 효력이나 효능이 달라지는 것은 아닙니다. 그러므로 댁이 예배당 근처에 있는 분이거나 특별히 새벽에 예배당에 나오기 원하시는 분들이 아니라면, 댁이 먼 교우님들은 구태여 이 먼 양화진까지 나오실 필요가 없습니다. 댁에서 인터넷을 통하여 실시간으로 특별 새벽 기도회에 동참하시면 됩니다. 동영상팀에서 전 교인이 동시에 교회 홈페이지에 접속해도 문제가 없게끔 만반의 준비를 갖추고 있습니다. 새벽에 일어나지 못하시는 분들은 아침 7시부터 적합한 시간에 교회 홈페이지 동영상을 통해 특별 새벽 기도회에 동참할 수 있습니다. 특별 새벽 기도회 기간이 아니더라도 주일을 제외한 주중 새벽 기도회는 매일 인터넷으로 연중무휴 생중계되고 있습니다. 이번 고난 주간 특별 새벽 기도회를 통해 우리가 아침에 일어나자마자 하나님과 독대하는 것으로부터 하루 일과를 시작하는 기도생활이 체질화된다면, 이 이후 우리들의 삶은 그 내용과 방법과 결과가 달라질 것입니다.

저희 교회 음향팀장으로 봉사하는 황병준 집사님은 지난 2월 제54회 그래미상Grammy 시상식에서 한국인으로는 최초로 '클래식 음반 최우수 녹음 기술상'을 수상했습니다. 그래미상은 잘 아시는 것처럼 음악 분야에서 세계 최고의 권위를 지닌 상입니다. 그 상을 수상한 황병준 집사님은 이를테면 세계적으로 공인된 음향 전문가인 셈입니다. 그분이 의미심장한 말을 했습니다. 그분이 한국 고유의 소리를 녹음하던 중 전라남도 승주군 송광사의 새벽 예불 소리를 녹음했습니다. 신라 말에 창건된 이래 천 년 이상 매일 새벽 3시에 드려지는 송광사의 새벽 예불은 스님 한 분의 독경과 목탁 소리로 시작됩니다. 황 집사님은 또 한국에서 유명한 교회의 특별 새벽 기도회 실황도 녹음했습니다. 각각 다른 두 장소에서 각각 다른 두 종교 현장의 소리를 녹음한 황 집사님은, 개신교인 수천 명의 통성기도 소리가 스님 한 분의 독경과 목탁 소리에 잠긴 내공을 이기지 못한다고 했습니다. 얼마나 가슴에 와 닿는 말인지 모르겠습니다. 눈을 감고 두 영상을 떠올리며 소리를 들어 보십시오. 한쪽에는 특별 새벽 기도회에 운집한 수천 명의 개신교인들이 "주여!" 삼창을 외치며 통성으로 기도하는 소리가 울려 퍼집니다. 또 한쪽에서는 스님 한 분의 독경과 목탁 소리가 들립니다. 우리가 황 집사님과 같은 세계적인 음향 전문가가 아니더라도, 수천 명 개신교인들의 통성기도 소리가 스님

한 분의 독경과 목탁 소리의 깊이를 당하지 못함을 알 수 있지 않습니까? 그 이유가 무엇이겠습니까? 스님의 독경과 목탁 소리는 자신을 비우려는 소리인 반면, 개신교인들의 통성기도 소리는 자기 욕망을 채우려는 소리이기 때문입니다. 욕망의 소리는 아무리 커도 한순간 공기를 진동시키다가 이내 사라져 버리는 무의미한 소음에 지나지 않습니다. 이번 고난 주간 특별 새벽 기도회를 계기로 우리가 아침마다 우리 자신을 비우고 우리의 심령을 하나님으로 충만케 하는 기도생활을 체질화한다면, 우리의 기도 소리가 설령 모기 소리보다 작아도 이 세상을 새롭게 하는 천상의 소리가 될 것입니다.

2차 전도 여행을 시작한 바울은 1차 전도 여행 때 방문했던 루스드라를 다시 찾아갔습니다. 그리고 그곳에서 전도의 사명을 마치고 다음 행선지를 향하여 루스드라를 떠날 때, 바울은 루스드라의 디모데를 자신의 동역자로 선택하여 그와 함께 루스드라를 떠났습니다. 디모데는 외할머니 로이스와 홀어머니 유니게—그 과부 모녀의 유일한 희망이었습니다. 그 두 여인의 입장에서 보자면 자신들의 유일한 희망인 디모데가 가난한 전도자 바울을 따라나섰다가는 세상적으로 출세하지 못할 것은 말할 것도 없고, 자신들의 여생 역시 고생길을 헤맬 것이 뻔했습니다. 그럼에도 그들은 자신들의 유일한 희망 디모데의 앞길을 가로막지 않았습니다. 그들은 하나님의 부르심에 따라 영원을 향한 소명의 삶을 살기 위해 자신들 곁을 떠나는 디모데를 기꺼이 떠나보내 주었습니다. 지난 시간에 말씀드린 것처럼 그들 역시 자신들을 위한 유람선 인생에서 벗어나 영원을 향한 소명의 삶에 나선, 다시 말해 자신들을 비우고 자신들의 심령을 하나님으로 가득 채운 진정한 그리스도인들이었기 때문입니다.

그러나 본문 3절의 증언은 우리를 당혹게 합니다.

바울이 그를 데리고 떠나고자 할새 그 지역에 있는 유대인으로 말미암아 그를 데려다가 할례를 행하니 이는 그 사람들이 그의 아버지는 헬라인인 줄 다 앎이러라.

바울이 디모데에게 직접 할례를 행했다는 것입니다. 대체 바울이 누구입니까? 바울이 목회하던 안디옥교회는 이방인들의 교회였습니다. 어느 날 예루살렘에서 내려온 거짓 교사들이 안디옥의 이방인 그리스도인들에게, 이방인들은 할례를 받지 않으면 절대로 구원받을 수 없다고 주장하며 안디옥교회를 평지풍파에 몰아넣었을 때 바울이 어떻게 대응했습니까? 바울은 그 거짓 교사들의 그릇된 주장을 조목조목 반박하는 것으로 그치지 않았습니다. 바울은 예루살렘 모교회를 방문하여 제1회 예루살렘 공의회를 통하여 이방인 그리스도인들에게 할례를 요구하는 것은 복음에 반하는 위법이라는 판결을 받아 오지 않았습니까? 그 바울이 단지 그 지역 유대인들이 디모데의 아버지가 이방인임을 안다는 이유로 디모데에게 자기 손으로 직접 할례를 행하였다는 것은 참으로 납득하기 어렵습니다. 그것은 바울이 그동안 보여 온 행동과 상치되는 것은 말할 것도 없고, 디도의 경우와도 모순되기 때문입니다. 바울의 제자였던 디도 역시 이방인이었습니다. 그러나 바울은 갈라디아서 2장 3절에서, 자신이 이방인 디도에게 할례를 받지 않게 했음을 공개적으로 밝히고 있습니다. 그렇듯 할례에 대해 강경한 자세를 취해 오던 바울이 왜 디모데에게만은 자기 손으로 직접 할례를 행하였습니까? 왜 바울은 디모데와 디도를 차별했습니까? 디도는 부모가 모두 이방인인 데 반해, 디모데는 어머니는 유대인이고 아버지는 이방인인 혼혈아였기 때문입니까? 그 해답은 본문 4–5절의 증언 속에서 찾을 수 있습니다.

여러 성으로 다녀갈 때에 예루살렘에 있는 사도와 장로들이 작정한 규례
를 그들에게 주어 지키게 하니 이에 여러 교회가 믿음이 더 굳건해지고
수가 날마다 늘어 가니라.

루스드라를 출발한 바울은 자신이 1차 전도 여행 때 방문했던 성읍들, 이
를테면 이고니온과 비시디아 안디옥 등을 다시 찾아갔습니다. 그리고 자신
으로부터 복음을 영접했던 이방인 그리스도인들을 다시 만나 예루살렘의
사도와 장로들이 작정한 규례를 그들에게 전하고 지키게 했습니다. 예루살
렘의 사도와 장로들이 작정한 규례란 제1회 예루살렘 공의회의 판결 내용이
었습니다. 즉 이방인 그리스도인들은 할례를 받을 필요는 없지만, 우상에게
제물로 바쳐진 음식과 교살당한 짐승의 고기나 피를 삼가라는 내용이었습
니다. 그것은 유대인들이 혐오하는 것들이었습니다. 만약 이방인 그리스도
인들이 일상생활 속에서 유대인들이 혐오하는 짓을 거리낌 없이 행한다면,
그들의 삶은 예수님을 알지 못하는 유대인들이 복음을 받아들이는 데 걸림
돌이 될 것이 뻔했습니다. 그래서 이미 우리가 알고 있는 것처럼 예루살렘의
사도들은 교회 안에 있는 이방인 그리스도인들이 교회 밖 불신 유대인들과
접촉점을 가지게끔 유대인들이 혐오하는 짓을 스스로 삼갈 것을 촉구한 것
이었습니다. 우상의 제물이나 교살한 짐승의 고기나 피를 먹는 것은 이방인
에게는 아무런 문제가 되지 않았습니다. 그것은 의와 불의, 혹은 선과 악의
문제가 아니었습니다. 그럼에도 이미 구원받은 이방인 그리스도인들에게 아
직 구원받지 못한 유대인들을 위해 그들이 혐오하는 것을 스스로 삼갈 것을
촉구했던 것입니다. 그 결과 현지 이방인 그리스도인들의 믿음은 더욱 견고
해졌고, 이방인 그리스도인들의 수도 날마다 늘어나게 되었습니다.

만약 루스드라에서 디모데를 만난 바울이 디모데가 외할머니와 홀어머니를 잘 봉양하면서 고향 루스드라에서 편안히 살기 원했다면, 바울은 다른 이방인 그리스도인들에게 한 것처럼 디모데에게도 할례받을 필요는 없으니 유대인들이 혐오하는 짓을 삼가면서 신앙생활 잘하라고 권면하는 것으로 그쳤을 것입니다. 그러나 바울은 디모데를 자신의 동역자로 선택하였습니다. 젊은 디모데로 하여금 자신과 같은 전도자의 삶을 살도록 인도한 것입니다. 전도자로서 바울의 동역자가 된다는 것은, 이방인 아버지와 유대인 어머니 사이에서 혼혈아로 태어난 디모데가 이방인뿐 아니라 유대인들에게도 복음의 증인이 되는 것을 의미했습니다. 혼혈아인 디모데가 이방인에게 복음을 전하는 것은 아무 문제가 없었지만, 유대인들에게 복음을 전하는 것은 보통 문제가 아니었습니다.

루스드라와 그 인근 지역의 유대인들이 어떤 사람들이었습니까? 바울의 1차 전도 여행 때 비시디아 안디옥의 유대인들은 바울을 모함하고 시내 유력자들을 선동하여 바울을 쫓아 버리지 않았습니까? 이고니온의 유대인들은 바울을 돌로 쳐 죽이려 하지 않았습니까? 루스드라의 유대인들은 이고니온과 비시디아 안디옥에서 바울을 죽이기 위해 원정 온 유대인들과 합세하여 루스드라 사람들을 충동하여 바울에게 돌세례를 퍼부었고, 피투성이가 되어 실신한 바울을 정말 죽은 것으로 간주하여 질질 끌고 나가 성 밖에 내팽개치지 않았습니까? 그 지역에 있는 대부분의 유대인들은 복음에 대해 극도의 악감정을 지닌 골수 유대교인들이었습니다. 그들은 루스드라의 디모데가 이방인의 피가 섞인 혼혈아임도 알고 있었습니다. 따라서 혼혈아인 디모데가 그들에게 복음을 전할 경우 이방인을 짐승이나 지옥의 땔감 정도로 여기는 인종적 편견에, 복음에 대해 극도의 악감정을 품고 있던 유대인들이 바울에게 반발한 것보다 디모데에게 더 크게 반발할 것은 불을 보듯 뻔했습니다. 그래서 바울은 앞으로 전도자의 삶을 살아갈 디모데에게 자신의 손으로 할례를 행하였습니다. 혼혈아 디모데로 하여금 예수님을 믿지 않는 유대인들과 접촉점을 갖게 해주기 위함이었습니다.

왜 바울이 이방인 그리스도인들의 할례를 주장하는 거짓 교사들의 주장에 격렬하게 맞섰습니까? 하나님의 구원은 인간의 선행이나 공로의 결과가 아니라 전적으로 하나님의 일방적인 은총입니다. 그래서 하나님의 구원은 자신이 죄인임을 자각한 인간에게는 언제나 복음입니다. 하지만 거짓 교사들은 할례가 구원을 위한 필수적인 절대 조건이라고 주장했습니다. 그것은 하나님께서 당신의 자녀로 구원해 주신 이방인 그리스도인들을 영적으로 죽이는 살해 행위였기에 바울은 격렬하게 맞설 수밖에 없었습니다. 바울이 이방인 디도에게 할례를 받지 않도록 한 것도 동일한 이유로 인함이었습니다. 만약 루스드라에서 단 한 명의 유대인이라도 디모데에게 할례가 구원을 위한 절대적인 조건이라며 시비를 걸었다면, 바울은 혼혈아인 디모데에게 결코 할례를 행하지 않았을 것입니다. 바울이 자기 손으로 디모데에게 할례를 행한 것은 그것이 구원을 위한 절대 조건이어서가 아니라, 앞으로 전도자로 살아갈 혼혈아 디모데가 예수님을 믿지 않는 유대인들에게 거리낌 없이 접근할 수 있게 해주기 위함이었습니다.

유대인들은 사내아이가 태어나면 8일 만에 할례를 행하였습니다. 할례는 남자 생식기의 포피를 잘라 내는, 요즈음 용어로 포경수술입니다. 바울이 디모데에게 할례를 행할 때 디모데는 생후 8일의 갓난아기가 아니었습니다. 당시 디모데는 18세로 추정되는 젊은이였습니다. 그 젊은이에게 바울이 할례를 행하였다는 것은, 이미 성인이 된 디모데가 할례받기에 동의하였음을 의미합니다. 마취약이 발달된 오늘날에도 생살을 도려내는 포경수술을 받은 성인 남자는 며칠 동안 육적 고통에 시달립니다. 하물며 변변한 마취약도 없던 2천 년 전, 의사도 아닌 전도자 바울로부터 할례를 받은 디모데의 육체적 고통은 이루 말할 수 없이 컸을 것입니다. 옛날 유대인들은 한 사람의 예외도 없이 모두 자신을 위해 할례를 받았습니다. 할례가 곧 선민임을 나타내는 절대적인 표식이라 믿었기 때문입니다. 그러나 디모데는 자기 자신을 위해 할례를 받은 것이 아니었습니다. 자신을 위해서라면 할례를 받을 필요가 전혀 없었지만, 이방인의 피가 섞인 혼혈아로서 사랑해야 할 유대인들을 사랑하기 위하여 자신의 생살을 도려내는 아픔을 기꺼이 감수하였습니다. 그 이유가 무엇이었습니까? 그것이 예수님의 방법이요, 사랑의 특성이기 때문입니다.

죄의 삯은 사망이기에, 죄인인 인간은 한 사람도 예외 없이 거룩하신 하나님 앞에서 영원한 죽음의 형벌을 받아야만 합니다. 그럼에도 하나님께서 우리에게 어떻게 구원의 은총을 거저 베풀어 주셨습니까? 단지 말로만 구원을 선포하셨습니까? 그렇지 않습니다. 당신의 독생자인 예수님으로 하여금 우리의 죗값을 대신 치르기 위한 십자가의 제물이 되게 하심으로 모든 죄인은 반드시 죽어야 한다는 하나님의 공의와, 그럼에도 불구하고 죄인을 살리시려는 하나님의 사랑이 십자가 위에서 완성되게 하셨습니다. 십자가 위에서 머리끝에서부터 발끝까지 찢어지는 예수님의 고난을 통해 죄사함을 얻는 하나님의 구원의 은총이 우리에게 주어진 것입니다.

'새신자반'을 통해 배운 것처럼 가시관을 쓰신 예수님의 머리가 찢겨져 우리의 죗값을 대신 치러 주심으로, 우리가 머리로 지은 죄가 사함 받지 않았습니까? 로마 군인의 채찍질에 예수님의 가슴이 찢어져 우리의 죗값을 대신 치러 주심으로, 우리가 마음으로 지은 죄가 사함 받지 않았습니까? 예수님의 두 손이 못박혀 우리의 죗값을 대신 치러 주심으로, 우리가 손으로 범한 모든 죄가 사함 받지 않았습니까? 못박힌 예수님의 두 발이 우리의 죗값을 대신 치러 주심으로, 우리가 다녀서는 안 될 곳을 다니며 우리의 발로 지은 죄가 사함 받지 않았습니까? 창에 찔린 옆구리에서 마지막 피 한 방울까지 다 쏟으며 예수님께서 우리의 죗값을 대신 치러 주셨기에, 우리가 썩어 문드러질 우리의 몸뚱이로 지은 모든 죄가 사함 받지 않았습니까? 이처럼 예수님께서 십자가 위에서 당신의 육체가 찢어지고 피 흘리는 죽음의 아픔을 기꺼이 감수하셨기에, 그분의 아픔을 통해 우리가 영원한 생명을 얻지 않았습니까? 예수님께서 왜 그 죽음의 아픔을 감수하셨습니까? 우리를 사랑하시기 때문이었고, 그것이 사랑의 특성이기 때문입니다. 당신의 독생자가 십자가에 못박혀 죽어 가는 광경을 내려다보시는 하나님 아버지의 마음은 또 얼마나 아프셨겠습니까? 당신의 독생자를 죽음 속에 내던진다는 것은 곧 하나님 아버지 당신을 도려내는 아픔이지 않았겠습니까? 왜 하나님 아버지께서는 당신을 도려내는 그 아픔을 감수하셨습니까? 두말할 것도 없이 우리를 사랑하시기 때문이었고, 그것이 사랑의 특성이기 때문입니다. 그 삼위일체 하나님을 믿는 디모데가 사랑해야 할 유대인들을 사랑하기 위하여 자기 생살을 도려내는 아픔을 기꺼이 감수한 것은 지극히 당연한 일 아니겠습니까? 그 디모데를 주님께서 당신의 통로로 사용하신 것 또한 지극히 당연한 귀결 아니겠습니까?

예수님께서도 희로애락을 느끼는 육체를 지닌 인간이시지 않았습니까? 그럼에도 어찌 예수님께서는 우리를 위해 당신의 사지를 찢으시는 죽음의 아픔을 감수하실 수 있었겠습니까? 당신을 철저하게 비우셨기 때문입니다. 예수님께서 십자가에 못박히시기 전, 겟세마네 동산에서 땀방울에 피가 맺히기까지 무엇을 간구하셨습니까?

나의 원대로 마시옵고 아버지의 원대로 하옵소서(마 26:39).

　한마디로 예수님께서는 당신을 온전히 비우고 당신의 심령을 하나님으로 충만하게 하셨습니다. 그리고 그 하나님을 힘입어 우리를 구원하시기 위한 십자가의 고난, 죽음의 아픔을 기꺼이 감수하셨습니다. 그렇다면 유대인을 사랑하기 위해 자신의 생살을 도려내는 아픔을 감수한 디모데에게도 자신을 비우기 위한 기도가 선행되었을 것임은 두말할 나위도 없습니다. 자신을 비우는 기도 없이 어찌 혼혈아 디모데가 유대인을 위해 자신의 생살을 도려낼 수 있었겠습니까?

　왜 예수 그리스도의 사랑을 노래하는 우리의 삶 속에 정작 사랑의 열매는 결실되지 않는 것입니까? 왜 우리가 우리의 본의와는 상관없이 대책 없는 대립과 분열과 다툼의 원인 제공자로 살아가고 있는 것입니까? 사랑하기 위해 아픔을 감수하려 하지는 않기 때문입니다. 그 아픔은, 우리를 위해 당신을 도려내는 아픔을 감수하신 하나님의 도우심 속에서만 감내할 수 있습니다.

　우리를 위해 죽음의 아픔을 감수하신 예수님의 고난을 기리는 고난 주일을 맞이하여 우리 모두 겟세마네의 예수님을 본받아, 날마다 우리 자신을 비우기 위해 하나님 앞에 무릎 꿇는 기도의 사람이 되십시다. 기도를 통해 매일 우리의 심령을 하나님으로 충만케 하십시다. 그때 우리는 사랑해야 할 사람을 위해 자기를 도려내는 아픔을 감수할 줄 아는 이 시대의 디모데가 될 것이요, 여인에게 해산의 아픔이 곧 기쁨이듯이, 사랑하기 위한 아픔은 예수 그리스도 안에서 생명의 기쁨으로 승화될 것입니다. 세상이 새로워짐으로 내가 새로워지는 것이 아니라, 내가 새로워짐으로 비로소 세상이 새로워집니다. 주님 안에서 새로워진 나를 통로로 삼아 주님께서 이 세상을 새롭게 하시기 때문입니다.

오늘 우리에게 고난 주일을 주셔서, 예수님께서 우리를 살리시기 위해 십
자가에서 당하신 고난의 의미를 우리의 심령 속에 다시 한 번 각인시켜
주셔서 감사합니다. 예수님의 고난을 통해 얻은 새 생명 속에서, 우리의
삶이 날로 새로워지게 해주십시오.

특별히 고난 주간 동안 특별 새벽 기도회의 기회를 허락해 주심도 감사
합니다. 새벽 기도회 시간에 직접 예배당에 나오든, 인터넷을 통해 실시
간으로 참여하든, 적절한 시간에 홈페이지 동영상을 통해 참여하든, 이
일주일 동안 우리의 삶 속에서, 하루의 일과를 시작하기 전 하나님과 독
대하는 기도생활이 체질화되게 해주십시오. 매일 아침 우리의 시선을 하
나님께 고정시키고, 우리 앞에 임해 계시는 하나님을 온 영혼으로 느끼
고, 하나님의 숨결로 호흡하면서, 하나님의 말씀으로 우리를 정화시키는
기도의 사람이 되게 해주십시오.

겟세마네 동산의 예수님처럼 날마다 우리를 온전히 비우고, 우리의 심령
을 하나님으로 충만토록 하여 주십시오. 기도생활을 통해, 우리를 위하
여 죽음의 아픔을 감수하신 예수님처럼 우리가 사랑해야 할 사람을 위
해 우리 자신을 도려내는 아픔을 기꺼이 감내하게 하시고, 우리를 위한
예수님의 죽음의 아픔이 부활의 생명으로 승화되었듯이 우리의 아픔 또
한 생명의 기쁨으로 승화되게 해주십시오. 예수님의 고난 없이 십자가의
구원이 있을 수 없듯, 아픔 없는 사랑은 한낱 사람을 해치는 마약에 지
나지 않음을 잊지 말게 해주십시오. 우리가 아무리 보잘것없는 존재라 할
지라도, 매일 기도로 하루의 일과를 시작하는 우리의 삶이 이 시대를 새

롭게 하는 디모데의 삶이 되게 해주십시오. 그리하여 오늘 사랑하기 위해 아픔마저 마다하지 않는 우리의 삶이, 내일 찬란한 부활을 향한 디딤돌이 되게 해주십시오. 아멘.

5. 예수의 영이 부활 주일

사도행전 16장 6-10절

성령이 아시아에서 말씀을 전하지 못하게 하시거늘 그들이 브루기아와 갈라디
아 땅으로 다녀가 무시아 앞에 이르러 비두니아로 가고자 애쓰되 **예수의 영이**
허락하지 아니하시는지라 무시아를 지나 드로아로 내려갔는데 밤에 환상이 바
울에게 보이니 마게도냐 사람 하나가 서서 그에게 청하여 이르되 마게도냐로 건
너와서 우리를 도우라 하거늘 바울이 그 환상을 보았을 때 우리가 곧 마게도냐
로 떠나기를 힘쓰니 이는 하나님이 저 사람들에게 복음을 전하라고 우리를 부
르신 줄로 인정함이러라

　　금요일 오전 9시에 십자가에 못박히신 예수님께서는 그날 오후 3시에 운
명하셨습니다. 여섯 시간 만에 운명하신 것이었습니다. 그 소식을 접한 로
마 총독 빌라도가 설마 그렇게 빨리 죽었을까 하고 이상히 여길 정도였습니
다(막 15:44). 십자가형은 단칼에 목을 쳐서 사람을 순식간에 죽이는 참수형
같은 처형법이 아니었습니다. 사람의 급소를 건드리지 않는 십자가형은, 십

자가에 못박힌 죄수의 피와 진액이 빠져 죽게 하는 잔인한 처형법이었습니다. 그래서 건강한 청년이 십자가에 못박힐 경우 마지막 숨이 끊어지기까지는 최소한 하루 이상에서 길게는 사흘까지 소요되었습니다. 하지만 십자가에 못박히신 예수님께서 불과 여섯 시간 만에 운명하셨다는 것은, 예수님께서 그 정도로 허약 체질이셨음을 의미합니다.

달동네 나사렛 출신이신 예수님께서는 3년에 걸친 공생애 기간 내내 갈릴리의 빈민들과 함께 사셨습니다. 제대로 잡수시거나 입으실 수 있는 형편이 아니었습니다. 게다가 '여우도 굴이 있고 공중의 새도 집이 있으되 인자는 머리 둘 곳이 없다'(눅 9:58)고 자탄하신 예수님께는 일정한 잠자리마저 없었습니다. 하고한 날 그런 삶을 사셨으니 예수님께서는 허약 체질이실 수밖에 없었습니다. 얼마나 허약 체질이셨으면 당신이 못박히실 십자가를 당신 자력으로 끝까지 메고 가실 수도 없었습니다. 당시 십자가형에 처해지는 사형수는 자신의 형틀인 십자가를 자기 어깨로 메고 사형장까지 가야만 했습니다. 예수님과 함께 못박혔던 두 강도 역시 자력으로 자신들의 형틀을 끌고다까지 메고 갔음은 물론입니다. 그러나 예수님께서는 얼마나 허약하셨던지 구레네 사람 시몬이 대신 져드려야만 했습니다(마 27:32). 또 허약한 체질로 십자가에 못박히신 예수님께서는 사지가 찢어지는 고통을 이기지 못해 하늘을 향해 "나의 하나님, 나의 하나님, 어찌하여 나를 버리셨나이까?"(마 27:46) 하고 절규하시기까지 했습니다. 그리고 빌라도 총독이 그렇게 빨리 죽었을까 하고 이상하게 여길 정도로, 불과 여섯 시간 만에 운명하시고 말았습니다.

예수님의 시신은 죽은 사람을 매장하는 우리의 장례법과는 달리, 유대인의 관습에 따라 바위동굴무덤 속에 안치되셨습니다. 대제사장들은 그 동굴 입구를 가로막은 돌문에 봉인한 다음 경비병으로 하여금 그 동굴무덤을 지키게 했습니다. 예수님의 제자들이 예수님의 시신을 훔쳐 가지 못하게 하기 위함이었습니다. 봉인은 도장을 찍어 누구든 함부로 손을 대지 못하게 하는 것입니다. 도장은 권한과 권위의 표식입니다. 가령 아무개를 장관에 임명한다는 임명장에 제가 제 도장을 찍었다면 그 임명장은 휴지 조각에 지나지 않습니다. 제게는 장관을 임명할 수 있는 권한도 권위도 없기 때문입니다. 장관을 임명하는 임명장에 도장을 찍을 수 있는 사람은 대통령뿐입니다. 대통령만 내각 임명의 권한과 권위를 지니고 있습니다. 대제사장들이 예수님의 시신이 안치된 바위동굴무덤의 돌문을 자신들의 도장으로 봉인했다는 것은 자신들의 권한과 권위로 그 무덤을 폐쇄했다는 의미입니다. 대제사장들은 유대교 최고 지도자들로서 유대인이라면 누구도 그들의 뜻을 거역할 수 없었습니다. 따라서 그들이 봉인한 예수님의 무덤은 그 누구도 열수 없었습니다. 그러나 예수님께서 십자가에 못박혀 돌아가신 지 사흘째 되는 날인 주일 이른 새벽, 여인들이 예수님의 무덤을 찾아갔을 때 대제사장들이 봉인한 예수님의 바위동굴무덤이 열려 있었습니다. 그리고 그 무덤 속에 으레 있어야 할 예수님의 시신이 보이지 않았습니다. 예수님께서 이미 부활하셨기 때문입니다.

예수님께서 겟세마네 동산에서 땀에 피가 배기까지 당신 자신을 위해 간구하실 때, 하늘은 검은 침묵의 휘장으로 뒤덮여 있었습니다. 그러나 그때 하나님 아버지께서는 예수님의 기도를 다 듣고 계셨습니다. 허약한 체질로 십자가에 못박힌 예수님께서 '어찌하여 나를 버리시나이까?' 하고 피맺힌 소리로 절규하실 때, 예수님을 조롱하던 유대인들이 보기에 예수님은 영락없이 하나님께 버림받은 죽어 마땅한 죄인이었습니다. 하지만 그때에도 하나님 아버지께서는 예수님의 고난을, 예수님의 고통을 다 보고 계셨습니다. 마침내 예수님께서 운명하시고, 예수님의 시신이 바위동굴무덤 속에 안치되시고, 그 입구의 돌문이 대제사장들의 봉인으로 폐쇄될 때, 그것으로 예수님의 생애는 비극적으로 끝난 것처럼 보였습니다. 그러나 하나님 아버지께서는 그 모든 광경도 보고 계셨습니다. 당신의 독생자이신 예수님으로 하여금 인간의 죗값을 대신 치르는 십자가의 제물로 온전히 죽게 하심으로, 하나님께서 모든 죄인은 반드시 죽어야 한다는 당신의 공의가 온전히 성취되게 하신 것이었습니다. 그리고 사흘째 되는 날 하나님 아버지께서 대제사장들이 봉인한 바위동굴무덤의 돌문을 열어젖히셨습니다. 하나님 아버지 앞에서 대제사장들의 봉인은 한낱 휴지 조각에 지나지 않았습니다. 만약 대로마제국의 황제가 봉인했더라도 결과는 동일했을 것입니다. 하나님 아버지께서는 그 바위동굴무덤 속에 안치된 예수님의 시신을 죽음 속에서 일으키셨습니다. 그리고 다른 사람들의 손에 의해 시신으로 안치되었던 예수님께서는 당신의 두 발로 동굴무덤에서 걸어 나오셨습니다. 하나님 아버지의 권능에 의해 예수님께서 부활하신 것이었습니다.

시신으로 안치되셨던 예수님께서 당신의 두 발로 무덤 속에서 걸어 나오셨기에, 그분 안에서 우리는 죄와 사망의 올무에서 벗어나 영원한 생명을 누리게 되었습니다. 예수님께서 죽음의 무덤 속에서 걸어 나오셨기에, 우리의 죽음은 종착역이 아니라 영원한 하나님 나라를 향한 관문이 되었습니다. 예수님께서 죽음의 무덤 속에서 걸어 나오셨기에, 그분은 우리의 영원한 힘과 소망이 되셨습니다.

부활하신 예수님께서는 이 땅에서 당신의 제자들과 함께 40일 동안 지내신 뒤, 제자들이 보는 가운데 승천하셨습니다. 그렇다면 예수님께서는 지금 어디에 계십니까? 승천하신 예수님께서는 하나님 나라에만 계십니까? 예수님께서 승천하시기 직전 "내가 세상 끝 날까지 너희와 항상 함께 있으리라"고 마태복음 28장 20절을 통해 약속하시지 않았습니까? 언제나 우리와 함께 하시면서 우리를 책임져 주시리라는 약속이셨습니다. 승천하신 예수님께서 대체 어떻게 우리와 항상 함께하시며 우리를 책임져 주실 수 있겠습니까? 오늘 우리가 살펴보고자 하는 단락이 바로 이 질문에 대한 해답을 제시해 주고 있습니다.

루스드라에서 전도의 사명을 마친 바울은 다음 행선지를 향해 루스드라를 떠났습니다. 루스드라에 도착했을 때는 바울 일행이 바울과 실라—이렇게 두 사람이었는데, 루스드라를 출발할 때는 그 두 사람에 루스드라의 디모데가 합류하여 세 사람이 되었습니다. 지난 시간에 말씀드린 것처럼 바울은 실라 그리고 디모데와 함께 자신이 1차 전도 여행 때 방문했던 이고니온과 비시디아 안디옥과 같은 성읍들을 다시 찾아갔습니다. 그리고 1차 전도 여행 때 자신으로부터 복음을 영접한 이방인 그리스도인들을 다시 만나 그들에게 제1회 예루살렘 공의회 판결 내용을 전해 주고 그 내용을 지키게 했습니다. 그 내용은 이방인 그리스도인들은 할례를 행할 필요는 없지만, 교회 밖 유대인들과의 접촉점을 갖기 위해 유대인들이 혐오하는 짓은 스스로 삼가라는 것이었습니다. 그리고 바울 일행의 재방문으로 인해 현지 이방인 그리스도인들의 믿음은 더욱 견고해졌고, 결과적으로 이방인 그리스도인들의 수가 날마다 더 늘어나게 되었습니다.

오늘의 본문 6절은 이렇게 시작됩니다.

성령이 아시아에서 말씀을 전하지 못하게 하시거늘 그들이 브루기아와 갈라디아 땅으로 다녀가.

바울 일행은 계속하여 아시아에서 복음을 전하려 했습니다. 아시아는 오늘날처럼 아시아 대륙 전체를 가리키는 명칭이 아니라, 오늘날 터키 대륙의 서부에 해당하는 지역 명칭이었습니다. 그러나 웬일인지 성령님께서 아시아에 복음을 전하려는 바울 일행의 앞길을 가로막으셨습니다. 그래서 바울 일행은 터키 대륙의 중부 지역에 해당하는 브루기아와 갈라디아 땅을 거쳐 북쪽으로 올라갔습니다.

> 무시아 앞에 이르러 비두니아로 가고자 애쓰되 예수의 영이 허락하지 아니하시는지라 무시아를 지나 드로아로 내려갔는데(7–8절).

터키 대륙의 서북쪽에 위치한 무시아로 진출한 바울 일행은 무시아의 동쪽에 펼쳐져 있는 비두니아로 나아가기 위해 애썼지만, 이번에는 예수님의 영이 허락하시지 않았습니다. 바울 일행은 어쩔 수 없이 비두니아와 반대 방향인 서쪽 드로아로 내려갔습니다. 드로아는 터키 대륙과 유럽의 마게도냐, 즉 오늘날 유럽 대륙의 발칸반도를 연결하는 주요 항구도시였습니다.

> 밤에 환상이 바울에게 보이니 마게도냐 사람 하나가 서서 그에게 청하여 이르되 마게도냐로 건너와서 우리를 도우라 하거늘 바울이 그 환상을 보았을 때 우리가 곧 마게도냐로 떠나기를 힘쓰니 이는 하나님이 저 사람들에게 복음을 전하라고 우리를 부르신 줄로 인정함이러라(9–10절).

바울 일행이 드로아에 도착한 뒤 밤에 바울에게 환상이 보였습니다. 마게도냐 사람 즉 유럽 사람이 바울에게, 자신들에게 건너와서 자신들을 도와주기를 요청하는 환상이었습니다. 그 즉시 바울 일행은 바다 건너 마게도냐를 찾아가기로 했습니다. 바울 일행은 바울이 본 환상을, 하나님께서 마게도냐 사람들에게 복음을 전하라고 명령하시는 것으로 받아들인 것이었습니다.

이상과 같은 내용을 전해 주는 본 단락 속에서 우리는 대단히 중요한 사실을 확인하게 됩니다. 6절은 성령님께서 바울 일행이 아시아에서 말씀을 전하지 못하게 하셨음을 증언합니다. 7절은 무시아에서 비두니아로 진출하려는 바울의 계획을 예수님의 영이 허락하시지 않았음을 전해 줍니다. 또 10절에 의하면 드로아에서 환상을 본 바울은 그 환상을, 마게도냐로 건너가 그곳 사람들에게 복음을 전하라는 하나님의 명령으로 받아들였습니다. 이처럼 오늘의 본문은 '성령', '예수의 영', 그리고 '하나님'을 구별 없이 동격으로 사용하고 있습니다. 그것은 너무나도 당연한 일 아니겠습니까? 우리가 믿는 성부, 성자, 성령 하나님은 각각 다른 세 신이 아니라 삼위일체 하나님이십니다. 그러므로 성령님은 성부이신 하나님 아버지의 영이신 동시에 성자이신 예수님의 영이심을 오늘의 본문이 재확인시켜 주고 있습니다.

무덤 속에서 시신으로 안치되셨던 예수님께서는 하나님 아버지에 의해 부활하셨고, 부활하신 예수님께서는 하나님 나라로 승천하셨습니다. 그렇다고 부활하신 예수님께서 하나님 나라에만 계시는 것은 아닙니다. 부활하신 예수님께서는 영으로 우리와 함께하시면서 우리의 발걸음을 인도하시고, 우리를 도우시며, 우리를 통해 당신의 뜻을 이루심으로, '세상 끝 날까지 너희와 항상 함께 있으리라'고 말씀하신 마태복음 28장 20절의 약속을 어김없이 지키고 계십니다.

그렇다면 부활하신 예수님께서 영으로 바울과 함께하시면서 바울 일행의 발걸음을 어떻게 인도하셨고, 어떻게 도우셨으며, 또 당신의 어떤 뜻을 이루셨습니까?

2차 전도 여행을 시작한 바울이 수리아의 안디옥을 출발하여 터키 대륙을 향해 북쪽으로 올라간 애초의 목적은, 1차 전도 여행 때 자신이 찾아갔던 성읍들을 재방문하여 자신으로부터 복음을 영접한 이방인 그리스도인들의 믿음을 더욱 다져 주고, 나아가 광활한 터키 대륙 곳곳에 복음을 전하기 위함이었습니다. 바울이 다시 찾아간 루스드라와 이고니온 그리고 비시디아 안디옥에는 바울의 1차 전도 여행 때 바울을 죽이려 했던 무자비한 유대인들이 그대로 살고 있었습니다. 그곳을 다시 찾아갔다가는 또다시 죽음의 돌팔매질을 당할지도 모를 일이었지만, 바울은 두려워하지 않고 그 성읍들을 다시 찾아갔습니다. 부활하신 예수님의 영이 자신과 함께하고 계심을 믿었기 때문입니다. 그러나 거기까지였습니다. 예수님께서는 바울이 터키 대륙에서 더 이상 복음 전하는 것을 허락하시지 않았습니다. 예수님께서는 바울 일행의 발걸음을 드로아로 인도하시고, 그곳에서 밤에 환상을 보게 하심으로 바울 일행을 바다 너머 유럽 대륙으로 건너가게 하셨습니다. 애당초 바울의 2차 전도 여행 대상지는 터키 대륙에 국한되어 있었습니다. 아시아인이었던 바울이 유럽 대륙으로 건너가 유럽인들에게 복음을 전한다는 것은, 바울로서는 그때까지 상상조차 못한 일이었습니다. 하지만 부활하신 예수님께서 신묘막측한 당신의 방법으로 바울을 유럽으로 인도하시고, 바울로 하여금 2천 년 기독교 역사상 유럽인에게 복음을 전한 최초의 전도자가 되게 하시고, 로마제국과 유럽 대륙 복음화의 초석이 되게 하셨습니다.

그뿐만이 아닙니다. 6절을 다시 보시겠습니다.

성령이 아시아에서 말씀을 전하지 못하게 하시거늘 그들이 브루기아와 갈라디아 땅으로 다녀가.

6절 하반절의 주어는 "그들"입니다. '그들'은 바울 일행, 그러니까 바울과 실라 그리고 디모데를 일컫는 주어입니다. 이번에는 10절 상반절을 다시 보시겠습니다.

> 바울이 그 환상을 보았을 때 우리가 곧 마게도냐로 떠나기를 힘쓰니.

그리고 다음은 사도행전의 마지막 장인 28장 16절의 증언입니다.

> 우리가 로마에 들어가니 바울에게는 자기를 지키는 한 군인과 함께 따로 있게 허락하더라.

바울 일행을 가리키는 주어 '그들'이 본문 10절에서부터 '우리'로 바뀌었습니다. 그리고 그 이후부터 사도행전의 마지막 장인 28장에 이르기까지 바울 일행은 대부분의 경우 '우리'라고 일컬어지고 있습니다. '우리'는 화자話者, 즉 말하는 사람 자기 자신을 포함한 1인칭 복수형 주어입니다. 사도행전의 경우에는 사도행전을 기록한 사람 자기 자신을 포함한 1인칭 복수형 주어입니다. 사도행전을 누가 기록했습니까? 바울입니까? 아닙니다. 바울이 아니라면 바울의 일행인 실라나 디모데입니까? 만약 그 두 사람 중의 한 사람이 사도행전을 기록했다면, 바울 일행을 가리키는 주어는 진작부터 '그들'이 아니라 '우리'로 기록되었어야만 할 것입니다. 사도행전을 기록한 사람은 바로 누가복음을 기록한 누가입니다. 그 누가가 바울 일행이 드로아에 도착한 시점부터 자신을 포함하여 바울 일행을 '우리'라고 기록했다는 것은, 누가가 드로아에서부터 바울 일행에 합류하였음을 의미합니다. 본래 바울은 터키 대륙의 서부 지역인 아시아에서, 그다음에는 북쪽 비두니아에서 복음을 전하려 했지만 예수님께서 번번이 바울의 발걸음을 가로막으셨습니다. 그 대신 예수님께서 바울 일행을 인도해 가신 곳이 드로아였고, 그곳에서 바울과 누가가 만나게 하셨고, 누가로 하여금 바울의 일행이 되게 하셨습니다.

누가는 어떤 사람이었습니까? 바울은 골로새서 4장 14절에서 누가의 직업이 '의사'였음을 밝혀 주고 있습니다. 그리고 바울이 누가를 만난 드로아는 바울 일행이 유럽 대륙으로 건너가기 위해 배를 탄 항구였습니다. 그 이후 바울의 2차 전도 여행은 3차 전도 여행으로 이어졌고, 생애 말년 로마를 찾아가 예수님을 위해 참수형을 당하기까지 바울의 삶은 매질과 채찍질과 옥살이의 연속이었습니다. 게다가 바울은 평소 지병을 앓고 있었습니다. 바울 역시 병약한 체질이었던 것입니다. 그래서 부활하신 예수님께서, 병약한 체질로 당신의 증인 된 삶을 살고자 자신을 내던진 바울을 위해 당신의 방법으로 의사 누가를 바울에게 붙여 주신 것이었습니다. 바울은 재벌이 아니었습니다. 최고 권력자도 아니었습니다. 바울은 다치거나 병이 들어도 의사를 찾아갈 경제적 여력도 없는 가난한 전도자일 뿐이었습니다. 그 가난한 전도자 바울이 자신이 죽는 날까지 자신을 돌보아 줄 의사를 대동하고 다닌다는 것은 감히 꿈도 꿀 수 없는 일이었습니다. 그러나 부활하신 예수님께서 당신의 방법으로 바울과 누가가 만나게 하시고, 누가의 마음을 감동시키시어 바울이 살아 있는 동안 바울과 밤낮 동행하며 그의 건강을 보살펴 주게 하셨습니다. 그뿐 아니라 부활하신 예수님께서는 분석적이고 논리적인 의사 누가로 하여금 바울의 일거수일투족을 사도행전 속에 기록하게 하셔서, 그 기록이 인간을 위한 하나님의 말씀이 되게 하셨습니다.

이처럼 바울에게 부활하신 예수님께서는 천상의 존재가 아니라, 언제나 자기 곁에서 자신의 삶을 책임져 주시는 자기 생의 주인이셨습니다.

오늘은 예수님의 부활을 기리는 부활 주일입니다. 인간의 죗값을 대신 치르시기 위해 십자가에 못박히신 예수님께서는 불과 여섯 시간 만에 운명하실 정도로 허약한 체질이셨습니다. 그러나 허약 체질이셨다고 해서 영원한 죽음의 먹이가 되신 것은 결코 아니었습니다. 시신으로 무덤 속에 안치되셨던 예수님께서는 당신의 두 발로 무덤에서 걸어 나오셨습니다. 인간의 몸을 입고 이 땅에 오시어 인간을 위해 시신이 되셨던 예수님께서 하나님 아버지에 의해 영원히 부활하신 것입니다. 부활하신 예수님께서는 영으로 바울과 동행하시면서, 당신을 위해 또다시 2차 전도 여행을 시작하는 바울에게 예루살렘 모교회의 선지자 실라와 루스드라의 신실한 청년 디모데를 동역자로 붙여 주셨습니다. 그리고 바울의 발걸음을 때로 가로막으시며 그를 드로아로 인도하시어, 병약한 체질인 그를 위해 의사 누가를 붙여 주시고, 그가 상상치도 못한 유럽 대륙을 위한 최초의 전도자가 되게 해주셨습니다. 더욱이 누가로 하여금 바울의 일거수일투족을 낱낱이 기록하게 하심으로 그의 삶 자체가 하나님의 말씀인 사도행전이 되게 하셨습니다.

그 좋으신 바울의 예수님께서 바로 오늘, 우리가 부활의 구주로 고백하는 그 예수님이심을 믿으십니까? 그렇다면 때로 우리의 인생 앞길이 가로막히고 우리의 계획이 무산될 때, 절대로 절망하거나 좌절하지 마십시다. 그것이야말로 부활하신 예수님께서 우리 각자를 위해 친히 예비하신 드로아로 우리를 인도하시려는 그분의 손길입니다. 부활하신 예수님께서 대륙으로 나아가기 원하는 우리에게 느닷없이 배를 타고 바다를 건너가라 명령하시더라도, 주저하지 말고 용기 있게 그 배에 오르십시다. 그 순종을 통해, 우리의 머리로는 상상치도 못할 예수님의 섭리가 우리의 삶을 통로로 삼아 이 시대의 역사 속에 눈부시게 전개될 것입니다. 그리고 어떤 사람이든 사람과의 만남을 소중히 가꾸십시다. 그 만남을 통해, 부활하신 예수님께서는 우리에게 예루살렘의 선지자 실라, 루스드라의 청년 디모데, 그리고 드로아의 의사 누가를 붙여 주실 것입니다. 그 부활의 주님께 우리의 삶을 온전히 의탁하십시다. 부활하신 예수님께서, 공동묘지에서 한 줌의 흙으로 끝나 버릴 우리의 인생을 영원한 사도행전으로 엮어 주실 것입니다.

오직 부활하신 예수님만 우리의 영원한 힘이시요, 소망이십니다.

무덤 속에 시신으로 안치되셨던 예수님께서, 대제사장들의 봉인을 휴지 조각으로 만들고 부활해 주셔서 감사합니다. 부활하신 예수님께서 무덤 속에서 걸어 나오심으로, 죄와 사망의 올무에 갇힌 우리에게 살길을 주셔서 감사합니다. 부활하신 예수님께서 무덤 속에서 걸어 나오심으로, 우리의 죽음이 종착역이 아니라 영원한 하나님 나라를 향한 관문이 되게 해주셔서 감사합니다. 부활하신 예수님께서 우리와 상관없는 천상의 존재가 아니라, 영으로 늘 우리와 동행하시면서 우리의 발걸음을 인도해 주시고, 우리를 도우시며, 우리의 삶을 통해 우리가 상상할 수조차 없는 당신의 섭리를 이루고 계심을 감사합니다. 그 부활의 예수님을 우리의 구주로 믿게 해주셔서 감사합니다.

때로 우리의 인생 앞길이 까닭 없이 가로막히고 우리의 인생 계획이 무산될 때, 그것이야말로 부활하신 예수님께서 우리 각자를 위해 친히 예비하신 드로아로 우리를 인도하시려는 손길임을 믿고 감사하게 해주십시오. 우리의 계획에도 없던 배를 타게 될 때, 부활하신 예수님께서 우리가 상상치도 못할 당신의 섭리를 우리의 삶 속에서 이미 성취하기 시작하셨음을 믿으며, 설레는 마음으로 용기 있게 그 배에 오르게 해주십시오. 서로서로 사람과의 만남을 소중히 가꾸는 가운데, 부활하신 예수님 안에서 서로가 서로에게 실라와 디모데 그리고 누가가 되게 해주십시오. 부활하신 예수님만 우리의 힘이요 소망이심을 날마다 고백하는 우리의

삶이, 죽음의 무덤 속에 갇힌 이 시대를 부활케 하는 예수님의 사도행전
이 되게 해주십시오. 아멘.

6. 허락하지 아니하시는지라

사도행전 16장 6-10절
성령이 아시아에서 말씀을 전하지 못하게 하시거늘 그들이 브루기아와 갈라디아 땅으로 다녀가 무시아 앞에 이르러 비두니아로 가고자 애쓰되 예수의 영이 **허락하지 아니하시는지라** 무시아를 지나 드로아로 내려갔는데 밤에 환상이 바울에게 보이니 마게도냐 사람 하나가 서서 그에게 청하여 이르되 마게도냐로 건너와서 우리를 도우라 하거늘 바울이 그 환상을 보았을 때 우리가 곧 마게도냐로 떠나기를 힘쓰니 이는 하나님이 저 사람들에게 복음을 전하라고 우리를 부르신 줄로 인정함이러라

인도의 기독 지성인이자 사회운동가인 비샬 망갈와디Vishal Mangalwadi는 근래 서구 교회 지도자들로부터 주목받는 동양인입니다. 오늘날 서구 사회에서 구시대의 유물로 취급받고 있는 기독교적 가치관이 비샬 망갈와디에 의해 재조명되고 있기 때문입니다. 서구 사회가 부유하고 강한 선진사회를 이룰 수 있었던 요인을, 대부분의 사람들은 산업혁명을 기점으로 한 과

학기술 문명의 발전으로 이해하고 있습니다. 그러나 비샬 망갈와디는 서구 사회가 선진사회가 될 수 있었던 절대적인 요인은 그 사회가 하나님의 말씀 위에 세워졌었기 때문이라고 주장합니다. 그는 자신의 저서 《변혁의 중심에 서라 Truth and Transformation》에서 자신의 경험담을 소개하고 있습니다.

1980년 비샬 망갈와디는 네덜란드 자선단체가 주관하는 컨퍼런스에 강사로 초청되어 난생처음으로 네덜란드를 여행하였습니다. 어느 날 오후 자신을 초청한 얀 박사가 "우유를 마시러 가자"고 해서 두 사람은 시골길을 걸어 목장으로 갔습니다. 100여 마리의 소가 있는 그 목장에는 희한하게도 사람의 모습이 보이지 않았습니다. 기계로 우유를 짜는 목장이었습니다. 어디서나 일꾼들의 모습을 볼 수 있는 인도의 목장과는 너무나도 대조적이었습니다. 얀 박사를 따라 우유가 진열된 방으로 들어갔지만, 그 방 안에도 아무도 없었습니다. 비샬 망갈와디는 얀 박사가 종을 쳐서 사람을 부를 것이라 생각했습니다. 하지만 얀 박사는 아무도 없는 그 방에서 진열장의 문을 열더니, 그 안에 진열되어 있는 컵에 우유를 따랐습니다. 그리고 진열장 옆에 있는 돈 그릇에 20길더를 넣고, 그 속에서 자기 손으로 잔돈을 세어 주머니에 넣었습니다. 그리고 아무 일도 없었다는 듯이 우유 컵을 들고 다시 걷기 시작하는 것이었습니다. 그것은 비샬 망갈와디에게는 큰 충격이었습니다. 만약 그곳이 인도였다면 우유와 돈이 몽땅 없어지는 것은 말할 것도 없고, 소들마저도 모두 사라져 버릴 것이기 때문이었습니다.

인도는 소비자가 정직하지 않기 때문에 소비자를 믿지 못하는 목장 주인은 우유 진열대에 반드시 판매원을 둡니다. 그렇다고 판매원의 봉급을 목장 주인이 자기 돈으로 지불하는 것은 아닙니다. 판매원의 월급은 우윳값에 덧붙여지기에 결국엔 소비자가 부담합니다. 소비자가 정직하지 않은 인도에서 공급자라고 정직해야 할 이유가 없습니다. 공급자는 더 많은 수익을 올리기 위하여 우유에 물을 섞어 판매합니다. 물을 탄 불량 우유 문제를 해결하기 위해 관계 당국은 우유 검사관을 둡니다. 공무원인 우유 검사관의 봉급은 누가 지불합니까? 납세자인 소비자입니다. 소비자와 공급자가 정직하지 않은 인도 사회에서 우유 검사관이 정직하게 살 까닭이 없습니다. 우유 검사관은 공급자에게 뇌물을 요구합니다. 공급자가 검사관에게 뇌물을 주지 않으면, 검사관은 이 법 저 법을 들먹여 가며 우유가 굳어 버릴 때까지 팔지 못하도록 훼방을 놓습니다. 어쩔 수 없이 공급자는 우유 검사관에게 뇌물을 바칩니다. 겉으로는 공급자가 뇌물을 지불하는 것 같지만, 실은 그 금액 역시 고스란히 소비자에게 전가됩니다. 이처럼 우윳값에 판매원 월급, 우유의 양을 늘리기 위한 물값, 검사관 봉급과 뇌물까지 모두 부담해야 하는 인도의 소비자는, 우유에 타 먹는 초콜릿 시럽을 살 돈이 없습니다. 대부분의 인도 아이들은 초콜릿 시럽을 넣지 않은 우유를 마시려 하지 않습니다. 결국 소비자와 공급자 그리고 공무원의 부정직성과 부도덕성으로 인해 인도의 아이들은 네덜란드 아이들만큼 튼튼하게 자랄 수 있는 기회를 박탈당하고 있습니다.

그뿐 아닙니다. 소비자가 우윳값 이외에 판매원 봉급, 물값, 검사관 봉급과 뇌물까지 다 지불해야 하는 인도에서는 대부분의 가정이 주말에 아이들에게 아이스크림을 사줄 수 없습니다. 아이스크림을 만들어 파는 사람은 우유에 부가가치를 창출하지만 판매원 봉급, 물값, 검사관 봉급과 뇌물은 그 어떤 부가가치도 창출하지 않습니다. 인도인들은 그 불필요한 비용을 모두 부담하면서 실은 자신의 부정직과 부도덕성에 대한 값비싼 대가를 치르고 있는 것입니다. 자신들의 부정직과 부도덕성의 대가로 진실된 경제행위를 서로 할 수 없게 되고 만 것입니다. 다시 말해 인도인들은 자신들의 부정직과 부도덕성으로 인해, 자기 자녀들에게 보다 좋은 환경을 제공하고 자기 자신들을 위해 생산적인 일자리를 창출하는 데 지불해야 할 자신들의 돈을 스스로 강탈당하고 있는 것입니다. 비샬 망갈와디는 네덜란드의 목장 방문을 통해 네덜란드처럼 작은 나라가 어떻게 인도처럼 큰 나라에 막대한 금액의 원조를 할 수 있는지 그 해답을 얻게 되었습니다.

인도인 절대다수는 힌두교인이고, 힌두교인은 인간이 신이라 믿습니다. 반면에 서구 사회는 기독교의 토대 위에 세워졌고, 그리스도인은 자기 자신이 죄인이라고 믿습니다. 그런데도 어떻게 자신이 죄인이라 믿는 그리스도인들로 구성된 서구 사회는 정직의 바탕 위에서 선진사회를 이루었고, 자신이 신이라 믿는 인도인들은 세계에서 가장 부패하고 부정직한 나라를 일굴 수밖에 없는가? 이 질문에 대한 비샬 망갈와디의 대답은 명쾌합니다. 그리스도인들에게는 인간이 행하지 말아야 할 것을 행하지 말라고 명령하는 절대자 하나님이 있고, 힌두교인인 인도인들에게는 그런 신이 없기 때문입니다. 자신이 신이기에 자신의 행위는 항상 옳고 정당할 뿐, 자신의 잘못을 지적하거나 꾸짖어 주는 별도의 절대자가 없는 것입니다.

서구 사회는 하나님의 말씀에 뿌리를 두고 세워졌습니다. 모든 인간은 죄인이고, 하나님께서는 인간의 행위에 대하여 반드시 책임을 물으신다는 성경적 사고가 기반이 된 것입니다. 다시 말해 '남의 것을 도둑질하지 말라'는 하나님의 명령에 기초한 정직성과 도덕성이 사회의 바탕이 된 것입니다. 그 정직성과 도덕성의 바탕 위에서 인간 상호 간의 신뢰가 인도에서처럼 불필요한 경비를 유발하지 않는 합리적인 경제생활로 이어졌고, 그 결과로 서구 사회가 선진 강국이 될 수 있었다는 것이 비샬 망갈와디의 판단입니다.

그러나 오늘날 서구 사회는 어떻습니까? 가정 붕괴, 성性윤리 실종, 함께 살되 서로 상대에게 책임은 지지 않으려는 동거 커플의 급증, 남녀 성정체성의 혼동, 도를 넘어선 배금주의, 심각한 인종 갈등 등 문제투성이입니다. 약

10년 전 네덜란드의 불꽃놀이 폭죽 공장에 화재가 발생하여 950명이 부상하고 22명이 사망하는 끔찍한 폭발 사고가 있었습니다. 네덜란드 경찰 당국의 조사 결과에 따르면 문제의 폭죽 공장이 안전 규정을 어겼고, 정부 단속반이 뇌물을 받고 그 공장의 범법 행위를 눈감아 주었기 때문이었습니다. 비샬 망갈와디가 보기에 이제는, 인도에서 다반사로 일어나는 것과 똑같은 비리가 서구 사회에서도 일어나고 있는 것입니다.

비샬 망갈와디는 그 이유를, 서구인들이 그들 사회의 밑바탕을 이루고 있는 기독교 정신, 즉 하나님의 말씀을 버렸기 때문이라고 진단합니다. 그들의 정직성과 도덕성의 원천인 하나님을 저버린 것입니다. 십계명은 그들의 삶과는 무관한 과거의 역사적 기록일 뿐이고, 각급 학교에서 기독교적 가치관은 이미 오래전에 폐기 처분되었습니다. 그리고 많은 서구인들이 동양의 신비 종교에 심취하고 있습니다. 동양 신비 종교의 공통점은 범신론汎神論, 즉 인간이 신이라는 것입니다. 따라서 오늘날 서구인들에게는 인간이 하지 말아야 할 것을 허락하지 않는 절대자가 더 이상 존재하지 않습니다. 그 결과 많은 사람들이 스스로 신이 되어 무한 욕망과 무한 쾌락을 위한 무한 질주자로 살아가고 있습니다. 그래서 비샬 망갈와디는 오늘날 서구인들이 하나님의 말씀위에서 정직성과 도덕성을 회복하지 않으면, 그들은 마르틴 루터와 존 웨슬리 이전의 부패하고 부정직한 시대로 되돌아가 자신들의 부정직과 부도덕성에 대해 값비싼 대가를 치르게 될 것이라고 경고하고 있습니다. 그 어느 때보다도 부패하고 부도덕한 사회 속에서 살고 있는 우리 역시 귀담아 들어야 할 경고가 아닐 수 없습니다.

우리가 믿는 하나님은 우리가 무엇을 하든 잘한다고 우리와 덩달아 춤추는, 무당의 푸닥거리나 즐기는 잡신이 결코 아니십니다. 하나님께서는 인간을 창조하시면서부터 인간이 하지 말아야 할 것을 금하신 하나님이십니다.

하나님께서는 아담을 지으시고 에덴동산의 모든 실과를 마음대로 먹으라고 허락하시면서도, 동산 중앙에 있는 선악과만은 먹지 말라고 명령하셨습니다. 만약 선악과를 먹는 경우에는 반드시 죽을 것이라고 엄히 경고하셨습니다. 아담에게 허락되지 않은 그 선악과는 하나님께서는 인간이 하지 말아야 할 것을 금하시는 하나님이시요, 인간은 하나님께서 허락하시지 않는 것은 행하지 않음으로써만 하나님과 바른 관계를 맺을 수 있음을 보여 주는 신앙의 표상이었습니다. 그러나 선악과를 먹으면 하나님과 같이 될 수 있다는 사탄의 유혹에 빠진 인간은, 하나님께서 먹지 말라 명령하신 선악과를 범하고 말았습니다. 스스로 하나님이 되기 위함이었습니다. 그것은 하나님의 명령에 대한 인간의 부정직함과 창조주에 대한 피조물의 부도덕함을 의미했습니다. 그 결과 아담은 자신의 부정직함과 부도덕함에 대하여 실낙원과 죽음이라는 값비싼 대가를 치러야만 했습니다.

요셉은 야곱의 열한 번째 아들로서 아버지 야곱이 특별히 편애하는 아들이었습니다. 요셉은 열일곱 살이 되기까지 자신에 대한 아버지의 편애를 조금도 이상하게 여기지 않았습니다. 형들이 들판에서 양을 칠 때 요셉은 혼자 채색옷을 입고 집에서 빈둥빈둥 노는 것을 당연한 권리로 여겼고, 형들의 잘못을 아버지에게 고자질하기를 자기 의무로 생각하는 고약한 아이였습니다. 하나님께서는 그 고약한 요셉을 새로운 인간으로 빚어 주시기 위해 형들의 질투심에 의해 그가 이집트에 종으로 팔려 가게 하셨습니다. 부자 아버지의 총애를 받다가 하루아침에 이집트 파라오의 친위대장 보디발의 종으로 전락한 요셉은 더 이상 고약한 삶을 살 수 없었습니다. 그는 자기에게 주어진 새로운 상황을 믿음으로 받아들이고 성실하게 일했습니다. 그 요셉을 가상히 여긴 집주인 보디발이 그를 자기 집안의 총무로 삼고 자신의 전 재산을 그에게 맡겼습니다. 요셉은 감사하는 마음으로 더욱 성실하게 일했습니다. 그러나 보디발의 아내인 여주인이 요셉을 유혹하기 시작했습니다. 요셉은 여주인에게 정색하며 말했습니다.

> 내 주인이 집안의 모든 소유를 간섭하지 아니하고 다 내 손에 위탁하였으니 이 집에는 나보다 큰 이가 없으며 주인이 아무것도 내게 금하지 아니하였어도 금한 것은 당신뿐이니 당신은 그의 아내임이라 그런즉 내가 어찌 이 큰 악을 행하여 하나님께 죄를 지으리이까(창 39:8하-9).

주인 보디발은 요셉에게 집안의 모든 것을 다 허락하였지만, 허락하지 않은 것이 딱 한 가지 있었습니다. 자기 아내에게 손을 대는 것이었습니다. 이를테면 요셉에게 집주인의 아내는 결코 탐해서는 안 될 선악과였습니다. 요셉은 자기 아내를 금하는 집주인의 명령을 단순히 집주인의 명령으로만 받아들이지 않았습니다. 요셉은 그 명령을 곧 하나님의 명령으로 받아들였습니다. 그래서 요셉은 자신을 유혹하는 여주인에게, 악을 행하여 하나님께 범죄할 수 없다고 선언한 것이었습니다. 거절당한 여주인은 단념하기는커녕 오히려 날마다 더욱 집요하게 요셉을 유혹하였습니다. 그러나 요셉은 그때마다 단호하게 거절하였습니다. 여주인의 유혹의 덫에 걸려 하나님 앞에서 자신의 정직성과 도덕성을 내팽개치는 어리석음을 범치 않았다는 말입니다. 그 결과 요셉은 여주인의 증오에 찬 모함으로 억울하게 옥살이를 해야만 했습니다. 정직성과 도덕성을 지킨 대가치고는 너무나도 허무하고 어이없는 결과처럼 보입니다. 그러나 그게 아니었습니다. 하나님께서는 가장 절망적인 상황 속에서도 하나님을 믿기에 하나님 앞에서 정직성과 도덕성을 굳게 지킨 요셉을 이집트의 총리로 세우시고, 그를 통로로 삼아 그 시대를 구원하시려는 당신의 섭리를 이루셨습니다. 만약 요셉이 여주인의 집요한 유혹에, 아무도 보지 않는다는 착각으로 못 이기는 척하고 응했더라면 어떻게 되었겠습니까? 찰나적인 쾌락의 순간이 끝나는 즉시 요셉은 주인 보디발에 의해 죽음의 값비싼 대가를 치러야만 했을 것이요, 하나님의 통로로 이집트의 국무총리가 될 수도 없었을 것입니다.

사람들은, 심지어는 하나님을 믿는 그리스도인들까지도 정직하고 도덕적으로 살아서는 손해만 본다고 말합니다. 그것이야말로 이 세상이 전부라고 생각하는 지극히 단편적이고 비성경적인 발상입니다. 하나님께서는 이 세상에 국한된 유한한 존재가 아니십니다. 하나님께서는 영원한 분이시고, 시편 19편 8절의 증언처럼 하나님의 말씀은 영원히 정직하고 순결하십니다. 그러므로 하나님께서는 하나님을 믿기에 상대적인 불이익에 개의치 않고, 정직하고 순결하신 하나님의 말씀 안에서 정직성과 도덕성을 지키는 사람을 당신의 영원한 통로로 사용하십니다. 믿음은 하나님께서 하라고 명령하시는 것은 반드시 행하고, 하지 말라고 허락하시지 않는 것은 절대로 행하지 않는 것이기 때문입니다.

오늘의 본문 6-8절을 보시겠습니다.

> 성령이 아시아에서 말씀을 전하지 못하게 하시거늘 그들이 브루기아와 갈라디아 땅으로 다녀가 무시아 앞에 이르러 비두니아로 가고자 애쓰되 예수의 영이 허락하지 아니하시는지라 무시아를 지나 드로아로 내려갔는데.

루스드라를 출발한 바울 일행은 바울이 1차 전도 여행 때 방문했던 성읍들을 재방문한 다음 계속하여 오늘날 터키 대륙의 서부 지역인 아시아에서 복음을 전하려 했지만, 웬일인지 성령님께서 그들의 계획을 허락하시지 않았습니다. 그래서 바울 일행은 브루기아와 갈라디아 땅을 거쳐 터키 대륙의 서북쪽에 위치한 무시아로 올라가, 무시아 동쪽 비두니아로 나아가려 했습니다. 그러나 이번에는 예수님의 영이 허락하시지 않았습니다. 그때 바울 일행은 사탄의 유혹에 빠져 선악과를 따 먹으려 했다든가, 여인의 꾐에 빠져 불륜을 저지르는 것과 같은 악을 행하려 했기에 주님께서 그들의 계획을 허락하시지 않은 것이 아니었습니다. 그들은 주님을 위하여 주님의 복음을 전하려는 선한 목적 일념이었습니다. 그렇다면 바울은 자신의 선한 뜻을 그대로 밀고 나갈 수 있었습니다. 자신의 뜻이 주님을 위한 선한 목적인 만큼, 자신의 뜻을 허락하시지 않는 주님에 대하여 얼마든지 둔감할 수 있었다는 말입니다. 그러나 바울이 주님께서 자신의 뜻을 허락하시지 않음을 깨달은 즉시 자신의 뜻을 포기하고 드로아로 내려갔다는 것은, 바울이 평소에 주님께서 허락하시지 않는 것은 절대로 행하지 않는 삶을 살아왔음을 의미합니다. 또 지난 시간에 살펴본 것처럼 드로아에서 바울이 마게도냐 사람의 환상을 본 즉시 그 환상을 하나님께서 바다 너머 유럽 대륙으로 건너가 유럽인에게 복음을 전하라고 명령하시는 것으로 받아들이고 실행했다는 것은, 바울은 하나님께서 하라고 하시는 것은 만난萬難을 무릅쓰고 반드시 행하는 사람이었음을 뜻합니다.

한마디로 말해 바울은 정직하고 순결하신 하나님의 말씀 앞에서 정직성과 도덕성을 지킨 사람이었습니다. 가난한 전도자로 산 바울의 삶은 참수형을 당해 이 땅에서의 삶을 마감할 때까지 고난과 고통과 시련의 연속이었습니다. 그러나 바울은 주님을 만난 이후 고난을 모면하기 위하여, 혹은 좀더 잘 먹고 잘 입는 편안한 삶을 위하여 단 한 번이라도 부정직하거나 부도덕한 삶을 살지 않았습니다. 그는 하나님께서 하라 하시는 것은 반드시 행하고, 하지 말라고 허락하시지 않는 것은 절대로 행하지 않는 진정한 그리스도인이었기 때문입니다. 그 바울에 의해 로마제국의 역사가 새로워진 것은 조금도 이상한 일이 아니었습니다.

로마제국이 기독교를 받아들일 때 그리스도인들의 수가 절대다수였던 것은 아닙니다. 당시 그리스도인들은 로마제국 내에서 소수집단에 지나지 않았습니다. 그리스도인들이 권력이나 금력을 장악했던 것도 아니었습니다. 대부분의 그리스도인들은 하층민 출신이었습니다. 그럼에도 그 그리스도인들에 의해 로마제국이 새로워진 것은 정직하고 순결하신 하나님의 말씀에 대한 그들의 정직성과 도덕성으로 인함이었습니다. 하나님을 믿기에 어떤 상황 속에서도 정직하고 도덕적으로 살아가는 그들을 통로로 삼아 하나님께서 친히 역사하셨기 때문입니다. 그러나 로마제국 사람들이 정직성과 도덕성을 상실했을 때, 그들은 외적의 침입이 있기 이전에 내부적으로 먼저 붕괴하고 말았습니다. 자신들의 부정직과 부도덕성에 대하여 스스로 값비싼 대가를 치른 것이었습니다. 한 사회를 지탱하는 가장 큰 힘이 그 사회를 이루고 있는 사람들의 정직성과 도덕성이라는 것은, 하나님의 말씀인 성경의 교훈인 동시에 인간의 역사인 세속사의 교훈이기도 합니다.

하나님의 말씀이 없는 곳에서는 모든 것이 가능함을 알고 계십니까? 하나님의 말씀이란 절대적 잣대가 없다면 인간의 욕망 앞에서 인간의 모든 행위가 정당화되는 까닭입니다. 언제부턴가 돈이 절대적 가치가 되어 버린 우리 사회에서 정직성과 도덕성은 실종되고 말았습니다. 돈이라는 우상 앞에서 인간의 도덕적 해이와 부정직성, 사회 각계각층에 만연한 부정부패와 성적 문란, 그리고 그로 인한 윤리의식의 상실은 이미 위험수위를 넘어섰습니다. 이 상태로 계속 가다가는, 우리 사회는 외부의 침입이 없더라도 언젠가는 붕괴되고 말 것입니다. 인간의 부정직성과 부도덕성은 반드시 그에 상응하는 값비싼 대가를 요구하기 때문입니다.

우리가 정직하고 도덕적이었기에 구원받았습니까? 오히려 그 반대이지 않습니까? 누구보다도 부정직하고 부도덕했지만 하나님께서 오직 당신의 긍휼하심으로 우리를 구원해 주시지 않았습니까? 우리가 하나님의 그 구원의 은총을 진정 믿는다면, 이제부터 구원받은 하나님의 자녀답게 정직하고 도덕적인 삶을 살아야 하지 않겠습니까? 우리 모두 영원히 정직하고 순결하신 하나님의 말씀을 절대 잣대로 삼은 그리스도인답게, 우리 자신부터 하나님의 말씀 안에서 정직성과 도덕성을 회복하십시다. 정직하고 도덕적인 사회보다 우리 후손을 위한 더 큰 유산은 없습니다. 부정직하고 부도덕한 사회를 내버려 두는 것은, 하나님께서 우리를 믿으시고 우리에게 맡겨 주신 우리의 후손을 그 속에서 부정직하고 부도덕하게 살도록 방치하는 범죄행위이기 때문입니다. 하나님께서 하라시는 것은 반드시 행하고, 하나님께서 허락하시지 않는 것은 절대로 행하지 않는 삶보다, 자기 자신을 위한 더 귀한 믿음의 자산도 없습니다. 하나님께서는 영원히 정직하고 순결하신 당신의 말씀 앞에서 정직하고 도덕적인 사람을 당신의 영원한 통로로 사용하시고, 또 우리의 승부는 이 땅이 아니라 영원 속에서 판가름 나기 때문입니다.

하나님께서는 정직하고 순결하신 당신의 말씀으로 천지 만물을 창조하셨습니다. 그래서 믿음은 그 말씀 앞에서 정직성과 도덕성을 지키는 것이요, 정직성과 도덕성의 상실은 반드시 값비싼 대가를 수반하는 것이 하나님의 법칙임을 깨닫는 것입니다.

오늘날 우리 사회는 돈과 욕망이 절대적 가치가 되어 버렸습니다. 돈 앞에서 어제의 친구와 피를 나눈 부모·자식·형제마저도 원수지간이 되고, 사회 각계각층의 부정과 부패는 그 어느 때보다도 만연해 있습니다. 이로 인한 도덕적 해이와 윤리의식의 실종, 그리고 성적 타락 역시 위험수위를 넘어서고 있습니다. 이대로 가다가는 머지않아 우리 사회는 자멸의 값비싼 대가를 치르고야 말 것입니다.

하나님을 믿는다는 우리 역시 우리 사회가 이 지경이 되기까지 공범으로 살아왔음을 회개하오니 용서해 주십시오. 우리 사회를 우리 손으로 부정직하고 부도덕하게 만드는 것은 우리 자신만의 문제로 그치지 않고, 하나님께서 우리에게 맡겨 주신 우리 후손들을 부정직하고 부도덕한 사회 속에서 부정직하고 부도덕하게 살도록 방치하는 범죄행위임을 늘 기억하게 해주십시오. 하나님께서 허락하시지 않는 선악과를 범하려는 우리의 어리석음에 마침표를 찍게 해주십시오. 요셉과 바울처럼 하나님께서 하라시는 것은 반드시 행하고, 하나님께서 허락하시지 않는 것은 절대로 행하지 않는, 믿는 사람다운 정직성과 도덕성이 우리의 삶 속에서 회복되게 해주십시오. 그와 같은 우리의 삶을 통로로 삼아 우리의 후손들이 살아갈 우리 사회의 정직성과 도덕성도 회복되게 해주십시오. 우리의 승부는 이 땅이 아니라 영원 속에서 확정됨을 잊지 않음으로, 우리의 코끝에서 호흡이 멎기까지 날마다 정직하고 도덕적인 참된 그리스도인으로 살아가게 해주십시오. 아멘.

7. 우리가

사도행전 16장 6-10절

성령이 아시아에서 말씀을 전하지 못하게 하시거늘 그들이 브루기아와 갈라디
아 땅으로 다녀가 무시아 앞에 이르러 비두니아로 가고자 애쓰되 예수의 영이
허락하지 아니하시는지라 무시아를 지나 드로아로 내려갔는데 밤에 환상이 바
울에게 보이니 마게도냐 사람 하나가 서서 그에게 청하여 이르되 마게도냐로 건
너와서 우리를 도우라 하거늘 바울이 그 환상을 보았을 때 **우리가** 곧 마게도냐
로 떠나기를 힘쓰니 이는 하나님이 저 사람들에게 복음을 전하라고 우리를 부
르신 줄로 인정함이러라

저희 교회 414구역의 김형수 장로님과 김미자 권사님은 주위 사람들로부
터 존경받는 신실한 믿음의 부부이십니다. 하지만 안타깝게도 작년 1월 19
일 급성골수성백혈병 진단을 받은 김미자 권사님이 만 14개월 만인 지난 3
월 21일 하나님의 부르심을 받음으로, 김형수 장로님 홀로 남게 되었습니다.
최근에 장로님은 권사님의 유품을 정리하다가 권사님이 남긴 마지막 글을

발견했습니다. 목전에 다가온 죽음을 바라보며 자신의 심경과 믿음을 정리한 일종의 유서였는데 그 마지막 부분은 사랑하는, 은퇴한 남편을 위한 내용이었습니다. 남편분의 동의하에 그 내용을 읽어 드리겠습니다.

결혼한 두 딸이야 엄마 잃은 슬픔 속에서도 잘 살아가겠지만, 63세라는 어정쩡한 나이의 남편이 걱정된다. 남자는 늙어도 철이 들지 않는다는데, 막상 남편을 홀로 두고 떠나려니, 혼자 잘 살아갈 수 있을까 염려가 앞선다. 물론 그런 염려까지 다 내려놓아야 하지만, 그래도 어떻게 하면 혼자 잘 살아갈 수 있을지 몇 자 적어 놓아야겠다. 물론 이것조차 내 기우인데⋯⋯어련히 알아서 잘 살아가려고⋯⋯그러나 딸들과 대화할 줄도 모르고, 라면 하나 제대로 끓이지 못하는 남편을 위해 몇 가지 정리해 본다.

1. 〈가족 관계〉 어떻게 해서든지 애들 곁에 살면서 손자들 커가는 데 일조한다. 돈 관리를 잘해서 손자들에게 넉넉한 할아버지가 되어 주고, 또 손자들 등하교를 도와준다.

2. 〈몸가짐〉 몸가짐을 깨끗이 하여 항상 단정한 모습으로 다니며, 멋진 로맨스그레이의 멋을 잃지 않는다.

3. 〈식사〉 아침에 토스트 정도는 자신이 해결할 줄 알아야 하고, 동네에 맛집을 알아 두어 밖에서 한 끼, 애들 집에서 한 끼 해결한다.

4. 〈집 안 관리〉 집 안은 일주일에 두 번 정도 도우미의 도움으로 늘 청결을 유지한다.

5. 〈취미생활〉 새로운 취미에 도전한다. 인생을 즐길 줄 몰랐던 과거의 어리석음을 버리고, 복지관을 최대로 활용하여 취미생활을 하면서, 자주 시내에 나가 고궁이나 미술관도 다니고 영화 감상도 한다.

나는 나의 연약함을 통하여 역사하시는 하나님을 믿는다.

이 글을 읽는 제 눈에 눈물이 핑 돌았습니다. 사랑하는 아내의 유언의 글을 읽는 남편, 김형수 장로님의 심정이 느껴졌기 때문입니다. 시시각각 다가오는 자신의 죽음을 눈앞에 둔 권사님의 주된 관심은 투병 중인 자기 자신보다도 사랑하는 남편이었습니다. 백혈병과 사투를 벌이면서도 자신이 떠난 뒤에 홀로 남게 될 사랑하는 남편이, 자신의 도움 없이 어떻게 살아야 할 것인지를 생각하며 꼼꼼하게 글로 남길 정도였다면, 그 권사님이 호흡이 있는 동안 사랑하는 남편을 위해 하나님께 기도는 또 얼마나 드렸겠습니까?

문자, 기록의 중요성이 여기에 있습니다. 권사님이 이 세상을 떠나기 전 남편에게 "당신을 사랑합니다"는 말만 남겼더라도, 그것도 귀한 일입니다. 그러나 말은 시간이 지나가면 여운도 사라지고, 빛도 바래고, 끝내는 인간의 기억에서 사라지고 맙니다. 그러나 글은 지워지지도, 사라지지도 않습니다. 권사님이 남편을 위해 쓴 문장 가운데 남편을 사랑한다는 말은 단 한 구절도 없습니다. 그러나 그 문장 전체가 온통 남편을 향한 사랑의 고백이요, 사랑의 기록입니다. 그 사랑의 기록이 있으므로 남편은 아내가 생전에 자신을 얼마나 사랑했는지 더욱 절절하게 느꼈을 것입니다. 그 기록이야말로 아내의 사랑을 확인하는 안경이요, 세밀하게 들여다보는 현미경입니다. 그 사랑의 기록이 남아 있는 한, 김 장로님은 아내의 사랑을 잊지 못할 것입니다. 그리고 이제부터 아내의 그 사랑의 기록에 힘입어 아내가 소망한 대로 남은 여생을 꿋꿋이 의미 있게 꾸려 가게 될 것입니다.

하나님은 말씀이십니다. 그리고 인간에 대한 하나님의 사랑은 말씀이신 하나님께서 당신의 말씀을 인간에게 주신 것입니다. 사람 중에는 말하고 싶지 않은 사람이 있습니다. 말이 통하지 않는 사람, 말귀를 알아듣지 못하는 사람과 말을 하는 것보다 더 피곤한 일도 없습니다. 똑같은 사람 사이에서도 말하고 싶지 않은 사람이 있다면, 하물며 하나님이시야 두말해 무엇하겠습니까? 거룩하신 하나님께서 추잡한 죄인인 인간들과 말씀을 나누고 싶으시겠습니까? 창조주이신 하나님과 피조물인 인간 간에 과연 말이 통하겠습니까? 영원하신 하나님의 말씀을 유한한 인간이 제대로 알아듣기나 하겠습니까? 그렇다면 하나님께 인간과 말씀을 나누시는 것보다 더 귀찮은 일이 어디에 있겠습니까? 그럼에도 하나님께서는 오직 당신의 사랑으로 인간에게 당신의 말씀을 주셨습니다.

인간에 대한 하나님의 사랑이 더욱 놀라운 것은 하나님께서 인간에게 당신의 말씀을 주시되 그 말씀을 문자로, 기록으로 주셨다는 것입니다. 하나님께서 당신의 말씀을 말씀으로만 주셨다면, 한순간의 공기의 진동으로 사라져 버렸을 그 말씀을 이 세상 그 누가 들을 수 있겠습니까? 어찌 그 말씀이 시간과 공간을 초월한 영원한 말씀으로 인간에게 전해질 수 있겠습니까? 하나님께서는 당신의 말씀을 사라지지 않는 문자, 기록으로 주시기 위해 1500년에 걸쳐 약 40명의 사람을 동원하셨습니다. 하나님의 그 사랑 덕분에 우리는 보이지 않는 하나님의 말씀을 우리의 눈으로 직접 볼 수 있게 되었고, 그 말씀을 어디든 지니고 다니면서, 그 말씀을 힘입어 그 말씀을 좇아 살 수 있게 되었습니다. 이런 의미에서 기록된 하나님의 말씀인 성경은 하나님을 알게 해주는 안경이요, 하나님의 사랑을 세밀하게 확인시켜 주는 현미경입니다.

성경이 하나님의 말씀이라고 해서 하나님께서 직접 하신 말씀만 기록되어 있는 것은 아닙니다. 성경에는 이루 헤아릴 수 없을 만큼 많은 사람들의 이야기도 기록되어 있습니다. 그 개개인의 삶을 통해 하나님께서 어떻게 역사하시고 섭리하셨는지를 보여 주기 위함입니다. 이것이 하나님께서 이론가나 관념론자가 아니라, 치열한 삶의 현장 한가운데 있는 사람을 당신의 도구로 택하셔서 당신의 말씀을 기록하게 하신 이유입니다. 하나님의 말씀은 추상적인 이론이나 관념이 아니라, 이 세상을 살아가는 인간들을 위한 구체적인 생명의 능력이기 때문입니다. 그리고 우리는 오늘 본문 속에서, 하나님께서 당신의 말씀을 기록하는 당신의 도구로 사용하셨던 한 사람을 만날 수 있습니다.

실라 그리고 디모데와 함께 루스드라를 출발한 바울은 오늘날 터키 대륙의 서부 지역인 아시아에서 계속 복음을 전하기 원했습니다. 그러나 웬일인지 성령님께서 허락하시지 않았습니다. 바울 일행은 브루기아와 갈라디아 땅을 거쳐 터키 대륙의 서북쪽에 있는 무시아로 올라가, 동쪽 비두니아로 진출하려고 했습니다. 그러자 이번에는 예수님의 영이 허락하시지 않았습니다. 바울 일행은 어쩔 수 없이 무시아에서 비두니아의 반대쪽에 있는 드로아로 내려갔습니다. 드로아는 아시아 대륙과 유럽 대륙을 선박으로 이어 주는 주요 항구도시였습니다. 드로아에 도착한 바울에게 밤에 환상이 보였습니다. 마게도냐 사람이 바울에게, 와서 자신을 도와 달라고 요청하는 환상이었습니다. 마게도냐는 바다 건너 유럽 대륙에 속한 지역이었습니다.

> 바울이 그 환상을 보았을 때 우리가 곧 마게도냐로 떠나기를 힘쓰니 이는 하나님이 저 사람들에게 복음을 전하라고 우리를 부르신 줄로 인정함이러라(10절).

바울이 그 환상을 본 즉시 바울 일행은 배를 타고 유럽 대륙으로 건너가려 했습니다. 바울 일행은 바울이 본 환상을, 하나님께서 바다 건너 유럽 사람들에게 복음을 전하라고 명령하시는 것으로 받아들인 것이었습니다. 중요한 사실은 2주 전에 말씀드린 것처럼, 본문에 바울 일행이 '우리'라고 기록되어 있다는 점입니다. 본문 이전까지 바울 일행은 언제나 3인칭으로 기록되었습니다. 그러나 본문을 기점으로 하여 사도행전이 끝나기까지 바울 일행 전체를 가리킬 때는 계속 '우리'라고 기록되어 있습니다. '우리'는 본문, 그러니까 사도행전을 기록한 사람을 포함하는 1인칭 복수형 주어입니다. 바울 일행이 드로아에서부터 '우리'라고 기록되기 시작했다는 것은, 사도행전을 기록한 사람이 바로 드로아에서 바울 일행에 합류하였음을 의미합니다. 우리는 그 사람이 누구인지 이미 알고 있습니다. 바로 누가복음을 기록한 누가입니다.

누가는 이방인이었습니다. 그가 이방인이었다는 것은 헬라어가 그의 모국어였다는 말입니다. 그리고 누가의 직업은 이미 말씀드린 것처럼 의사였습니다. 그때나 지금이나 의사는 높은 학문 연마의 과정을 거쳐야만 합니다. 이를테면 누가는 당시 지성적인 이방인 엘리트였습니다. 그래서 누가는 신약성경을 기록한 사람 가운데 헬라어를 가장 정확하고 우아하게 구사하는 사람이었습니다. 누가가 기록한 누가복음과 사도행전의 첫머리는 그 두 서신의 수신자가 당시의 이방인 유력자 데오빌로였음을 밝혀 주고 있습니다. 누가복음과 사도행전은 2천 년 전 이방인 유력자 데오빌로로 대변되는, 당시의 지성적 이방인들을 위해 쓰인 글이었습니다. 그래서 하나님께서는 지성적 이방인이었던 의사 누가를, 그 일을 위한 당신의 도구로 사용하신 것이었습니다.

누가가 드로아에서 바울 일행에 합류했다는 것은 그가 드로아에서 의사로 살고 있었음을 의미합니다. 바울과 누가가 드로아에서 어떻게 만났는지는 본문이 침묵하고 있음으로 우리로서는 알 수 없습니다. 그러나 한 가지 분명한 것은 당시 소아시아 반도 즉 오늘날의 터키 대륙에서 복음이 전해진 대부분의 성읍에 대한 첫 복음 전파자는 바울이었기에, 드로아의 누가 역시 바울을 만남으로 복음을 영접하여 그리스도인이 되었고, 나아가 의사의 삶을 청산하고 바울 일행에 합류하였다는 것입니다. 본문에서 바울과 동행하기 시작한 누가는 디모데후서 4장 11절에 의하면, 말년의 바울이 로마 감옥에 수감되어 있을 때에도 바울 곁을 떠나지 않고 그를 지켰습니다. 누가는 평소 지병에 시달리던 바울을 그의 의술로만 도운 것이 아니었습니다. 누가는 오늘 본문에서부터 시작하여 사도행전이 끝나기까지 바울의 삶을 지켜보면서 그의 일거수일투족을 사도행전에 기록하였습니다. 하지만 누가가 드로아에서 바울 일행에 합류하기 이전의 내용, 즉 오늘의 본문 이전의 내용은 누가가 어떻게 알고 사도행전에 기록할 수 있었겠습니까? 바울은 사도행전 9장에서 주님의 부르심을 받은 이후부터 오직 주님만을 위해 살아왔습니다. 따라서 사도행전 9장부터 오늘 본문에 이르기까지의 내용은, 누가는 바울로부터 소상하게 전해 듣고 기록할 수 있었을 것입니다. 그렇다면 바울이 등장하기 이전의 내용, 다시 말해 사도행전 1장부터 8장까지의 내용은 누가가 또 어떻게 알고 기록했겠습니까? 누가에게 그것이 가능할 수 있게끔 하나님께서 누가를 위해 미리 예비해 두신 사람이 바로 실라였습니다.

애당초 바울이 2차 전도 여행을 계획할 때 그는 바나바와 동행하려 했습니다. 바나바는 바울과 함께 안디옥교회의 공동 목회자였고, 또 두 사람은 1차 전도 여행도 함께 다녀온 사이였습니다. 그러나 2차 전도 여행을 앞두고 마가를 대동하는 문제를 놓고 두 사람은 결별하지 않았습니까? 1차 전도 여행 때 중도에서 전도팀을 무단이탈하고 귀가해 버린 마가를 바나바는 다시 대동하기 원한 반면, 바울은 그런 무책임한 젊은이를 다시 대동할 수는 없다고 반대했기 때문입니다. 바울과 결별한 바나바가 마가를 대동하고 떠나자, 바울은 2차 전도 여행을 위한 자신의 동역자를 자신이 목회하던 안디옥교회 교인 가운데서 선택하지 않았습니다. 바울이 선택한 동행자는 예루살렘 모교회의 실라였습니다. 사도행전 15장 32절은 실라가 선지자였음을 밝혀 주고 있습니다. 예수님께서 부활 승천하신 뒤 예루살렘 모교회는 예수님의 직계 제자인 사도들의 본거지였습니다. 당시에는 신약성경이 기록되기 전인지라, 사람들은 사도들의 가르침과 구전을 통해 복음을 영접하고 예수님을 믿었습니다. 실라는 바로 그 예루살렘 모교회의 선지자였습니다. 바꾸어 말하면 실라는 예수님의 강림과 탄생, 생애와 수난, 부활과 승천, 그리고 그 이후 사도행전 1장부터 8장에 이르는 모든 내용을 누구보다도 사도들로부터 정확하게 배우고 듣고 알고 있는 선지자였습니다. 따라서 바울 일행에 합류한 누가는 실라로부터 전해 들은 사도들의 가르침과 구전의 모든 내용을 사도행전 1장에서 8장까지 기록할 수 있었을 뿐 아니라, 누가복음도 기술할 수 있었습니다. 이처럼 누가가 누가복음과 사도행전을 기록할 수 있도록 누가로 하여금 바울과 실라를 만나게 하신 하나님의 신비스러운 섭리 앞에서, 우리는 영적 황홀경에 빠지지 않을 수가 없습니다.

누가가 의사의 삶을 청산하고 바울을 따라나선 길은 안락한 삶이 아니었습니다. 그것은 자신의 목숨을 걸어야만 하는, 배고픔과 추위와 고통과 시련으로 점철된 고난의 길이었습니다. 그러나 하나님의 부르심을 받은 누가가 그 고난의 길을 마다하지 않았기에 우리는 그가 기록한 누가복음을 통해 예수 그리스도를 온전히 만날 수 있고, 또 사도행전을 통해 초대교회에서 어떤 일이 일어났으며, 사도들과 바울을 당신의 도구로 삼으신 하나님께서 인류의 역사 속에서 당신의 섭리를 어떻게 이루셨는지를 소상히 알게 되었습니다.

하나님께서 이방인 의사 누가를 동원하시어 바울과 동행하게 하시면서까지 바울의 일거수일투족을 당신의 말씀인 성경 속에 기록하게 하셨다는 것은, 하나님을 믿는 우리에게 크나큰 소망의 메시지가 아닐 수 없습니다. 하나님께서는 바울만의 하나님이 아니십니다. 바울이 믿었던 하나님은 바로 우리가 믿고 있는 삼위일체 하나님이십니다. 그러므로 바울의 삶을 이방인 의사 누가로 하여금 당신의 말씀으로 기록하게 하신 하나님께서는, 우리 각자의 삶 역시 당신의 방법으로 영원히 기록하고 계십니다.

선지자 엘리야 시대에 온 이스라엘에 극심한 가뭄으로 흉년이 들었습니다. 사르밧에 살던 한 과부도 먹을 것이 없었습니다. 마지막 남은 밀가루 한 움큼과 기름 몇 방울로 아들과 함께 마지막 빵을 구워 먹은 뒤에는 가만히 앉아서 굶어 죽어야 할 판이었습니다. 그때 사르밧에 이른 엘리야가 그 과부에게 요기할 빵을 요구하였습니다. 과부는 엘리야 선지자의 말을 하나님의 명령으로 받아들이고, 마지막 남은 밀가루와 기름으로 빵을 만들어 먼저 엘리야에게 주었습니다. 그날 그 자리에 엘리야와 과부 이외에는 아무도 없었습니다. 다른 사람은 그 누구도 그 광경을 보지 못했습니다. 그러나 하나님께서는 그 광경을 다 보셨고, 그 갸륵한 과부의 순종의 믿음을 당신의 방법으로 당신의 말씀인 성경에 기록되게 하셨습니다. 그리고 가뭄이 끝나기까지 그 과부의 밀가루통과 기름병이 다하지 않게 해주셨습니다. 과부의 믿음에 대한 하나님의 영원한 상급이었습니다.

선지자 아모스는 드고아의 양치기였습니다. 양치기는 정규교육을 받지 못한 가난한 사람들의 몫이었습니다. 일반인들은 짐승과 함께 사는 양치기가 불결하다 하여 접촉하는 것조차 꺼렸습니다. 그러나 하나님께서는 하나님을 향한 그의 중심을 보시고 당신의 말씀을 그에게 부어 주셨습니다. 아모스는 하나님께서 내려 주신 하나님의 말씀을 전하기 시작했습니다. 하지만 세상 사람들은 무식한 양치기 아모스의 말에 귀를 기울이지 않았습니다. 그래서 그의 말은 2800년 전 허공 속으로 사라져 버리고 말았습니까? 결코 아닙니다. 하나님께서는 당신의 방법으로 아모스가 전한 모든 말을 당신의 말씀으로 성경 속에 기록되게 하셨습니다. 그 역시 아모스에 대한 하나님의 영원한 상급이었습니다.

예루살렘 성전에는 입구가 나팔 모양을 한 13개의 헌금함이 있었습니다. 부자들은 자신이 얼마나 많은 금액을 헌금하는지 다른 사람들이 다 듣고 볼 수 있게끔 금화나 은화를 나팔 모양의 헌금함 입구에 소리가 나게 던져 넣었습니다. 그러나 가난한 한 여인은 겨우 한 고드란트를 가만히 헌금함에 넣었습니다. 한 고드란트는 근로자 하루 임금의 64분의 1에 불과한 지극히 작은 금액이었습니다. 작은 금액을 조용하게 헌금함에 넣는 그 가난한 여인을 눈여겨보는 사람은 아무도 없었습니다. 그러나 예수님께서는 그 여인을 보고 계셨습니다. 그리고 그 가난한 여인에게 '너의 헌금이 가장 값진 헌금'이라고 칭찬해 주셨습니다. 말로만 칭찬하신 것이 아니었습니다. 예수님께서는 당신의 방법으로 그 여인의 이야기를 하나님의 말씀인 성경에 기록되게 하셨습니다. 그 역시 그 여인의 중심을 기쁘게 받으신 하나님의 그 여인에 대한 영원한 상급이었습니다.

이상과 같은 사실은, 하나님께서는 당신을 사랑하는 당신의 백성들의 삶을 당신의 방법으로 영원히 기록되게 하시는 분임을 깨닫게 해줍니다. 사도 요한은 세상의 종말에 대해 증언하면서 다음과 같은 사실을 밝히고 있습니다.

나는 또 죽은 사람들이, 큰 자나 작은 자나 할 것 없이, 다 그 보좌 앞에 서 있는 것을 보았습니다. 그리고 책들을 펴놓고, 또 다른 책 하나를 펴놓았는데, 그것은 생명의 책이었습니다. 죽은 사람들은, 그 책에 기록되어 있는 대로, 자기들의 행위대로 심판을 받았습니다(계 20:12, 새번역).

인간의 삶은 하나님의 방법으로 하나님 앞에 기록됩니다. 그리고 그 기록은 우리가 하나님 앞에 설 때, 하나님께서 우리의 삶을 셈하시고 상 주시는 근거가 될 것입니다.

말은 공기를 잠시 진동시키다가 사라져 버리지만, 기록은 천재지변이 일어나지 않는 한 사라지지 않습니다. 그러나 하나님의 기록은 인간의 기록이 감히 넘볼 수조차 없습니다. 하나님의 기록은 천재지변이 일어나도 사라지거나 소멸되지 않습니다. 이 세상에 종말이 올지라도 하나님의 기록은 변함이 없습니다. 하나님의 기록은 영원 속에 영원한 문자로 영원히 기록되기 때문입니다.

사랑하는 교우 여러분!

그 누구도 보지 않는 곳에서도, 우리 모두 참된 그리스도인으로 살아가십시다. 누가 보든 보지 않든, 그리스도인으로서 마땅히 행하여야 할 바를 행하십시다. 세상 사람들로부터 아무런 보상이 없다 해도, 그리스도인으로서의 선행을 거두지 마십시다. 언제 어디서든 우리의 삶으로 하나님의 말씀을 기록하십시다. 하나님께서 이방인 의사 누가로 하여금 바울과 동행하면서 바울의 삶을 하나님의 말씀으로 기록하게 하셨듯이, 당신의 방법으로 우리 각자의 삶을 하나님 앞에 영원히 기록되게 하실 것입니다. 유한한 인간에게 자신의 삶이 영원하신 하나님 앞에 영원한 상급으로 기록되는 것보다 더 큰 상급은 없습니다. 그래서 우리를 둘러싸고 있는 상황에 상관없이, 우리는 오늘도 소망 속에서 그리스도의 길을 좇을 수 있습니다.

하나님께서는 우리를 사랑하셔서, 추악한 죄인인 우리에게 거룩하신 당신의 말씀을 주셨습니다. 당신의 말씀을 주시되, 단순한 말이 아니라 영원히 사라지지 않는 기록으로 주셨습니다. 그래서 우리는 기록된 하나님의 말씀인 성경을 통해 삼위일체 하나님을 알고, 하나님의 구원을 얻고, 하나님의 사랑을 확인합니다. 그뿐 아니라 기록된 하나님의 말씀 속에서 수많은 믿음의 선진들을 만나게 됩니다. 그들은 대부분 가난하고 배운 것 없는 무명의 인물들이었습니다. 그러나 그들은 예외 없이 하나님의 말씀을 자신들의 삶으로 기록했고, 하나님께서는 당신의 신비로운 방법으로 그들의 삶을 영원한 당신의 말씀으로 기록되게 하셨습니다.

그 하나님이 우리의 하나님이시요, 우리가 믿는 하나님께서 바로 그 하나님이심을 감사드립니다. 바울에게 이방인 의사 누가를 붙여 주시면서까지 그의 삶을 당신의 영원한 말씀으로 기록하게 하신 것처럼, 하나님께서 하나님을 믿는 우리의 삶 역시 하나님의 방법으로 하나님 앞에 영원한 상급으로 기록되게 해주실 것임을 이 시간 확인하게 해주셔서 감사합니다. 그 하나님을 믿기에 사람이 보든 보지 않든, 오직 믿음의 길을 좇는 용기 있는 그리스도인이 되게 해주십시오. 어떤 상황에 처해 있든, 언제나 소망 속에서 주님의 길을 좇게 해주십시오. 밤이나 낮이나 우리의 삶으로 하나님의 말씀을 기록해 가게 해주십시오. 그리하여 우리가 이 세상에서 보잘것없는 존재라 할지라도, 우리의 삶을 통해 하나님의 신묘막측한 섭리가 이 시대의 역사 속에 이루어짐을 우리의 삶으로 확인하는 영원한 기쁨을 누리게 해주십시오. 아멘.

8. 인정함이러라 _{가정 주일}

사도행전 16장 6-10절

성령이 아시아에서 말씀을 전하지 못하게 하시거늘 그들이 브루기아와 갈라디아 땅으로 다녀가 무시아 앞에 이르러 비두니아로 가고자 애쓰되 예수의 영이 허락하지 아니하시는지라 무시아를 지나 드로아로 내려갔는데 밤에 환상이 바울에게 보이니 마게도냐 사람 하나가 서서 그에게 청하여 이르되 마게도냐로 건너와서 우리를 도우라 하거늘 바울이 그 환상을 보았을 때 우리가 곧 마게도냐로 떠나기를 힘쓰니 이는 하나님이 저 사람들에게 복음을 전하라고 우리를 부르신 줄로 **인정함이러라**

실라 그리고 디모데와 함께 루스드라를 출발한 바울은 오늘날 터키 대륙의 서부 지역인 아시아에서 계속 복음을 전하려 했습니다. 그러나 웬일인지 성령님께서 허락하시지 않았습니다. 바울 일행은 브루기아와 갈라디아 땅을 거쳐 터키 대륙의 서북쪽에 위치한 무시아로 올라가, 동쪽 비두니아로 진출하려 했습니다. 하지만 이번에는 예수님의 영이 허락하시지 않았습니다. 바울 일행은 어쩔 수 없이 무시아에서 비두니아의 반대쪽인 드로아로 내려갔습니다. 드로아는 아시아 대륙과 바다 건너 유럽 대륙을 해상으로 이어 주는 주요 항구도시였습니다.

> 밤에 환상이 바울에게 보이니 마게도냐 사람 하나가 서서 그에게 청하여 이르되 마게도냐로 건너와서 우리를 도우라 하거늘(9절).

드로아에 도착한 바울에게 밤에 환상이 보였습니다. 헬라어 '호라마ὅραμα'는 어떤 몽상적인 생각이 아니라 시각적으로 명료한 비전을 의미합니다. 내용인즉 한 마게도냐 사람이 서서 바울에게, 마게도냐로 건너와서 자신들을 도와 달라고 청하는 것이었습니다. 이 구절의 헬라어 원문을 헬라어 문법에 맞게 번역하면 '한 마게도냐 사람이 계속 서서 바울에게, 마게도냐로 건너와서 자신들을 도와주기를 계속 간청하였다'가 됩니다. 즉 바울에게 보인 환상은 순식간에 보였다가 사라진 것이 아니라, 꽤 오랫동안 보인 환상이었습니다. 마게도냐는 바다 건너 유럽 대륙에 속한 지역이었습니다.

> 바울이 그 환상을 보았을 때 우리가 곧 마게도냐로 떠나기를 힘쓰니 (10절 상).

이 구절에서부터 바울 일행이 '우리'라는 1인칭 복수형 주어로 기록되는 것은, 사도행전을 기록한 의사 누가가 드로아에서부터 바울 일행에 합류하였기 때문임은 지난 시간에 설명해 드렸습니다. 바울이 환상을 본 후, 바울 일행은 곧 바다 너머 마게도냐로 떠나기를 힘썼습니다. 마게도냐로 떠나야 할 것 같으면 그냥 떠나면 되지 않습니까? 그런데도 떠나기를 힘썼다는 것은 무슨 말이겠습니까? 이 질문은 2천 년 전 당시의 교통 사정을 알면 절로 해소됩니다. 2천 년 전에는 거리가 먼 항구와 항구 사이에 지금처럼 선박이 정기적으로 운항하지 않았습니다. 거의 대부분의 선박들이 부정기적으로 운항하였으므로, 장거리 여행자의 경우 자신이 원할 때의 배편을 구한다는 것은 쉬운 일이 아니었습니다. 바울 일행 역시 바다 너머 마게도냐로 가기 위해서는 언제 어느 배가 출항하는지 매일 항구에 나가 확인해야만 했을 것입니다.

> 이는 하나님이 저 사람들에게 복음을 전하라고 우리를 부르신 줄로 인정함이러라(10절 하).

바울 일행이 바다 너머 마게도냐로 가기를 그토록 힘쓴 것은, 바울이 본 환상을 하나님께서 마게도냐 사람들 즉 유럽 사람들에게 가서 복음을 전하라고 명령하시는 것으로 그들이 인정한 까닭이었습니다. 이 시간에 우리가 주목하고자 하는 것은 '인정했다'는 동사입니다. 이 동사가 헬라어 원문에는 1인칭 복수형으로 기록되어 있습니다. 바울 혼자 그렇게 인정한 것이 아니라, 바울 일행이 다 함께 인정했다는 말입니다. 마게도냐 사람의 환상을 본 바울은 자신의 일행에게 아무 말도 하지 않고, 불문곡직하고 나를 따르라며 마게도냐를 향해 자기 홀로 앞장서 나아가지 않았습니다. 바울은 자신이 본 환상의 내용을 실라와 디모데, 그리고 드로아에서 새로 합류한 누가에게 소상하게 설명했습니다. 그리고 그 네 사람은 바울이 본 환상에 대해 서로 의견을 주고받는 가운데, 하나님께서 마게도냐 사람들에게 복음을 전하게 하시기 위해 자신들을 부르시는 것으로 인정하였습니다.

우리말 '인정하다'로 번역된 헬라어 동사 '쉼비바조συμβιβάζω'는 본래 '함께 결합하다'는 의미입니다. 이것은 단순히 바울이 본 환상에 대하여 바울과 실라 그리고 디모데와 누가, 그 네 사람이 의견의 일치를 보았다는 의미가 아닙니다. 환상은 초이성적인 것입니다. 바울이 본 초이성적인 환상을 마게도냐 사람들에게 복음을 전하라는 하나님의 명령으로 바울 일행이 인정했다는 것은, 그들의 이성이 바울이 본 환상을 그렇게 이해하고 해석하고 판단했다는 말입니다. 그러므로 본문에 사용된 동사 '쉼비바조'가 '함께 결합하다'는 의미라는 것은, 바울이 본 초이성적인 환상과 바울 일행의 이성이 함께 결합되었다는 의미임을 알게 됩니다. 그 결과 그들은 바울이 본 초이성적인 그 환상을 마게도냐 사람들에게 복음을 전하라는 하나님의 명령이라고 결론지을 수 있었습니다.

이와 연관하여 주석가 로버트슨A. T. Robertson은 '환상'과 '이성'의 관계를 다음과 같이 설명합니다.

> 인간의 이성은 환상이 하나님께로부터 온 것인지 아닌지를 결정해 주며, 그 계시가 우리에게 의미하는 바가 무엇인지를 발견하게 하며, 우리가 그 계시를 이해했을 때 그 계시에 순종해야 한다는 것을 알게 해준다.

초이성적인 환상이 주어졌을 때 그 환상이 하나님께로부터 온 것인지 아니면 자신의 망상에서 비롯된 것인지 분별케 해주는 것이 인간의 이성이며, 하나님께로부터 주어진 환상일 경우 그 환상을 통한 하나님의 뜻이 무엇인지 헤아리는 것도 인간의 이성이고, 헤아린 하나님의 뜻을 실천하는 것 역시 인간의 이성이 작용한 결과라는 것입니다. 한마디로 초이성적인 환상과 인간의 이성은 서로 상치되는 것이 아니라, 오히려 불가분의 관계에 있다는 것입니다.

하나님께서는 기록된 당신의 말씀인 성경이 인간에게 주어지기 전에는, 종종 꿈이나 환상을 통해 인간에게 당신의 뜻을 계시해 주시곤 했습니다. 그러나 하나님의 말씀인 성경이 우리에게 주어진 오늘날 하나님께서는 꿈이나 환상이 아니라, 당신의 말씀인 성경을 통해 우리에게 말씀하시고 또 당신의 뜻을 계시하십니다. 그렇다면 꿈이나 환상이 아니라 성경 시대인 오늘날에는 하나님을 믿는 데 인간의 이성이 더 이상 필요하지 않은 것입니까? 그렇지 않습니다. 오히려 그 반대입니다.

하나님께서 단순한 감각의 대상이시라면 인간은 하나님을 느끼기만 하면 됩니다. 하나님께서 형체를 지닌 분이시라면 인간은 하나님을 눈으로 뵈면 됩니다. 그러나 하나님께서는 보이지 않는 영이신 동시에 로고스logos, 말씀으로 존재하십니다. 시간과 공간을 초월하는 영원한 그 말씀은 꿈이나 환상과는 비교가 불가능한 초이성적인 로고스이십니다. 초이성적인 하나님의 로고스를 이해하려면 먼저 그 로고스의 로직logic 즉 논리를 이해할 수 있어야 하고, 그 논리를 이해하는 바탕은 인간의 이성입니다. 꿈이나 환상을 분별할 때보다 초이성적 하나님의 말씀을 이해하는 데 인간의 이성은 더더욱 필요합니다. 이성은 애당초 인간의 것이 아닙니다. 본래 이성은 하나님의 것입니다. 하나님께서는 인간을 당신의 형상, 다시 말해 당신의 품성과 속성대로 지으셨습니다. 하나님께서 인간을 지으시면서 당신의 이성도 주신 것입니다. 그러므로 우리는 하나님께서 주신 이성을 통해 인간의 이성을 초월하는, 이성의 근본이신 하나님의 말씀과 뜻을 바르게 이해해 갈 수 있습니다.

오늘의 본문 속에서 자신이 본 환상을 통한 하나님의 뜻을 자신의 이성으로 분별한 바울은 다음과 같이 증언합니다.

너희 몸을 하나님이 기뻐하시는 거룩한 산 제물로 드리라 이는 너희가 드릴 영적 예배니라(롬 12:1하).

바울은 우리 몸을 하나님께 산 제물로 드리는 것, 다시 말해 우리의 삶 자체가 하나님을 향한 예배가 되게 하는 것이 진정한 영적 예배임을 밝혔습니다. 중요한 사실은 이미 말씀드린 적이 있는 것처럼, 바울이 '영적'이라고 말하면서 사용한 헬라어 단어가 '이성적'이라는 의미의 '로기코스λογικός'라는 점입니다. 우리는 영적인 것을 대단히 좋아합니다. 그러나 성경이 말하는 영적인 것은 흔히 오해하듯 이성을 내팽개치는 것이 아닙니다. 인간의 이성을 하나님 위에 두고 하나님의 말씀을 자기 마음대로 재단하는 것도, 반대로 하나님의 말씀 앞에서 이성을 내팽개치는 것도 모두 경계해야 할 일입니다. 인간의 이성을 하나님 위에 두는 교만함으로 하나님과 바른 영적 관계가 아예 성립될 수 없고, 인간의 이성을 내팽개치는 맹신은 인간을 영적 미몽에 빠뜨릴 뿐입니다.

초이성적 로고스이신 하나님을 바르게 알고 믿는 데 인간의 이성이 얼마나 중요한지, 믿음에 이성이 동원될 때 믿음이 얼마나 성숙하게 정립되는지를 구체적으로 보여 주는 예를 소개해 드리겠습니다. 제가 잘 아는 분 가운데 현재 미국에서 살고 있는, 올해 우리 나이로 80세인 분이 있습니다. 그분이 작년 4월 부활절 때 79세의 연세로 세례를 받았습니다. 그로부터 10개월이 지난 올 2월에, 그분은 세례 교인이 된 이후 지난 10개월 동안 자신의 변화된 삶을 정리한 글을 자신이 다니는 교회 목사님과 교인들에게 보냈습니다. 제게도 보내 준 그 글의 일부분을 그분의 허락을 받아 이 시간에 읽어 드리겠습니다.

늙은 나이가 '남부끄러워' 세례는 골방에서 받았으면 하고 목사님께 제 말씀을 드렸더니, 목사님은 단숨에 "노~!" 그래서 지난해 4월 부활절 예배 때 세 목사님들의 따뜻한 훈도 아래, 교우님 모두 앞에서, 제가 세례 받은 지 10개월이 흘렀습니다. 그동안의 제 마음의 흐름을 누구보다도 먼저 교우님들께 알려 드리고 싶은 저의 심정에는 뚜렷한 이유가 있습니다. 그날 세례를 받고 단을 내려온 저를 여러 교우님들이 따뜻하게 축하해 주셨습니다. 세례란 저 개인의 일이요, 저 혼자만의 예식인 줄 알고 있었던 저에겐, 그 정성 어린 축하가 큰 충격이 되어 저를 압도해 버린 것입니다. 축하 말씀 안에 서린 티 없이 맑은 사랑을 의식하면서, 저는 '내가 혼자가 아니었구나' 하는 놀라운 발견을 한 것입니다. 그날부터 교우님들이 저의 소중한 집안 식구가 되었고, 이 새로 만난 사랑이 저로 하여금 난생처음, 교회를 '알아보게' 해주었습니다. 교회가 거기 서 있는 뜻과 바탕이 어렴풋하게 마음눈에 보이기 시작한 까닭입니다. 돌이켜 보면 세례를 받고 첫발을 내딛는 저에게 이보다 더 소중한 선물이 없었습니다. 다시 깊은 감사를 올리고자 합니다.

제가 겪은 지난 10개월은 하지만, 평탄하고 밝지만은 않았습니다. 하나님을 믿겠다고 세례를 받았지만, 정작 하나님이 누구신지, 어디 계시는지, 도무지 종잡을 수 없이 막막하기만 했습니다. 하나님을 못 뵈어도, 하나님의 음성을 못 듣는다 해도, 하나님의 영상만이라도 제 맘속에 그릴 수 있어야 하나님과 관계를 맺고 기도를 통해 말씀을 올릴 수 있지 않겠습니까? 하지만 눈을 감으면 제 마음과 둘레에는 짙은 어둠뿐이었습니다. 성경을 펴 들어 봐도 너무 방대한 데다 대부분 무슨 말씀인지 종잡을 수 없어, 마치 바람 부는 광야에 홀로 서서 끝이 보이지 않는 어두운 길을 건너다보는 심정이었습니다. 그러던 어느 날 제게 작은 기적이 하나 찾아

왔습니다. 암흑 저편에 자그마한 등불이 켜져 있는 걸 보게 된 것입니다. 그 등불을 쫓아가 보니, 거기 눈부시게 빛나는 말씀이 저를 맞아 주었습니다. "새 계명을 너희에게 주노니 서로 사랑하라. 내가 너희를 사랑한 것 같이 너희도 서로 사랑하라"(요 13:34).

'서로 사랑하라'는 것은 이해가 간다고 해도, '내가 너희를 사랑한 것같이'는 처음에는 무슨 말씀인지 알 수가 없었습니다. 여러 분께 물어도 보고 저도 깊이 생각해 보는 가운데, 뜻밖에도 그 말씀이 닿는 끝에 십자가가 우뚝 서 있는 것을 보게 되었습니다. 그와 함께 사랑이라는 아름답고 벅찬 길목 끝에는 모질고 아픈 희생과 죽음이 있기도 하다는 것, 그런 사랑을 예수님께서 십자가를 통해 선명하게 가르쳐 주시는 것을 깨달았습니다.

45년 전, 저는 100명 이상이 탄 여객기가 이륙 직후 강물 속으로 두터운 얼음을 깨고 추락, 침몰하는 장면을 생방송으로 지켜보고 있었습니다. 이윽고 가라앉은 비행기를 탈출한 여자 한 명과 남자 네 명이 강물 위로 떠오르고, 급히 출동한 헬리콥터에서 구명 로프가 내려와 50대 남자 바로 앞에 떨어졌습니다. 하지만 그 남자는 자기 스스로 구명 로프를 잡고 구출되는 것이 아니라, 근처에 빈사 상태로 떠 있는 여자에게 가서 로프로 그 여자의 몸을 감아 헬기에 신호하여 인양하도록 했습니다. 같은 방법으로 남은 세 명의 남자들 목숨까지 구해 낸 그는, 마지막으로 로프가 내려왔을 때에는 더 이상 거기에 없었습니다. 저는 어린아이처럼 흐느껴 울었습니다. 그 사람의 죽음이 서럽기도 했지만, 그보다는 그 사람이 그처럼 제 몸을 죽여 남을 살리는 연유를 이해할 수 없는 기막힌 아쉬움이 저를 더 슬프게 만든 것인지도 모릅니다. 그러나 지금은 압니다. 그분은 50대의 평범한 생활인이었지만, 십자가로 상징되는 크나큰 예수님의 사랑을 가슴속 깊이 품고 살아온 분이었습니다.

여러 교우님들이 베푸신 사랑을 통해 기독교의 깊은 가르침과 사랑을 알게 되고, 그 사랑을 따라가 십자가를 보게 된 저는, 말로만 듣던 예수님의 부활과 행하신 많은 기적들을 처음으로, 아무 거리낌 없이 살아 있는 증거로 순순히 받아들일 수 있게 되었습니다. 모두가 십자가에서 비롯된 깨우침 덕분이었습니다. 그날부터 하나님을 찾아 헤매 도는 일을 그만두기로 했습니다. 우리가 아는 우주보다도 더 크시고, 우리가 아는 시간보다도 더 영원하신 하나님, 전지전능하시며 '어디에나 계신' 하나님을, 제 초라한 두뇌와 의식으로 감히 자[尺]질하고 이름 짓는다는 것이 얼마나 황당한 일인가 깨닫게 된 까닭입니다. 하나님을 찾아뵙고 저 좀 봐주십사 기도하는 것보다, 하나님께서 성경을 통해 제게 가르쳐 주시려는 가르침이 무엇인가, 그것부터 열심히 공부해야겠다고 마음먹었습니다. 그 길목에서 사도 바울을 만났습니다. 이탈리아와 그리스의 이곳저곳을 다니면서 저는 바울의 발자국이 미치지 않은 곳이 없는 것을 경탄의 눈으로 보았습니다. 고대 고린도 근처의 백사장, 바울이 아득한 에게 바다의 끝머리까지 건너와 상륙한 곳에 서 있는 녹슬고 초라한 십자가를 보면서, 제 가슴은 알 수 없는 벅찬 감명에 뒤흔들렸고, 아폴로 신전 터 근처의 고색창연한 석단을 두 손으로 어루만지면서, 바로 그 자리에 서서 설교하고, 유대인들에 의해 법정으로 끌려갔던 바울의 모습을 더듬어 보기도 했습니다.

지금의 저는, 깊은 신뢰와 존경을 가슴에 품고 바울의 뒤를 밟아 가노라면, 어느 날 하나님을 제 눈으로 뵐 수 있을 것을 믿으면서 성경을 공부하고 있습니다.

어떻습니까? 80세의 연세에 세례 받은 지 겨우 10개월밖에 되지 않는 이분의 믿음이, 평생 교회에 다닌 웬만한 분들의 믿음보다 더 잘 정리되어 있지 않습니까? 이분은 하나님의 뜻은 하나님의 말씀인 성경을 통해 알 수 있다는 것, 성경의 핵심은 예수 그리스도의 십자가라는 것, 하나님을 믿는다는 것은 사람을 사랑하는 것이라는 것, 사랑에는 희생과 죽음이 수반되기에 참된 사랑은 예수 그리스도의 십자가를 통해서만 가능하다는 것, 하나님께 나 좀 봐주십사고 떼를 쓰는 것보다 하나님께서 성경을 통해 주시려는 가르침을 배우고 깨닫는 것이 더 중요하다는 것, 이 모든 것을 이미 터득하여 실천하고 있습니다. 어떻게 불과 10개월 만에 그분의 믿음이 이렇듯 성숙하게 정립될 수 있었겠습니까? 세례 교인으로서 초이성적 로고스이신 하나님의 말씀을 바르게 알고 이해하기 위해 자신의 이성을 동원했기 때문입니다. 자신이 알고 있는 우주보다 더 크시고, 자신이 알고 있는 시간보다 더 영원하시며, 전지전능하시고 무소부재하신 하나님을 자신의 이성으로 온전히 받아들였기 때문입니다. 그렇기에 오늘의 본문 속에서 자신이 본 환상을 통한 하나님의 뜻을 자신의 이성으로 분별하고 유럽 대륙으로 넘어간 바울을 그분이 성경에서 만나, 자신도 바울처럼 십자가의 사랑을 위해 살아가노라면 언젠가 자신의 눈으로 하나님을 뵐 수 있으리라 믿는 것은 조금도 이상한 일이 아닙니다.

그분은 현재 전문 서적을 읽으면서 매일 성경을 공부하고 있습니다. 이처럼 계속 자신의 이성을 다해 하나님의 가르침을 배우고 실천해 가는 그분의 여생이 영원한 진리로 아름답게 수놓아질 것은 두말할 나위도 없습니다.

오늘은 가정 주일입니다. 사도 바울이 주님을 위해 자신을 내던졌다고 해서 가정을 소홀히 해도 좋다거나, 가족의 역할을 경시해도 무방하다고 한 것은 결코 아닙니다. 바울은 에베소서 5장과 6장을 통해 남편들에게는 주님께서 교회를 사랑하시고 교회를 위해 당신 자신을 십자가의 제물로 내어 주신 것처럼 아내를 사랑하라고 명령하고, 아내들에게는 교회가 주님께 순종하듯이 남편에게 순종할 것을 명령했습니다. 부모들에게는 자식들을 노엽게 하지 말고 주님의 교훈과 훈계로 양육할 것을, 그리고 자식들에게는 부모를 공경할 것을 명령했습니다. 그러나 이것은 실은 바울의 명령이 아닙니다. 바울이 기록한 그 말씀들은 곧 하나님의 말씀이기에, 그 명령은 모두 하나님의 명령입니다. 그래서 웬만한 그리스도인치고 하나님의 이 명령을 모르는 사람은 없습니다.

그런데도 왜 크리스천들의 가정조차 문제투성이입니까? 왜 크리스천들의 가정조차 행복과 사랑의 보금자리가 되지 못하는 것입니까? 이성적인 믿음의 크리스천으로 살지 않기 때문입니다. 남편이 크리스천으로서 아내를 사랑한다는 것이 무엇을 의미하는지 단 한 번이라도 이성적으로 진지하게 생각해 본다면, 과연 가장인 남편이 아내를 외면하고 탈선행위를 할 수 있겠습니까? 크리스천 아내가 아내의 역할이 무엇인지 하나님의 말씀 앞에서 단 한 번이라도 이성적으로 숙고해 본다면, 과연 돕는 배필인 아내가 매사에 자기중심적으로 살 수 있겠습니까? 크리스천 부모가 자식을 어떻게 키우는 것이 하나님 앞에서 참된 믿음의 부모로 자신을 세우는 것인지 단 한 번이라도 이성을 동원하여 깊이 생각해 본다면, 과연 하나님께서 자신을 믿고 맡기신 하나님의 귀한 자녀를 부모가 자기 이기심의 노예로 전락시킬 수 있겠습니까? 자식들이 크리스천으로서 부모를 공경하는 것이 무엇인지 단 한 번이라도 이성을 다해 생각해 본다면, 자식이 부모를 등지는 일이 일어날 수 있겠습니까?

조금 전에 읽어 드린 글을 기록한 분은 부인과의 사이에서 이미 장성하여

출가한 네 명의 자녀를 두고 있습니다. 그분은 세례 받기 전, 젊은 시절부터 소문난 모범 가장이었습니다. 여섯 식구가 얼마나 화목한지, 네 자녀들이 얼마나 우애가 깊은지, 그분을 아는 사람치고 그분의 가정을 칭찬하지 않는 분이 없었습니다. 이제는 그분이 세례 교인까지 되었으니, 자신의 이성을 다해 십자가의 사랑을 좇는 그 가장으로 인해 그분의 가정은 더 행복해지지 않겠습니까? 생각하는 것만으로도 마음이 흐뭇해집니다.

가족들이, 가족들이기 때문에, 아무 생각 없이, 그저 감정에 따라 서로 아무렇게나 대할 수 있다고 여기는 한, 우리의 가정은 고통의 산실일 뿐이요 크리스천들에게 그보다 더 큰 불행은 없습니다. 우리 모두 하나님의 말씀 앞에서 생각하는 이성적인 믿음의 남편, 이성적인 믿음의 아내, 이성적인 믿음의 부모, 이성적인 믿음의 자녀가 되십시다. 가족으로서, 가족에 대한 책임과 의무를 생각하고 실천하는 이성적인 믿음의 크리스천들이 되십시다. 그때 우리의 삶 자체가 하나님께서 기뻐하시는 영적 예배가 될 것이요, 우리의 가정은 행복과 사랑의 보금자리가 될 것이며, 하나님께서는 우리의 각 가정을 통로로 삼아 이 시대의 역사를 새롭게 하실 것입니다.

드로아에서 환상을 본 바울은 그 환상을 내팽개치는 현실 숭배자도 아니었고, 앞뒤 생각 없이 감정에만 사로잡혀 환상을 좇는 신비주의자도 아니었습니다. 그는 이성적인 크리스천이었습니다. 그는 자신이 본 환상의 내용을 자신의 동역자인 실라와 디모데 그리고 누가에게 소상하게 밝혔고, 그들은 그들의 이성으로 그 환상을 유럽 사람들에게 복음을 전하라는 하나님의 명으로 인정하였습니다. 초이성적 로고스이신 하나님께서는 그렇듯 건강한 믿음을 지닌 사람들을 당신의 도구로 부르셨고, 그들의 이성적인 믿음을 통해 그 시대를 위한 당신의 섭리를 이루셨습니다. 그 하나님께서 오늘 우리에게 가정 주일을 주시고, 우리 각자의 가정을 되돌아보게 하시니 감사합니다.

돈이 우상이 되어 버린 황폐한 세상 속에서 많은 가정이 무너져 내리고 있습니다. 가족 간에 사랑의 대화나 포용은커녕, 오히려 서로 등지고 상처만을 주고받는 가정이 허다합니다. 크리스천 가정이라고 해서 크게 다르지는 않습니다. 가족이기 때문에, 아무 생각 없이, 그저 감정에 따라, 가족을 아무렇게나 대해도 된다는 어리석음 속에서 살아온 우리의 허물을 용서해 주십시오. 우리 모두 바울 일행처럼 이성적인 믿음의 크리스천으로 살아갈 수 있도록 도와주십시오. 이성적인 믿음으로 자신의 임무를 다하는 남편, 이성적인 믿음으로 자신의 역할을 다하는 아내, 이성적인 믿음으로 자기 책임을 다하는 부모, 이성적인 믿음으로 자기 자리를 지키는 자식들이 한데 어우러져 사는 우리의 가정이, 날마다 영적 예배가 이루어지는 작은 교회가 되게 해주십시오. 그와 같은 우리의 가정을 통해 황폐한 이 세상이 회복되고 정화되게 해주십시오. 아멘.

9. 빌립보에 이르니

사도행전 16장 11-15절

우리가 드로아에서 배로 떠나 사모드라게로 직행하여 이튿날 네압볼리로 가고 거기서 **빌립보에 이르니** 이는 마게도냐 지방의 첫 성이요 또 로마의 식민지라 이 성에서 수일을 유하다가 안식일에 우리가 기도할 곳이 있을까 하여 문밖 강가에 나가 거기 앉아서 모인 여자들에게 말하는데 두아디라 시에 있는 자색 옷감 장사로서 하나님을 섬기는 루디아라 하는 한 여자가 말을 듣고 있을 때 주께서 그 마음을 열어 바울의 말을 따르게 하신지라 그와 그 집이 다 세례를 받고 우리에게 청하여 이르되 만일 나를 주 믿는 자로 알거든 내 집에 들어와 유하라 하고 강권하여 머물게 하니라

오늘의 본문 11절은 이렇게 시작되고 있습니다.

우리가 드로아에서 배로 떠나 사모드라게로 직행하여 이튿날 네압볼리로 가고.

드로아에서 바다 건너 마게도냐로 가기 위해 애쓰던 바울 일행은 마침내 배를 타고 드로아를 출항하였습니다. 바울 일행이 탄 배는 유럽 대륙과 아시아 대륙을 이어 주는 에게 해 북동쪽에 위치한 사모드라게 섬에 기항하여 하룻밤을 묵었습니다. 바울 일행이 출발한 아시아 대륙의 드로아에서 유럽 대륙 발칸반도까지는 2천 년 전 당시의 범선으로 닷새 항해 길이었습니다. 그래서 북에게 해를 동서로 횡단하는 선박들은 대개의 경우 사모드라게 섬에서 하룻밤을 기항하였습니다. 사모드라게 섬 자체는 크지 않았지만, 그 섬 한가운데 에게 해의 섬들에 있는 산들 중에 가장 높은 해발 1,600미터의 펜가리 산이 자리 잡고 있었습니다. 북에게 해의 이정표 역할을 하는 그 산으로 인해 사모드라게 섬은 예로부터 해상 교통의 요지였습니다.

본문에서, 바울 일행이 탄 배가 사모드라게 섬으로 직행했다는 것은 다른 섬을 거쳐 가지 않았다는 말이 아닙니다. 당시의 범선으로는 목적지까지 순항한다는 것은 쉬운 일이 아니었습니다. 느닷없이 바닷바람이 일면 범선은 바람을 피해 항로를 이리저리 옮겨 다녀야만 했습니다. 그러나 바울 일행이 탄 배는 감사하게도 바닷바람을 만나지 않고 중간 기항지인 사모드라게 섬까지 순항하였습니다. 사모드라게 섬에서 하룻밤을 묵은 바울 일행은 이튿날 다시 배를 타고 네압볼리로 갔습니다. 네압볼리는 유럽 대륙 발칸반도 동북쪽에 위치한 항구로서 로마제국이 건설한, 발칸반도를 동서로 가로지르는 군사 및 상업 도로인 '에그나티아 가도街道'의 동쪽 시발점이었습니다. 오늘날 그리스에서 '카발라'라고 불리는 네압볼리는, 200년 전 그곳을 방문한 영국의 시인 바이런이 네압볼리 해안의 아름다움을 보고 경탄의 시를 읊조렸던 곳이기도 합니다.

거기서 빌립보에 이르니 이는 마게도냐 지방의 첫 성이요 또 로마의 식민지라(12절 상).

　네압볼리에 도착한 바울 일행은 곧장 에그나티아 가도를 따라 네압볼리에서 약 14킬로미터 떨어져 있는 빌립보로 갔습니다. 본문은 빌립보가 로마제국의 속주인 마게도냐의 첫 성이라고 소개하고 있습니다. 헬라어 '프로토스 πρῶτος'는 '첫 번째' 혹은 '제일의'라는 의미를 지니고 있습니다. 그러나 당시 로마제국의 속주였던 마게도냐 지방에서 가장 큰 도시는 행정수도였던 데살로니가였습니다. 따라서 본문이 빌립보를 "마게도냐 지방의 첫 성"이라고 소개한 것은 빌립보가 가장 큰 도시라는 말이 아니라 지리적·상업적·역사적으로 중요한 도시라는 뜻이라고 이해할 수 있겠습니다. 아시아 대륙의 드로아에 있던 바울 일행이 에게 해의 사모드라게 섬을 거쳐 유럽 대륙의 네압볼리로 건너가 마게도냐의 첫 성인 빌립보까지 찾아간 이유가 무엇이었습니까? 지난 시간에 살펴본 것처럼 드로아에서 바울이 본, 한 마게도냐 사람이 도움을 요청하는 환상을 바울 일행이 마게도냐 사람들에게 복음을 전하라는 하나님의 명령이라고 이성적으로 인정했기 때문입니다.

　사람이 이성적으로 인정한다고 다 실행하는 것은 아닙니다. 세계 어느 나라든 담뱃갑에는 담배가 건강을 해친다는 경고문이 인쇄되어 있습니다. 그것은 담배가 건강에 해로움을 전 세계인이 인정함을 뜻합니다. 하지만 전 세계인에 의해 건강에 해롭다고 인정된 담배를 버젓이 생산하는 거대 기업이 있는가 하면, 그 담배를 기호품으로 삼는 사람도 수없이 많습니다. 결혼한 사람치고 결혼식 때 주례 앞에서 배우자에 대한 사랑을 서약했음을 인정하지 않는 사람은 없습니다. 그렇다고 모든 사람이 자신의 서약대로 배우자를 사랑하는 것은 아닙니다. 그리스도인들은 성경은 하나님의 말씀이요, 하나님의 말씀에는 순종해야 함을 인정하는 사람들입니다. 그렇지만, 그리스도인들이 스스로 하나님의 말씀이라고 인정한 성경 말씀을 매사에 좇아 살아가는 것은 아닙니다.

따지고 보면 사람들은 자신의 이성으로 인정한 것을 실행하는 것보다, 자신이 인정하면서도 실행하지 않는 것이 훨씬 더 많습니다. 그렇지만 바울은 자신이 본 환상을 자신의 머릿속으로, 자신의 이성으로, 그것은 하나님의 명령이라고 인정하는 것만으로 그치지 않았습니다. 바울은 자신의 이성으로 인정한 것을 자신의 일행과 함께 지체하지 않고 즉각 실행에 옮겼습니다.

믿음은 마음속에서 이성적으로 생각하고 인정하는 것만을 의미하지 않습니다. 믿는다고 입으로 공포하는 것만을 의미하지도 않습니다. 믿음은 마음으로 인정하고 입으로 공포한 것을 '실행'하는 것입니다. 아무리 값비싼 물감들이 종류별로 놓여 있어도 누군가가 그 물감들을 이용하여 그림을 그리지 않는 한 그 물감들은 단지 그림 재료일 뿐, 결코 그 자체가 작품이 될 수는 없습니다. 이와 마찬가지로 실행으로 옮겨지지 않는 인정이나 공포는 믿음의 동기일 수는 있지만 그 자체가 믿음일 수는 없습니다. 이런 의미에서 자신이 인정한 것을 즉각 실행에 옮긴 바울은 참으로 위대한 신앙인이었습니다. 그러나 바울이 세상과는 격리된 수도원이나 에덴동산에서 자신이 인정한 바를 실행에 옮긴 것이 아닙니다. 바울이 거쳐 온 바다와 도시들은 역사의 오욕으로 뒤덮인 곳들이었습니다.

바울이 배를 타고 건넌 에게 해는 일찍이 주전 13세기경 초기 그리스와 고대 트로이가 패권을 다투던 바다입니다. 주전 6세기에는 페르시아제국의 다리우스 대왕이 그리스를 정복하기 위해 그 바다를 침공했고, 주전 4세기에는 알렉산더 대왕이 동방 원정과 헬라제국 건설을 위해 그 바다를 유린했습니다. 주전 2세기부터는 로마제국이 그 바다를 장악했고, 주후 14세기 이후에는 오늘날 터키 대륙을 본거지로 한 오스만제국이 차지했습니다. 1차 세계대전 때는 미국과 유럽의 연합군이 그 바다를 통해, 독일과 동맹국이었던 오스만제국을 함락했습니다. 1차 세계대전이 끝난 뒤, 터키 대륙을 분할하려는 연합군에 맞서 현재의 터키공화국을 세운 무스타파 케말 장군이 연합군의 함대를 격파한 곳도 그 바다와 맞닿은 다르다넬스 해협이었습니다.

바울 일행이 배를 탄 드로아는 고대 트로이를 계승한 도시였습니다. 당시 '아나톨리아'라고 불리던 오늘날 터키 대륙의 서쪽에 위치한 트로이는 강력한 왕국이었습니다. 그러나 주전 13세기 트로이의 왕자 파리스가 스파르타의 왕비 헬레네를 데리고 트로이로 도망하자, 그리스 도시국가들이 연합군을 결성하여 에게 해를 건너 트로이 원정에 나섰습니다. 전쟁은 10년 동안 계속되었지만 트로이 성은 난공불락이었습니다. 마침내 그리스 원정대는 트로이의 해안가에 거대한 목마를 남겨 두고 퇴각하였습니다. 승리한 트로이군은 그리스군이 남겨 두고 간 목마를 성안으로 끌고 가 그들이 믿는 우상에게 전리품으로 바쳤습니다. 그리고 승리감에 도취한 트로이 사람들은 그날 밤 술에 곯아떨어졌습니다. 그러나 그것은 그리스군의 교활한 속임수였습니다. 거대한 목마 속에는 그리스군 특공대가 숨어 있었고, 퇴각하는 것처럼 보였던 그리스 함대는 실은 퇴각한 것이 아니라 잠복하고 있었습니다. 모든 트로이 사람들이 술에 곯아떨어진 한밤중에 목마에서 내려온 그리스 특공대는 안에서 트로이 성문을 열었고, 밖에서 기다리고 있던 그리스군은 해일처럼 성안으로 밀려 들어가 난공불락이던 트로이 성을 초토화시켜 버렸습니다. 그래서 '트로이의 목마'는 오늘날까지 한 공동체가 외부의 요인에 의해 내부적으로 무너지는 것을 의미하는 용어로 통용되고 있습니다. 그 이후 사라진 트로이 바로 곁에 헬라제국이 건설한 신도시가 드로아였습니다.

그러나 주전 133년 드로아는 로마제국에 정복당해, 바울 일행이 드로아에서 배를 탈 때의 드로아는 로마제국 내에서도 크고 중요한 항구도시였습니다. 그리고 중세기부터는 터키 대륙을 정복한 오스만제국에 편입되었습니다. 1871년 독일 사람 하인리히 슐리만Heinrich Schliemann이 드로아 부근에서 트로이의 유적지를 발견하고, 또 엄청난 양의 진귀한 유물들을 발굴했습니다. 슐리만은 그 유물들을 밀반출하여 독일로 가져갔습니다. 법적으로 따지자면 모두 장물인 트로이의 유물들을 슐리만은 그의 사후에 독일 박물관에 기증하였습니다. 그러나 1945년에 독일에 진주한 소련이 그 유물들을 약탈해 가, 현재 그 유물들은 러시아에 있습니다. 독일 정부는 수차례에 걸쳐 러시아 정부에 트로이 유물의 반환을 요청했지만 러시아는 거부하고 있습니다. 장물을 놓고 두 나라가 서로 소유권을 주장하는 진풍경이 벌어지고 있는 것입니다. 유물을 장물로 밀반출하는 일은 사모드라게 섬에서도 일어났습니다.

바울 일행이 하룻밤 기항했던 사모드라게 섬을 그곳 주민들은 '포세이돈 섬'이라고도 불렀습니다. 그리스신화에 나오는 물의 신인 포세이돈이 사모드라게 섬의 펜가리 산에서 고대 트로이 평야를 측량했다는 전설을 믿었기 때문입니다. 그 정도로 그곳에는 우상숭배가 성행하고 있었습니다. 바울 일행이 그곳에 기항했을 때에도 그곳에는 거대한 신전이 위용을 자랑하고 있었습니다. 1863년 프랑스인 샹프와조Charles Champoiseau가 그 섬에서 거대한 조각의 파편 100여 점을 발굴했습니다. 샹프와조는 그 파편들을 프랑스로 밀반입하였습니다. 그 파편들을 맞추어 복원한 조각이 오늘날 프랑스의 루브르박물관 드농관의 중앙 계단 한가운데 전시되어 있는 그 유명한 여신상 '사모드라게의 승리Victoire de Samothrace'입니다. '날개를 단 사모드라게의 승리의 여신'이란 이름으로 더 잘 알려진 여신상입니다. 비록 얼굴과 양

팔은 없지만, 루브르박물관 측이 전시되어 있는 조각품들 가운데 밀로의 비너스상과 함께 가장 소중하게 여긴다는 조각입니다. 주전 2세기경 사모드라게 섬의 신전 위쪽에 세워졌던 것으로 알려진 그 여신상을 그 섬에 기항했던 바울 역시 보았을 것입니다. 그리스 정부도 그 여신상을 포함하여 프랑스가 밀반출한 유물들의 반환을 요구하지만 프랑스 정부 또한 응하지 않고 있습니다.

유럽 대륙의 네압볼리에 첫발을 내디딘 바울 일행이 찾아간 마게도냐의 첫 성인 빌립보는 본래 작은 성읍이었습니다. 그러나 주전 356년 그곳을 정복한 알렉산더 대왕의 아버지인 마게도냐의 빌립 2세가 그 성읍의 지리적·전략적·경제적 중요성을 인식하고 요새화된 거대한 도시로 확장하고, 자신의 이름을 붙여 빌립보로 명명하였습니다. 하지만 주전 167년 로마제국에 의해 정복당했고, 주전 146년 데살로니가를 행정수도로 한 마게도냐 주에 편입되었습니다. 그리고 율리우스 카이사르가 암살된 뒤에 빌립보는 로마제국의 운명을 결정짓는 일대 격전장이 되었습니다. 카이사르를 암살한 브루투스와 카시우스의 연합군과, 카이사르의 양아들인 동시에 후에 로마제국의 아우구스투스 황제가 된 옥타비아누스와 안토니우스의 연합군이 주전 42년 빌립보의 간지테스 계곡에서 맞붙었습니다. 첫 전투에서는 브루투스의 군대가 옥타비아누스의 군대에 승리를 거두었습니다. 그러나 3주 후에 벌어진 마지막 결전에서 브루투스와 카시우스의 연합군은 옥타비아누스와 안토니우스의 연합군에 완전 섬멸당하고 말았습니다. 더 이상 재기가 불가능함을 확인한 브루투스와 카시우스는 스스로 목숨을 끊는 것으로 생을 마감하였습니다.

이처럼 바울이 자신이 믿음으로 인정한 것을 실행에 옮겼던 곳은 세상과 동떨어진 수도원이거나, 현실과는 무관한 에덴동산이 아니었습니다. 방금 말씀드린 것처럼, 그곳들은 모두 인간의 욕망이 판을 치는 욕망의 바다와 욕망의 도시들이었습니다. 그 욕망의 바다와 땅 위에서는 인간의 욕망을 위한, 뺏고 빼앗기는 전쟁이 끊임없이 반복되었습니다. 단지 욕망을 위한 전쟁 속에 무슨 정의가 있을 수 있겠습니까? 오직 속임수와 노략질, 그리고 살상과 배신이 있을 뿐이었습니다. 또 바울이 방문한 곳들은 예외 없이 신전이 인간을 압도하는 곳들이기도 했습니다. 웅장한 신전 속에 자리잡고 있는 신상은 하늘에서 절로 떨어지거나 땅에서 솟아올랐습니까? 그것들은 모두 인간의 손에 의해 빚어진 우상들이었습니다. 특정 형상의 우상을 빚어 경배하면 자신의 바람이 이루어지리라고 착각하는 인간의 욕망이 우상을 빚어냅니다. 우상은 한마디로 인간 욕망의 산물입니다. 그처럼 욕망만 난무하는 그 바다와 도시들을 바울은 대체 무엇을 들고 찾아갔습니까? 로마제국의 군인들처럼 칼을 들고 갔습니까? 아니면 당시의 거상들처럼 돈 궤짝을 들고 갔습니까? 그것도 아니라면, 무엇인가 노략질하거나 밀반출할 교활한 속임수를 들고 갔습니까?

바울이 에게 해를 건너 유럽 대륙에 첫발을 내디뎠던 네압볼리에는 성 니콜라스교회가 있습니다. 그 교회 앞에 바울의 네압볼리 상륙을 기념하는 큰 모자이크 벽화가 세워져 있습니다. 벽화 속의 왼쪽 그림은 드로아에서 환상을 보는 바울의 모습이고, 가운데 그림은 바울의 환상 속에 나타났던 마게도냐 사람의 모습인데 알렉산더 대왕의 형상을 하고 있습니다. 오른쪽 그림은 드로아에서 에게 해를 건너온 바울이 배에서 네압볼리에 첫발을 내딛는 장면인데, 바울은 품에 달랑 성경 한 권만 품고 있습니다. 물론 바울 당시는 신약성경이 기록되기 전이어서, 네압볼리에 첫발을 내딛는 바울이 그 그림처럼 오늘날과 같은 성경을 품고 있을 수는 없었습니다. 하지만 그 벽화가 주고자 하는 메시지는 정확합니다. 바울은 세상의 칼이나 돈을 의지하지 않고 오직 하나님의 말씀만을 의지하여 미지의 대륙, 욕망의 대륙에 첫 발을 내디뎠다는 것입니다.

이처럼 바울이 자신이 믿는 하나님의 말씀을 마음속으로 하나님의 말씀이라 인정하는 것만으로 그치지 않고, 하나님의 말씀을 자신의 몸으로 실행하기 위하여 욕망의 바다를 건너 욕망의 도시들이 있는 욕망의 대륙을 찾아간 결과는 어떠했습니까? 다음 시간부터 상세하게 살펴보겠습니다만 빌립보에서, 데살로니가에서, 베뢰아에서, 아덴에서, 그리고 고린도에서, 바울이 가는 곳마다 주님의 몸 된 교회가 세워졌습니다. 그리고 그 바울에 의해 욕망의 대륙의 역사가 새로워졌습니다. 고작 몇십 년 살다가 한 줌의 흙으로 허망하게 사라져 버릴 유한한 인간이, 그렇듯 영원하신 하나님의 영원한 통로로 쓰임 받는 것보다 더 귀하고 가치 있는 일은 없습니다. 그것은 세상의 칼로도 획득할 수 없고, 돈으로도 살 수 없는 일입니다. 그러나 바울이 욕망의 바다와 욕망의 세상 속에서 욕망에 함몰되지 않고, 자신이 하나님의 말씀이라고 인정한 하나님의 말씀을 자신의 삶으로 실행하지 않았던들 결코 누릴 수 없었을 영원한 영광이었습니다.

누가복음 10장에는 고약한 율법교사가 등장합니다. 그가 예수님을 올무에 빠뜨리기 위해 무엇을 해야 영생을 얻을 수 있는지 예수님께 질문을 던졌습니다. 예수님께서는 도리어 그 율법교사에게 율법에는 무엇이라 기록되어 있느냐고 반문하셨습니다. 그는 율법교사답게 신명기 6장 5절과 레위기 19장 18절 말씀을 인용하여 대답했습니다. "네 마음을 다하며, 목숨을 다하며, 힘을 다하며, 뜻을 다하여 주 너의 하나님을 사랑하고, 또한 네 이웃을 네 자신같이 사랑하라 하였나이다"(눅 10:27). 그 대답을 들으신 예수님께서

는 율법교사에게 "네 대답이 옳도다. 이를 행하라. 그러면 살리라"(눅 10:28)
고 말씀하셨습니다. 영생을 얻는 믿음은 율법교사처럼 하나님의 말씀을 인
정하고 줄줄 외우는 것으로 그치는 것이 아니라, 하나님의 말씀을 실행하는
것임을 일깨워 주신 것입니다. 그러자 율법교사는 자신의 의로움을 과시하
기 위해 대체 누가 자신의 이웃일 수 있느냐고 다시 물었습니다. 이에 예수
님께서는 우리에게 잘 알려져 있는 '선한 사마리아인의 비유'로 말씀하셨습
니다. '어떤 사람이 예루살렘에서 여리고로 내려가다가 강도를 만나 피투성
이가 된 채 길가에 버려졌다. 마침 그 길을 내려가던 제사장은 피투성이로
실신해 있는 피해자를 보고서도 피해 갔고, 조금 뒤에 그곳을 지나간 레위
인도 마찬가지였다. 그러나 동일한 길을 내려가던 사마리아 사람은 그 피해
자를 보고 응급조치를 취한 다음, 자기 나귀에 그 사람을 태우고 주막으로
가서 계속 보살펴 주었다. 율법교사 네 생각에는, 그 세 사람 중에 누가 강
도 만난 사람의 이웃이겠느냐?' 율법교사는 '자비를 베푼 사람'이라고 대답
했습니다. 유대인은 이방인의 피가 섞인 사마리아 사람을 짐승처럼 취급했
습니다. 그러나 율법교사는 예수님의 말씀을 듣고, 평소 짐승처럼 간주하던
사마리아 사람이 강도 만난 사람에게 자비를 베푼 선한 이웃이었음을 인정
한 것입니다. 그러나 예수님께서는 율법교사를 칭찬하시지 않았습니다. 예
수님께서는 율법교사에게 "가서 너도 이와 같이 하라"(눅 10:37)고 명령하셨
습니다. 믿음은 마음이나 머릿속으로 인정하는 것이 아니라 몸으로, 삶으
로 실행하는 것임을 율법교사의 심령에 다시 한 번 각인시켜 주신 것입니다.

　하나님께서 인간에 대한 당신의 사랑을 당신 스스로 인정만 하시거나, 말
씀으로만 공포하신 것이 아닙니다. 만약 그렇게 하셨더라면 우리 가운데 누
가 과연 하나님의 구원을 얻을 수 있겠습니까? 하나님께서는 당신의 독생
자로 하여금 십자가의 제물이 되어 인간의 죗값을 대신 치르게 하심으로 인

간을 위한 당신의 사랑을 직접 실행하셨습니다. 하나님의 그 사랑의 실행으로 인해, 추악한 죄인인 우리가 감히 구원받은 하나님의 자녀가 될 수 있었습니다. 이처럼 하나님께서 당신의 사랑과 섭리를 몸소 실행하는 분이시기에, 그분을 향한 우리의 믿음 역시 우리의 실행을 통해 드러나게 됩니다.

믿음은 하나님의 말씀을 하나님의 말씀이라고 이성으로 인정하고 그치는 것이 아닙니다. 믿음은 하나님의 말씀이라고 인정한 하나님의 말씀을 삶으로 실행하는 것입니다. 하나님의 말씀을 하나님의 말씀이라고 아무리 인정하고 공포해도 그 말씀을 실행하기 전까지는, 그 말씀이 우리의 삶을 통해 육화되는 믿음이 이루어질 수는 없습니다. 칼로만 흥하는 사람은 반드시 칼로 망하고, 돈으로만 흥하는 사람은 반드시 돈 때문에 화를 입습니다. 그러나 우리가 우리의 삶으로 하나님의 말씀을 실행하면, 마치 하나님의 말씀을 실행하기 위해 욕망의 바다를 넘어 욕망의 대륙으로 건너간 바울에 의해 그 대륙의 역사가 새로워진 것처럼, 우리의 삶을 통해 우리가 상상치도 못한 일들이 이루어지게 됩니다. 우리가 우리의 삶으로 실행하는 하나님의 말씀은, 천지를 창조하신 전지전능하신 말씀이기 때문입니다.

우리의 믿음은 머릿속의 이성적인 생각으로만 맴돌았습니다. 우리의 믿음은 마음속의 인정으로만 그쳤습니다. 그래서 우리 믿음의 연륜은 짧지 않지만, 우리 믿음의 경륜은 없는 것과 마찬가지입니다. 그럼에도 우리를 한심하다 포기하지 않으시고, 이 시간 본문 말씀을 통하여 믿음은 실행임을 깨닫게 해주셔서 감사합니다.

우리가 믿는 하나님께서는, 우리를 향한 당신의 사랑을 십자가 위에서 직접 실행하신 분이심을 늘 기억하게 해주십시오. 예수님으로부터 선한 사마리아 사람의 이야기를 듣고 그 사마리아 사람이 선하다고 인정하기만 한 율법교사가 아니라, 그 사마리아 사람처럼 예수님의 사랑을 실행하는 예수님의 참된 제자가 되게 해주십시오. 주님의 말씀을 실행하기 위해 욕망의 바다 너머 욕망의 대륙을 찾아가, 그 대륙의 역사를 새롭게 하는 주님의 통로로 쓰임 받은 바울을 본받게 해주십시오. 영원하신 하나님의 말씀은 천지를 창조하신 전지전능하신 말씀이기에 그 말씀을 우리의 삶으로 실행하는 한, 우리가 이 세상에서 아무리 보잘것없는 존재라 할지라도 우리의 삶을 통해 우리가 상상할 수도 없는 하나님의 섭리가 이루어짐을 잊지 않게 해주십시오.

그리하여 욕망이 판을 치는 이 세상 속에서 날마다 하나님의 말씀을 실행하는 우리로 인해 우리의 가정이, 우리의 일터가, 우리의 사회가, 우리의 시대가 날로 새로워지게 해주십시오. 아멘.

10. 기도할 곳이 있을까

사도행전 16장 11-15절

우리가 드로아에서 배로 떠나 사모드라게로 직행하여 이틀날 네압볼리로 가고 거기서 빌립보에 이르니 이는 마게도냐 지방의 첫 성이요 또 로마의 식민지라 이 성에서 수일을 유하다가 안식일에 우리가 **기도할 곳이 있을까** 하여 문밖 강가에 나가 거기 앉아서 모인 여자들에게 말하는데 두아디라 시에 있는 자색 옷감 장사로서 하나님을 섬기는 루디아라 하는 한 여자가 말을 듣고 있을 때 주께서 그 마음을 열어 바울의 말을 따르게 하신지라 그와 그 집이 다 세례를 받고 우리에게 청하여 이르되 만일 나를 주 믿는 자로 알거든 내 집에 들어와 유하라 하고 강권하여 머물게 하니라

배를 타고 아시아 대륙의 드로아를 출발한 바울 일행은 에게 해의 사모드라게 섬을 거쳐 유럽 대륙으로 건너갔습니다. 정확하게 표현하면 2천 년 전 당시 로마제국의 속주였던 마게도냐로 갔습니다. 바울이 본 환상을 마게도냐 사람들에게 복음을 전하라는 하나님의 명령이라고 인정한 바울 일행

이, 자신들의 이성으로 인정한 것을 몸으로 실행하기 위함이었습니다. 마게도냐의 네압볼리에 첫발을 내디딘 바울 일행은 로마제국이 건설한 군사 및 상업 도로인 '에그나티아 가도'를 따라 마게도냐의 주요 도시인 빌립보를 찾아갔습니다.

로마제국의 카이사르가 암살당한 뒤, 카이사르를 암살한 브루투스와 카시우스의 연합군과 카이사르를 계승한 옥타비아누스와 안토니우스의 연합군이 주전 42년 최후의 결전을 벌였던 곳이 빌립보의 간지테스 계곡이었음은 지난 시간에 말씀드렸습니다. 그 전쟁에서 승리하고 마침내 로마제국의 황제가 되었던 옥타비아누스는 자신의 승리를 기념하기 위해 빌립보를 황제에게 직속된 특별 도시로 재편하였습니다. 주 정부의 간섭을 받지 않는 자유 도시로서 빌립보의 시민들은 로마제국의 수도인 로마의 시민과 동일한 권리를 누릴 수 있었습니다. 이를테면 세금과 공물의 면제 이외에도 각종 형벌로부터 면제받는 것과 같은 권리였습니다. 그래서 당시 사람들은 빌립보를 로마제국의 수도인 로마의 축소판이라고 부르기도 했습니다. 오늘날 발굴되어 있는 빌립보의 유적지를 직접 찾아가 보면, 2천 년 전 빌립보가 얼마나 화려하고 거대한 도시였는지를 한눈에 확인할 수 있습니다. 그 거대한 도시 빌립보를 찾아간 바울 일행이 무엇을 했는지, 본문은 다음과 같이 증언하고 있습니다.

> 거기서 빌립보에 이르니 이는 마게도냐 지방의 첫 성이요 또 로마의 식민지라 이 성에서 수일을 유하다가 안식일에 우리가 기도할 곳이 있을까 하여 문밖 강가에 나가(12-13절 상).

빌립보에 도착한 바울 일행은 먼저 그 거대한 도시 관광에 나서지 않았습니다. 매일 원형극장에서 열리는 흥미진진한 볼거리에 마음을 빼앗긴 것도 아니었습니다. 바울 일행은 빌립보에서 '수일'을 지내다가 안식일이 되자 기도할 곳을 찾아 성문 밖 강가로 나갔습니다. 우리말 '수일'은 꽤 '여러 날'의 뉘앙스를 풍기는 단어입니다. 따라서 바울 일행이 빌립보에 도착하여 꽤 여러 날을 지난 뒤에 안식일을 맞은 것처럼 여겨집니다. 그러나 헬라어 '티스 τις'는 불특정 인물이나 사건, 혹은 불특정 기간이나 정도를 나타내는 부정 대명사입니다. 만약 이 단어가 원문에 단수형으로 기록되어 있다면 '하루'를 뜻할 테지만, 원문에 복수형으로 기록되어 있기에 하루보다 많은 날을 뜻합니다. 그러나 바울 일행이 오직 하나님의 명령에 순종하기 위하여 빌립보를 찾아간 본문의 정황상, 빌립보에 도착한 바울 일행이 안식일을 맞아 기도처를 찾아 나서기까지는 이틀이 넘지는 않았을 것입니다.

빌립보는 바울 일행의 연고지가 아니었습니다. 바울 일행 모두에게 빌립보는 초행길이었습니다. 유럽 대륙의 네압볼리에 상륙하자마자 그곳에서 14 킬로미터 떨어진 빌립보를 걸어서 찾아간 바울 일행은 빌립보에 도착하자마자 끼니를 해결하고, 장기 체류할 숙소를 구하고, 여장을 푸느라 정신없었을 것입니다. 그리고 빌립보에 도착한 지 이틀 만에 안식일이 되자, 바울 일행은 기도할 곳을 찾기 위해 함께 성 밖으로 나가 강가로 갔습니다. 마게도냐 사람들에게 복음을 전하라는 하나님의 명령에 순종하여 바울 일행이 불타는 소명감으로 바다 건너 마게도냐의 빌립보를 단숨에 찾아갔지만, 그 거대한 도시 속에서 도대체 어떻게, 누구에게서부터 복음을 전해야 할지 알 수 없었습니다. 온갖 이방 신전들이 인간을 압도하고 있는 거대한 빌립보는 바울 일행이 도착했다고 해서 그 어떤 변화의 기미도 보이지 않았습니다. 바다 건너 온 바울 일행은 그 화려한 도시 속에서 가장 초라한 몰골일 따름이었습니다. 자신들의 능력만으로 그 도시에서 할 수 있는 것이라고는 아무것도 없었습니다. 그들이 할 수 있는 것이라고는 그들을 그곳으로 부르신 하나님께 기도드리는 것뿐이었습니다.

우리말 '기도할 곳'이라고 번역된 헬라어 '프로슈케προσευχή'는 두 가지 의미를 지니고 있습니다. 첫 번째 의미는 유대인의 회당이 없는 곳에서 유대인들이 모이는 기도처입니다. 유대법에 의하면 어느 곳이든 유대인 성인 남자가 최소한 10명 이상이 되어야만 유대인 회당을 만들 수 있었습니다. 그 조건이 충족되지 않는 곳에서는 소수의 여인들이 함께 모여 기도했는데, 그 기도처를 유대인들은 헬라어로 '프로슈케'라고 불렀습니다. '프로슈케'의 두 번째 의미는 유대인과 상관없이, 단순히 '기도하다'는 동사의 명사형으로서의 '기도' 혹은 '기도하기에 적합한 장소'를 뜻합니다.

바울은 그동안 전도 여행을 하면서 유대인 회당이 있는 도시에서는 먼저 유대인 회당을 찾아가, 회당을 그 도시를 위한 전도의 거점으로 삼곤 했습니다. 회당은 유대인들은 물론이고 유대교로 개종한 이방인들을 손쉽게 만날 수 있는 곳이었기 때문입니다. 그러나 빌립보에 당도한 바울 일행이 첫 안식일을 맞아 유대인 회당을 찾지 않았다는 것은 빌립보에는 유대인 회당이 없었다는 말이고, 그것은 빌립보에 유대인 성인 남자가 거의 없었음을 의미합니다. 따라서 바울 일행이 빌립보에서 첫 번째 안식일을 맞아 '기도할 곳'을 찾아갔다는 것에서 우리는 유대인 회당이 없는 그곳에 혹 유대인 기도처가 있는지 찾아보려는 의도와, 무엇보다도 자신들이 하나님께 기도하려는 의도를 동시에 지니고 있었음을 알게 됩니다. 그 두 의도 가운데 우선순위를 따지자면 두말할 나위도 없이 자신들이 먼저 하나님께 기도드리기 위함이었을 것입니다. 미지의 유럽 대륙을 찾아간 바울 일행이 그 거대한 도시 빌립보에서, 그들을 그곳으로 부르신 하나님께 기도하지 않고 대체 무엇을 할 수 있었겠습니까? 인간이 하나님께 기도드린다는 것은 자신의 불완전함과 부족함과 무능력을 하나님 앞에 스스로 고백하는 것입니다. 다시 말해 하루살이와 조금도 다를 바 없는 자신의 미약함을 하나님 앞에서 자인하는 것입니다. 그러므로 인간이 하나님께 기도한다는 것은 하나님의 온전하심과 완전하심을 인정하는 행위입니다.

유다 왕 아사 때에 구스 왕 세라가 100만 대군을 이끌고 유다왕국을 침공했습니다. 그 대군과 맞서야 할 아사 왕의 군대는 58만 명밖에 되지 않았습니다. 수적으로 1대 2의 열세였습니다. 더욱이 상대 진영에는 유다군이 단 한 대도 지니지 못한 전차가 300대나 있었습니다. 당시의 전차는 오늘날의 탱크였습니다. 전쟁의 결과는 불을 보듯 뻔했습니다. 아사는 하나님께 이렇게 기도했습니다.

> 여호와여 힘이 강한 자와 약한 자 사이에는 주밖에 도와줄 이가 없사오니 우리 하나님 여호와여 우리를 도우소서 우리가 주를 의지하오며 주의 이름을 의탁하옵고 이 많은 무리를 치러 왔나이다 여호와여 주는 우리 하나님이시오니 원하건대 사람이 주를 이기지 못하게 하옵소서(대하 14:11).

'힘이 강한 자와 약한 자 사이에는 하나님밖에 도와주실 분이 없습니다.' 아사 왕의 이 기도에서 힘이 약한 자는 아사 자신이었고, 힘이 강한 자는 100만 대군에 전차 300대를 거느리고 자신의 왕국을 침략한 구스 왕 세라였습니다. 아사는 구스 왕 세라 앞에서 자신의 미약함을 인정했습니다. 그래서 하나님의 도우심을 간청했고, 하나님은 하나님의 방법으로 아사의 기도에 응답해 주셨습니다. 아사 왕이 군대와 장비의 절대적 열세에도 불구하고 절대적으로 우세하던 구스 왕 세라의 군대를 완파하게 해주신 것이었습니다. 세월이 흘러 아사 왕은 또다시 북왕국 이스라엘의 왕 바아사의 공격을 받았습니다. 그 때에도 아사 왕은 자신의 군사력이 바아사 왕의 군사력에 비하여 열세임을 인정했습니다. 그러나 아사는 이번에는 하나님의 도우심을 기도하지 않았습니다. 그 대신 아사는 성전 창고와 왕궁 창고의 금과 은을 아람 왕 벤하닷에게 보내어 원군을 요청했습니다. 아사는 자신의 군사력이 바아사의 군사력보다 약함을 인정하기는 했지만, 그 약함은 자신의 경제력으로 외국 군대를 끌어들이면 충분히 극복할 수 있다고 믿었습니다. 선지자 하나니가 하나님을 외면하고 단지 돈을 내세워 사람의 도움만으로 문제를 해결하려는 아사 왕에게 하나님의 경고를 전했지만, 아사 왕은 하나님의 경고에 귀 기울이기는커녕 오히려 크게 화를 내며 선지자 하나니를 투옥시켜 버리고 말았습니다.

아사는 세상에서 자기보다 강한 사람 앞에서는 자신의 약함을 인정하는 사람이었습니다. 그래서 자기보다 강한 사람 앞에서 자신의 것으로는 상대의 강함을 이길 수 없을 때 하나님의 도우심을 구했습니다. 하지만 자기보다 강한 사람 앞에서 자신의 약함을 인정하고서도 자신이 지닌 것으로 그 약함을 극복할 수 있다고 믿었을 때 그는 하나님을 외면한 것은 말할 것도 없고, 하나님의 경고에도 코웃음 치며 하나님의 경고를 전한 선지자를 불손하다 하여 감옥에 가두기까지 했습니다.

대체 이 아사 왕의 어리석음이 무엇입니까? 그는 자기보다 강한 사람 앞에서는 자신의 약함을 인정하면서도, 자신이 이 세상의 것을 아무리 많이 지니고 있어도 하나님 앞에서는 더더욱 미약한 존재에 지나지 않는다는 근본적이고 중요한 사실에 대해서는 무지한 인간이었습니다. 세상의 왕이면 하나님 앞에서 강한 사람입니까? 강력한 군사력을 지닌 권력자이면 하나님 앞에서 강한 사람입니까? 경제력을 장악한 재벌이면 하나님 앞에서 강한 인간입니까? 결코 아닙니다. 코끝에서 호흡이 멎음과 동시에 공동묘지에서 한 줌의 흙으로 사라져 버릴 모든 인간은 하나님 앞에서 예외 없이 하루살이처럼 미약하기 짝이 없는 존재입니다. 하나님을 믿는다면서도 이 중요한 사실을 알지 못했던 아사 왕은 그 누구보다도 미련한 인간이었습니다. 그 결과 그가 하나님 앞에서 스스로 약하다고 인정했을 때 그의 왕국은 강했지만, 자신이 지닌 것만으로 하나님 없이 스스로 강할 수 있다고 착각했을 때 도리어 그의 왕국은 허약했습니다.

그러나 바울은 아사 왕과는 달랐습니다. 유대 사회에서 혈통과 학력과 경력으로 무장한 바울은 그 어떤 유대인보다 더 강한 유대인이었습니다. 그러나 그는 이렇게 고백했습니다.

> 나는 팔일 만에 할례를 받고 이스라엘 족속이요 베냐민 지파요 히브리인 중의 히브리인이요 율법으로는 바리새인이요 열심으로는 교회를 박해하고 율법의 의로는 흠이 없는 자라 그러나 무엇이든지 내게 유익하던 것을 내가 그리스도를 위하여 다 해로 여길뿐더러 또한 모든 것을 해로 여김은 내 주 그리스도 예수를 아는 지식이 가장 고상하기 때문이라 내가 그를 위하여 모든 것을 잃어버리고 배설물로 여김은 그리스도를 얻고 그 안에서 발견되려 함이니(빌 3:5-9상).

바울은 자신을 유대 사회에서 강한 사람으로 지탱시켜 주었던 자신의 모든 것들을 마치 배설물처럼 미련 없이 버렸습니다. 삼위일체 하나님을 인격적으로 만나고 보니 자신이 벌레보다도 더 보잘것없는 존재일 뿐이요, 하나님 앞에서는 이 세상 그 무엇도 자신을 강하게 만들어 줄 수 없다는 사실을 깨달았기 때문입니다. 바울은 태어날 때부터 로마 시민권자였고, 유대교 최고의 율법선생 가말리엘의 제자였습니다. 그것만으로도 그는 적어도 유대인 사회에서는 무서울 것이 없었습니다. 그러나 그는 고린도전서 15장 8절을 통하여, 부활하신 주님께서 "만삭되지 못하여 난 자 같은" 자기에게도 나타나셨다고 증언했습니다. 부활하신 주님 앞에서 불완전하기 짝이 없는 자신을 통감한 것이었습니다. 바울은 세 치 혀로 사람들을 선동하여 그리스도인들을 박해하고 투옥시키던 타고난 선동꾼이었습니다. 그러나 그는 고린도후서 11장 6절에서 자신은 '말에는 부족하다'고 토로했습니다. 말에는 둔하고 무지하다는 의미입니다. 로고스이신 하나님의 말씀을 접하고 보니, 그동안 자신의 입에서 발해진 모든 말은 백해무익한 소음에 지나지 않았던 것입니다. 바울은 또 고린도전서 15장 10절을 통해 '내가 나 된 것은 하나님의 은혜로 된 것이다'라고 선언했습니다. 자신을 통해 하나님의 생명의 말씀이 전해지고, 무너진 인생이 회복되고, 미몽에 빠진 사람들이 삶의 바른길을 찾고, 죽음의 땅 위에 주님의 몸 된 교회가 세워지는 것은 바울 자신의 능력이나 실력이 아니라, 전적으로 하나님의 은혜요, 하나님의 능력으로 인함이라는 것입니다. 한마디로 말해 바울 자신은 하나님 앞에서 아무것도 내세울 수 없는 미약하기 짝이 없는 존재요, 자신을 강한 그리스도인으로 붙들어 주실 수 있는 분은 오직 하나님 한 분뿐이시라는 선언이었습니다. 이 선언은 다음과 같은 고백으로 이어집니다.

그러므로 내가 그리스도를 위하여 약한 것들과 능욕과 궁핍과 박해와 곤고를 기뻐하노니 이는 내가 약한 그때에 강함이라(고후 12:10).

자신이 가장 약할 때가 가장 강하다는 의미입니다. 바울이 가장 약할 때

가장 강할 수 있는 역설이 어떻게 그에게 가능했겠습니까? 바울은 자신이 미약함을 알기에 늘 겸손하게 하나님의 도우심을 구할 수밖에 없었고, 바울 자신은 여전히 미약했지만 천지를 창조하신 하나님의 도우심 속에서 누구보다도 강인한 삶을 살 수 있었습니다. 그래서 그는 이렇게 선언하기도 했습니다.

내가 부득불 자랑할진대 내가 약한 것을 자랑하리라(고후 11:30).

하나님 앞에서 자신의 미약함을 한시라도 망각하면, 하나님 앞에서 단 한순간이라도 스스로 강한 존재라고 착각하면, 그것은 어리석은 아사 왕처럼 자기 인생을 스스로 망치는 지름길임을 바울은 정확하게 알고 있었기 때문입니다.

이것이, 바울이 데살로니가전서 5장 17절을 통해 "쉬지 말고 기도하라"고 우리에게 권면하는 이유입니다. '쉬지 말고 기도하라'는 것은 모든 일을 내팽개쳐 두고 밤낮으로 골방에서 기도만 하라는 말이 아닙니다. 하나님 앞에서 자신의 미약함을 한순간도 잊지 말고, 매일 하나님의 도우심을 간구하는 겸손한 마음으로 살라는 의미입니다. 그런 사람의 삶을 통해서만 사람이 상상할 수도 없는 신비로운 하나님의 섭리가 이루어지기 때문입니다.

주님의 부르심을 받은 이후 이런 마음과 믿음으로 일관한 바울이었으니, 하나님의 명령에 순종하여 단숨에 바다 너머 찾아간 초행길의 빌립보에서도 자신의 미약함을 잊지 않고 기도할 곳을 찾아 나선 것은 그에게는 너무나도 당연한 일이었습니다. 그리고 다음 시간부터 상세하게 살펴보겠지만, 하나님께서는 바울이 기도하기 위해 찾아간 바로 그곳에서부터 그 유명한 빌립보 교회가 시작되게 하셨습니다.

기도는 하나님 앞에서 자신의 뜻과 계획을 관철시키는 것이 아닙니다. 그 것은 하나님 앞에서 자신이 완전무결한 인간이라고 강변하는 것과도 같습니다.

기도는 사도 바울처럼 하나님 앞에서 자신의 미약함을 자랑하는 것입니다. 기도는 어떤 상황에도 굴하지 않고 그리스도인으로서 강인한 삶을 살 수 있는 원동력은 이 세상의 것이 아니라, 오직 하나님의 은혜요 능력뿐임을 인정하는 것입니다. 기도는 하나님만 이 어둔 세상 속에서 나의 삶을 영원히 책임져 주실 수 있음을 믿으며 하나님의 뜻과 계획에 나 자신을 온전히 맡기는 것입니다. 기도는 단추를 잘못 채운 셔츠를 고쳐 입는 것과 같습니다. 하나님의 진리의 빛 앞에서 기도하는 중에 이지러졌던 우리의 삶이 하나님에 의해 곧추세워집니다. 기도는, 고작 몇십 년 살다가 공동묘지에서 한 줌의 흙으로 사라져 버릴 인간에게는 용기의 원천입니다. 기도를 통해 천지를 창조하신 하나님을 힘입어 하나님의 말씀을 자신의 삶으로 실행하는 용기를 얻게 됩니다. 기도는 눈물 젖은 눈으로 하나님을 더욱 깊이 알아 가는 순례의 여정입니다. 내가 나의 연약함으로 인하여 눈물 젖은 눈으로 하나님 앞에 무릎 꿇을 때마다, 하나님께서는 나의 눈물 젖은 눈을 통해 당신을 내 심령 속에 더욱 뚜렷하게 투영시켜 주십니다. 기도는 지혜의 샘입니다. 나의 지식으로 세상의 것을 획득할 수는 있지만 죽음 너머의 영원한 것을 얻을 수는 없음을 고백하며 기도드릴 때, 하나님께서는 당신의 영원한 지혜로 나를 덧입혀 주십니다.

신학자 라인홀드 니부어Reinhold Niebuhr의 기도는 우리에게 큰 깨달음을 안겨 줍니다.

저에게 변화시킬 수 없는 것들을 받아들일 수 있는 의연함을 주시고, 변화시킬 수 있는 것들을 변화시키는 용기를 주시고, 변화시킬 수 있는 것과 없는 것을 구별하는 지혜를 주옵소서.

참된 의연함은, 내가 변화시킬 수 없는 것을 기꺼이 수용하는 것입니다. 참된 용기는, 나 자신을 포함하여 내가 변화시킬 수 있는 것들은 아무리 값비싼 대가를 치르더라도 반드시 변화시켜 가는 것입니다. 참된 지혜는, 내가 수용해야 할 것과 변화시켜야 할 것을 구별하는 것입니다. 그 의연함과 용기와 지혜는, 오직 기도를 통해서만 주어집니다. 그 의연함과 용기와 지혜는 미약한 인간의 것이 아니라, 본래부터 전능하신 하나님의 것이기 때문입니다.

혹 절망 속에 빠져 계십니까? 삶의 미몽 속을 헤매고 계십니까? 한 치 앞이 내다보이지 않는 칠흑 같은 어둠의 덫에 갇혀 계십니까? 그럼에도 자신의 능력으로는 아무것도 할 수 없음으로 인해 한탄하고 계십니까? 그렇다면 지금이야말로 기도할 때임을 잊지 마십시다. 마음을 가다듬고, 하나님 앞에 조용히 무릎을 꿇고, 하나님만 우러러보십시다. 기도하는 사람에게는 결코 절망이 있을 수 없습니다. 기도하는 사람은 어떤 상황 속에서든 의연함과 용기와 지혜를 잃지 않습니다. 바울의 고백처럼 하나님 앞에서 자신이 가장 미약함을 깨닫는 사람이, 하나님에 의해 가장 강한 그리스도인으로 살 수 있기 때문입니다. 기도하는 사람을 통해서만, 사람이 상상할 수도 없는 하나님의 신비로운 섭리가 이루어지는 까닭이 바로 여기에 있습니다.

〈기도할 수 있는데〉 고광삼 작

기도할 수 있는데 왜 걱정하십니까?

기도하면서 왜 염려하십니까?

기도할 수 있는데 왜 실망하십니까?

기도하면서 왜 방황하십니까?

주님 앞에 무릎 꿇고 간구해 보세요.

마음을 정결하게 뜻을 다하여.

기도할 수 있는데 왜 걱정하십니까?

기도하면서 왜 염려하십니까?

아멘.

11. 주께서 그 마음을 열어 성령강림 주일

사도행전 16장 11-15절

우리가 드로아에서 배로 떠나 사모드라게로 직행하여 이틀날 네압볼리로 가고 거기서 빌립보에 이르니 이는 마게도냐 지방의 첫 성이요 또 로마의 식민지라 이 성에서 수일을 유하다가 안식일에 우리가 기도할 곳이 있을까 하여 문밖 강가에 나가 거기 앉아서 모인 여자들에게 말하는데 두아디라 시에 있는 자색 옷감 장사로서 하나님을 섬기는 루디아라 하는 한 여자가 말을 듣고 있을 때 **주께서 그 마음을 열어** 바울의 말을 따르게 하신지라 그와 그 집이 다 세례를 받고 우리에게 청하여 이르되 만일 나를 주 믿는 자로 알거든 내 집에 들어와 유하라 하고 강권하여 머물게 하니라

아시아 대륙의 드로아에서 배를 타고 에게 해를 건너 유럽 대륙의 네압볼리에 첫발을 내디딘 바울 일행은, 네압볼리에서 14킬로미터 떨어져 있는 마게도냐의 주요 도시 빌립보로 갔습니다. 그리고 그곳에서 첫 번째 안식일을 맞은 바울 일행은 기도할 곳을 찾아 성문 밖 강가로 갔습니다. '강'이라

고 하면 우리는 서울 도심을 가로지르는 한강처럼 거대한 강을 연상하기 쉽습니다. 그러나 2천 년 전 바울이 기도하기 위해 찾아갔던 빌립보 성문 밖 강가는 '간지테스 강' 지류로서, 우리말 용어로 정확하게 표현하면 작은 시냇가였습니다. 그 시냇가에서 무슨 일이 있었는지를 본문 13절이 증언해 주고 있습니다.

안식일에 우리가 기도할 곳이 있을까 하여 문밖 강가에 나가 거기 앉아서 모인 여자들에게 말하는데.

바울 일행이 찾아간 시냇가에는 마침 몇 명의 여자들이 앉아 있었습니다. 오늘날 발굴되어 있는 빌립보 유적지를 찾아가 보면, 바울 일행이 본문 속 여인들을 만났던 곳으로 알려진 시냇가 현장이 잘 보존되어 있습니다. 큰 미루나무들이 심겨져 있고 평화로운 시냇물 소리와 바람 소리가 감미로운 찬양처럼 들리는 그 시냇가는 영적인 것을 생각하기에 더없이 적합한 장소입니다. 바울 일행이 그 좋은 기회를 놓칠 리가 없었습니다. 바울 일행 역시 그 시냇가에 자리를 잡고 앉았습니다. 그리고 바울이 그곳에 있는 여인들에게 말을 하였습니다. 두말할 것도 없이 복음을 전했다는 말입니다. 헬라어 원문에는 '말하다'라는 동사가 미완료 과거형으로 기록되어 있습니다. 바울이 '계속 말했다'는 의미입니다. 바울은 단 몇 마디로 복음을 언급한 것이 아니었습니다. 바울은 장시간에 걸쳐 예수님의 탄생과 생애, 수난과 부활, 그리고 승천에 대해 그 여인들에게 상세하게 설명하였습니다.

두아디라 시에 있는 자색 옷감 장사로서 하나님을 섬기는 루디아라 하는 한 여자가 말을 듣고 있을 때(14절 상).

그 시냇가에 모인 여인들 가운데 두아디라 출신의 직물 사업가 루디아라는 여인이 있었습니다. 그녀는 평소 '하나님을 섬기는' 여인이었습니다. 이 표현은 가이사랴의 이방인 백부장 고넬료처럼 유대인의 영향을 받아 하나님을 믿기는 하지만 예수 그리스도의 복음을 알지는 못하는 이방인을 가리키는 표현입니다. 그 루디아가 바울이 전하는 복음을 들었습니다. 헬라어 원문에 '듣다'라는 동사 역시 미완료 과거형으로 기록되어 있습니다. 바울이 하는 말을 루디아가 계속 들었다는 뜻입니다. 바울은 복음을 단 몇 마디로 소개하지 않고, 장시간에 걸쳐 상세하게 설명하였습니다. 복음에 대한 바울의 그 긴 설교를 다른 여인들은 귀담아듣지 않았습니다. 그러나 루디아만은 바울이 전하는 복음을 단 한마디도 놓치지 않고 처음부터 끝까지 경청하였습니다. 어떻게 루디아에게만 그것이 가능할 수 있었겠습니까?

주께서 그 마음을 열어 바울의 말을 따르게 하신지라(14절 하).

여기에서 '주님'은 바로 그 현장에 영으로 임해 계신 성령 하나님이십니다. 그리고 '따르게 하셨다'는 것은 '집중하게 하셨다'는 말입니다. 루디아가 바울이 전하는 복음을 한마디도 놓치지 않고 경청한 것은 루디아 자신의 의지나 노력의 결과가 아니었습니다. 성령 하나님께서 루디아의 마음을 감동시키셔서 그녀의 마음이 바울이 전하는 복음에 집중하게 해주셨기 때문입니다. 그 결과, 다음 시간에 살펴보겠습니다만, 루디아와 그녀의 가족이 다 함께 세례를 받음으로 그녀의 집이 그 유명한 빌립보 교회의 모태가 되었습니다.

그날 그 시냇가에 루디아 홀로 있었던 것은 결코 아니었습니다. 난생처음 유럽 대륙으로 건너간 바울이 유럽 대륙에서 처음으로 복음을 전한 그 현장에는 분명히 복수의 여인들이 있었습니다. 그러나 성령님께서는 그 여인들 가운데 오직 한 여인—루디아만을 선택하셔서, 예수 그리스도께서 십자가를 통해 이루신 구원을 얻게 해주셨습니다. 그날 그 시냇가에 모여 있던 여인들 가운데 루디아 홀로 복음을 영접한 것도, 루디아로 인해 그녀의 집안 식구까지 세례 교인이 된 것도, 그녀의 집이 그 유명한 빌립보 교회의 모태가 된 것도, 모두 성령님께서 루디아에게 베풀어 주신 일방적인 은총이었습니다. 생각하면 할수록 신비하기 그지없는 은총이었습니다.

본래 바울이 2차 전도 여행을 시작하려 한 것은 1차 전도 여행 때 방문한 도시들을 재방문하기 위함이었습니다. 하지만 2차 전도 여행을 앞두고 동역자였던 바나바와 결별한 바울은 2차 전도 여행 대상지를 변경해야만 했습니다. 그래서 오늘날의 터키 대륙으로 올라간 바울은 터키 대륙의 서부 지역인 아시아에서 복음을 전하려 했지만 성령님께서 허락하시지 않았습니다. 바울은 브루기아와 갈라디아 땅을 거쳐 터키 대륙의 서북부에 위치한 무시아로 올라가 동쪽 비두니아로 진출하려 했지만, 그 역시 성령님께서 허락하시지 않았습니다. 하는 수 없이 일행과 함께 비두니아의 반대편에 위치한 드로아로 내려간 바울은 밤에 마게도냐 사람이 도움을 요청하는 환상을 보았습니다. 바울 일행은 그 환상을 마게도냐 사람들에게 복음을 전하라는 하나님의 명령으로 인정하고 로마제국의 속주 마게도냐로 건너갔습니다. 그러나 그들은 마게도냐 최대의 도시이자 행정수도인 데살로니가로 가지 않고 먼저 빌립보를 찾아갔습니다. 그리고 빌립보에서 안식일을 맞아 기도할 곳을 찾아 나섰다가 성문 밖 시냇가에 앉아 있는 여인들에게 바울이 복음을 전함으로 그 여인들 중 단 한 사람, 루디아만 성령님의 역사 속에서 구원의 은총을 입을 수 있었습니다. 수리아의 안디옥을 출발한 바울이 빌립보 성문 밖 시냇가에 이르기까지 그의 여정 중 단 한 과정만 어긋났더라도, 그날 그 시간 그 시냇가에서 루디아가 구원의 은총을 입지는 못했을 것입니다. 그러므로 성령 하나님께서 수리아의 안디옥에 있던 바울로 하여금 2천여 킬로미터를 거쳐 에게 해 너머의 빌립보 성문 밖 시냇가에 그날 그 시간에 정확하게 이르도록 역사하신 것은, 바로 그날 그 시간 그곳에서 루디아 한 사람을 구원해 내시기 위함이었습니다. 이 얼마나 신비로운 구원의 은총입니까? 중요한 것은 루디아를 그렇듯 신묘막측하게 구원하신 성령님께서 바로 우리가 믿는 그 성령 하나님이시라는 사실입니다.

오늘은 2천 년 전 오순절에 성령님께서 강림하신 것을 기념하는 성령강림주일입니다. 우리가 믿는 하나님은 삼위일체 하나님이십니다. 우리의 죗값을 대신 치르시기 위해 십자가의 제물로 돌아가셨던 성자 하나님이신 예수님께서 부활 승천하신 후, 성부 하나님의 영이신 동시에 성자 하나님의 영이신 성령 하나님께서 이 땅에 강림하셨습니다. 그리고는 얼마 후 이 세상을 떠나 도로 승천하신 것이 아닙니다. 2천 년 전 강림하신 성령 하나님께서는 2천 년 전의 기록인 사도행전 속에 과거의 기록만으로 존재하시는 것도 아니고, 오늘 본문 속에서 신비롭게 구원의 은총을 입은 루디아만의 성령 하나님이신 것도 아닙니다. 2천 년 전 빌립보의 루디아를 구원하시기 위해 머나먼 수리아 안디옥의 바울을 신묘막측한 당신의 방법으로 동원하신 것처럼, 성령 하나님께서는 당신의 신비로운 방법으로 우리 한 사람 한 사람을 구원해 내셨고, 또 언제 어디서나 우리와 함께하고 계십니다. 그러나 성령 하나님께서는 인간의 눈으로는 볼 수 없는 영이십니다. 보이지 않는 성령 하나님께서 우리 개개인과 함께하신다 한들, 대체 우리가 그 사실을 어떻게 알고 또 확인할 수 있겠습니까? 이 질문에 대한 해답을 한 교우님의 간증을 통해 확인해 보도록 하겠습니다.

안녕하십니까? 105구역 이병석 집사입니다. 저는 올해 56세이고, 아시아나항공 747점보기를 조종하고 있는 기장입니다. 제가 이 자리에 서게 된 것은 지난 4월 3일, 화요일에 저와 함께하신 하나님을 증언하기 위함입니다.

올해 2월에, 아내가 이재철 목사님께서 쓰신 〈요한과 더불어〉 열 권을 구입하여 저에게 읽어 볼 것을 권했습니다. 그래서 3월 4일에 1권부터 읽기 시작하여, 4월 2일에 마지막 10권까지 다 읽었습니다. 〈요한과 더불어〉를 읽는 중에 성령님께서 큰 은혜를 주셔서, 저의 생각과 삶의 방향이 많이 바뀌게 되었습니다. 책 내용 중 출애굽 과정에서 홍해를 가르신 하나님, 반석에서 물을 내신 하나님, 하늘에서 만나를 내리신 하나님에 대해 목사님께서 설명하시면서, 하나님께서 그와 같은 사건들을 연출하신 것은 당신이 바다와 육지와 하늘을 주관하시는 유일신이심을 이스라엘 백성에게 일깨워 주시고자 함이라고 하셨습니다. 저는 지금까지 그렇게 생각해 본 적이 없었기에 그것은 너무나도 신선한 충격이었습니다.

〈요한과 더불어〉 열 권을 모두 읽기를 마친 이튿날인 4월 3일은 일본 오사카 간사이 비행이 오후 3시 30분에 계획되어 있었습니다. 비행 시간에 맞추어 출근하려고 집을 나서는데 비바람이 심하게 몰아쳤습니다. 제가 탄 리무진버스도 강풍으로 인해 영종대교 하부도로로 지나갔습니다. 오늘 기상이 비행하는 데 심상치 않다고 생각하면서 인천공항 사무실에 출근하여 보니, 아니나 다를까 일본 간사이공항에 순간 최대 풍속이 시속 90킬로미터여서 한 시간 지연 운항한다고 했습니다. 수동으로 착륙 시 옆바람 풍속이 시속 54킬로미터 이상이면 착륙이 불가능하기 때문입니다. 한 시간이 지난 뒤 저는 항공기로 나가 비행 준비를 시작했습니다. 비행 준비 과정에는 항공기 외부 점검도 포함되어 있는데, 바람이 얼마나 부는지 비행기 앞으로 걸어가기가 힘들 정도였습니다. 항공기 외부 점검을 마치고 조종석에 앉자 비행기가 흔들흔들하는 게, 마치 바람이 심한 날 높은 나무 꼭대기에 앉아 있는 느낌이었습니다. 그때 인천공항의 순간 최대 풍속은 시속 63킬로미터였습니다. 하지만 그 풍속은 옆바람뿐 아니라 앞바람도 포함하여 이륙 제한치 내에 있는 풍속이기에, 조심해서 이륙해야겠다고 생각했습니다.

그러나 막상 승객 탑승 시간인 오후 4시 10분에 통제실로부터 간사이 비행이 취소되었다는 연락을 받았습니다. 간사이공항의 폭풍 때문이었습니다. 제가 비행 준비를 시작할 때는 옆바람 풍속이 착륙 가능한 시속 54킬로미터였는데, 간사이공항의 순간 최대 풍속이 88킬로미터로 증가되었고, 또 공항과 시내를 연결하는 연육교가 폭풍으로 폐쇄되었다는 것이었습니다. 저는 개인적으로는 잘되었다고 생각했습니다. 비행 취소로, 그날 밤 새신자반 9강을 들을 수 있게 되었기 때문입니다. 사실 비행 일정으로 인해, 몇 년이 걸려야 새신자반을 수료할 수 있을지 알 수 없는 형편이었습니다. 그러나 조금 후 다시 연락이 오기를, 간사이공항의 폭풍이 잦아들 수 있으니 20분 정도만 비행기에서 기다리라는 것이었습니다. 얼마 뒤, 기상이 호전될 것으로 예상되므로 다시 30분 지연된 오후 5시에 운항한다고 연락이 왔습니다. 인천 및 일본 간사이공항의 폭풍으로 출발이 지연되고, 다시 취소되었다가, 또다시 운항한다니 참 우여곡절이 많은 비행이 되겠구나 생각하며, 차라리 이런 날은 비행 스케줄이 취소되는 것이 좋겠다는 마음이 들었습니다. 그러나 어쩔 수 없이 다시 비행 준비를 한 다음, 승객을 탑승시키고 인천공항을 이륙하는데, 앞바람이 얼마나 센지 비행기가 얼마 굴러가지 않았는데도 이내 이륙 속도가 되어 이륙하였습니다. 비행기는 상승 중에도 기류가 불안정하여 계속 흔들렸습니다. 하지만 비행은 계속되어 순항고도 3만 7,000피트, 약 11킬로미터 상공으로 강원도와 동해를 지나 일본 상공으로 진입했습니다. 저는 비행 중 어떻게 하면 조금 후에 착륙 시의 어려운 순간을 극복할 수 있을까, 계속 생각에 생각을 거듭하였습니다. 그리고 여건만 허락된다면 자동착륙장치를 이용하여 착륙하기로 마음을 먹었습니다. 참고로 옆바람과 앞바람이 시속 45킬로미터 이상이면 자동 착륙은 불가능합니다. 수동 착륙의 경우는 옆바람 시속 54킬로미터이고, 앞바람은 제한이 없습니다. 저는 조종실에서 "하나님께서 저의 능력을 아시오니 바람이 잦아들 것으로 믿고 가겠습니다"라고 기도하면서 비행을 계속했습니다. 기상예보를 받아 볼 당시만 하더라도 풍속이 옆바람 제한치인 시속 40킬로미터 언저리여서 자동착륙장치를 이용하리라 생각하고 있었는데, 막상 착륙을 위해 접근 단계에 들어가니까 풍향과 풍속이 강해져 시속 54킬로미터까지 올라갔습니다. 위에서 언급했듯이, 현재의 운항 규정은 자동보다는 수동 착륙 시의 바람의 제한치가 높습니다. 저는 하는 수 없이 기도의 내용을 바꾸었습니다. "수동 비행으로 착륙할 수밖에 없는데 하나님, 제 부족함을 아시오니 긍휼히 여겨 도와주십시오"라고 간절히 기도했습니다. 밖을 내려다보니 간사이공항 주변 바다는 폭풍이 얼마나 세찬지 파도치는 흰 물거품으로 바다가 온통 뒤덮여 있었습니다. 그렇게 많던 바다의 배는 다 어디로 가고, 비행기는 왜 이렇게 흔들리는지! 평생 한 번 겪을까 말까 하는 최악의 기상 속에서 수동 비행을 한다는 생각을 하니 온 근육에 경련이 일어났습니다. 아니 근육이 아팠습니다. 이런 악천후 속에서 잘 착륙할 수 있을까? 저는 정말 두려운 마음이 들었고, 하나님께 기도 드리지 않을 수 없었습니다. 기도를 드리는 중에 "강하고 담대하라. 두려워하지 말며 놀라지 말라. 네가 어디로 가든지 네 하나님 여호와가 너와 함께하느니라"라는 여호수아 1장 9절 말씀이 기억났습니다. 그 말씀을 의지하면서 두렵고 떨리지만 비행을 계속했습니다. 하지만 제 두려운 마음을 옆에 있는 학생 조종사와 뒷자리의 부기장에게 드러낼 수는 없었습니다. 기장이 떨면 부기장이나 학생 조종사는 얼마나 더 떨리겠습니까? 그날 비행은 부기장전환훈련 비행이어서 독일인인 정부기장은 뒷자리에 앉았고, 학생 부기장은 제 옆자리에서 훈련받고 있었습니다.

아무튼 강하하면서 두려운 마음을 기도로 다스렸습니다. 그동안 나의 삶 속에서 늘 함께해 주신 하나님을 신뢰하고, 만약 위험하면 착륙하지 않고 인천으로 되돌아가기로 결심을 한 후, 착륙 접근을 시작했습니다. 자동비행장치로 활주로를 마주 보며 내려가는데 옆바람이 심해, 비행기 기수가 활주로 방향에서 약 30~40도 틀어져 강하하는 것이었습니다. 그러다 보니 고개를 왼쪽으로 30~40도 돌려야만 착륙 활주로와 제 시선이 일치되는 것이었습니다. 활주로가 가까워지면서 자동에서 수동 비행으로 전환했는데, 제가 저를 봐도 왜 그렇게 떠는지 알 수가 없을 정도였습니다. 심한 강풍으로 비행기는 몹시 흔들렸고, 또 착륙 활주로를 자꾸 벗어나는 것이었습니다. 그래서 활주로를 마주 보기 위해 수정하기를 거듭하면서 두려움과 긴장으로 온몸이 경직되었습니다. 저는 마음속으로 계속 기도할 수밖에 없었고, 〈요한과 더불어〉에서 알게 된 바다와 육지와 하늘을 주관하시는 하나님의 도우심만 바라고 또 바랐습니다. 비행기가 활주로로 접근되어 가면서 기체와 제 마음도 안정을 찾았고, 그토록 심한 폭풍이 몰아치는 악천후 속에서도 안전하게 착륙했습니다. 그와 동시에 뒷자리의 독일인 부기장이 멋지게 해냈다고 여러 번 제게 찬사를 보내는 것이었습니다. 저는 겨우 활주로를 빠져나와 유도로로 진입한 후에, 저를 진실로 긍휼히 여겨 주신 하나님께 감사했습니다. 폭풍으로 일본의 전 공항이 폐쇄되었다가 방금 개방된 간사이공항의 악천후 속에서 400여 승객들의 생명을 하나님의 도우심으로 안전하게 잘 보전하여 착륙할 수 있었기 때문이었습니다. 그 이후에 뉴스를 보니, 그 폭풍으로 일본에서 4명이 사망하고 400명이 부상당했다고 했습니다.

힘들었던 비행 임무를 잘 마치고 밤 11시 20분경 서울 집으로 돌아와, 밤 12시경에 잠자리에 들었습니다. 잠에서 깨어 시계를 보니 새벽 4시 20분이었습니다. 수면이 부족하여 잠을 다시 청했지만 더 이상 잠이 오지 않았습니다. 하는 수 없이 일어나 늘 하던 대로 성경을 쓰는데, 마침 고난 주간 특별 새벽기도회 시간이 되어 인터넷으로 실황중계를 보게 되었습니다. 그날 이재철 목사님의 설교 본문은 창세기 15장 1절이었습니다. "이 후에 여호와의 말씀이 환상 중에 아브람에게 임하여 이르시되, 아브람아 두려워하지 말라. 나는 네 방패요, 너의 지극히 큰 상급이니라." 너무나 신기한 것은, 하나님께서 그 전날 제가 간사이 비행에서 체험했던 하나님의 도우심을 목사님의 설교 말씀을 통해 처음부터 끝까지 다시 확인시켜 주시는 것이었습니다.

네가 폭풍이 두려워 떨고 있을 때도 내가 너와 함께 있었고, 네가 차라리 비행이 취소되기를 간절히 바라고 있을 때도 내가 네 곁에 있었고, 우산이 찢겨 날아갈 것 같은 항공기 외부 점검 때에도 내가 너와 함께했고, 지진과 같은 비행기의 요동 속에서도 내가 너와 같이 있었고, 최악의 기상 상황 속에서 자동 착륙마저 불가능한 그 순간에도 내가 너의 방패가 되어 주었고, 비행 임무를 완전히 마치고 귀가할 때까지 내가 너의 상급이 되었다고, 하나님께서 목사님의 설교 말씀을 통해 조목조목 제 심령 속에 각인시켜 주시는 것이었습니다. 저는 흐르는 눈물을 그칠 수가 없었습니다.

그렇습니다. 저는 제 삶에서 이렇게 언제나 함께해 주시는 하나님을 찬양 드리지 않을 수 없습니다. 아니, 믿고 의지하지 않을 수가 없습니다. 목사님께서 말씀하셨지만, 하나님을 믿는다고 떨리지 않는 것이 아니지 않습니까? 떨립니다. 살다 보면 두렵습니다. 하지만 제가 할 수 있는 일은 늘 나와 함께하시는 하나님을 기억하면서, 난관에 부딪칠 때마다 제 삶을 그분께 맡기는 것입니다. 앞으로도 제 삶 속에 어려움이 있겠지만, 이번 경험으로 제 삶 속에 난관을 극복할 수 있는 믿음의 징검다리를 하나 더 놓을 수 있어서 얼마나 감사한지 모르겠습니다. 감사합니다.

이 집사님이 우여곡절 끝에 오사카 비행에 나섰던 지난 4월 3일은, 갑작스러운 '폭탄 저기압'으로 인한 태풍으로 일본열도에 사상자가 속출하던 날이었습니다. 항공기 이착륙이 불가능해지면서 일본항공JAL과 전일본공수ANA 등 항공기 720여 편이 무더기로 결항했고, 수도권을 연결하는 철도 30퍼센트 이상이 마비되었으며, 일부 신칸센마저 운행을 중단하였습니다. 또 태풍으로 전선이 끊어지면서 도처에서 정전 사태가 발생하기도 했습니다. 그 최악의 악천후 속에서 이 집사님은 조종간을 잡고 있었습니다. 바다의 전문가인 선장이 두려워할 정도의 파도라면 정말 무서운 파도 아니겠습니까? 하늘의 전문가인 기장의 조종간을 잡은 손이 떨리고 몸이 경직될 정도의 폭풍이라면 정말 가공할 폭풍 아니겠습니까? 그 가공할 폭풍 속에서 400여 승객의 생명을 책임진 집사님은 두려움 속에서도, '강하고 담대하라'는 하나님의 말씀을 의지하였습니다. 그리고 그 전날 읽기를 마친 책을 통하여 만난 하나님, 육지와 바다와 하늘을 주관하시는 유일하신 하나님께서 자신과 함께 계시고 또 자신을 도우실 것을 믿었습니다. 그 악조건 속에서의 비행 임무를 무사히 마치고 서울로 되돌아온 뒤 이튿날, 새벽기도회 시간에 선포된 하나님의 말씀을 통해 그 전날 최악의 기상 상황 속에서 하나님께서 자신과 어떻게 함께하셨고, 또 어떻게 자신을 도우셨는지 재확인하였습니다. 이처럼 이 집사님에게는 하나님의 말씀이 자신의 삶과 분리된 단순한 독서물이거나 머릿속의 지식 정보가 아니라, 자신과 함께하고 계시는 성령 하나님을 보고 확인하는 안경이었습니다. 그 말씀의 안경이 있었기에 그날 악천후 속에서의 비행 경험은, 보다 성숙한 내일을 위한 믿음의 징검다리로 이 집사님의 심령 속에 각인되었습니다.

내가 나 홀로 절망을 삼키고, 두려움에 치를 떨면서, 고독의 눈물로 밤을 지새울 때에도 성령 하나님께서는 나와 함께하고 계십니다. 내가 모든 사람에게 버림받고 허허벌판 위에 나 홀로 내팽개쳐진 것과 같은 절체절명의 순간에도 성령 하나님께서는 내 곁에 계십니다. 심지어 내가 그분을 잊고 외면할 때에도 그분은 변함없이 나를 품고 계십니다. 그러므로 내게 중요한 것은 언제나 나와 함께하고 계시는 성령 하나님을 볼 수 있는 안경, 말씀의 안경을 쓰는 것입니다.

우리는 오늘 본문 속에서 바울을 만나 구원의 은총을 입은 루디아의 삶 자체를 기적덩어리라고 자신 있게 단언할 수 있습니다. 우리가 하나님의 말씀인 사도행전을 통해 성령 하나님께서 루디아를 구원하시기 위해 수리아의 안디옥에 있던 바울을 어떻게 빌립보 성문 밖 시냇가까지 한 치의 오차도 없이 정확하게 인도해 가셨는지 구체적으로 알고 있기 때문입니다. 그 말씀의 안경을 쓰고 우리 각자의 삶을 되돌아보십시다. 우리 각자가 모두 루디아가 아닙니까? 성령 하나님께서 우리 각자의 오늘이 있게 하시기 위해 얼마나 많은 사람을 동원하시고, 얼마나 많은 사건을 연출하셨습니까? 우리 앞길을 가로막는 홍해를 가르신 적이 얼마나 많았으며, 오병이어의 역사는 또 얼마나 자주 베풀어 주셨습니까? 말씀의 안경을 쓰고 보면 볼수록 우리 각자의 삶이 기적덩어리임을 고백하며 성령 하나님을 찬양하지 않을 수 없습니다.

우리 모두 날마다 하나님의 말씀을 묵상하면서, 그 말씀을 우리의 안경 삼아 살아가십시다. 우리의 코끝에서 호흡이 멎는 날까지 말씀의 안경을 벗지 마십시다. 성령 하나님께서 보잘것없는 우리의 삶을 한 치의 오차도 없는 당신의 오묘하고도 섬세한 손길로 주관하고 계심을 말씀의 안경으로 날마다 확인하면서, 오직 성령 하나님의 인도하심을 좇아 살아가십시다. 그때 매일 성령 하나님의 기적으로 엮어지는 우리의 하루하루는 하나님 나라를 향한 믿음의 징검다리로 이어져 갈 것이요, 그 믿음의 징검다리가 길어질수록 우리의 삶은 이 세상 그 어떤 예술품도 넘볼 수 없는, 하나님의 걸작품으로 승화될 것입니다.

하나님! 우리는 일본인과 중국인을 우리의 눈으로 직접 볼 수 있습니다. 그러나 일본의 역사와 문화에 대한 이해 없이는 일본인에 대한 참된 이해가 불가능하고, 중국의 역사와 문화를 통하지 않고는 중국인의 사고를 바르게 이해할 수도 없습니다. 우리가 눈으로 직접 볼 수 있는 일본인과 중국인도 그들 역사와 문화의 안경을 쓰지 않고서는 제대로 이해할 수 없다면, 하물며 눈에 보이지 않는 영이신 하나님이시야 두말해 무엇하겠습니까?

영이신 하나님의 말씀이 성경 말씀이시기에, 그 말씀의 안경을 통해 삼위일체 하나님을 날마다 더욱 깊이 알아 가게 해주십시오. 말씀의 안경을 통해, 언제나 내 곁에서 나와 함께하고 계시는 성령 하나님을 뵙게 해주십시오. 오늘 본문 속에서 신비로운 구원의 은총을 입은 루디아의 삶 자체가 기적덩어리인 것처럼, 우리 각자의 삶 역시 매일 신비로운 성령 하나님의 기적으로 엮어지고 있음을, 날마다 말씀의 안경을 통해 확인하게 해주십시오. 말씀의 안경을 통해, 이 순간에도 저 땅끝에서부터 오묘하고도 섬세한 당신의 손길로 우리 각자의 미래를 위해 한 치의 오차도 없이 치밀하게 역사하고 계시는 성령 하나님을 바라보게 해주십시오. 말씀의 안경을 통해, 우리의 일 년 열두 달 365일이 우리와 함께 동행하시는 성령 하나님께 응답하는 성령강림일이 되게 해주십시오. 말씀의 안경을 통해, 하나님 나라를 향한 징검다리로 이어지는 우리의 삶이 이 시대를 위한 하나님의 걸작품이 되게 해주십시오. 아멘.

12. 그와 그 집이 세례를 받고

사도행전 16장 11-15절

우리가 드로아에서 배로 떠나 사모드라게로 직행하여 이튿날 네압볼리로 가고 거기서 빌립보에 이르니 이는 마게도냐 지방의 첫 성이요 또 로마의 식민지라 이 성에서 수일을 유하다가 안식일에 우리가 기도할 곳이 있을까 하여 문밖 강가에 나가 거기 앉아서 모인 여자들에게 말하는데 두아디라 시에 있는 자색 옷감 장사로서 하나님을 섬기는 루디아라 하는 한 여자가 말을 듣고 있을 때 주께서 그 마음을 열어 바울의 말을 따르게 하신지라 **그와 그 집이** 다 **세례를 받고** 우리에게 청하여 이르되 만일 나를 주 믿는 자로 알거든 내 집에 들어와 유하라 하고 강권하여 머물게 하니라

마게도냐의 빌립보에서 첫 번째 안식일을 맞은 바울 일행은 기도할 곳을 찾아 성문 밖 시냇가로 나갔습니다. 마침 시냇가에는 여인들이 모여 있었습니다. 바울 일행은 그 시냇가에 자리를 잡고 앉았습니다. 그리고 바울이 장시간에 걸쳐 예수 그리스도께서 십자가를 통해 이루신 복음을 전했습니

다. 복음을 전하는 바울 앞에는 한 여인이 아니라, 분명히 복수의 여인들이 앉아 있었습니다. 그러나 그 여인들 가운데 바울이 전하는 복음의 내용을 처음부터 끝까지 단 한마디도 놓치지 않고 경청한 사람은 오직 한 여인, 루디아뿐이었습니다. 그곳에 임해 계시던 성령 하나님께서 루디아의 마음을 여시고, 루디아의 마음이 바울이 전하는 복음에 집중하도록 역사해 주셨기 때문입니다.

바울은 유럽 대륙의 빌립보에 사는 사람이 아니었습니다. 바울은 아시아 대륙에 위치한 수리아 안디옥교회의 목회자였습니다. 2차 전도 여행을 위하여 수리아의 안디옥을 출발한 바울이 1차 전도 여행 때 복음을 전했던 오늘날 터키 대륙의 더베와 루스드라, 이고니온과 비시디아 안디옥을 차례대로 재방문한 다음, 브루기아와 갈라디아 땅을 거쳐 무시아로 올라갔다가 다시 드로아로 내려가고, 드로아에서 배를 타고 에게 해의 사모드라게 섬을 거쳐 유럽 대륙의 네압볼리에 상륙한 뒤에 빌립보의 성문 밖 시냇가에 이르기까지, 그동안 바울이 거쳐 온 거리를 다 합치면 무려 2천 킬로미터가 넘었습니다. 성령 하나님께서 두 번씩이나 바울의 경로를 강권적으로 변경시키시면서까지 바울로 하여금 그 먼 거리를 거쳐 그날 그 시간에 빌립보 성문 밖 그 시냇가에 이르게 하신 것은, 바로 그날 그 시간 그 시냇가에서 루디아 한 사람을 구원하시기 위함이었습니다. 참으로 신비롭기 그지없는 구원의 은총이었습니다.

그와 그 집이 다 세례를 받고(15절 상).

바울로부터 복음을 영접한 루디아는 인류 역사상 유럽 대륙에서 최초로 세례를 받았습니다. 루디아 자신만 세례를 받은 것이 아니라 그녀의 집, 다시 말해 그녀의 집에 속한 모든 권속들도 함께 세례를 받았습니다. 교회는 건물이나 제도가 아니라, 주님을 주인으로 모시고 사는 사람들의 모임입니다. 인류 역사상 빌립보에, 아니 유럽 대륙에 최초로 세워졌던 그 유명한 빌립보 교회는 이처럼 루디아와 그녀의 권속들로부터 시작되었습니다. 그날 그 시냇가에서 바울과 루디아의 만남은 바울이 전하는 복음의 내용을 들은 루디아의 마음이 한순간 찡하다가 그치는 단순 해프닝으로 끝난 것이 아니었습니다. 그 만남은 루디아가 세례를 받고 주님의 몸 된 교회를 이루며 살아가기 시작하는 위대한 첫출발이 되었습니다.

그 루디아를 본문 14절은 "두아디라 시에 있는 자색 옷감 장사로서 하나님을 섬기는" 여자라고 소개하고 있습니다. 한글 성경에는 '두아디라 시에 있는'이라고 번역되어 있어서 마치 루디아가 빌립보가 아닌 두아디라 시에 살고 있는 것처럼 여겨집니다. 그러나 원문의 의미는 '두아디라 시 출신'이라는 뜻입니다. 두아디라 시 출신인 루디아는 자색 옷감 장사였습니다. 자주색으로 염색된 직물을 판매하는 여성 사업가였다는 말입니다. 그리고 루디아가 '하나님을 섬기는 여자'라는 것은 지난 시간에 말씀드린 것처럼, 유대인의 영향을 받아 하나님을 믿기는 하지만 아직 예수 그리스도의 복음을 알지는 못하는 이방인을 가리키는 표현이었습니다.

성경에 등장하는 여인들 가운데 직업이 밝혀져 있는 여인은 거의 없습니다. 옛날 가부장적인 사회 속에서 여성이 직업을 갖기도 어려웠지만, 설령 직업을 지니고 있더라도 굳이 밝힐 필요가 없었기 때문입니다. 그러므로 성경에 등장하는 여인 가운데 직업이 밝혀져 있는 경우는, 해당 여인의 직업을 통해 하나님께서 주시려는 특별한 메시지가 있기 때문입니다. 이를테면 여호수아 2장 1절은 여리고 성의 여인 라합의 직업이 기생임을 밝히고 있습니다. 우리말 '기생'으로 번역된 히브리어 '자나זָנָה'는 본래 몸을 파는 '창녀'

를 뜻합니다. 그 창녀 라합의 이름이 예수 그리스도의 족보인 마태복음 1장 5절에도 기록되어 있습니다. 따라서 성경이 라합이라는 여성의 직업이 창녀임을 밝힌 것은, 세상 모든 사람들이 손가락질하는 창녀라도 예수 그리스도 안에서는 반드시 새로운 피조물이 될 수 있음을 보여 주기 위함이었습니다.

루디아의 출생지인 두아디라는 오늘날 터키 대륙의 서부 지역에 위치해 있던 고대 루디아 왕국에 속한 성읍으로, 예로부터 염색과 직물 제조업의 중심지였습니다. 특히 두아디라에서 생산되는 자주색 염료는 당시 최상품으로 취급되었습니다. 자주색 염료가 유명하다 보니 자연히 두아디라에서 생산되는 자주색 직물도 유명하였습니다. 그 두아디라에서 자주색 직물 사업을 하던 루디아는 같은 로마제국 내에 있긴 하지만, 아시아 대륙에서 유럽 대륙으로 진출하여 거대한 도시 빌립보에 정착함으로써 자신의 사업적 기반을 더욱 확장하였습니다. 한마디로 말해 루디아는 사업 수완이 뛰어난 여성 사업가였습니다.

2천 년 전 로마제국 내에서 자주색 옷감으로 만들어진 옷은 일반 대중용 옷이 아니었습니다. 자주색 옷감으로 만들어진 겉옷은 왕족이나 귀족, 그리고 부유한 사람이 입는 값비싼 옷이었습니다. 이를테면 루디아는 부유층을 상대하는 여성 사업가였습니다. 오늘날도 마찬가지지만 부유층을 상대하는 사업가들은 대개 그 자신들이 부유층에 속해 있습니다. 아직 부유층에 이르지 못한 사람일지라도 부유층을 대상으로 사업한다는 것은, 그 자신이 부유층에 편입되는 것을 삶의 지표로 삼고 있음을 의미합니다. 루디아가 부유층을 상대하는 자주색 직물 사업가였다는 것은 루디아 자신이 이미 부유층에 속해 있거나, 혹은 부유층에 편입되기를 삶의 목표로 삼은 여인이었음을 뜻합니다.

본문은 이처럼 루디아의 직업을 밝힘으로써, 세상의 가치관을 신봉하면서 세상의 부요함 자체를 삶의 목적으로 삼던 여인 루디아가 복음을 영접하고 세례를 받았음을 강조하고 있습니다. 루디아가 누구로부터 세례를 받았겠습니까? 두말할 것도 없이 그녀에게 복음을 전해 준 바울로부터입니다. 루디아에게 세례를 베푼 바울은 대체 세례를 어떻게 정의했습니까?

> 세례를 받아 그리스도 예수와 하나가 된 우리는 모두 세례를 받을 때에 그와 함께 죽었다는 것을 여러분은 알지 못합니까? 그러므로 우리는 세례를 통하여 그의 죽으심과 연합함으로써 그와 함께 묻혔던 것입니다. 그것은 그리스도께서 아버지의 영광으로 말미암아 죽은 사람들 가운데서 살아나신 것과 같이, 우리도 또한 새 생명 안에서 살아가기 위함입니다. 우리가 그의 죽으심과 같은 죽음을 죽어서 그와 연합하는 사람이 되었으면, 우리는 부활에 있어서도 또한 그와 연합하는 사람이 될 것입니다 (롬 6:3-5, 새번역).

바울은 세례를 예수 그리스도와 '하나 됨', 곧 '연합'이라고 정의했습니다. 세례를 받는다는 것은 자신의 죗값을 대신 치르시기 위해 십자가의 제물로 돌아가신 예수 그리스도의 죽음과 연합하여 자신의 옛 삶을 청산하고, 죽음을 깨뜨리고 부활하신 예수 그리스도와 연합하여 새로운 생명의 삶을 살기 시작하는 것입니다. 바울은 또 세례를 통한 예수 그리스도와의 연합을 다음과 같이 설명했습니다.

> 누구든지 그리스도와 합하기 위하여 세례를 받은 자는 그리스도로 옷 입었느니라(갈 3:27).

세례를 통해 그리스도와 연합한다는 것은 그리스도를 자신의 옷으로 삼는 것입니다. 바꾸어 말해 그리스도의 제복을 입는 것입니다. 세상에는 경찰과 군인, 의사와 간호사처럼 제복을 입는 직업인이 있습니다. 제복을 입는 것은 제복에 부여된 책임과 의무 및 윤리를 성실하게 이행하겠다고 공개적으로 천명하는 것입니다. 세례를 통해 그리스도의 제복을 입는다는 것 역시 옛 삶의 죄악된 옷을 벗어던지고, 그리스도 안에서 새로운 생명의 옷을 입고 살겠다는 공개적인 선언입니다.

이상과 같이 세례를 정의한 바울이 루디아에게 세례를 베풀었고, 빌립보의 자주색 직물 사업가인 루디아는 세례를 그렇게 정의하는 바울로부터 세례를 받았습니다. 루디아에게 세례는 예수 그리스도의 십자가와 무관한 삶을 사는 사람의 목에 걸린 십자가 목걸이처럼, 단지 자신의 삶을 돋보이게 하려는 종교적 장식품이 결코 아니었습니다. 루디아에게 세례는 세상의 부요함으로 옷 입고 세상의 부요함 자체를 목적으로 삼던 지금까지의 삶을 청산하고, 자신을 구원하시기 위해 십자가의 제물로 돌아가신 예수 그리스도로 옷 입고 예수 그리스도의 십자가를 삶의 지표로 삼는 새로운 삶의 실천이었습니다. 그것은 세상의 부요함만으로 옷 입고 살던 루디아와, 그리스도로 옷 입고 살아가야 할 루디아 사이에 통합이 이루어졌음을 의미합니다.

예수 그리스도와 연합한 세례 교인으로 살아간다는 것은 예수 그리스도로 옷 입고 사는 것이요, 그것은 세상의 가치관을 좇아 살던 자신과의 자기 통합을 이루는 것입니다.

우리는 베드로의 행적을 전하는 사도행전 9장 32-43절을 살펴볼 때 자기 통합에 대해 생각해 본 적이 있었습니다. 룻다를 방문한 베드로가 8년 동안 중풍병으로 누워 있던 애니아를 예수 그리스도의 능력으로 일으켜 세웠습니다. 그 소문은 삽시간에 룻다는 말할 것도 없고 룻다에서 18킬로미터 떨어져 있는 욥바까지 퍼졌습니다. 마침 욥바에 살던 다비다라는 여제자가 죽었습니다. 다비다를 아끼던 제자들이 그때까지 룻다에 체류하고 있던 베드로에게 급히 사람을 보내 도움을 요청했습니다. 그리고 지체 없이 욥바로 달려온 베드로의 기도로 죽었던 다비다가 살아났습니다. 그 소문 역시 순식간에 온 욥바에 퍼졌음은 물론입니다. 그 일 직후에 베드로는 욥바를 떠나지 않았습니다. 그 일 후에도 베드로는 여러 날 동안 욥바에 머물렀습니다. 그렇다면 죽었다가 베드로의 기도로 다시 살아난 다비다를 포함하여 욥바의 유력자들 가운데, 죽은 사람도 살리는 위대한 사도 베드로를 자기 집에 모시기 원하는 사람들이 얼마나 많았겠습니까? 그러나 베드로가 욥바에서 자신의 유숙지로 선택한 곳은 뜻밖에도 무두장이 시몬의 집이었습니다.

무두장이는 가죽 제조 기술자를 일컫는 용어입니다. 2천 년 전 유대인들은 무두장이를 최하층 천민으로 규정하여 인간으로 취급하지 않았습니다. 무두장이는 죽은 짐승의 가죽을 벗기고 만지는 직업의 특성상 죽은 짐승의 부정이 전이된 부정한 존재요, 그 부정한 존재의 손이 닿은 것도 부정해질 뿐 아니라, 그 부정한 존재와 관계를 맺는 사람도 부정해진다고 유대인들이 믿었기 때문입니다. 철저하게 가부장적이었던 유대 사회에서 결혼한 여자가 먼저 이혼을 제기한다는 것은 있을 수 없는 일이었습니다. 그러나 단 한 경우만은 예외였습니다. 여자가 모르고 결혼했다가 뒤늦게 남편의 직업이 무두장이임을 알았을 경우에 그 여인은 무조건 이혼할 수 있었습니다. 부정한 무두장이는 결혼 대상인 인간이 아닌 까닭이었습니다.

그러므로 정신이상자가 아닌 정상인이 무두장이 집에서 유숙한다는 것은 유대인으로서는 상상도 할 수 없는 일이었습니다. 무두장이의 집에서 유숙하기 위해서는 부정한 무두장이의 부정한 침대에서 부정한 무두장이의 부정한 이불을 덮어야 하고, 아침에 일어나 부정한 무두장이가 사용하는 부정한 변소에서 용변을 보고, 세수한 뒤에 부정한 무두장이의 부정한 수건으로 얼굴을 닦아야 하고, 부정한 무두장이가 부정한 식사 도구로 만들어 준 부정한 음식을 먹어야만 합니다. 그것은 유대인으로서는 자신을 부정하게 하는 첩경이었기에, 유대인치고 자진하여 그처럼 어리석은 짓을 할 사람은 아무도 없었습니다. 베드로는 그런 사정을 알지 못하는 이방인이 아니었습니다. 베드로는 누구보다도 그 모든 사정을 훤히 알고 있는 유대인이었습니다. 그럼에도 베드로는 자신을 모시려는 사람들의 요청을 다 마다하고, 유대인이라면 으레 상종도 말아야 할 무두장이 시몬의 집을 자신의 유숙지로 자진하여 선택하였습니다. 그 이유가 무엇이었겠습니까?

죽은 짐승의 가죽을 만지는 무두장이는 부정하다 하여 근처에 얼씬도 못하게 하는 유대인들 가운데 희한하게도, 무두장이의 손으로 만들어진 가죽 제품을 부정하게 여기는 유대인은 단 한 사람도 없었습니다. 옷, 벨트, 신발, 가방 등, 가죽 제품은 유대인들의 일상생활에서 없어서는 안 될 주요 필수품이었습니다. 그렇다면 이상하지 않습니까? 유대인들이 무두장이는 부정하므로 무두장이의 손이 닿는 모든 것도 부정하다고 간주한다면, 무두장이 손으로 만들어진 가죽 제품도 부정하게 취급하여 손도 대지 않는 것이 마땅하지 않겠습니까? 반대로 일상생활 속에서 가죽 제품을 주요 필수품으로 귀하게 다룬다면, 그 귀한 제품을 만들어 주는 무두장이를 최소한 인간 이하로 취급하는 일만은 삼가야 하지 않겠습니까? 그러나 유대인들은 무두장이를 부정한 존재로 단정하여 상종조차 하지 않으면서도, 무두장이가 만든 가죽 제품만은 더없이 소중하게 여겼습니다. 이 얼마나 무서운 이율배반이요 가공할 이중성입니까? 이보다 더 큰 모순이 어디에 또 있겠습니까?

베드로도 유대인이었다는 것은 베드로 역시 가죽 제품은 소중히 여기면서도 무두장이는 부정한 존재로 단정하는 이율배반적 이중성과 자기모순 속에서 살아왔음을 의미합니다. 그 베드로가 무두장이의 집을 자신의 유숙지로 자진하여 선택했다는 것은 예수 그리스도 안에서 그 이중성과 자기모순이 극복되었음을 의미합니다. 베드로 자신이 예수 그리스도 안에서 구원의 은총을 입고 보니 무두장이가 부정한 존재이기는커녕, 무두장이 역시 예수 그리스도 안에서 자신과 똑같이 구원받은 하나님의 존귀한 자녀였습니다. 따라서 무두장이에 대한 베드로의 이중성과 자기모순이 극복되었다는 것은, 무두장이를 부정한 존재로 여기던 과거의 베드로와, 무두장이를 자신과 동일한 형제로 사랑해야 할 현재의 베드로가 예수 그리스도 안에서 통합되었음을 뜻합니다.

그리스도인으로 살아간다는 것은 이처럼 세상의 가치관을 좇던 과거의 자신과, 그리스도로 옷 입고 살아가야 할 현재의 자신이 예수 그리스도 안에서 통합을 이루어 가는 것입니다. 과거의 자신과 현재의 자신이 통합을 이루지 못할 경우, 주님을 믿는다면서도 계속 세상의 가치관을 좇는 이중적인 삶의 모순에서 벗어날 수 없습니다.

베드로는 예수님께서 이 땅에 계실 때 3년 동안이나 예수님과 함께 살았지만, 예수님께서 십자가에 못박혀 돌아가시는 가장 결정적인 순간에 예수님을 세 번씩이나 부인하고 도망치는 배신자가 되고 말았습니다. 몸은 예수님을 좇으면서도 마음은 세상의 가치관을 좇는 이중적인 자기모순에 빠져 있었기 때문입니다. 그러나 오순절에 성령님께서 베드로에게 임하신 이후의 베드로는 주님과 세상을 동시에 좇으려는 이중적인 자기모순을 더 이상 범치 않았습니다. 성령님의 도우심으로 베드로가 자기 통합을 이루었기 때문입니다. 바울은 본래 하나님을 믿는다면서도 하나님의 독생자인 예수 그리스도를 부정하는 이율배반적인 삶을 살았습니다. 그러나 다메섹 도상에서 주님의 영에 사로잡힌 이후의 바울은 오직 그리스도로 옷 입은 삶으로만 일관하였습니다. 성령님의 도우심 속에서 과거의 바울과 현재의 바울이 완전 통합을 이룬 것이었습니다. 오늘 본문의 루디아가 어떤 유대인으로부터 어떻게 영향을 받았는지는 알 수 없지만, 여하튼 루디아는 하나님을 믿긴 하지만 아직 예수 그리스도의 복음을 알지 못하는 이방 여인이었습니다. 그래서 루디아 역시 하나님을 믿는다면서도 세상의 부요함으로 옷 입고 세상의 부요함만을 삶의 목적으로 삼는 이중성 속에서 살았습니다. 그러나 그 루디아를 위해 머나먼 수리아 안디옥의 바울을 동원하신 성령님께서는 루디아로 하여금 복음을 영접하게 하셨습니다. 그 결과 루디아는 지체하지 않고 바울로부터 예수 그리스도와 연합하는 세례를 받았습니다. 세상의 부요함만을 목적으로 삼던 루디아와, 그리스도로 옷 입고 살아가야 할 루디아가 성령님의 도우심으로 예수 그리스도 안에서 통합을 이룬 것이었습니다.

성령 하나님께서는 시간과 공간을 초월하여 우리의 과거와 현재 그리고 미래를 비춰 주는 거울이십니다. 그 성령님의 거울에 우리의 미래를 한번 비춰 보십시다. 우리가 세상의 부요함만을 목적으로 삼는다면, 우리가 살아 생전 세상의 부요함을 아무리 크게 누릴지라도 우리의 생은 결국 공동묘지에서 한 줌의 흙으로 허망하게 끝나 버릴 것이 그 거울 속에서 선명하게 보이지 않습니까? 또 우리의 코끝에서 호흡이 멎는 순간 공동묘지를 넘어 우리를 영원히 책임져 주실 분은, 우리의 죗값을 대신 치르시기 위해 십자가의 제물로 돌아가셨다가 사흘째 되는 날 죽음을 깨뜨리고 부활하신 예수 그리스도 한 분뿐이심도 또렷하게 보이지 않습니까? 그래서 우리는 성령님의 거울 앞에서 성령님의 도우심을 힘입어서만 주님을 믿는다면서도 세상을 좇는 이중적인 삶의 모순에서 벗어나, 세상을 좇던 나와 그리스도로 옷 입고 살아가야 할 내가 더 이상 분리되지 않고 예수 그리스도 안에서 통합을 이룰 수 있습니다.

중요한 사실은 이중적인 삶의 모순을 극복하고 내적으로 자기 통합을 이룬 사람만 외적 모순, 사회적 모순을 제거하는 주님의 통로가 될 수 있다는 것입니다. 바울과 베드로는 세상적으로는 별 볼 일 없는 사람들 아니었습니까? 그러나 예수 그리스도 안에서 내적으로 자기 통합을 이룬 바울과 베드로에 의해 인류의 역사가 새로워졌습니다. 예수 그리스도 안에서 자기 통합을 이룬 루디아 역시 이중적인 삶의 모순에 빠져 있던 자기 집 권속들을 예수 그리스도와 연합시키는 통로가 되었습니다. 그리고 루디아와 그녀의 가족들이 그 유명한 빌립보 교회의 모태가 되었다는 것은, 그들이 그 시대의 사회적 모순을 해소하는 주님의 통로로 쓰임 받았다는 증거입니다. 그러나 누구든지 내적인 자기 통합 없이 외적 모순을 제거하려 한다면 외적 모순이 제거되기는커녕, 도리어 그로 인해 더 많은 외적 모순이 양산될 뿐입니다. 내적 통합을 결여한 사람의 모든 행위는 그 사람 속에 내재된 이중적인 자기모순의 외적 변형에 불과하기 때문입니다.

주님을 믿는 우리 주위에 날이 갈수록 모순이 해소되기는커녕 더 많은 모순이 파생되는 것은, 우리 자신이 그리스도인이면서도 여전히 주님과 세상을 향해 양다리를 걸치는 이중적인 삶의 모순에 빠져 있기 때문입니다. 따지고 보면 인간의 모든 내적 고통 역시 바로 그 이중성으로부터 기인합니다. 이 시간 우리와 함께하고 계시는 성령님의 빛 속에서 우리의 미래를 내다보십시다. 우리의 코끝에 호흡이 멎는 순간 우리가 절대로 후회하지 않을 삶이 어떤 삶인지 자명하게 보이지 않습니까? 성령님의 도우심을 힘입어 예수 그리스도 안에서 세상을 목적으로 삼던 자신과, 예수 그리스도의 십자가를 목적으로 삼아야 할 자신의 통합을 이루어 가십시다. 이제부터 길이요 진리요 생명이신 예수 그리스도와 연합하여, 그리스도로 옷 입고 살아가십시다. 그때 모든 내적 고통으로부터 해방된 우리의 심령은 세상이 줄 수 없는 하나님의 평안을 누릴 수 있을 것이요, 우리가 어느 공동체에 속해 있든, 그 공동체는 우리로 인해 우리 사회의 모순을 극복해 가는 이 시대의 빌립보 교회가 될 것입니다.

　　주님! 나는 참된 그리스도인으로 살기를 원합니다. 그러나 그 전제 조건인 자기 부인을 행하지는 않습니다. 나는 내 가정이 행복하기를 소망합니다. 그러나 매사에 가족들이 내게 맞추어 주기만 요구합니다. 나는 내 자식들이 참된 그리스도인이 되기를 바랍니다. 그러나 내가 자식들 앞에서 신앙의 본으로 살지는 않습니다. 나는 효자효녀 소리를 듣기 원합니다. 그러나 부모에 대한 책임과 의무를 다하지는 않습니다. 나는 사랑을 외칩니다. 그러나 예수님께서 언급하신 세리와 창기처럼, 나를 사랑하는 사람만 사랑합니다. 나는 봉사의 사람이 되기를 기도합니다. 그러나 목전의 이득에 관한 한, 호리도 양보하지 않습니다. 나는 사람들로부터 상처받기를 원치 않습니다. 그러나 나의 언행이 사람들에게 상처를 주고 있다는 사실에는 둔감합니다. 나는 나의 삶 속에서 진리의 열매가 거두어지기를 기대합니다. 그러나 먼저 썩어지는 진리의 밀알이 되기는 거부합니다. 나는 부활을 노래합니다. 그러나 부활의 시발점인 자기 십자가는 외면합니다. 나는 날마다 하나님의 도우심이 나와 함께하시기를 간구합니다. 그러나 하나님의 말씀대로 살지는 않습니다. 나는 영생을 믿습니다. 그러나 실제로는 이 세상의 부요함만을 내 인생의 목적으로 삼고 있습니다. 나는 그리스도와 연합한 세례 교인임을 고백합니다. 그러나 그리스도로 옷 입고 살지는 않습니다. 나야말로, 가죽 제품은 선호하면서도 무두장이는 인간으로 취급하지도 않던 이율배반적인 유대인이었습니다. 그래서 나의 삶은 고통과 모순 속에서 허우적거리고 있습니다. 그럼에도 나와 함께하고 계시는 성령님께서 이 시간 내 인생의 거울이 되시어, 나의 과거와 현재와 미래를 내다보게 해주심을 감사합니다.

내가 세상에서 아무리 값비싼 자주색 옷을 입고 살아도 죽음을 깨뜨리고 부활하신 그리스도로 옷 입지 않으면, 결국엔 공동묘지에서 한 줌의 흙으로 끝날 뿐임을 잊지 않게 해주십시오. 주님을 믿는다면서도 세상을 목적으로 삼던 과거의 나와, 그리스도로 옷 입고 살아가야 할 현재의 내가, 성령님의 도우심을 힘입어 예수 그리스도 안에서 통합을 이루어 가게 해주십시오. 그리하여 이중적인 삶으로 인한 모든 고통에서 해방되게 해주십시오. 자기 통합을 이룬 나의 삶이 루디아처럼 주위 사람들을 주님께 연합시키고, 또 이 시대의 모순을 해소하는 주님의 통로로 쓰임 받게 해주십시오. 아멘.

13. 주 믿는 자로 알거든 I

사도행전 16장 11–15절

우리가 드로아에서 배로 떠나 사모드라게로 직행하여 이튿날 네압볼리로 가고 거기서 빌립보에 이르니 이는 마게도냐 지방의 첫 성이요 또 로마의 식민지라 이 성에서 수일을 유하다가 안식일에 우리가 기도할 곳이 있을까 하여 문밖 강가 에 나가 거기 앉아서 모인 여자들에게 말하는데 두아디라 시에 있는 자색 옷감 장사로서 하나님을 섬기는 루디아라 하는 한 여자가 말을 듣고 있을 때 주께서 그 마음을 열어 바울의 말을 따르게 하신지라 그와 그 집이 다 세례를 받고 우 리에게 청하여 이르되 만일 나를 **주 믿는 자로 알거든** 내 집에 들어와 유하라 하고 강권하여 머물게 하니라

바울은 본래 나사렛 예수가 그리스도이심을 부정하면서, 교회를 짓밟고 그리스도인들을 색출, 연행, 투옥하는 것을 천직으로 삼던 폭도였습니다. 그 러나 다메섹 도상에서 주님께 사로잡힌 이후 그는 디모데후서 4장 7절의 증 언처럼 주님을 위해 참수형을 당해 죽을 때까지 그리스도인으로서 싸워야

할 선한 싸움을 단 한 번도 피하지 않았고, 그리스도인으로서 달려야 할 길을 끝까지 완주하였으며, 그리스도인으로서 지켜야 할 믿음을 확고하게 고수하였습니다. 우리가 사도행전이 전해 주는 바울의 삶 앞에서 숙연해지지 않을 수 없는 것은, 이처럼 그가 그리스도인으로 부르심을 받은 이후 초지일관 그리스도인다운 그리스도인으로 살았기 때문입니다.

바울은 신이 아니지 않습니까? 바울은 우리와 다를 바가 전혀 없는, 우리와 똑같은 인간이었습니다. 그럼에도 바울은 어떻게 초지일관 그리스도인다운 그리스도인의 삶을 살았고, 우리는 왜 그리스도인이면서도 그리스도인답게 살지 못합니까? 똑같은 인간인 바울에게는 가능했던 삶이 우리에게는 불가능하다면, 바울과 비교하여 우리에게는 대체 무엇이 결여되어 있기 때문이겠습니까? 이 질문에 대한 해답은 바울의 증언 속에서 직접 찾을 수 있습니다.

> 헬라인이나 야만인이나 지혜 있는 자나 어리석은 자에게 다 내가 빚진 자라 그러므로 나는 할 수 있는 대로 로마에 있는 너희에게도 복음 전하기를 원하노라(롬 1:14-15).

바울이 우리와 똑같은 인간이면서도 우리와는 달리 초지일관 그리스도인답게 살 수 있었던 것은, 그가 평생 채무감을 지니고 있었기 때문입니다. 먼저는 자신을 구원해 주신 하나님의 사랑에 대한 채무감이요, 나아가 그 채무감은 사람에 대한 채무감으로 이어지는 채무감이었습니다. 바울에게는 일평생 채무감으로 살지 않을 수 없는 이유가 있었습니다.

바울은 골방에서 홀로 기도하다가, 혹은 서재에서 하나님의 말씀을 읽다가 구원받은 것이 아니었습니다. 바울은 예루살렘에서 약 213킬로미터나 떨어져 있는 다메섹의 그리스도인들을 체포하기 위해 다메섹을 찾아가던 길 위에서 구원의 은총을 입었습니다. 그 구원의 현장에 바울 홀로 있었던 것이 아니지 않습니까? 바울은 다메섹의 그리스도인들을 체포해 오기 위한 동료들과 분명히 함께 있었습니다. 이른바 체포조였습니다. 그 체포조 가운데 바울이 제일 도덕적이고 윤리적인 사람이었던 것도 아니었습니다. 바울은 그 체포조의 우두머리로서, 가장 흉악한 불한당이었습니다. 상식적으로 따지자면 바울은 그 자신의 고백처럼 결코 구원받을 수 없는 '죄인 중의 괴수'였습니다(딤전 1:15). 그러나 하나님께서는 그날, 그 시간, 그곳에서, 다수의 사람들 가운데 가장 흉악한 불한당인 바울 한 사람만 지명하여 구원하셨습니다.

왜 같은 날, 같은 시간, 같은 장소에서 여러 사람들이 같은 목표를 향해 가고 있었는데도, 유독 불한당 중의 불한당인 바울 한 사람만 하나님으로부터 구원의 은총을 입었습니까? 이 질문에는 합리적인 답변이 있을 수 없습니다. 바로 그것이 하나님의 불가사의한 사랑이요, 인간의 머리로는 도저히 이해하거나 설명할 수 없는 신비로운 구원의 섭리이기 때문입니다. 동료들과 함께 길을 가다가 자기 혼자만 하나님으로부터 신비로운 구원의 은총을 입은 바울은, 하나님의 그 불가사의한 사랑에 대해 채무감을 느끼지 않을 수 없었습니다. 하나님으로부터 그 신비스러운 구원의 은총을 받을 만한 자격이 자신에게는 전무함을 누구보다도 자신이 잘 알고 있었기 때문입니다.

그리고 하나님의 불가사의한 사랑에 대한 바울의 채무감은, 누구 한 사람 강요하지 않았지만, 자연스럽게 사람에 대한 채무감으로 이어졌습니다. 흉악한 불한당이었던 자신에게 하나님께서 불가사의한 구원의 사랑을 베풀어 주신 것은 자기 홀로 안락한 삶을 누리게 하심이 아니라, 하나님께서 당신의 예정된 백성을 구원하시기 위한 통로로 자신을 사용하시기 위함임을 바울은 정확하게 터득한 것입니다. 이를테면 먼저 구원의 은총을 입은 그리스도인으로서 아직 구원의 은총을 입지 못한 사람들에 대한 채무감이었습니다. 그래서 바울은 자기중심으로 살던 삶을 내려놓고 헬라인, 야만인, 지혜 있는 사람, 어리석은 사람을 따지지 않고, 하나님께서 원하시면 누구에게든 찾아가 기꺼이 하나님의 통로가 되었습니다. 아시아 대륙의 수리아 안디옥에 있던 바울이 유럽 대륙의 빌립보 성문 밖 시냇가로 그날 그 시간에 찾아갔던 것 역시 그 채무감으로 인함이었습니다. 그리고 그 바울을 통해 구원의 은총을 입은 루디아도 채무감의 삶을 살기 시작했음을 오늘의 본문이 증언해 주고 있습니다.

우리는 지난 시간에 루디아에 대하여 상세하게 살펴보았습니다. 빌립보의 루디아는 자주색 직물을 취급하는 여성 사업가였습니다. 2천 년 전 로마제국에서 자주색 옷감으로 만들어진 겉옷은 왕족이나 귀족, 혹은 부유층이 입는 값비싼 옷이었습니다. 그러므로 루디아는 부유층을 상대하는 사업가로서 그 자신도 부유층에 속해 있거나, 혹은 부유층에 편입되는 것을 삶의 목표로 삼은 여인이었습니다. 한마디로 루디아는 세상의 부요함을 삶의 목적으로 삼고 있었습니다. 그 루디아가 복음을 영접하고 세례를 받았습니다. 루디아에게 세례를 베푼 사람은 바울이었습니다. 바울은 세례를 '그리스도로 옷 입는 것'이라고 정의하였습니다. 따라서 루디아가 세례를 받은 것은 값비싼 자주색 옷으로 상징되는 세상의 부요함은 인간의 공동묘지 이후를 결코 책임져 주지 못함을 비로소 깨닫고, 예수 그리스도의 영원한 생명과 십자가의 사랑을 삶의 목적으로 삼았음을 의미합니다. 하지만 루디아가 자기 홀로 세례 받은 것은 아니었습니다. 루디아는 자기 집에 딸린 권속들과 함께 세례를 받았습니다. 자신의 혈육은 말할 것도 없고, 자신의 사업에 종사하는 사람들과도 예수 그리스도의 생명과 십자가의 사랑을 함께 나누며 살겠다는 결단의 실천이었습니다. 루디아는 거기에서 그치지 않았습니다.

> 그와 그 집이 다 세례를 받고 우리에게 청하여 이르되 만일 나를 주 믿는 자로 알거든 내 집에 들어와 유하라 하고 강권하여 머물게 하니라(15절).

본문에서 "우리"는, 우리가 잘 알고 있는 것처럼 바울 일행을 가리킵니다. 루디아는 바울 일행에게 자기 집에서 유하기를 청했습니다. 자기 집에서 잠시 차 한 잔 하라는 말이 아니었습니다. 자기 집에서 식사 한 끼 푸짐하게 대접하겠다는 것도 아니었습니다. 헬라어 동사 '메노메노'는 '체류하다'는 뜻입니다. 일주일이든, 한 달이든, 1년이든, 원하는 대로 자기 집에서 체류하라고 청한 것입니다. 루디아가 초청한 대상은 바울 한 사람이 아니라, 바울 일행이었습니다. 바울 일행은 바울과 실라에 디모데와 누가를 합쳐 총 네 명이나 되었습니다. 남자 장정 네 명을 자기 집에서 체류하도록 청했다는 것은 밤에 잠만 재워 주겠다는 말이 아니었습니다. 매일 남자 장정 네 명의 세끼 식사도 책임지겠다는 의미였습니다. 본문이 루디아의 남편에 대해 전혀 언급치 않는 것으로 보아 루디아가 애당초 결혼을 하지 않았는지, 혹은 남편을 여의었는지는 알 수 없지만, 여하튼 그녀는 남편 없이 홀로 집안 권속들을 거느리고 사는 여인이었음을 알 수 있습니다. 그렇다면 그 집안의 모든 일이 여주인 루디아 중심으로 꾸려져 왔을 것임은 불문가지입니다. 그 집에 남자 장정이 네 명씩이나 언제까지라는 기약도 없이 체류한다면, 여주인인 루디아에게는 여간 불편한 일이 아닐 것입니다. 그것은 그 집의 여주인으로서 자기 편한 대로 살아온 루디아가 자기중심적인 삶의 패턴을 바꾸어야만 가능한 일이었기 때문입니다. 그러나 루디아는 그런 불편쯤은 조금도 개의치 않았습니다.

특히 본문은 루디아가 바울 일행에게 자기 집에서 체류하도록 강권하였음을 증언하고 있습니다. 루디아가 마침내 강권하기까지 했다는 것은 그 전에 바울이 루디아의 요청을 사양했음을 의미합니다. 바울이 누구입니까? 복음 전도자로서 다른 복음 전도자들처럼 교인들로부터 사례비를 받을 권리를 마땅히 지니고 있었음에도, 자신이 전하는 복음의 순수성을 훼손하지 않기 위해 자기 손으로 천막을 만들어 생계를 이어 가며 자비량自備糧으로 복음을 전한, 하나님과 사람에 대한 채무감으로 살던 바울 아니었습니까? 루디아가 호의를 베푼다고 해서 자신의 일행과 함께 루디아의 호의를 넙죽 받아들일 바울이 아니었습니다. 바울은 막 세례 교인이 된 루디아를 위하여 루디아의 제의를 사양하였습니다.

그렇다고 루디아가 물러선 것도 아니었습니다. 루디아가 바울 일행에게 자기 집에서 체류할 것을 요청한 것은 그저 한번 해본 의례적인 인사치레가 아니라, 루디아의 진심이었습니다. 루디아는 바울 일행이 자기 집에서 체류하도록 강권하였습니다. 헬라어 동사 '파라비아조마이παραβιάζομαι'는, 루디아가 계속 설득하여 체류하지 않을 수 없게 했다는 말입니다. 루디아의 거듭되는 요청에 바울은 사양하기를 반복했지만, 루디아는 끝내 포기하지 않고 바울이 일행과 함께 자신의 집에 체류하지 않을 수 없게끔 바울을 설득하였습니다. 루디아가 빌립보 성문 밖 시냇가에서 바울을 처음 만났을 때, 바울이 루스드라에서처럼 선천성 하반신마비자를 벌떡 일으켜 세운 것이 아니었습니다. 욥바에서의 베드로처럼 죽은 사람을 살려 낸 것도 아니었습니다. 만약 바울이 그와 같은 신통한 능력을 행사하였다면 루디아가 한 명도 아닌, 바울 일행 네 명을 강권하여 자기 집에 머물게 한 것을 쉽게 이해할 수 있습니다. 그런 신통한 능력의 소유자를 자기 집에 모신다면 분명 좋은 일이 뒤따를 것이라고 누구든 기대할 것이기 때문입니다. 그러나 루디아를 처음 만난 바울이 한 것이라고는 말로 복음을 전한 것뿐이었습니다. 그런데도 루디아는 몇 번이고 사양하는 바울을 계속 설득하여 바울 일행을 자기 집에 체류하게 했습니다. 그 이유가 무엇이었겠습니까?

이미 우리가 알고 있는 것처럼 바울이 그날 빌립보 성문 밖 시냇가에서 복음을 전하던 그 시간, 그 시냇가에는 루디아 홀로 있지 않았습니다. 그날, 그 시간, 그곳에는 분명히 다수의 여자들이 있었습니다. 그렇지만 그날, 그 시간, 그곳에서 바울을 통해 하나님의 구원의 은총을 입은 사람은 루디아 단 한 사람뿐이었습니다. 그날, 그 시간, 그 시냇가에서 바울과 루디아가 만나기로 사전 약속이 있었던 것도 아닙니다. 수리아의 안디옥에 있던 바울은 1차 전도 여행 때 자신이 복음을 전했던 곳을 재방문하기 위하여 2차 전도 여행을 시작했습니다. 수리아의 안디옥을 출발하여 오늘날의 터키 대륙으로 올라간 바울은 더베와 루스드라 그리고 이고니온과 비시디아 안디옥을 차례로 재방문한 다음, 터키 대륙의 서부 지역에서 계속 복음을 전하려 하지 않았습니까? 그러나 성령님께서 허락하시지 않았습니다. 바울은 일행과 함께 브루기아와 갈라디아 땅을 거쳐 터키 대륙의 서북쪽에 위치한 무시아로 올라가 동쪽 비두니아로 진출하려 했지만, 역시 성령님께서 가로막으셨습니다. 바울은 어쩔 수 없이 무시아에서 비두니아의 반대쪽인 드로아로 내려갔다가 밤에 마게도냐 사람의 환상을 보았습니다. 그 환상을 계기로 바울 일행은 아시아 대륙의 드로아에서 배를 타고 에게 해의 사모드라게 섬을 거쳐 유럽 대륙의 네압볼리에 상륙, 마게도냐의 주요 도시 빌립보를 찾아 갔습니다. 그리고 첫 번째 안식일을 맞아 바울 일행이 기도할 곳을 찾아 빌립보 성문 밖 시냇가로 나갔다가 그곳에 있는 여인들을 만나 바울이 복음을 전했고, 하나님께서 그 여인들 가운데 루디아 한 사람에게만 구원의 은총을 베푸셨습니다.

아시아 대륙의 수리아 안디옥을 출발한 바울이 그날, 그 시간, 유럽 대륙의 그 시냇가에 당도하기까지 그동안 거쳐 온 거리를 다 합치면 무려 2천 킬로미터가 넘는다고 했습니다. 하나님께서 바울의 앞길을 두 번씩이나 가로막으시면서까지 바울로 하여금 그 먼 거리를 거쳐 그날, 그 시간, 그 시냇가에 정확하게 이르게 하신 것은, 그날, 그 시간, 그곳에 있는 루디아 한 사람을 구원하시기 위함이었습니다. 당시 루디아가 빌립보에서 가장 도덕적이고 윤리적이었기 때문이겠습니까? 그럴 리가 없습니다. 황제의 논리, 욕망의 논리가 판을 치는 로마제국의 빌립보에서 그동안 루디아가 세상의 부요함만을 목적으로 살아왔다는 것은, 그녀가 성경적인 윤리와 도덕과는 거리가 먼 여인이었음을 의미합니다. 그동안 루디아는 돈을 우상으로 섬기느라 사람들의 가슴에 못을 박는 일도 서슴지 않았을 것이요, 루디아로 인해 눈물 흘린 사람도 적지 않았을 것입니다. 그럼에도 하나님께서는 머나먼 수리아 안디옥의 바울을 동원하셔서 구원받을 자격이 전무한 루디아를 구원해 주셨습니다. 하나님의 그 신비스러운 구원의 은총과 불가사의한 사랑을 체험하고 확인했을 때, 루디아가 자기에게 복음을 전해 준 바울처럼 어찌 하나님의 사랑에 대해 채무감을 느끼지 않을 수 있었겠습니까? 그리고 하나님의 사랑에 대한 루디아의 채무감이 어찌 사람에 대한 채무감으로 이어지지 않았겠습니까? 세상의 부요함만을 목적으로 삼던 무가치한 자신을 하나님께서 구원해 주신 것은, 누군가를 구원하시기 위한 통로로 자신을 사용하시기 위함임을 루디아도 바울처럼 정확하게 깨달았을 테니 말입니다.

그래서 루디아는 자기 집 권속들을 주님 앞으로 인도하여 함께 세례 받는 것만으로 그치지 않았습니다. 루디아는 몇 번이고 사양하는 바울을 강권적으로 설득하여 일행과 함께 자기 집에 체류하도록 하였습니다. 바울 일행을 섬기는 것은, 하나님께서 그들을 통로로 삼아 구원하실 사람들에게 사랑의 빚을 갚는 것임을 알았기 때문입니다.

이 시간에 우리가 주목하고자 하는 것은 루디아가 바울 일행에게 자기 집에서 체류하도록 강권하면서 한 말입니다.

> 우리에게 청하여 이르되 만일 나를 주 믿는 자로 알거든 내 집에 들어와 유하라 하고 강권하여 머물게 하니라(15절 하).

만약 자신을 그리스도인으로 인정한다면 자신의 청을 받아들여 자기 집에서 유숙하라는 것입니다. 바꾸어 말해 자기에게 복음을 전해 준 전도자로서 자신을 그리스도인이라고 인정한다면, 자신의 요청을 받아들여 자신이 하나님과 사람에 대한 채무감을 갚을 수 있게 해달라는 것이었습니다. 평생 하나님의 사랑에 대한 채무감으로 살던 바울로부터 복음을 영접한 루디아는, 그리스도인으로 사는 것은 하나님과 사람에 대한 채무감으로 살아가는 것임을 바르게 배운 진정한 그리스도인이었습니다.

예수님께서 계명 가운데 가장 큰 계명은 '하나님 사랑'과 '사람 사랑'이라고 말씀하셨습니다(마 22:37-40). 하나님의 말씀의 집이 '하나님 사랑'과 '사람 사랑'의 두 기둥 위에 세워졌다는 말이요, 그리스도인의 삶은 '하나님의 사랑'과 '사람 사랑'으로 교직交織되어야 한다는 의미입니다. 그러므로 하나님과 사람에 대한 채무감이 없다면, 어떻게 '하나님 사랑'과 '사람 사랑'이 가능할 수 있겠습니까?

하나님에 대한 채무감으로 살아간다는 것은 하나님의 신비스러운 구원의 은총이 아니었던들 결코 구원받지 못했을 자신의 정체성을 잊지 않는 것이요, 하나님의 불가사의한 사랑에 대해 늘 깨어 사는 것입니다. 그렇다면 생각해 보십시오. 살아 계신 하나님께서 어찌 그런 겸손한 사람과 함께하시지 않겠습니까? 하나님께서 그 사람을 당신의 백성을 구원하는 통로로 사용하셔서 그로 하여금 사람에 대한 채무감도 갚게 해주시지 않겠습니까? 그래서 평생 하나님의 사랑에 대한 채무감으로 살던 바울을 하나님께서 뭇사람을 구원하는 당신의 통로로 사용하심으로써, 결과적으로 바울로 하여금 사람에 대한 채무감도 갚게 해주셨습니다. 하나님의 불가사의한 사랑에 대한 채무감을 느낀 루디아는 자기 집 권속들과 함께 세례 교인이 되었고, 하나님께서는 그들을 그 유명한 빌립보 교회의 모태가 되게 하심으로써, 결과적으로 루디아 역시 사람에 대한 채무감도 갚을 수 있었습니다.

말년의 바울이 그 빌립보 교인들에게 보낸 편지가 신약성경의 빌립보서입니다. 그 빌립보서를 통해 바울은 다음과 같이 고백합니다.

> 나는 여러분을 생각할 때마다, 나의 하나님께 감사를 드립니다. 내가 기도할 때마다, 여러분 모두를 위하여 늘 기쁜 마음으로 간구합니다. 여러분이 첫날부터 지금까지, 복음을 전하는 일에 동참하고 있기 때문입니다. 선한 일을 여러분 가운데서 시작하신 분께서 그리스도 예수의 날까지 그 일을 완성하시리라고 나는 확신합니다. 내가 여러분 모두를 이렇게 생각하는 것은, 나로서는 당연한 일입니다. 내가 여러분을 내 마음에 간직하고 있기 때문입니다. 여러분 모두는 내가 갇혀 있을 때나, 복음을 변호하고 입증할 때에, 내가 받은 은혜에 동참한 사람들입니다. 내가 그리스도 예수의 심정으로 여러분 모두를 얼마나 그리워하고 있는지는, 하나님께서 증언하여 주십니다(빌 1:3-8, 새번역).

이 편지를 쓰는 말년의 바울은 로마의 지하 감옥에 갇혀 있었습니다. 그러나 그리운 빌립보의 교인들을 생각할 때마다 바울의 마음속에는 늘 감사와 기쁨이 넘쳐 났습니다. 빌립보 교인들이, 하나님의 불가사의한 사랑에 대한 채무감을 사람들에게 갚는 아름다운 믿음의 삶을 지속하고 있었기 때문입니다. 바울이 그토록 그리워한 빌립보 교인들 가운데 자신으로부터 복음을 영접하고 세례를 받은 루디아도 포함되어 있음은 두말할 나위도 없었습니다.

우리에게 구원받을 만한 자격이 있었기에 우리가 구원받은 그리스도인으로 이 자리에 앉아 있는 것입니까? 결코 아니지 않습니까? 우리는 모두 예전의 바울처럼 진리를 짓밟는 불한당들이었거나, 지난 시절의 루디아처럼 세상의 부요함만을 목적으로 삼던 욕망의 노예들 아니었습니까? 그럼에도 하나님께서 오직 당신의 불가사의한 사랑으로 우리에게 신비로운 구원의 은총을 베풀어 주시지 않았습니까? 그렇다면 하나님의 그 불가사의한 사랑을 믿는다는 우리가, 어찌 그 사랑에 대한 채무감으로 살지 않을 수 있겠습니까? 그 채무감을 어찌 하나님께서 사랑하시는 사람에게 갚지 않을 수 있겠습니까? 우리가 그 채무감을 느끼지 못하거나 망각한다면, 아무리 교회를 열심히 다녀도 우리는 우리의 종교적 관습으로 사람을 죽이는 율법주의자가 되고 말 것입니다. 그러나 우리가 하나님의 불가사의한 사랑에 대한 채무자로 살아가는 한, 우리는 우리의 과거와 상관없이 뭇사람을 살리는 이 시대의 바울과 루디아가 될 것입니다. 어느 쪽을 선택할 것인지는 각 개인의 자유지만, 그 결과는 반드시 영원한 생명과 죽음, 그리고 영원한 기쁨과 후회로 갈릴 것입니다.

주님! 바울은 분명히 동료들과 함께 있었지만, 다메섹 도상에서 오직 바울 한 사람만 하나님의 신비로운 구원의 은총을 입었습니다. 그 이후 바울은 초지일관 하나님의 불가사의한 사랑에 대한 채무감으로 살았고, 그 채무감은 하나님께서 사랑하시는 사람에 대한 채무감으로 이어졌습니다. 하나님께서 그 바울을 통로로 삼으시어 로마제국을 새롭게 하신 것은 당연한 결과였습니다.

아시아 대륙의 바울이 그날 그 시간에 바다 건너 유럽 대륙의 빌립보 성문 밖 그 시냇가에 이르렀을 때, 그곳에는 분명히 다수의 여인들이 있었습니다. 그러나 그날 그 시간 그곳에서 바울을 통해 구원의 은총을 입은 사람은 루디아 단 한 사람뿐이었습니다. 하나님의 불가사의한 구원의 사랑을 체험한 루디아는 바울에게, 내게 복음을 전한 당신이 내가 그리스도인 되었음을 인정한다면 나로 하여금 하나님과 사람에게 사랑의 빚을 갚게 해달라고 부탁했습니다. 하나님께서는 그 루디아와 그녀의 권속들을, 뭇사람을 살리는 당신의 통로인 빌립보 교회를 이루게 하셨습니다.

우리가 오늘 구원받은 그리스도인으로 이 자리에 앉아 있는 것은, 우리에게 구원받을 만한 자격이 있었기 때문이 결코 아니었습니다. 하나님의 불가사의한 사랑이 우리를 이 자리로 불러 주셨습니다. 그러나 우리에게는 하나님의 그 사랑에 대한 채무감이 전혀 없습니다. 오히려 하나님 앞에서 마치 채권자인 양 가당찮은 권리만 주장하고 있습니다. 그래서 우리의 삶을 통해서는 생명의 열매는커녕, 단지 죽음의 열매만 거두어지고 있습니다. 부디 우리의 우둔함을 용서해 주십시오.

우리가 진정 하나님의 구원의 은총을 믿는 그리스도인이라면, 하나님과 사람에 대한 채무감으로 그리스도인답게 살아가게 해주십시오. 우리의 과거가 어떠했든 상관없이 이제부터 하나님의 통로로 생명의 열매를 거두는, 이 시대의 바울과 루디아가 되게 해주십시오. 그리하여 6·25전쟁의 상흔이 아직 남아 있는 이 땅이, 그리스도인으로 살아가는 우리로 인해 회복되고 치유되게 해주십시오. 아멘.

14. 주 믿는 자로 알거든 II

사도행전 16장 11-15절
우리가 드로아에서 배로 떠나 사모드라게로 직행하여 이튿날 네압볼리로 가고
거기서 빌립보에 이르니 이는 마게도냐 지방의 첫 성이요 또 로마의 식민지라 이
성에서 수일을 유하다가 안식일에 우리가 기도할 곳이 있을까 하여 문밖 강가
에 나가 거기 앉아서 모인 여자들에게 말하는데 두아디라 시에 있는 자색 옷감
장사로서 하나님을 섬기는 루디아라 하는 한 여자가 말을 듣고 있을 때 주께서
그 마음을 열어 바울의 말을 따르게 하신지라 그와 그 집이 다 세례를 받고 우
리에게 청하여 이르되 만일 나를 **주 믿는 자로 알거든** 내 집에 들어와 유하라
하고 강권하여 머물게 하니라

저희 부부가 10년 이상 이용하는 안경점은 저희 집 인근인 서교동에 있습
니다. 그 안경점 주인은 그리스도인으로서, 13년 전 청년 시절에 안경점을 개
점한 이래 한결같이 성실하게 일해 왔습니다. 처음에는 대로변 쪽에서 그리
크지 않은 점포로 시작했는데, 지난 13년 동안 두 번이나 확장하여 지금은

어디에 내놔도 손색이 없을 정도로 짜임새 있는 안경점이 되었습니다. 그동안 제 안경에 문제가 있어 그 안경점을 찾을 때마다, 성실의 결과는 내실 있는 열매임을 확인하면서 흐뭇함을 느끼곤 했습니다. 두 달 전에 렌즈 교체를 위해 안경점을 찾았더니, 주인이 내년에 안경점을 이전하기로 했다고 말했습니다. 한 곳에서 13년 동안이나 탄탄하게 입지를 다진 점포를 이전하다니, 대체 무슨 연유인지 물었습니다. 안경점 주인의 대답인즉, "그동안 점포 월세를 한 달에 800만 원씩 지불했는데 건물주가 내년부터 한 달에 3,600만 원을 내라고 해서 도저히 감당할 도리가 없기 때문"이라고 했습니다. 한 달 월세 800만 원을 3,600만 원으로 올린다면 인상폭이 무려 350퍼센트인 셈입니다. 도대체 어떻게 그런 일이 있을 수 있느냐고 되묻지 않을 수 없었습니다. 사연은 이랬습니다. 그동안 건물주는 임차인들에게 한 번도 무리한 요구를 한 적이 없는 합리적인 사람이었습니다. 근래에 소위 기획부동산 개발업자들이 건물주를 찾아왔습니다. 그리고 자신들의 기획개발 프로젝트를 받아들이면, 현재 건물을 통해 얻는 수익보다 최소한 350퍼센트를 더 얻을 수 있다고 제안했습니다. 처음에는 귀 기울이지 않던 건물주가 마침내 기획부동산 개발업자의 끈질긴 권유를 받아들여, 임차인들에게 현재의 계약 기간이 만료되는 내년에는 350퍼센트 인상된 월세를 지불하라고 통보하였습니다. 그 무리한 요구를 어느 중소 상인이 받아들일 수 있겠습니까? 사실상 내년에 계약 기간이 만료됨과 동시에 나가라는 일방적인 통보였습니다. 나가더라도 계약 기간이 끝나고 나가는 것이기에 시설투자비에 대한 보상도 없습니다. 안경점 주인은 작년에 상당한 금액을 투자하여 확장공사를 했었습니다. 그러나 그 투자는 허사가 되고 말았습니다. 이제 내년이면 시설투자금은 단돈 1원도 되돌려 받지 못한 채 고스란히 점포를 비워 줘야 하기 때문입니다. 주위에서 끝까지 버티라고 권하는 사람들도 있지만, 자신은 그렇게 살고 싶지는 않다고 했습니다. 제가 "얼마나 속상하느냐"고 물었습니다. 그는 "또 열심히 하면 되죠"라고 대답하며 웃었습니다. 그러나 저는 그 젊은이의 허탈한 웃음 뒤에 배어 있는 눈물을 보았습니다. 그리고 한 젊은 그리스도인이 13년 동안 수고하고 애쓰며 일구어 온 성실의 열매를 아무런 보상도 없이, 소위 기획부동산 개발의 이름으로 내칠 수 있는 우리 사회가 안타깝고도 답답하게 여겨졌습니다.

2002년 12월 31일이었습니다. 그날 밤 저는 약 20명의 청년 크리스천들이 모인 송년 모임에 참석했습니다. 참석자는 대부분 결혼하여 가정을 이룬 젊은이들이었습니다. 저녁 식사가 끝난 뒤, 그해 1년 동안 하나님께서 베풀어 주신 감사의 조건을 한 가지씩 돌아가며 고백하기로 했습니다. 놀랍게도 참석한 청년들 가운데 여섯 명이, 열이틀 전에 실시된 제16대 대통령 선거에서 노무현 후보가 당선된 것을 하나님께 감사드린다고 고백했습니다. 특히 두 청년은, 노무현 후보를 대통령이 되게 해달라는 자신들의 기도를 하나님께서 들어주셨다며 눈물을 보이기까지 했습니다. 1년이면 365일이지 않습니까? 그 많은 날들 동안 하나님께서 베풀어 주신 은혜가 얼마나 많았겠으며, 또 하나님께 감사드릴 조건들이 얼마나 많았겠습니까? 그럼에도 노무현 후보가 대통령에 당선되게 해주신 것을 하나님께 감사드린다는 여섯 명의 청년들에게는 한 가지 공통점이 있었습니다. 자신들이 그동안 세 들어 살던 집주인의 전세금 대폭 인상 요구를 받아들일 형편이 되지 못해 서울 변두리나 인근 도시로 그해에 전셋집을 옮겼다는 점이었습니다. 2002년, 그해는 '상가건물 임대차보호법'이 발효된 해였습니다. '상가건물 임대차보호법'은 부동산업자나 건물주로부터 영세 상인들의 권리를 보호해 주기 위한 법이었습니다. 이를테면 상인들의 점포 임차 기간을 5년으로 늘려, 상가 건물주가 매년 임차인에게 임대료를 올려 받지 못하게 했습니다. 그러나 그해에 그 법이

시행됨과 동시에 우리 사회에는 일대 혼란이 일어났습니다. 상가 건물주들이 향후 5년 동안 인상될 임대료를 한꺼번에 임차인에게 요구함으로써, 갑자기 대폭 인상된 임차료를 부담할 수 없어 점포를 옮기는 상인들이 속출한 것입니다. 그러자 '상가건물 임대차보호법'과는 아무 상관없는 주택 소유주들까지 덩달아 전세금을 대폭 인상한 탓에, 형편이 닿지 않는 수많은 서민들이 자기 형편에 맞는 전셋집을 찾아 대거 이동해야만 했습니다. 그들 대부분이, 제가 방금 언급한 송년 모임의 청년 크리스천 여섯 명이 노무현 후보를 대통령에 당선시켜 주셔서 하나님께 감사드린다고 고백했던 것처럼, 그해 대통령 선거에서 노무현 후보를 지지하였습니다. 서민 출신인 노무현 후보라면 자신들의 아픔을 헤아려 주리라고 기대하고 또 믿었던 것입니다. 그러나 불행하게도 노무현 대통령이 이끈 참여정부의 부동산정책은 완전히 실패하고 말았습니다. 부동산 가격과 전세금은 전례 없이 폭등하여 집 없는 사람들의 아픔이 더욱 가중되었습니다. 참여정부 내내 부동산이 폭등한다는 기사를 접할 때마다, 노무현 후보를 대통령이 되게 해주셔서 하나님께 감사드린다던 그 청년 크리스천들의 모습이 제 눈에 밟혀 마음이 우울하기만 했습니다.

대통령이 아무리 선한 뜻을 지니고 있어도, 정부의 정책이 아무리 이상적이라 해도 국민의 건전한 사고와 호응이 뒷받침되지 않으면 성공할 수 없습니다. 우리 국민 대다수가 부동산을 업무 혹은 주거 개념이 아니라 가장 손쉬운 재산 증식의 수단으로 삼는 한, 이 좁은 국토에서 부동산 투기는 근절되지 않을 것이요 그로 인해 가슴앓이하는 사람들은 점점 더 늘어날 것입니다. 자신이 사는 집이 세월이 흘러 가격이 올랐다는 것과, 차액을 노리고 집을 사고팔기를 반복하는 부동산 투기는 절대로 같은 말일 수 없습니다. 저는 27년째 이곳 합정동에서 살고 있습니다. 합정동은 서민들이 모여 평온하게 살던 동네였습니다. 그러나 불과 몇 년 전 합정동에 부동산 투기

바람이 몰아닥치면서 대규모의 주민 이동이 있었습니다. 전세로 살던 많은 주민들이 갑자기 큰 폭으로 인상된 전세금을 감당할 수 없어, 전세금이 보다 싼 먼 곳으로 이주해 갔기 때문입니다. 그 가운데는 우리 교회 교우님들과 교역자들도 포함되어 있습니다. 전세 계약을 갱신할 때마다 집주인이 전세금을 크게 인상하는 탓에 매번 교회에서 더 먼 곳으로 이사 가는 교우님들과 교역자들을 보면서 답답하고 우울한 마음과 함께, 저 혼자 이런 생각을 해보곤 합니다.

전세를 놓을 집을 별도로 지닌 사람은, 자기 집이 없어 남의 집에 사는 세입자에 비해 상대적으로 여유가 있는 사람이라고 말할 수 있습니다. 그런데도 단지 부동산 가격이 상승했다는 이유만으로 계약을 갱신할 때마다 세입자에게 대폭 인상된 전세금을 요구하고, 그 요구를 감당할 수 없는 세입자가 어쩔 수 없이 다른 집을 찾아 이사 가는 것을 당연하게 여기는 사람들은, 예외 없이 모두 비그리스도인들일까? 그럴 리가 없습니다. 그들 가운데에도 상당수는 분명히 그리스도인일 것입니다. 그러하면 그분들에게 과연 믿음은 무엇일까? 그분들에게 그리스도인으로 산다는 것은 무슨 의미일까? 그분들에게 그분들이 믿는 예수 그리스도는 대체 어떤 분이실까?

우리는 오늘 본문 속에서 한 아름다운 그리스도인을 만나게 됩니다. 빌립보 성문 밖 시냇가에서 생면부지의 바울을 만난 루디아는, 바울로부터 복음을 영접하고 구원받은 하나님의 자녀가 되었습니다. 바울은 루디아처럼 빌립보의 주민이 아니었습니다. 바울은 아시아 대륙 수리아 안디옥의 목회자였습니다. 하나님께서 그 머나먼 곳의 바울을 유럽 대륙의 빌립보 성문 밖 그 시냇가로 그날 그 시간에 이르게 하신 것은, 그날 그 시간 그 시냇가에 있는 루디아 한 사람을 구원해 주시기 위함이었습니다. 그 불가사의한 하나님의 사랑과 신비스러운 구원의 은총을 깨달은 루디아는 자기 집 권속들과 함께 세례를 받았습니다. 루디아 일행에게 세례를 베푼 바울은 세례를, 그리스도로 옷 입는 것으로 정의하였습니다. 그러므로 루디아가 세례를 받았다는 것은 자주색 직물 사업가로서 그동안 자신이 추구해 왔던, 화려한 자주색 옷으로 상징되는 세상의 부요함만을 목적 삼던 삶을 버리고, 길이요 진리요 생명이신 예수 그리스도를 삶의 목적으로 삼겠다는 결단의 실천이었습니다. 그리고 세례 받은 루디아가 바울 일행에게 말했습니다.

> 그와 그 집이 다 세례를 받고 우리에게 청하여 이르되 만일 나를 주 믿는 자로 알거든 내 집에 들어와 유하라 하고 강권하여 머물게 하니라(15절).

그리스도로 옷 입는 세례를 받은 루디아가 가장 먼저 한 일은 바울 일행을 자기 집에서 유숙하게 한 것이었습니다. 바울 일행은 한두 명이 아니라, 남자 장정만 네 명이나 되었습니다. 루디아가 기한을 정하고 그들을 청한 것도 아니었습니다. 일주일이든, 한 달이든, 일 년이든, 원하는 대로 자기 집에서 유숙하라는 것이었습니다. 그러나 바울 일행이 루디아의 제의를 사양하자, 루디아는 바울 일행을 강권하여 끝내 자기 집에서 머물게 하였습니다. 중요한 것은 이때 루디아가 한 말이라고 했습니다.

> 나를 주 믿는 자로 알거든 내 집에 들어와 유하라.

내게 복음을 전해 준 복음 전도자로서 바울 당신이 정말 내가 복음을 영접하고 주님을 믿는 그리스도인이 되었음을 인정한다면, 반드시 내 집에서 유숙하라는 말이었습니다. 위대한 사도 바울로부터 직접 복음을 영접하고 그리스도로 옷 입는 세례를 받은 루디아는, 주 믿는 그리스도인으로 살아간다는 것은 집으로 상징되는 자신의 모든 소유를 주님을 위한 도구로 사용하는 것임을 바르게 배우고, 바르게 깨닫고, 바르게 실천한, 진정한 그리스도인이었습니다. 예수님께서 말씀하셨습니다.

> 한 사람이 두 주인을 섬기지 못할 것이니 혹 이를 미워하고 저를 사랑하거나 혹 이를 중히 여기고 저를 경히 여김이라 너희가 하나님과 재물을 겸하여 섬기지 못하느니라(마 6:24).

사람도 두 사람을 주인으로 섬길 수 없다면, 하물며 하나님께 대해서야 두말해 무엇하겠습니까? 우리가 주 믿는 그리스도인으로 살아간다는 것은 예수 그리스도 안에서 삼위일체 하나님을 우리의 주인으로 모시고 사는 것을 의미합니다. 하나님을 우리의 주인으로 모셨다면, 하나님 이외의 모든 것은 하나님을 위한 수단이요 도구가 될 수밖에 없지 않겠습니까? 만약 주 믿는 그리스도인이라면서도 여전히 자신의 소유를 주인으로 모신다면, 그 사람은 아직 하나님을 주인으로 모시지는 않았다는 증거 아니겠습니까?

이런 의미에서 "나를 주 믿는 자로 알거든 내 집에 들어와 유하라"는 루디아의 고백은 자기 집을 소유한 사람에게만 해당되는 구절이 아닙니다. 자기 집을 소유하지 않은 사람과는 무관한 구절이 아니라는 말입니다. 그리스도인은 집이 있든 없든, 자신의 소유가 많든 적든 상관없이, 자신이 지닌 소유가 무엇이든 그것을 하나님의 사랑을 실천하기 위한 도구로 사용하는 사람입니다. 그것만이 하나님의 불가사의한 사랑에 빚진 사람답게 하나님을 자신의 주인으로 모시고 사는 그리스도인 됨의 유일한 증거이기 때문입니다. 그렇다면 우리는 과연 무엇으로 우리가 주 믿는 그리스도인 되었음의 증거를 삼고 있습니까? 대체 누구를, 무엇을, 우리 인생의 주인으로 모시고 있습니까? 삼위일체 하나님이십니까? 아니면 우리의 소유입니까?

'목요강좌' 시간에 이어령 선생님과의 대담을 통해서도 말씀드린 적이 있듯이, 제가 1998년부터 2001년까지 만 3년 동안 스위스 제네바에서 살면서 한 아파트에서만 살았습니다. 그러나 3년간 월세는 단돈 1원도 오르지 않았습니다. 제가 살던 아파트 주인이 제게만 선심을 베푼 것이 아니었습니다. 스위스에는 세입자가 한번 입주하면 그가 자진해서 나가기 전까지는 집주인이 월세를 인상하지 못하도록 법이 규정하고 있고, 또 모든 국민이 그 법을 따르기 때문이었습니다. 아니, 한 집에서 10년, 20년을 살아도 집세를 올리지 않는단 말인가? 그렇습니다. 전기료나 난방비 같은 관리비는 물가 변동에 따라 인상될 수 있지만 집세는 오르지 않습니다. 그래서 한 집에서 계속 살면 소득이 올라가는 만큼 가족들과 여유 있는 삶을 살 수 있습니다. 제네바에 살고 있는 지인 중에 30년 이상 한집에서 사는 분이 있습니다. 30년 동안 그분은 늘어난 소득으로 세 딸을 남부럽지 않게 잘 키웠습니다. 두 딸은 벌써 시집보냈고, 다음 달이면 막내딸까지 결혼시킬 예정입니다. 불과 몇 년 사이에 세 딸을 결혼시키면서도 부담을 느끼지 않는 것은 우리와 다른 결혼문화 때문이기도 하겠지만, 무엇보다도 여전히 30년 전의 집세를 내는 덕분입니다. 이처럼 스위스에서는 세입자가 한번 입주하면 집세가 동결되는 것은 물론이요, 세입자가 사는 한 집주인이 나가라고 할 수 없습니다. 세입자가 보다 큰 집으로 옮기거나 반대로 집을 축소하기 위해 자진하여 나가면, 집주인은 그제야 새로운 세입자와 그때의 시세에 따른 새로운 금액으로 계약을 맺을 수 있습니다. 그리고 새 세입자가 새로 계약한 조건으로 입주하면 집세는 또다시 동결됩니다. 스위스만 특별한 나라라서 그렇게 하는 것이 아닙니다. 서구 국가에는 거의 이와 같은 사회적 합의가 이루어져 있습니다. 중요한 것은 그처럼 이상적인 사회적 합의를 누가 이끌어 내었느냐는 것입니다. 두말할 것도 없이 그 땅에서 살았던 그리스도인들이었습니다. 삼위일체 하나님을 주인으로 모시고 자신들의 소유를 루디아처럼 삶의 목적이 아니라, 하나님의 사랑을 구현하는 수단과 도구로 사용한 실천적 그리스도인들에 의해 그런 이상적인 사회가 구축되었습니다.

제가 작년 안식월 기간 동안 3개월을 독일의 조그만 시골 마을 보르켄에서 지냈다고 말씀드리지 않았습니까? 당시 저희 부부를 3개월 동안이나 자기 집에서 무료로 유숙하게 해준 집주인은 독실한 가톨릭 신자로서, 상당한 규모의 대기업을 운영하는 독일인 청년이었습니다. 경제학 박사이기도 한 그 독일인 청년에게, 독일 기업인들은 평균적으로 1년에 투자금의 몇 퍼센트를 이익금으로 회수하는지를 물었습니다. 그가 대답하기를 "독일 기업인들은 투자금에 대하여 1년에 5퍼센트의 수익금을 얻어 수익금의 40~50퍼센트를 세금으로 납부하고, 최종적으로 투자금의 2.5~3퍼센트를 순수익으로 얻으면 만족한다"고 했습니다. 예를 들어 1억 원을 투자했을 경우에 1년에 500만 원의 수익금을 얻어 200~250만 원의 세금을 납부한 뒤, 순수익으로 250~300만 원을 얻으면 독일인들은 성공적이라 생각하는 것입니다. 10억 원을 투자했을 경우에는 1년에 세금 납부 후 2,500~3,000만 원의 순수익이면 만족하는 것입니다. 제가 정말이냐고 묻자, 그보다 더 큰 욕심을 낸다면 그 사람은 이상한 사람 아니겠느냐고 그가 반문하였습니다. 그런 건전한 생각을 지닌 사람들이 모인 곳이니, 독일에서는 하루아침에 집세가 대폭 오르는 일도 없고, 부동산 투기가 발붙일 틈도 없습니다.

우리나라 사람이라면 10억 원을 투자하여 1년에 세금 납부 후 2,500~3,000만 원의 순수익을 얻을 경우 과연 만족하겠습니까? 대부분의 사람들이 그 열 배 이상을 기대하거나, 아니면 처음부터 일확천금을 꿈꾸지 않겠습니까? 오늘날 서부 유럽에 가면 대부분의 예배당은 비어 있습니다. 비어 있는 예배당 안을 들여다보면 기독교는 쇠퇴할 대로 쇠퇴한 것 같습니다. 그러나 예배당 밖 세상을 보면, 세상은 여전히 예수 그리스도의 정신으로 움직이고 있습니다. 우리는 정반대입니다. 교인들로 북적거리는 예배당 안을 들여다보면 기독교가 대단히 흥왕한 것 같습니다. 그러나 예배당 밖 세상을 보면, 개신교인과 천주교인을 합쳐 전 국민의 4분의 1 이상이 그리스도인이라는 우리 사회에서 예수 그리스도의 정신을 찾아보기란 여간 힘든 일이 아닙니다. 하나님께서 어느 쪽을 더 기뻐하실지 한 번쯤 깊이 생각해 보아야 하지 않겠습니까? 우리 그리스도인들이 우리 사회를 당장 서구와 같은 이상적인 사회로 만들 수는 없다 할지라도, 그 이상적인 사회를 지향하는 삶을 당장 시작할 수는 있어야 하지 않겠습니까?

형제간에 유산 다툼이 벌어진 사람이 있었습니다. 아버지의 유산을 놓고 피를 나눈 형제가 다툰다는 것은 그들이 소유를 주인으로 섬기는 소유의 노예들임을 뜻했습니다. 그 형제 중 동생이 예수님을 찾아왔습니다. 그리고 자기 형에게 자신과 아버지 유산을 공평하게 나누라고 명령해 주시기를 요청했습니다. 예수님께서 그에게, 당신이 재산이나 교통정리해 주는 줄 아느냐고 반문하시면서 말씀하셨습니다.

삼가 모든 탐심을 물리치라 사람의 생명이 그 소유의 넉넉한 데 있지 아니하니라(눅 12:15).

사람의 생명이 소유의 넉넉한 데 있지 않다는 것은, 사람의 생명은 소유의 넉넉함으로 이루어지지 않는다는 의미입니다. 왜 사람의 생명이 소유의 넉넉함으로 이루어지지 않습니까? 소유의 넉넉함만으로는 그 누구도 죽음을 피할 수도, 이길 수도 없기 때문입니다. 참된 생명은 오직 죽음을 깨뜨리고 부활하신 예수 그리스도를 통해 영원하신 하나님으로부터만 주어집니다. 그래서 예수님께서는 소유를 섬기느라 형제간에 유산 다툼을 벌인 사람에게 어리석은 부자의 이야기를 들려주셨습니다. 많은 소유를 지닌 부자가 더 많은 재물을 얻어 쌓아 두고, 이제부터 평안히 쉬면서 먹고 마시고 즐거워하리라고 노래를 불렀습니다. 그 노래에 대한 예수님의 화답은 다음과 같았습니다.

> 하나님은 이르시되 어리석은 자여 오늘 밤에 네 영혼을 도로 찾으리니 그러면 네 준비한 것이 누구의 것이 되겠느냐 하셨으니 자기를 위하여 재물을 쌓아 두고 하나님께 대하여 부요하지 못한 자가 이와 같으니라
> (눅 12:20-21).

우리의 생명은 결코 소유의 넉넉함에 있지 않습니다. 소유의 넉넉함만을 우리 생의 주인으로 삼으면, 하나님 앞에서 우리의 생명은 날이 갈수록 오히려 천박해질 뿐입니다. 오직 영원하신 삼위일체 하나님만을 우리의 주인으로 모시고, 우리의 모든 소유를 하나님의 사랑을 실천하기 위한 수단과 도구로 삼아, 루디아처럼 우리 스스로 주 믿는 그리스도인임을 입증하며 사십시다. 2천 년 전 루디아를 인류 역사상 유럽 최초의 세례 교인이 되게 하심으로 그녀의 생명을 영원히 존귀하게 해주신 하나님께서, 우리의 생명 또한 밤하늘의 샛별처럼, 하나님 앞에서 영원히 빛나게 해주실 것입니다.

루디아는 화려한 자주색 옷으로 상징되는 세상의 부요함을 목적으로 삼고, 자신의 소유를 주인으로 섬기던 여인이었습니다. 그러나 하나님의 불가사의한 사랑으로 구원의 은총을 입은 뒤 바울 일행에게 '나를 주 믿는 자로 알거든 내 집에 들어와 유하라'고 강권하였습니다. 루디아는 이 세상에서 하나님을 주인으로 모신 그리스도인으로 살아간다는 것은, 자신의 소유를 하나님의 사랑을 실천하기 위한 수단과 도구로 사용하는 것임을 바르게 알고 기꺼이 실천한 진정한 그리스도인이었습니다. 하나님께서는 그 루디아를 인류 역사상 유럽 대륙 최초의 세례 교인이 되게 하심으로써, 그녀의 생명을 영원히 존귀하게 해주셨습니다.

우리는 서부 유럽의 텅 빈 교회를 보며 우월감을 느끼고 있습니다. 그러나 그곳의 예배당 밖 세상은 여전히 예수 그리스도의 정신으로 움직이고 있습니다. 하루아침에 대폭 인상된 집세로 어쩔 수 없이 집을 옮기는 세입자도 없고, 수단과 방법을 가리지 않고 일확천금을 꿈꾸는 기업인도 찾아보기 어렵고, 부동산 투기도 발붙이지 못합니다. 그러나 우리나라에서는 그리스도의 정신이 예배당 안에만 갇혀 있을 뿐, 세상 속에서는 찾아보기 어렵습니다. 그래서 개신교인과 천주교인을 합쳐 전 국민의 4분의 1 이상이 그리스도인이라는 우리 사회가 정화되기는커녕, 날이 갈수록 더욱 혼탁하고 혼돈스러워지기만 합니다. 이 모든 것이, 하나님을 믿는다면서도 그동안 세상의 소유를 나의 주인으로 삼고 살았던 나의 잘못임을 회개하오니 용서하여 주십시오.

생명이 결코 소유의 넉넉함에 있지 않음을 잊지 않게 해주십시오. 소유의 넉넉함으로 내 생명을 가꾸려 하면 할수록, 하나님 보시기에는 내 생명이 더욱 천박해질 뿐임을 늘 기억하게 해주십시오. 집이 있든 없든, 많든 적든 나의 소유를, 하나님의 사랑을 실천하기 위한 수단과 도구로 사용함으로 나 자신이 주 믿는 그리스도인임을 루디아처럼 스스로 입증하게 해주십시오. 그와 같은 우리의 삶으로 인해 우리 사회 역시 그리스도의 정신으로 충만하게 해주시고, 우리 생명이 하나님 앞에서 샛별처럼 영원히 빛나게 해주십시오. 아멘.

15. 예수 그리스도의 이름으로

100주년기념교회 창립 7주년 기념 주일

사도행전 16장 16-25절

우리가 기도하는 곳에 가다가 점치는 귀신 들린 여종 하나를 만나니 점으로 그 주인들에게 큰 이익을 주는 자라 그가 바울과 우리를 따라와 소리 질러 이르되 이 사람들은 지극히 높은 하나님의 종으로서 구원의 길을 너희에게 전하는 자라 하며 이같이 여러 날을 하는지라 바울이 심히 괴로워하여 돌이켜 그 귀신에게 이르되 **예수 그리스도의 이름으로** 내가 네게 명하노니 그에게서 나오라 하니 귀신이 즉시 나오니라 여종의 주인들은 자기 수익의 소망이 끊어진 것을 보고 바울과 실라를 붙잡아 장터로 관리들에게 끌어갔다가 상관들 앞에 데리고 가서 말하되 이 사람들이 유대인인데 우리 성을 심히 요란하게 하여 로마 사람인 우리가 받지도 못하고 행하지도 못할 풍속을 전한다 하거늘 무리가 일제히 일어나 고발하니 상관들이 옷을 찢어 벗기고 매로 치라 하여 많이 친 후에 옥에 가두고 간수에게 명하여 든든히 지키라 하니 그가 이러한 명령을 받아 그들을 깊은 옥에 가두고 그 발을 차꼬에 든든히 채웠더니 한밤중에 바울과 실라가 기도하고 하나님을 찬송하매 죄수들이 듣더라

오늘은 우리 교회 창립 7주년을 맞는 기념 주일입니다. 우리 교회가 지금

과 같은 모습으로 가꾸어질 수 있도록 지난 7년 동안 모진 비바람 속에서도 우리 교회를 지켜 주신 하나님께 먼저 모든 영광을 올려 드립니다. 우리 교회는 근래 한국기독교100주년기념재단으로 명칭이 변경된 100주년기념사업협의회에 의해 창립되었습니다. 7년 전, 한국 개신교의 양대 성지인 양화진외국인선교사묘원과 용인순교자기념관의 법적 소유주인 100주년기념사업협의회는 우리 교회를 창립하면서 우리 교회에 양대 성지를 관리 및 보존하고, 신앙 선조들의 믿음을 계승하여, 선교 200주년을 향한 비전을 함양하라는 사명을 부여했습니다. 우리 교회는 처음부터 우리 자신을 위해서가 아니라 한국 교회를 위해, 한국 교회의 미래를 위해 세워진 셈입니다. 우리는 하나님께서 100주년기념사업협의회를 통해 우리에게 부여하신 역사적인 사명을 다하기 위해 지난 7년 동안, 비록 우리 자신을 위해서는 번듯한 예배당 하나 지니지 못했어도 우리의 최선을 다해 왔습니다. 우리가 구체적으로 무슨 일을 어떻게 해왔었는지는 주보와 교회소식지, 그리고 결산보고서와 구역 성경공부 시간에 상임위원회 회의록을 통해 교우님들께 상세하게 보고드려 왔으므로, 이 시간에 또다시 일일이 열거할 필요는 없을 것입니다. 다만 100주년기념교회 담임목사로서 이 시간을 빌려, 협소한 예배 공간으로 인한 불편과 어려움에도 불구하고 하나님께서 부여하신 사명을 완수하기 위해 최선을 다해 오신 모든 교우님들께 진심으로 감사를 드립니다. 그리고 오늘 이 예배가 앞으로도 변함없이 최선을 다할 것을 다짐하는 재결단의 시간이 되기를 소망합니다.

이미 아시는 바와 같이, 우리 교회에 부여된 사명 중 하나가 선교 200주년을 향한 비전을 함양하라는 것입니다. 한국 교회 200주년을 내다보면서 한국 교회가 나아가야 할 바른길을 닦으라는 의미입니다. 그러나 이것은 우리 교회 홀로 감당할 수 있는 일이 아닙니다. 만약 우리가 홀로 그 일을 할 수 있다고 스스로 믿는다면 그것은 교만이요, 한국 교회의 미래를 대비하기는커녕 도리어 한국 교회의 미래에 누를 끼치게 될 것입니다. 단지 우리가 할 수 있는 것은 미래에도, 아무리 세월이 흘러도, 하나님 보시기에 교회다운 교회로 존속하는 하나의 샘플이 되는 것입니다. 하나님께서는 어느 시대에나 하나의 샘플만을 사용하시지 않습니다. 하나님께서는 당신의 필요에 따라 수많은 샘플을 사용하십니다. 우리 교회가 미래지향적인 정관과 제도에 의해 운영되는 것은 그것이 유일한 방도이기 때문이 아니라, 한국 교회의 미래를 위한 하나의 샘플로 사용되기 위함입니다. 우리 교회가 하나님의 샘플로 사용되는 한, 하나님께서 우리 교회를 통해 한국 교회가 나아가야 할 바른길을 친히 닦아 주실 것입니다.

그러나 선교 200주년을 향한 비전을 함양해야 한다는 우리 교회의 사명을 생각할 때마다 제 마음속에는 사라지지 않는 질문이 있습니다. 과연 선교 100주년과 같은 선교 200주년이 이 땅에서 가능하겠는가, 라는 질문입니다. 100주년기념사업협의회는 한국 교회 100주년을 기념하기 위하여 1981년 개신교 20개 교단과 26개 기관 단체에 의해 발족되어 고 한경직 목사님께서 초대 이사장을 담당하셨습니다. 우리나라 최초의 선교사로 알려진 아펜젤러와 언더우드 선교사가 한반도에 공식적으로 입국한 것은 1885년 부활절이었습니다. 그해를 한국 개신교의 기점으로 삼는다면, 선교 100주년이 되는 해는 1985년이었습니다. 그러나 100주년기념사업협의회는 그보다 1년 앞선 1984년을 선교 100주년의 해로 삼고 기념식을 거행했습니다. 그 이유는, 당시 100주년기념사업협의회 사료분과위원장이었던 고 전택부 선생에 의하면, 아펜젤러와 언더우드 선교사가 입국하기 1년 전인 1884년에 함경도의 의주, 황해도의 소래, 경상도의 부산에 조선 그리스도인들에 의해 자생적인 교회가 먼저 세워졌고, 바로 그해에 미국의 장로교인인 의사 알렌Horace

N. Allen이 미국 공사관 공의公醫의 신분으로 입국하여 의료 선교에 기여했기 때문입니다. 또 일본 주재 감리교 선교사 매클레이Rovert S. Maclay가 조선 정부로부터 교육과 의료 사업 인허를 받고 일본으로 되돌아간 해도 1884년이었습니다. 그래서 100주년기념사업협의회는 1984년 8월 15일부터 19일까지 닷새 동안, 연인원 400만 명이 운집한 가운데 여의도광장에서 '한국기독교 100주년 선교대회'를 성대하게 치렀습니다. 특히 마지막 날의 참석 인원은 무려 100만 명에 달했습니다. 그 외에도 각종 행사가 다양하게 개최되었고, 지방과 해외에서도 차례로 기념대회가 열렸습니다. 명실공히 개신교 100년 역사상 최대 규모의 행사였습니다.

이처럼 100주년기념사업협의회가 선교 100주년을 1984년으로 정하고 기념하였으므로, 선교 200주년이 되는 해는 2084년이 됩니다. 올해가 2012년이므로 앞으로 72년이 남은 셈입니다. 과연 72년 후에도 하루에 100만 명이 운집하는 선교 200주년 기념행사가 이 땅에서 가능할 것인가? 72년 후에도 도시의 밤하늘을 십자가의 붉은 네온사인이 뒤덮고 있을 것인가? 헤아릴 수 없을 정도로 많은 오늘날의 예배당 건축물들이 72년 후에도 예배당으로 남아 있을 것인가? 현재의 수많은 신학교들이 72년 후에도 모두 건재할 것인가? 72년 후에도 이 땅에는 그리스도인들과 목사들로 넘쳐 날 것인가? 제 마음속에는 이런 질문들이 있습니다. 그리고 이 질문들에 대한 해답은 개신교의 본산지에서 찾아볼 수 있습니다.

개신교는 1517년 마르틴 루터에 의해 촉발된 종교개혁으로 태동되었습니다. 마르틴 루터의 종교개혁은 비텐베르크 성당에서부터 시작되었습니다. 그러나 오늘날 비텐베르크 성당은 관광객들이 찾는 과거의 기념관일 뿐, 생명을 전하는 예배 공동체로서의 역할은 더 이상 하지 못합니다. 제가 작년 안식월을 맞아 3개월간 독일 보르켄에서 체류하던 집 바로 옆에 루터교회가 있었습니다. 상당한 규모의 예배당과 함께 사회봉사관까지 갖추고 있었습니다. 그러나 주중에 사회봉사관에서 열리는 각종 프로그램에는 사람들이 붐볐지만 주일예배에 참석하는 인원은 고작 열 명 내외였습니다. 세 달간 그곳에서 체류하는 동안 주중에 예배당 문은 언제나 굳게 잠겨 있을 뿐, 낮이든 밤이든 주중에 예배당을 찾는 사람은 단 한 사람도 보지 못했습니다. 독일 루터교회 대부분이 그와 같다고 해도 지나친 말은 아닙니다.

제네바의 개혁가 장 칼뱅의 중심 무대는 제네바를 대표하는 생 피에르 성당이었습니다. 그러나 오늘날에는 주일이면 그 큰 예배당 제단 오른쪽 모퉁이에서 소수의 사람들만 예배드릴 뿐입니다. 스위스의 젊은이들 가운데 장 칼뱅을 알고 있는 젊은이는 흔치 않습니다. 스위스에서 많은 개혁교회들이 문을 닫았다거나, 목사가 모자라 한 명의 목사가 여러 교회를 순회 설교하는 탓에 한 달에 주일예배를 한 번만 드리는 교회가 흔하다는 것은 새삼스럽게 놀랄 일도 아닙니다.

영국 런던의 웨스트민스터사원은 영국의 국교인 성공회의 본거지입니다. 그러나 그곳 역시 주일이면 관광객들이 사원 내부를 구경하는 가운데, 작은 무리가 제단 앞에서 주일예배를 드리고 있습니다. 작년 7월 영국 요크에서 열린 영국성공회총회의 분위기는 심각했습니다. 지난 40년 동안 영국성공회 성인 교인의 50퍼센트와 미성인 교인의 80퍼센트가 교회를 떠났습니다. 현재 남아 있는 교인들의 평균연령은 작년(2011년) 현재 61세로서, 20년 후면 영국성공회는 자연 도태할 위기에 처해 있습니다. 그래서 영국성공회총회는 시급히 교인을 확충하기로 결의하였지만, 과연 뜻대로 될지는 미지수입니다.

웨스트민스터사원 맞은편에는 영국의 존 웨슬리에 의해 태동된 감리교총본부 건물이 거대한 위용을 자랑하고 있고, 그 건물 안에도 큰 예배당이 있습니다. 11년 전 주일예배를 드리기 위해 그 예배당을 찾았을 때, 그곳에는 웨스트민스터사원의 주일예배자보다 더 적은 교인들이 모여 있었습니다. 둥근 돔으로 이루어져 있는 예배당 안에는 강대상 뒤쪽으로 계단식 좌석과 오르간이 설치되어 있었습니다. 한때 많은 성가대원들이 앉았을 오르간 주위의 계단식 좌석은 완전히 비어 있었습니다. 아예 성가대가 없었습니다. 목사님의 설교 시간이 되자 오르가니스트는 목사님을 향해 돌아앉았고, 자연히 교인들과 얼굴을 마주 보게 되었습니다. 그러나 목사님의 설교가 시작되자마자 오르가니스트가 고개를 떨어뜨리고 얼마나 심하게 잠을 자는지, 예배 시간 내내 민망하기 짝이 없었습니다. 그것은 오늘날 영국 감리교회의 실상을 시사하는 상징적인 광경처럼 보였습니다.

스코틀랜드의 에든버러는 존 녹스John Knox에 의해 스코틀랜드장로교회가 태동된 곳입니다. 그러나 오늘날 주일에 에든버러를 찾아가 아무리 둘러보아도, 스코틀랜드의 장로교회 역시 과거의 역사 속에서 겨우 명맥만 이어가고 있을 뿐입니다.

이처럼 개신교의 본산지에서 개신교는 단지 앙상한 형해形骸로만 남아 있습니다. 대체 그 이유가 무엇이겠습니까?

이미 말씀드린 적이 있는 것처럼 신약성경의 순서가 중요합니다. 신약성경은 사복음서로 시작됩니다. 사복음서의 핵심은 두말할 것도 없이 '예수 그리스도'이십니다. 그리고 사복음서 뒤로, 예수 그리스도의 복음 위에 교회가 어떻게 세워졌고 또 어떻게 발전되었는지를 밝혀 주는 사도행전이 이어지고 있습니다. 그러므로 '선先 예수 그리스도, 후後 교회', 이 순서가 중요합니다. 이 순서는 어떤 경우에도, 그 누구에 의해서도 변경될 수 없습니다. 중요한 것은 예수 그리스도의 복음이지 교회가 아니라는 말입니다. 교회가 중요하다면 교회 그 자체가 중요해서가 아니라, 교회의 주인이 예수 그리스도시요, 교회가 예수 그리스도의 복음의 통로이기 때문입니다. 그러나 교회가 예수 그리스도보다 교회 그 자체를 앞세울 때 교회는 언제나 교회다움을 상실했다는 것이 역사의 교훈입니다. 교회가 복음이신 예수 그리스도보다 교회 자체를 더 앞세운다는 것은, 예수 그리스도를 교회를 위한 수단으로 전락시켰다는 말이요, 교회가 예수 그리스도보다 더 중요하게 여기는 것이 있다는 의미입니다. 그것이 돈일 수도 있고, 사람일 수도 있고, 이념일 수도 있고, 신학 논리일 수도 있고, 교권 논리일 수도 있습니다. 그것이 무엇이든 그런 교회는 결국엔 무너질 수밖에 없습니다. 아무리 가지가 무성한 나무라도 뿌리가 잘렸다면 썩어져 무너져 내리는 것이 시간문제이듯, 예수 그리스도를 목적으로 삼지 않고 수단화한 교회를 통해서는 예수 그리스도의 생명이 통할 수 없기 때문입니다.

제가 유럽에서 3년 동안 살면서 경험한 유럽의 개신교회를 저 나름대로 표현하자면 기독교 역사歷史는 있지만 복음의 역사役事는 없고, 기독교 문화는 있지만 사람이 거듭나는 생명은 실종되고, 예배당은 있으나 신자는 사라지고, 신학은 건재하나 신앙은 부재하고, 인간은 실존하나 예수 그리스도는 보이지 않는다는 것입니다. 언제부턴가 유럽 교회가 예수 그리스도보다 교회를, 교회를 이루고 있는 자기 자신들을, 자기 자신의 것들을, 자기 자신이 추구하는 것들을 더 앞세운 결과였습니다. 자업자득, 뿌린 대로 거둔 것입니다. 지난해 영국성공회가 시급히 교인을 확충하기로 결의하였다고 말씀드리지 않았습니까? 그것이 과연 예수 그리스도를 위함입니까? 아닙니다. 영국성공회 자체를 지키기 위함입니다. 예수 그리스도보다 여전히 영국성공회의 조직을, 영국성공회를 이끌고 있는 사람들을 더 앞세우고 있습니다. 그렇게 해서는 설령 교인이 당장은 늘어난다 해도, 이내 또다시 무너져 내리지 않겠습니까? 중세 로마가톨릭교회에 프로테스트protest 하는 개신교가 태동된 것은, 로마가톨릭교회가 예수 그리스도보다 가톨릭교회의 조직과 제도, 가톨릭교회를 이끄는 사람들, 그들이 지닌 것들을 더 앞세웠기 때문입니다. 그러나 유럽 프로테스탄트교회가 어느새 중세 로마가톨릭교회의 전철을 밟고 있습니다.

그렇다면 한국 교회의 현실은 어떻습니까? 2002년 한국 개신교 각 교단이 발표한 개신교인 수를 다 합치면 1,870만 명이었지만, 2008년 각 교단의 총 교인 수는 1,190만 명이었습니다. 그러나 5년 단위로 '인구주택총조사'를 실시하는 통계청 발표에 의하면, 2005년도 한국 개신교인의 수는 861만여 명이었습니다. 2005년도에 자신이 개신교인이라고 응답한 861만 명 가운데 7년이 지난 현재 몇 명이 매 주일예배에 참석하는지는 아무도 모릅니다. 그러나 한 가지 분명한 사실은, 한국의 개신교회 역시 이미 성장의 정점을 지나 하락세로 접어들었다는 것입니다. 그 이유는 한국의 개신교회도 '선 예수 그리스도, 후 교회'의 순서를 무시했기 때문입니다. 오늘날 일반 언론을 통해서도 수시로 보도되고 있는, 교회에서 일어나고 있는 온갖 불미스러운 사건들을 들여다보십시오. 정녕 교회가 예수 그리스도를 앞세운 교회라면, 예수 그리스도의 복음을 위한 교회라면, '선 예수 그리스도, 후 교회'의 순서를 지키는 교회라면, 과연 그런 낯 뜨거운 사건들이 주님의 몸 된 교회에서 일어날 수 있겠습니까? 이 땅의 교회들이 예수 그리스도를 자신들을 위한 수단으로 삼았기에 기울기 시작한 것이라면, 오늘날의 유럽 개신교회들처럼 이 땅의 교회가 쇠락하는 데는 그리 많은 세월을 필요로 하지 않을 것입니다. 이 땅의 교회가 2천 년 기독교 역사상 전무후무하게 초고속 성장을 이루었다면, 무너지는 것 또한 모래성처럼 초고속으로 이루어질 것이기 때문입니다.

이런 관점에서 우리는 선교 200주년을 맞는 2084년의 한국 교회 모습을 어렵지 않게 내다볼 수 있습니다. 이대로 가다가는 72년 후인 그때는, 지금 이곳에 있는 우리 가운데 대부분은 이 땅에 없겠지만, 한국 개신교 역시 오늘날의 유럽 개신교처럼 앙상하게 형해만 남을 것이 뻔합니다. 그렇다면 그와 같은 비극을 미연에 방지하기 위한 대책은 무엇이겠습니까? 하나밖에 없습니다. '선 예수 그리스도, 후 교회'의 순서를 철저하게 지키는 것입니다. 예수 그리스도만을 앞세우는 교회, 예수 그리스도 이외의 그 무엇도 교회의 목적으로 삼지 않는 교회를 일구어 가는 것입니다. 다시 말해 교회를 이루고 있는 우리 자신이 예수 그리스도의, 예수 그리스도에 의한, 예수 그리스도를 위한 교회로 우리 자신을 가꾸어 가는 것입니다. 이것이 오늘 창립 7주년을 맞는 우리를 위해 2천 년 전부터 주님께서 예비해 두신 오늘의 본문이 우리에게 주는 메시지입니다.

본문 16절을 보시겠습니다.

> 우리가 기도하는 곳에 가다가 점치는 귀신 들린 여종 하나를 만나니 점으로 그 주인들에게 큰 이익을 주는 자라.

바울로부터 복음을 영접하고 세례를 받은 루디아의 강권적인 간청으로 바울 일행은 루디아의 집을 빌립보의 체류지로 삼았습니다. 그렇다고 바울 일행이 경제적으로 넉넉한 루디아의 집에서 편안하게 휴식을 누린 것은 아니었습니다. 바울 일행은 루디아의 집으로 거처를 옮긴 뒤 기도처로 가기 위해 집을 나섰다가 귀신 들린 여인을 만났습니다. 그 여인은 사람들에게 점을 쳐주고 자신의 고용주들에게 큰돈을 벌어 주고 있었습니다.

그가 바울과 우리를 따라와 소리 질러 이르되 이 사람들은 지극히 높은 하나님의 종으로서 구원의 길을 너희에게 전하는 자라 하며(17절).

그 귀신 들린 여인은 바울 일행을 보자마자 그들을 뒤따르며, "이 사람들은 지극히 높은 하나님의 종으로서 구원의 길을 너희에게 전하는 자"라며 소리를 질렀습니다. 그것은 그날 한 번만의 일이 아니었습니다.

이같이 여러 날을 하는지라 바울이 심히 괴로워하여(18절 상).

그날 이후에도 바울 일행은 외출할 때마다 귀신 들린 여인을 만났고, 그 여인은 어김없이 바울 일행을 뒤따르며 똑같은 말을 반복해 외쳤습니다. 그로 인해 바울은 심히 괴로워하였습니다. 그 여인은 보통 여자가 아니었습니다. 그녀는 귀신이 들려 용하게 점을 치는 여인이었습니다. 그녀의 점이 용하지 않았더라면 그녀의 고용주들이 그녀를 통해 큰돈을 벌 수 없었을 것입니다. 그 귀신 들린 용한 점쟁이 여인이 바울 일행을 뒤따르며 '이 사람들은 지극히 높은 하나님의 종으로서 구원의 길을 너희에게 전하는 자'라고 외친다면, 오히려 바울 일행의 전도 활동에 큰 도움이 되지 않겠습니까? 그럼에도 바울은 심히 괴로워했습니다. 단지 귀신 들린 여인을 만났기 때문이겠습니까? 그런 이유만이 아니었습니다.

한글 성경은 귀신 들린 여인이 바울 일행을 가리켜 '지극히 높은 하나님의 종'이라고 말한 것으로 되어 있어, 그 여인이 언급한 하나님이 우리가 믿는 삼위일체 하나님이신 것처럼 여겨집니다. 그러나 헬라어 원문에는 그 용어가 '데오스θεός'라고 기록되어 있습니다. 신약성경은 우리가 믿는 삼위일체 하나님도 '데오스'라고 칭하지만, 그 똑같은 용어가 이방인들에게는 그들이 믿는 잡신을 의미했습니다. 특히 그리스 땅의 빌립보 사람들에게 '데오스'는 그들이 믿는 그리스신화의 제우스였습니다. 따라서 귀신 들린 여인은 바울 일행을 가리켜, '이들은 제우스 신의 사자로서 제우스 신이 내려 주는 구원의 길을 전하는 자들'이라고 계속하여 외친 것이었습니다. 그것이 사실이었습니까? 바울 일행이 제우스의 사자였습니까? 제우스에게 인간을 구원할 능력이 있습니까? 제우스라는 신이 실제로 존재하기나 합니까? 전혀 아니었습니다. 따라서 바울로서는 그 여인으로부터 그 망령된 귀신을 쫓아내어 그 여인을 자유하게 해주는 것이 최선의 길이었을 것입니다. 그럼에도 바울이 심히 괴로워할 수밖에 없었던 것은, 바울이 그렇게 했을 경우 그 여인을 이용하여 돈벌이하는 사람들과의 충돌이 불가피했기 때문입니다.

> 이같이 여러 날을 하는지라 바울이 심히 괴로워하여 돌이켜 그 귀신에게 이르되 예수 그리스도의 이름으로 내가 네게 명하노니 그에게서 나오라 하니 귀신이 즉시 나오니라(18절).

바울은 마침내 그 불쌍한 여인을 고용한 사람들과의 충돌을 피하지 않기로 했습니다. 바울은 여인을 사로잡고 있는 귀신에게 "예수 그리스도의 이름으로 내가 네게 명하노니 그에게서 나오라"고 명령했습니다. 그것은 제우스가 신이 아니라 예수 그리스도 안에서 당신을 계시하신 삼위일체 하나님이 참신이시며, 바울 자신은 예수 그리스도의 구원을 전하기 위한 예수 그리스도의 종이라는 선포였습니다. 그리고 바울의 그 선포와 함께 여인을 사로잡고 있던 귀신은 쫓겨나고 말았습니다. 그것이야말로 인간은 귀신 들린 사람마저 자기 주머니를 위해 이용할 뿐이지만, 예수 그리스도께서는 인간을 짓누르는 모든 억압으로부터 인간을 해방시키는 구원자이심을 확증해 보인 쾌거였습니다. 하지만 바울이 그렇게 예수 그리스도의 이름만을 드높인 결과는, 앞으로 계속 살펴보겠지만, 모함 그리고 심한 매질과 함께 투옥당하는 것이었습니다. 바울이 그 불이익이 두려워서 그 이후부터 예수 그리스도를 앞세우는 삶을 단념했습니까? 결코 아니었습니다. 그는 주님의 부르심을 받은 이후 참수형을 당해 죽기까지 '선 예수 그리스도, 후 교회'의 순서를 자신의 삶으로 지켰습니다. 그래서 그는 2천 년이 지난 오늘날까지도 영원한 그리스도인의 표상, 영원한 교회의 이정표로 우리 앞에 우뚝 서 있습니다.

선교 200주년을 향한 비전의 함양은 웅장한 예배당을 건축하고 소유하는 것으로 이루어지지 않습니다. 교인의 머릿수나 헌금 액수로 결정되는 것도 아닙니다. 거기에는 단 하나의 길밖에 없습니다. '선 예수 그리스도, 후 교회'의 순서를 지키는 것입니다. 어떤 경우에도 예수 그리스도만을 앞세우는 것입니다. 예수 그리스도 이외에는 그 누구도, 그 무엇도 앞세우지 않는 것입니다. 예수 그리스도의 이름을 앞세우기 위해 맞닥뜨려야 할 충돌을 두려워하지 않는 것이요, 예수 그리스도의 이름을 지키기 위해 감수해야 할 불이익을 회피하지 않는 것입니다.

창립 7주년을 맞아 우리 모두 '선 예수 그리스도, 후 교회'의 순서를 자신의 삶으로 지키는 참된 그리스도인이 되십시다. 하나님께서 우리 교회를 선교 200주년을 위한 하나의 샘플 교회로 사용하시어 한국 교회가 나아가야 할 바른길을 친히 닦아 주실 것이요, 72년 후 선교 200주년을 맞는 2084년 비록 우리의 몸은 이 땅에 없을지라도, 우리의 후손들이 선교 200주년을 기뻐하는 것을 우리 역시 하나님의 나라에서 내려다보며, 하나님과 함께 기뻐하게 될 것입니다.

주님! 이 땅의 교회는 이미 쇠퇴하기 시작했습니다. 세상에서 비판의 대상을 넘어 조롱의 대상으로 전락한 지도 이미 오래입니다. 차마 입에 올리기도 부끄러운 불미스러운 일들이 교회 속에서 일어나고 있습니다. 그 모든 원인이, 이 땅의 교회를 이루고 있는 나 자신이 '선 예수 그리스도, 후 교회'의 순서를 지키지 않고, 예수 그리스도보다 나 자신을, 나 자신의 것들을, 나 자신이 추구하는 것들을, 더 앞세운 결과임을 회개하오니 용서해 주십시오.

오늘 창립 7주년 기념 주일을 맞이하여, 지난 7년 동안 모진 비바람 속에서도 우리를 지켜 주셨음을 감사드립니다. 그동안 주님의 몸 된 교회를 위해 수고하고 헌신한 교우님들의 삶을 주님의 위로와 격려로 채워 주시기를 간구드립니다. 어떤 경우에도 우리 홀로 독야청청하려는 교만과 독선 그리고 아집에 빠지지 않도록 우리를 붙들어 주십시오. 한국 교회의 아픔에 동참하면서 한국 교회의 미래를 위해, 선교 200주년을 향한 비전 함양을 위해, 우리 모두 '선 예수 그리스도, 후 교회'의 순서를 자신의 삶으로 지키는 참된 그리스도인이 되게 해주십시오. 예수 그리스도만을 앞세우기 위해 맞닥뜨려야 할 충돌을 피하지 않는 용기를 주시고, 예수 그리스도의 이름을 드높이기 위해 당해야 할 불이익을 두려워하지 않는 담대함을 주시고, 예수 그리스도의 복음을 고수하기 위해 겪어야 할 아픔을 감내하는 인내력을 허락해 주십시오. 그리하여 100주년기념교회가 한국 교회 미래를 위한 하나님의 샘플로 사용되게 해주시고, 100주년기념교회가 있음으로 인해 72년 후에 한국 교회가 지금보다 더 큰 생명력으로 선교 200주년을 주신 하나님을 찬양하게 해주십시오.

예수 그리스도를 앞세우는 삶 이외에, 자신을 영원히 세우는 길은 이 세상 그 어디에도 없음을 결코 잊지 않게 해주십시오. 아멘.

16. 바울과 실라를 붙잡아

사도행전 16장 16-25절

우리가 기도하는 곳에 가다가 점치는 귀신 들린 여종 하나를 만나니 점으로 그 주인들에게 큰 이익을 주는 자라 그가 바울과 우리를 따라와 소리 질러 이르되 이 사람들은 지극히 높은 하나님의 종으로서 구원의 길을 너희에게 전하는 자라 하며 이같이 여러 날을 하는지라 바울이 심히 괴로워하여 돌이켜 그 귀신에게 이르되 예수 그리스도의 이름으로 내가 네게 명하노니 그에게서 나오라 하니 귀신이 즉시 나오니라 여종의 주인들은 자기 수익의 소망이 끊어진 것을 보고 **바울과 실라를 붙잡아** 장터로 관리들에게 끌어갔다가 상관들 앞에 데리고 가서 말하되 이 사람들이 유대인인데 우리 성을 심히 요란하게 하여 로마 사람인 우리가 받지도 못하고 행하지도 못할 풍속을 전한다 하거늘 무리가 일제히 일어나 고발하니 상관들이 옷을 찢어 벗기고 매로 치라 하여 많이 친 후에 옥에 가두고 간수에게 명하여 든든히 지키라 하니 그가 이러한 명령을 받아 그들을 깊은 옥에 가두고 그 발을 차꼬에 든든히 채웠더니 한밤중에 바울과 실라가 기도하고 하나님을 찬송하매 죄수들이 듣더라

저는 지난 6월 11일부터 16일까지 5박 6일 동안 월드비전 초청으로, CBS와 월드비전이 공동 주관하는 '지구촌 행복 나눔 캠페인'에 참여하여 아프리카 중동부에 위치한 르완다에 다녀왔습니다. '지구촌 행복 나눔 캠페인'의 목적은 'CBS 〈수호천사〉 프로그램을 통해 아시아, 아프리카, 남미 등에서 식량 부족과 질병, 재난, 전쟁 등으로 고통당하는 아이들과 지역 주민들의 삶을 재조명하고, 한국 교회와 성도들의 나눔 참여를 동기부여하기 위함'입니다. 그 프로젝트에 참여했던 제가 르완다에서 어느 지역을 방문하여, 어떤 분을 만나, 어떤 일을 했는지는 8월 27일에 방영 예정인 CBS TV의 〈수호천사〉를 통해 확인하실 수 있습니다. 이 시간에 르완다에 관해 말씀드리고자 하는 것은 18년 전 그 땅에서 일어났던 대학살극에 관한 내용입니다.

르완다는 전 국민의 85퍼센트를 차지하는 후투족, 14퍼센트의 투치족, 그리고 1퍼센트의 트와족으로 구성되어 있습니다. 인종 비율상으로 후투족이 절대다수를 차지하고 있는 데 반해, 전통적으로 지배 권력은 소수 부족인 투치족이 행사해 왔습니다. 그로 인해 절대다수이면서도 피지배 부족인 후투족과 소수 부족이면서도 지배 부족인 투치족 사이에는 늘 긴장과 대립과 마찰이 있어 왔습니다. 1962년 르완다가 벨기에로부터 독립을 얻은 지 11년 만인 1973년, 다수 부족인 후투족이 쿠데타로 정권을 장악하였습니다. 그러나 1994년 4월 6일 후투족 출신인 대통령이 암살당하자, 투치족에 의한 암살이라 확신한 후투족의 대학살극이 시작되었습니다. 다수 부족인 후투족이 소수 부족인 투치족과, 투치족에 협조하는 온건 후투족을 무차별적으로 학살한 것입니다. 어느 한 도시 한 지역이 아니라 르완다 전국에서 대학살극이 자행되었습니다. 세 달 동안 계속된 그 대학살극에서 희생당한 사람의 수는 최소 80만 명에서 최대 100만 명으로 추산되고 있습니다. 세 달 동안 매일 하루에 8천 명에서 1만 명이 학살당한 셈입니다. 한마디로 우리

나라 경상도 정도의 면적에 불과한 르완다 전역이 인간 도살장이었습니다.

그래서 르완다에는 곳곳에 학살기념관이 세워져 있는데, 그 가운데 하나가 르완다의 수도 키갈리 인근의 '나라마Ntarama 학살기념관'입니다. 나라마 학살기념관은 본래 가톨릭교회였습니다. 가톨릭교회라고 해서 우리가 흔히 볼 수 있는 웅장하거나 아름다운 성당 건물이 있는 것은 아닙니다. 산등성이의 넓은 경내 한가운데, 흙바닥에 벽과 지붕으로만 이루어진 단순 구조물의 예배당이 있을 뿐입니다. 1994년 후투족에 의한 대학살 때, 5천 명의 투치족이 후투족의 학살을 피해 나라마 가톨릭교회 경내로 피신했습니다. 그러나 나라마 가톨릭교회의 성직자들이 후투족이었습니다. 그래서 교회로 피신한 사람은 손대지 않는다는 불문율을 깨고, 후투족 학살자들은 나라마 가톨릭교회 성직자들의 암묵적인 방조 속에서, 그 교회로 피신한 투치족 5천 명을 교회 안에서 모두 죽여 버렸습니다. 교회가 피비린내 나는 살육장이 된 것입니다. 오늘날 학살기념관으로 바뀐, 옛 예배당 건물 안으로 들어가면 오른쪽 벽 앞에, 당시 학살당한 사람들의 두개골이 전시되어 있었습니다. 그 두개골들 가운데 성한 두개골이 없었습니다. 모두 심하게 금이 갔거나, 함몰되었거나, 구멍이 나 있었습니다. 둔기에 맞거나 작살에 찍힌 자국이었습니다. 그리고 나머지 벽과 천장에는 피해자들이 학살당할 때 입고 있던 옷들이 겹겹이 걸려 있었습니다. 그 모든 것들은, 교회 안에서 자행된 대학살극이 얼마나 참혹했었는지를 생생하게 보여 주는 증거품들이었습니다.

그 기념관, 그러니까 옛 예배당 전면에는 예전 가톨릭교회 시절에 사용하던 강대상이 있고, 그 강대상에는 르완다어로 이런 글귀가 쓰여 있습니다.

네가 너를 알고, 네가 나를 알면, 너는 나를 죽일 수 없다.

대학살의 광풍과 광란 속에서 얻은 위대한 통찰이었습니다. 그것은 '네가 너 자신이 사람임을 알고, 네가 나도 너와 같은 사람임을 알면, 사람인 너는 사람인 나를 죽일 수 없는 것임을 안다면, 사람인 사람이 어떻게 사람인 사람을 죽일 수 있겠습니까? 그러므로 사람이 사람을 죽이는 것은 둘 중의 한 경우입니다. 상대를 사람이 아닌 짐승 정도로 취급하든지, 아니면 당사자 자신이 짐승이 되어 버린 것입니다. 후투족이 불과 세 달 사이에 최소 80만 명에서 최대 100만 명의 투치족을 학살할 때, 그들이 투치족을 사람으로 보았겠습니까? 반드시 쓸어버려야 할 몹쓸 짐승 정도로 여기지 않았겠습니까? 그러나 하나님이 보시기에는 어떠했겠습니까? 하나님 보시기에 투치족을 그토록 무참하게 학살한 후투족이 사람일 수 있었겠습니까? 교회 안은 피난처가 되어 주리라 믿고 교회로 피신한 5천 명의 투치족을 후투족이 학살하게끔 암묵적으로 방조한 나라마 가톨릭교회 성직자들이 하나님 보시기에 과연 사람다운 사람들일 수 있었겠습니까?

태초에 하나님께서 사람을 창조하셨습니다. 사람은 하나님에 의해 창조된 피조물입니다. 따라서 사람이 자신이 피조물임을 알고, 하나님이 자신을 만드신 창조주이심을 알면, 피조물인 인간은 창조주이신 하나님을 바르게 믿고 섬기고 사랑하지 않을 수 없습니다. 그러나 성경은 우리에게 하나님 사랑만 요구하지 않습니다. 예수님께서는 '하나님 사랑'과 '사람 사랑'이 성경의 핵심이라고 말씀하셨습니다. 내가 하나님을 사랑한다면, 아니 내가 하나님의 사랑을 입었다면, 그 사랑의 길이만큼 그 사랑은 반드시 사람 사랑으로 이어져야 한다는 의미입니다. 그러므로 사람 사랑이 수반되지 않는 하나님 사랑은 애당초 불가능하고, 하나님 사랑이 전제되지 않는 사람 사랑도 성립될 수 없습니다. 하나님을 믿고 섬기고 사랑해야 할 그리스도인에게 사람 사랑은 이렇듯 중요합니다. 그 중요한 사람 사랑의 출발점이 무엇이겠습니까? 내가 나 자신이 사람임을 알고, 나 이외의 사람도 나와 똑같은 사람임을 아는 것입니다. 그 사실을 알면 사람이 사람을 죽일 수 없는 것은 말할 것도 없고, 사람이 자기 주머니를 위해 사람을 이용하거나 짓밟을 수도 없기 때문입니다.

바울로부터 복음을 영접하고 세례를 받은 루디아의 강권적인 간청으로 바울 일행은 루디아의 집으로 거처를 옮겼습니다. 그리고 기도처로 가기 위해 루디아의 집을 나왔다가 귀신 들린 여인을 만났습니다. 귀신 들린 사람에 대한 옛사람들의 반응은 무서워하거나, 더럽게 여기는 것이었습니다. 그래서 집안 식구들로부터 따돌림을 당하는 귀신 들린 사람은 늘 격리의 대상이었습니다. 그러나 바울 일행이 만난 귀신 들린 여인은 예외였습니다. 본문 16절을 보시겠습니다.

우리가 기도하는 곳에 가다가 점치는 귀신 들린 여종 하나를 만나니 점으로 그 주인들에게 큰 이익을 주는 자라.

격리의 대상인 귀신 들린 여인을 도리어 고용한 사람이 있었습니다. 그 귀신 들린 여인이 귀신을 힘입어 용하게 점을 쳤기 때문입니다. 그 여인을 한 사람이 고용한 것이 아니었습니다. 본문은 그 여인을 고용한 사람을 "주인들"이라고 복수형으로 증언하고 있습니다. 몇몇 사람들이 합작으로 그녀를 고용하여 그녀를 통해 큰 수익을 얻고 있었습니다. 그 이유가 그 귀신 들린 여인을 위함이었겠습니까? 이를테면 그 여인을 불쌍하게 여겨, 자신들에게 그 여인을 사로잡고 있는 귀신을 쫓아내어 줄 능력은 없지만, 그녀의 점을 통해 큰돈을 벌어 그 돈으로 그 여인을 도와주고 보살펴 주기 위함이었습니까?

지난 시간에 살펴본 것처럼, 그 귀신 들린 여인은 바울 일행을 보자 그들을 뒤따르며 '이 사람들은 지극히 높은 하나님의 종으로서 구원의 길을 너희에게 전하는 자'라고 빌립보 사람들에게 큰 소리로 외쳤습니다. 그날 하루만의 일이 아니었습니다. 그날 이후로 바울 일행을 만날 때마다 그 여인은 바울 일행을 뒤따르며 동일한 내용을 소리쳐 외쳤습니다. 그 여인이 바울 일행을 가리켜 '하나님의 종'이라고 말하면서 사용한 헬라어 '데오스'는 그리스 땅인 빌립보에서는 그때까지 삼위일체 하나님이 아니라, 그리스신화의 제우스 신을 의미했습니다. 즉 그 여인은 바울 일행을 가리켜 '이 사람들은 지극히 높은 제우스 신의 사자로서, 제우스 신이 제시하는 구원의 길을 전하는 자'라고 소리쳐 외친 것이었습니다. 바울은 그 여인으로 인해 심히 괴로워했습니다. 더러운 귀신에 사로잡혀 거짓을 진실인 것처럼 외치는 그 가련한 여인을 귀신의 손아귀에서 구해 주고 싶지만, 그렇게 했을 경우 그 여인을 고용한 사람들과의 충돌이 불가피했기 때문입니다. 그러나 바울은 마침내 물러서지 않고 그 여인을 괴롭히는 더러운 귀신을 예수 그리스도의 이름으로 쫓아 버렸습니다. 그 결과는 다음과 같습니다.

> 여종의 주인들은 자기 수익의 소망이 끊어진 것을 보고 바울과 실라를 붙잡아 장터로 관리들에게 끌어갔다가(19절).

귀신 들린 여인을 고용한 사람들에게 그녀에 대한 연민이나 동정심이 조금이라도 있었던들, 그 여인이 더러운 귀신의 억압에서 해방된 것을 함께 기뻐하지 않았겠습니까? 그러나 그들은 바울과 실라를 붙잡아 장터의 관리에게 끌어갔습니다. 우리말 '장터'로 번역된 헬라어 '아고라ἀγορά'는 시장뿐 아니라 중요한 재판이나 민회民會가 열리는 공공장소를 의미합니다. 본래 바울 일행은 바울과 실라에 디모데와 누가를 합쳐 네 명이지 않습니까? 그런데 그 여인의 고용주들이 왜 바울과 실라 두 명만을 붙잡아 아고라의 관리들에게 끌고 갔는지, 그리고 아고라에서 바울과 실라를 어떻게 모함하고 고발하여 끝내 투옥시켜 버렸는지에 대해서는 다음 시간에 상세하게 살펴보도록 하겠습니다.

이 시간에 우리의 관심은, 그 여인의 고용주들이 왜 가련한 여인을 귀신의 억압에서 해방시켜 준 바울과 실라를 붙잡아 아고라의 관리들에게 끌고 가, 거짓 모함을 하면서까지 투옥시켜 버렸느냐는 데에 있습니다. 바울 일행은 남자 장정 네 명이지 않습니까? 남자 장정 네 명이 함께 서 있다면 누구라도 함부로 손을 댈 수는 없지 않습니까? 그럼에도 그 여인의 고용주들은 남자 장정 네 명인 바울 일행 가운데 아무 거리낌 없이 바울과 실라를 붙잡아, 아고라의 관리들에게 개를 끌고 가듯 끌고 갔습니다. 그 정도로 그들은 폭력적인 사람들이었습니다. 그들이 왜 바울과 실라에게 그토록 폭력적이었습니까? 자신들이 고용하고 있던 귀신 들린 여인이 바울에 의해 귀신으로부터 해방됨으로 인해, 그 여인을 이용하여서는 더 이상 돈을 벌 수 없게 되었기 때문입니다. 이유는 단 하나, 오직 돈 때문이었습니다. 그렇다면 그들이 평소 그 귀신 들린 여인을 사람으로 보았겠습니까? 그럴 리가 없습니다. 그들이 자신들이 사람임을 알고, 귀신 들린 여인도 자신들과 같은 사람인 줄 알았다면, 사람인 그들이 사람인 그 여인에게 그런 짓을 할 수가 없습니다. 그들에게 그 여인은, 재주를 부리면서 주인에게 돈을 벌게 해주는 곰이나 원숭이 정도의 짐승에 지나지 않았습니다. 그들이 그런 사악한 마음과 폭력적인 방법으로 큰돈을 모았을는지는 모르지만, 과연 하나님 보시기에 그들이 사람일 수 있었겠습니까? 하나님 보시기에는 오히려 그들이 짐승과도 같지 않았겠습니까? 그들이 짐승이었기에, 그들은 예수 그리스도의 이름으로 그 여인에게서 더러운 귀신을 쫓아내 준 예수 그리스도의 사람 바울과 실라에게 폭력적인 방법마저 불사하였습니다. 손에 칼만 들지 않았을 뿐, 그들은 이미 마음속으로 바울과 실라를 죽인 것이었습니다.

그들이 자신들이 사람임을 자각하지도 못한 채 그렇듯 사람 같지 않은 삶을 산 것이, 단지 하나님을 믿는 그리스도인이 아니었기 때문이었겠습니까? 그렇지 않습니다. 그것은 필요조건일 수는 있지만 충분조건일 수는 없습니다. 르완다의 나라마에서는 가톨릭교회 안에서 5천 명의 투치족이 떼죽음을 당했습니다. 이교도가 가톨릭교회 안으로 난입하여 학살극을 벌인 것이 아니었습니다. 그 교회의 성직자들, 삼위일체 하나님을 믿는다는 성직자들이 학살자들에게 암묵적으로 협조하여 일어난 살육지변이었습니다. 르완다는 국민의 57퍼센트가 가톨릭교인, 37퍼센트가 개신교인입니다. 전 국민의 94퍼센트가 그리스도인인 셈입니다. 결국 그리스도인이 불과 세 달 사이에 최소 80만 명에서 최대 100만 명의 그리스도인을 학살하는 참극을 벌인 것입니다. 하나님 사랑과 사람 사랑을 실천해야 할 그리스도인이, 자신이 사람임과 상대도 자신과 똑같은 사람임을 알지 못했던 것입니다. 아프리카인인 그들이 덜 깨었기 때문이었겠습니까? 그런 것도 아닙니다.

르완다의 인종 대학살을 초래한 인종 분규의 원인을 따지고 보면 그 땅을 식민 통치했던 벨기에까지 거슬러 올라갑니다. 르완다는 본래 독일의 식민지였으나 독일이 1차 세계대전 패망으로 아프리카에서 손을 떼자, 1919년부터 1962년까지 벨기에가 르완다를 식민 통치하였습니다. 벨기에는 르완다를 효율적으로 통치하기 위하여 소수 부족인 투치족에게 권력을 주어 다수 부족인 후투족을 지배하게 하였습니다. 그 결과 다수 부족에 대한 소수 부족의 지배가 고착화됨으로써, 소수 부족과 다수 부족 간의 인종 분규는 처음부터 예견된 일이었습니다. 오늘날 아프리카 대륙에서 벌어지고 있는 모든 인종 분규와 권력 다툼 그리고 내전의 원인 제공자는 영국, 프랑스, 스페인, 네덜란드, 벨기에처럼 아프리카 대륙을 마구 유린했던 유럽 국가들이었고, 그 국가들은 예외 없이 소위 문명국임을 자랑하는 기독교 국가들이었습니다. 어떻게 기독교 국가의 국민이 남의 나라를 무력으로 강탈하고, 그 나라의 국민을 종으로 삼고 유린할 수 있겠습니까? 아프리카인을 자신들과 같은 사람으로 여기지 않았기 때문입니다. 그렇다면 그들이 주일에 예배당을 찾아 경건하게 예배드린다 한들, 하나님께서 그들을 사람다운 사람으로 보셨겠습니까? 2차 세계대전 당시 독일의 나치는 600만 명의 유대인을 학살했습니다. 르완다의 학살과는 비교가 불가능한 만행이었습니다. 그 만행을 저지른 독일은 이교도의 나라가 아니었습니다. 당시 독일은 기독교 국가였고, 나치 가운데 상당수는 독일 국가교회 교인들이었습니다. 그럼에도 그들이 그 많은 유대인들을 학살한 것은, 그들 역시 유대인들을 사람으로 보지 않았기 때문입니다. 당신이 만드신 사람을 사람으로 보지 않는 그 독일 나치들을 하나님께서는 사람으로 보셨겠습니까?

우리가 아무리 교회에 다니는 그리스도인으로 불린다고 해도 사람을 창조하신 하나님을 바르게 알지 못하고, 내가 하나님에 의해 창조된 사람인 것처럼 다른 사람도 나와 똑같은 사람임을 알지 못한다면, 오늘 본문 속에서 귀신 들린 여인마저 이용하여 돈만 벌려던 폭력적인 사람들, 아프리카 대륙을 강탈하고 마구 유린했던 서구 그리스도인들, 대학살극을 벌인 르완다의 후투족 그리고 독일의 나치와 무슨 차이가 있을 수 있겠습니까?

이런 관점에서 바울은 진정한 그리스도인이었습니다. 귀신 들린 가련한 여인으로부터 더러운 귀신을 쫓아 준 바울은 실라와 함께 그녀의 고용주들에게 붙잡혀 개가 끌려가듯 아고라로 끌려갔습니다. 바울은 그 여인을 괴롭히는 귀신을 쫓아내 주면 그녀의 고용주들로부터 그런 봉변을 당할 줄 몰랐겠습니까? 누구보다 잘 알고 있었습니다. 그래서 심히 괴로워하지 않았습니까? 그럼에도 바울이 그녀를 구해 준 것은 그가 헬라인이나 야만인이나 지혜 있는 사람이나 어리석은 사람이나 이 세상 모든 사람을 창조하신 하나님을 바르게 알고 있었고, 자신이 하나님에 의해 창조된 사람인 것처럼 귀신 들린 여인 또한 자신과 똑같은 사람임을 올바르게 알고 있었기 때문입니다. 믿음은 먼저 사람을 창조하신 하나님을 아는 것이요, 그와 동시에 자신이 하나님에 의해 창조된 사람인 것처럼, 다른 사람도 자신과 똑같은 사람임을 아는 것입니다. 그 믿음을 지닌 사람의 삶 속에서만 하나님 사랑과 사람 사랑이 바르게 구현될 수 있습니다.

르완다의 수도 키갈리에도 학살기념관이 있습니다. 그 기념관의 한 방에서는 1994년 대학살극에서 살아남은 생존자들의 증언이 비디오로 방영되고 있습니다. 한 여인이 이렇게 증언했습니다.

당시 사람들 중에 5퍼센트는 선했고, 5퍼센트는 중립이었습니다. 나머지 90퍼센트는 모두 악했습니다.

전 국민의 85퍼센트를 차지하는 후투족의 90퍼센트가 악에 사로잡히지 않고서는 어찌 불과 세 달 동안에 최저 80만 명에서 최대 100만 명의 투치족을 학살할 수 있었겠습니까? 그 악의 광풍 속에서도 선한 사람이 5퍼센트나 되었다는 사실에 저는 인간에 대한 한 줄기 희망의 빛을 보았습니다. 그 5퍼센트의 선한 사람들은 학살 대상인 투치족을 피신시켜 주거나, 숨겨 주거나, 보호해 준 후투족이었습니다. 학살극을 벌인 후투족들은 투치족을 보호해 주는 온건한 후투족들, 다시 말해 자신들과 같은 후투족도 가차 없이 죽여 버렸습니다. 그 공포의 대학살극 속에서 선한 5퍼센트의 후투족이 투치족을 보호해 주었다는 것은 투치족을 위해 자신들의 목숨을 걸었다는 말입니다. 르완다는 전 국민의 94퍼센트가 그리스도인이라고 말씀드리지 않았습니까? 그 명목상의 그리스도인들 가운데 5퍼센트의 참된 그리스도인이 있었습니다. 그들이야말로 사람을 창조하신 하나님을 바르게 알고, 후투족인 자신들이 하나님에 의해 창조된 사람인 것처럼 투치족 역시 자신들과 똑같은 사람임을 알았던 진정한 그리스도의 사람들 아니었겠습니까? 그 5퍼센트의 참된 그리스도인들이 있는 한, 그들로 인해 언젠가는 후투족과 투치족 사이에 진정한 화해와 화합이 이루어지지 않겠습니까?

세상에는 사람들로부터 대단한 사람으로 회자되지만 하나님 보시기에는 짐승 같은 사람이 있는가 하면, 사람들에게 짐승처럼 끌려가 끝내 비참하게 참수형을 당해 죽어도 하나님 보시기에는 하나님께서 기뻐하시는 하나님의 사람도 있습니다. 믿음은 우리를 창조하신 하나님을 아는 것이요, 그 하나님 앞에서 내가 하나님에 의해 창조된 사람이듯이, 너도 나와 똑같은 사람임을 아는 것입니다. 그 믿음을 지닌 사람만 자신의 주머니를 위해 사람을 이용하거나 짓밟지 않는 것은 물론이요, 나아가 본문의 바울처럼 사람을 짓누르는 모든 억압으로부터 사람을 구해 주는 진정한 그리스도의 사람이 될 수 있습니다. 자신의 삶으로 하나님 사랑과 사람 사랑을 실천하는 그 사람이야말로, 하나님 보시기에 하나님께서 기뻐하시는 하나님의 사람임에 틀림없습니다.

하나님을 믿는 그리스도인인데도 왜 나의 대인 관계는 항상 뒤틀려 있는지, 왜 나는 가족마저 제대로 사랑하지 못하는지, 이 시간에 그 이유를 깨닫게 해주셔서 감사합니다. 내가 사람인 것처럼, 다른 사람도 나와 똑같은 사람이라는 이 중요하고도 기본적인 사실을 그동안 깨닫지 못한 결과였습니다. 그래서 오직 내 주머니를 더 불리기 위해 사람을 때로는 이용하고, 때로는 짓밟고, 때로는 아예 부정해 온 나의 삶이, 하나님 보시기에는 짐승 같았을 뿐임을 회개하오니, 용서해 주십시오.

예수님께서는 이 땅에 인자 —사람의 아들로 오셔서, 사람이 어떻게 사람으로 살아야 하는지를 친히 보여 주셨습니다. 예수님께서는 온갖 병자와 가난하고 무식한 빈민들마저 당신과 똑같은 사람으로 사랑하셨고, 그 사람들을 구원하시기 위한 제물로 당신 자신을 내어 주셨습니다. 예수님께서 그렇게 하셨던 것은, 그렇듯 사람을 사랑하고 살리는 것이 하나님의 뜻임을 아셨기 때문이었습니다.

믿음은 사람을 창조하신 하나님을 아는 것이요, 내가 하나님에 의해 창조된 사람임을 알고, 다른 사람 역시 나와 똑같은 사람임을 아는 것임을 잊지 말게 해주십시오. 그 믿음으로 비인격적인 물질을 위해 사람을 이용하거나 짓밟는 것이 아니라, 모든 억압으로부터 사람들을 자유하게 해주는 이 시대의 바울이 되게 해주십시오. 그리하여 자신의 삶으로 하나님 사랑과 사람 사랑을 구현하는 우리가, 우리의 생명이 다하는 순간까지, 하나님께서 정녕 기뻐하시는 하나님의 사람으로 살게 해주십시오. 아멘.

17. 무리가 일제히 일어나 I

사도행전 16장 16-25절

우리가 기도하는 곳에 가다가 점치는 귀신 들린 여종 하나를 만나니 점으로 그 주인들에게 큰 이익을 주는 자라 그가 바울과 우리를 따라와 소리 질러 이르되 이 사람들은 지극히 높은 하나님의 종으로서 구원의 길을 너희에게 전하는 자라 하며 이같이 여러 날을 하는지라 바울이 심히 괴로워하여 돌이켜 그 귀신에게 이르되 예수 그리스도의 이름으로 내가 네게 명하노니 그에게서 나오라 하니 귀신이 즉시 나오니라 여종의 주인들은 자기 수익의 소망이 끊어진 것을 보고 바울과 실라를 붙잡아 장터로 관리들에게 끌어갔다가 상관들 앞에 데리고 가서 말하되 이 사람들이 유대인인데 우리 성을 심히 요란하게 하여 로마 사람인 우리가 받지도 못하고 행하지도 못할 풍속을 전한다 하거늘 **무리가 일제히 일어나** 고발하니 상관들이 옷을 찢어 벗기고 매로 치라 하여 많이 친 후에 옥에 가두고 간수에게 명하여 든든히 지키라 하니 그가 이러한 명령을 받아 그들을 깊은 옥에 가두고 그 발을 차꼬에 든든히 채웠더니 한밤중에 바울과 실라가 기도하고 하나님을 찬송하매 죄수들이 듣더라 우리말에는 사람의 배를 이용하여 사람의 상태를 나타내는 표현이 많습니다. 이를테면 사악한 사람을 가리켜 '뱃속이 시커멓다'고 합니다. 뻔한 짓을 하고도 아닌 척하는 사람을 가리켜 '뱃속이 훤히 들여다보인다'고 합니다. '뱃속에 능구렁이가 들어 있다'는 것은 음흉한 사람을 일컫는 말입니다. 비위에 거슬리고 아니꼬운 것은 '배알이 뒤틀린다', 견딜 수 없는 분노는 '복장이 터진다'고 표현합니다. '배짱이 맞다'는 것은 뜻과 마음이 맞다는 의미요, '배짱이 좋다'는 것은 담력과 박력이 있어 무서울 게 없다는 뜻입니다. 또 특정 상품을 독점한 상인이 자신이 대폭 인상한 가격이 아니면 물건을 팔지 않을 때 '배짱을 퉁긴다'고 합니다. 응당 갚아야 할 빚을 갚기는커녕 되레 큰소리 칠 때는 '배 째라'고 합니다. 이처럼 우리말은 사람의 인격, 행동, 감정 등을 '배'를 이용하여 표현하고 있습니다. 특기할 사항은 하나님의 말씀인 성경 역시 믿음을 '배'와 관련지어 표현하고 있다는 사실입니다.

사도 바울은 로마의 교인들에게 거짓 교사들을 경계할 것을 다음과 같이 당부하였습니다.

> 형제들아 내가 너희를 권하노니 너희가 배운 교훈을 거슬러 분쟁을 일으키거나 거치게 하는 자들을 살피고 그들에게서 떠나라 이 같은 자들은 우리 주 그리스도를 섬기지 아니하고 다만 자기들의 배만 섬기나니 교활한 말과 아첨하는 말로 순진한 자들의 마음을 미혹하느니라
>
> (롬 16:17-18).

바울은 하나님의 말씀을 악용하고 자신의 사익만을 꾀하는 거짓 교사들을 가리켜 '자기들의 배만 섬긴다'고 증언했습니다. 자신들의 배만 섬기는 사람이 아니고서야 어떻게 하나님의 말씀을 악용하고 예수 그리스도를 이

용할 수 있겠습니까?

다음은 사도 바울이 빌립보 교인들에게 증언한 내용입니다.

> 내가 여러 번 너희에게 말하였거니와 이제도 눈물을 흘리며 말하노니 여
> 러 사람들이 그리스도의 십자가의 원수로 행하느니라 그들의 마침은 멸
> 망이요 그들의 신은 배요 그 영광은 그들의 부끄러움에 있고 땅의 일을
> 생각하는 자라(빌 3:18-19).

바울은 그리스도의 원수로 행하는 자를 가리켜 그들의 신, 즉 그들의 하
나님은 그들의 배라고 단언했습니다. 인간의 배가 아무리 중요하다 한들 언
젠가 썩어 문드러질 그것이 어떻게 하나님과 동격이 될 수 있겠습니까? 그
러므로 자기 배를 하나님으로 모시는 사람은 예수 그리스도 안에서 당신을
계시하신 삼위일체 하나님의 원수가 될 수밖에 없습니다.

하나님의 말씀인 성경이 이렇듯 하나님을 부정하고 하나님의 말씀을 악용
하는 사람을 가리켜 자신의 배만 섬기고 자신의 배를 하나님으로 모시는 사
람으로 정의하고 있다면, 하나님을 바르게 믿는 사람의 경우에는 성경이 배
와 관련하여 어떻게 표현하고 있겠습니까?

> 명절 끝 날 곧 큰 날에 예수께서 서서 외쳐 이르시되 누구든지 목마르거
> 든 내게로 와서 마시라 나를 믿는 자는 성경에 이름과 같이 그 배에서 생
> 수의 강이 흘러나오리라 하시니 이는 그를 믿는 자들이 받을 성령을 가
> 리켜 말씀하신 것이라(요 7:37-39상).

예수님께서는 성령님을 모시고 살아갈 사람을 가리켜 "그 배에서 생수의

강이 흘러나오리라"고 말씀하셨습니다. 성령님을 모신 사람의 배는 더 이상 인간의 추악한 욕망이 아니라, 위로부터 내려 주시는 영원한 생명으로 충만하리라는 의미입니다. 이것이 예수님께서 여덟 가지 복에 대해 설명하시면서 이렇게 설교하신 이유입니다.

의에 주리고 목마른 자는 복이 있나니 그들이 배부를 것임이요(마 5:6).

하나님의 의에 주리고 목마른 사람은 비록 육체의 양식이 변변치 못하더라도 배고프지 않습니다. 하나님의 의에 주리고 목마른 사람일수록 더더욱 하나님의 영원한 생명으로 배부를 것이기 때문입니다.

그러므로 우리의 배가 무엇에 주리고 목말라하느냐에 따라 하나님 옆에서 우리가 어떤 사람인지 결정됩니다. 내가 나의 욕망에만 주리고 목말라한다면, 나는 나의 배를 하나님으로 삼고 나의 배만 섬기는 그리스도의 원수임에 틀림없습니다. 그러나 내가 예수 그리스도 안에서 하나님의 의에 주리고 목말라한다면, 나는 내 배에서 생수의 강이 넘쳐 나는 성령님의 사람임이 분명합니다. 오늘의 본문은 자기 배를 하나님으로 모시고 섬기는 사람들과, 하나님의 의에 주리고 목말라하며 배에서 생수의 강이 넘쳐 나는 사람들을 대비하여 보여 주고 있습니다. 빌립보에서 귀신 들린 가련한 여인마저 이용하여 더 큰돈을 벌려던 사람들이 자기 배를 하나님으로 섬기는 사람들이라면, 자신들에게 불이익이 돌아올 것을 알면서도 그 가련한 여인을 더러운 귀신의 손아귀에서 구해 준 바울 일행은 하나님의 의에 주리고 목말라하며 배에서 생수의 강이 넘치는 성령님의 사람들이었습니다.

지난 시간에 살펴본 것처럼 바울이 예수 그리스도의 이름으로 가련한 여인을 괴롭히는 더러운 귀신을 쫓아내자, 그 여인을 고용하고 있던 사람들이 바울과 실라를 붙잡아 아고라의 관리들에게로 개 끌듯 끌고 갔습니다. 그들이 바울과 실라에게 그렇듯 폭력적이었던 이유는 단 하나, 돈 때문이었습니다. 바울이 그 여인을 사로잡고 있던 귀신을 쫓아 버림으로 인해 그들이 그 여인을 이용하여서는 더 이상 돈을 벌 수 없게 되었기 때문입니다. 이것이 자기 배를 하나님으로 모시고 섬기는 사람들의 공통점입니다. 자기 욕망의 배를 채우기 위해서는 악과 불의마저 서슴지 않으면서도, 자기 몫이 조금이라도 침해당하면 이유 여하를 불문하고 관련자를 가차 없이 짓밟아 버린다는 것입니다.

바로 이 상황과 관련하여 지난 시간에 제기했었던 질문이 있습니다. 바울 일행은 바울과 실라에 디모데와 누가를 합쳐 총 네 명이었습니다. 그들 네 명이 각각 개별 행동을 했거나, 두 명씩 조별 행동을 한 것이 아니었습니다. 바울이 귀신을 쫓아낼 때 바울 일행은 모두 함께 있었습니다. 따라서 귀신 들린 여인을 고용했던 사람들이 잡아가려면 귀신을 쫓아낸 바울 한 사람만 잡아가든지, 아니면 바울 일행 전원을 붙잡아 끌고 감이 타당했을 것입니다. 그러나 그들은 귀신을 쫓아낸 바울 이외의 남은 세 명 가운데 유독 실라를 붙잡아 바울과 함께 아고라의 관리들에게 끌고 갔습니다. 그 이유가 무엇이었겠습니까? 그들이 아고라의 관리에게 바울과 실라를 고발한 내용 속에 그 해답이 들어 있습니다.

> 상관들 앞에 데리고 가서 말하되 이 사람들이 유대인인데 우리 성을 심히 요란하게 하여(20절).

귀신 들린 여인을 고용했던 사람들은 바울과 실라를 아고라의 관리들에게 끌고 갔다가, 다시 빌립보의 최고 통치자인 집정관들 앞으로 끌고 갔습니다. 그리고 그들이 집정관들에게 말한 첫마디가, 바울과 실라는 유대인이라는 것이었습니다. 그들이 네 명의 바울 일행 중에 바울과 실라만 붙잡아 간 것은 그 두 사람만 순수 유대인이었기 때문입니다. 잘 아시는 바와 같이 디모데는 어머니는 유대인이지만 아버지는 헬라인이었고, 의사 누가는 순수 헬라인이었습니다. 귀신 들린 여인을 고용했던 사람들은 왜 순수 유대인인 바울과 실라만 끌고 갔겠습니까?

7주 전에 말씀드린 것처럼 로마제국의 카이사르가 암살당한 뒤, 카이사르를 암살한 브루투스와 카시우스의 연합군과 카이사르를 계승한 옥타비아누스와 안토니우스의 연합군이 주전 42년 최후의 결전을 벌였던 곳이 빌립보의 간지테스 계곡이었습니다. 그 전쟁에서 승리하고 마침내 로마제국의 황제가 된 옥타비아누스는 자신의 빌립보 승리를 기념하기 위해 많은 퇴역 군인들을 빌립보에 정착시키고 빌립보를 특별 도시로 재편하였습니다. 주 정부의 간섭을 받지 않는 황제의 직할 도시로서 빌립보의 시민들은 로마제국의 수도인 로마의 시민과 동일한 권리를 누릴 수 있었습니다. 이를테면 각종 형벌로부터 면제받는 것과 같은 특권이었습니다. 그 결과 수도 로마의 축소판이라 불리는 빌립보의 시민들은 누구보다도 황제에게 충성하고, 또 수도 로마 시민들의 삶을 흉내 내는 것을 자신들의 자부심으로 삼았습니다.

주후 50년경에 로마 황제 클라우디우스 1세Claudius I가 제국의 수도인 로마에 거주하는 유대인 추방령을 내렸습니다. 그 이유는 로마의 역사가 수에토니우스Suetonius에 의하면, 로마에 거주하던 유대인들이 크레스투스Chrestus라는 선동가의 선동으로 폭동을 일으켰기 때문이었습니다. 그 결과 클라우디우스 황제는 당시 수도 로마에 살던 2만여 명의 유대인 가운데 로마 시민권을 갖지 않은 유대인을 모두 로마에서 추방해 버리고 말았습니다.

그 시기가 대략, 바울이 본문 속에서 빌립보를 방문하기 1년 전쯤으로 추정되고 있습니다. 따라서 누구보다도 황제에게 충성하고 수도 로마의 시민을 흉내 내는 것을 자부심으로 삼던 빌립보의 시민들 역시, 수도 로마에서 유대인들을 추방시킨 황제의 명령에 동조하여 유대인에 대한 반감을 지니고 있었습니다. 귀신 들린 여인을 고용했던 사람들이 네 명으로 이루어진 바울 일행 중에서 순수 유대인인 바울과 실라만 붙잡아 끌고 간 것은, 유대인에 대한 빌립보 시민의 그와 같은 심리를 이용하기 위함이었습니다.

> 상관들 앞에 데리고 가서 말하되 이 사람들이 유대인인데 우리 성을 심히 요란하게 하여 로마 사람인 우리가 받지도 못하고 행하지도 못할 풍속을 전한다 하거늘(20-21절).

귀신 들린 여인을 고용했던 사람들이 바울과 실라를 빌립보의 집정관들에게 끌고 간 곳은 아고라였습니다. 아고라는 시장뿐 아니라 재판이나 민회가 열리는 공공장소로서 언제나 사람들이 붐비는 곳이었습니다. 그 공개 장소에서 그들은 바울과 실라를 가리켜 "유대인", 자신들을 포함하여 그곳에 모인 빌립보 시민들을 "로마 사람인 우리"라 칭했습니다. 로마인인 빌립보 시민의 유대인에 대한 적개심을 끌어내기 위한 교묘한 화술이었습니다. 그리고 그들은 바울과 실라가 빌립보를 심히 요란하게 하여, 로마 사람인 자신들이 받지도 못하고 행하지도 못할 풍속을 전한다고 고발했습니다. 그들의 고발 내용이 사실이라면 유대인인 바울과 실라는 제국의 수도에서 폭동을 일으켰던 유대인들만큼이나 위험한 인물들임에 틀림없었습니다.

> 무리가 일제히 일어나 고발하니 상관들이 옷을 찢어 벗기고 매로 치라

하여(22절).

　귀신 들린 여인을 고용했던 사람들의 고발에 아고라에 모여 있던 무리, 즉 빌립보 시민들이 일제히 일어나 바울과 실라를 고발했습니다. 우리말 '고발하다'로 번역된 헬라어 전치사 '카타κατά'는 '…에 대항하여against'라는 뜻을 지니고 있습니다. 귀신 들린 여인을 고용했던 사람들의 고발에 그곳에 모여 있던 무리가 합세하여 바울과 실라를 공격하였고, 집정관들은 바울과 실라에게 심한 매질을 가한 후에 투옥시켜 버렸습니다. 모든 것이 귀신 들린 여인을 고용했던 사람들의 뜻대로 된 셈이었습니다.

　우리는 그들의 언행을 통해 자기 배를 하나님으로 모시고 섬기는 사람들의 진면목을 확인할 수 있습니다. 그들은 자신들의 배를 더 불릴 수 있다면, 자신들의 배를 지키기 위해서라면, 얼마든지 잔인하고 또 교활할 수 있었습니다. 그들이 꾀하는 수는 하도 다양하고 교묘해서 범인凡人은 상상하는 것조차 어렵습니다. 문제는 그 잔인하고 교활한 사람들에게 선동당한 무리입니다. 그날 빌립보의 아고라에 있던 무리는 왜 일제히 벌 떼처럼 일어나 바울을 공격했습니까? 바울과 실라를 고발한 사람들의 고발 내용이 모두 진실이었기 때문입니까? 그들의 고발처럼 바울과 실라가 빌립보를 심히 요란하게 했습니까? 바울과 실라가 로마 사람인 빌립보 시민들이 받지도 못하고 행하지도 못할 풍속을 전했습니까? 우리말 '풍속'으로 번역된 헬라어 '에도스ἔθος'는 '관습 혹은 법으로 제정된 제도나 관례, 규정'을 의미합니다. 바울과 실라가 로마제국의 관례나 제도나 규정을 허물어뜨리려고 했습니까? 그것은 새빨간 거짓말이었습니다. 빌립보에서 바울과 실라가 한 것이라고는 루디아에게 복음을 전한 뒤에 세례를 베풀고, 귀신에 사로잡힌 가련한 여인을 귀신의 억압에서 구해 준 것뿐이었습니다. 그것은 칭찬받아 마땅한 일이지 결코 공박당할 일이 아니었습니다. 그럼에도 귀신 들린 여인을 고용했던 사람들은 바울과 실라가 빌립보를 심히 요란하게 하고, 로마제국의 제도나 관례 그리고 규정을 허물어뜨리려 한 것처럼 고발했습니다. 그것은 유대인인 바울과 실라를 수도 로마에서 폭동을 일으켰던 유대인들처럼 위험 분자로 모함하여, 아고라에 모인 무리로 하여금 바울과 실라를 공격하도록 충동질하고 선동하기 위함이었습니다.

그 선동자들의 수가 많았던 것은 아닙니다. 귀신 들린 여인을 고용했던 사람들은 불과 몇 사람이었을 뿐입니다. 그러나 그 몇 사람의 선동에 그날 빌립보의 아고라에 있던 무리는 단숨에 넘어가고 말았습니다. 그 무리는 바울과 실라를 고발한 사람들의 고발 내용이 사실인지 아닌지 따져 보려 하지 않았습니다. 고발당한 바울과 실라의 진술을 들어 보려 하지도 않았습니다. 그 무리는 바울과 실라에 대한 몇 사람의 거짓 모함과 동시에 벌 떼처럼 일제히 일어나 바울과 실라를 공격하였습니다.

이것이 무리의 특성이자 어리석음입니다. 우리말 '무리'로 번역된 헬라어 '오클로스ὄχλος'는 '군중', '대중'이라는 의미입니다. 군중이란 익명의 개인들이 모인 집합체입니다. 군중 속에서는 한 개체로서의 내가 존재하지 않는 것입니다. 그렇다면 개체로서의 내가 존재하지 않는 사람들의 집합체인 군중이 과연 구체적이고도 지속적인 실체를 지닐 수 있겠습니까? 그것은 논리적으로 불가능합니다. 그래서 군중이 많으면 많을수록 군중은 더 쉽게 선동당하고 맙니다. 개체로서의 내가 존재하지 않는 군중 속에서는 자기도 모르게 이성과 자제력을 상실하고 누군가에게 선동당하는 군중심리가 작동하기 때문입니다. 본문 속 빌립보의 아고라에 모여 있던 사람들이 '무리', '군중'으로 불렸다는 사실은 그들이 개체로서의 자신을 상실한 사람들의 집합체였음을 의미합니다. 그래서 그들은 귀신 들린 여인을 고용했던 단 몇 사람의 거짓 모함에 생각할 겨를도 없이 순식간에 선동당하고 말았습니다.

바울이 악의를 품은 사람들에게 선동당한 무리에 의해 곤욕을 치르고 고난을 겪은 것은 이번이 처음이 아니었습니다. 우리가 사도행전 13장과 14장에서 이미 확인했던 것처럼 바울을 시기한 유대교 지도자들에게 선동당한 무리에 의해 바울은 비시디아 안디옥에서는 추방당했고, 이고니온에서는 피신해야 했으며, 루스드라에서는 사람들이 죽었다고 단정할 정도로 심한 돌팔매질을 당하기도 했습니다. 그래서 해당 구절을 살펴볼 때 사람을 거짓으로 선동하는 것이 '악행'이라면, 선동당하는 것은 '무지'라고 말씀드렸었습니다.

그러나 선동당하는 것이 무지라 할 때, 그 무지는 지적 결함을 뜻하지 않습니다. 비시디아 안디옥에서 유대교 지도자들에게 선동당해 바울을 추방시킨 무리는 비시디아 안디옥의 귀부인들과 유력자들이었습니다. 그 도시의 지적 엘리트들이 몇 사람의 선동에 넘어간 것이었습니다. 그러므로 선동당하는 것이 무지라면, 그때의 무지는 인간의 지적 능력과 상관없이 하나님에 대한 무지입니다. 하나님에 대해 무지한 사람이라면 그의 지적 능력이나 수준, 직위나 직책에 상관없이 자기 배를 하나님으로 모시고 섬기는 사람입니다. 다시 말해 권력이든 돈이든 명예든 자기 욕망을 하나님으로 모시고 섬기는 사람입니다. 그래서 눈앞의 이권이나 주어진 상황에 따라 사람을 선동하는 악행을 저지르거나, 거꾸로 어이없이 선동당하는 무지를 되풀이합니다.

우리가 더 이상 우리의 배를 하나님으로 섬길 것이 아니라, 우리의 배에서 생수의 강이 넘치는 성령님의 사람으로 살아야 할 이유가 바로 여기에 있습니다. 그때에만 우리 각자가 그 어떤 이권이나 상황 앞에서도 사람을 선동하는 악행과 선동당하는 무지를 되풀이하지 않는 깨어 있는 한 개체로서의 내가 될 수 있고, 나아가 성령님의 조명 속에서 후회하지 않을 나의 선택을 바르게 행하면서, 내가 살아야 할 나의 인생을 비로소 살아갈 수 있습니다.

자기 배를 위해 사람을 선동하거나 어이없이 선동당하는 바울을 상상인들 할 수 있겠습니까? 만약 바울이 그런 인간이었던들 자신이 곤욕을 치를 줄 뻔히 알면서도 귀신 들린 가련한 여인을 구해 주지는 않았을 것입니다. 바울은 오직 예수 그리스도 안에서 하나님의 의에 주리고 목말라하면서, 그의 배가 하나님의 생명으로 충만한 성령님의 사람이었습니다. 그래서 그는 주님의 부르심을 받은 이후 단 한 번도 자기 배를 위해 다른 사람을 선동한 적도 없었고, 참수형을 당해 죽을 때까지 황제의 도시들을 누비고 다니면서도 단 한 번도 황제의 논리에 선동당한 적도 없었습니다. 바울은 성령님의 조명 속에서 언제나 바른 선택을 행하였고, 자기에게 주어진 자신만의 소명의 삶에 충실하였기에, 그는 이 세상을 떠날 때 자신의 삶에 대한 일말의 후회도 없었습니다. 그의 삶 자체가 성령님의 전殿이었기 때문입니다.

오늘날 온 세계는 황제의 논리에 압도당하고 있습니다. 돈이, 돈의 논리가 온 인류를 지배하고 있습니다. 인간의 가치와 인격과 윤리마저도 돈에 의해 판가름 나고 있습니다. 한마디로 말해 온 세상이 너의 배를, 돈을 하나님으로 섬기라고 선동하고 있습니다. 돈 때문에 친구를 잃고, 돈 때문에 부부가 등을 돌리고, 돈 때문에 부모와 자식 그리고 형제와 형제가 원수가 되고, 돈 때문에 자식들의 인간성이 황폐화되어 가는데도, 돈을 하나님으로 섬기라고, 너의 배를 하나님으로 섬기라고 세상은 줄기차게 선동합니다. 그리고 수많은 사람들이 그 선동에 휘둘려, 자기 자신을 상실한 군중으로 아무 생각도 없이 바쁘게 살아가고 있습니다. 그러나 결코 거짓 선동에 속지 마십시오. 자신의 배를 하나님으로 섬기라는 세상의 선동에 절대로 현혹되지 마십시오. 자신의 배를 하나님으로 섬기는 사람은, 자기 배를 위해 고작 은 30 냥과 예수 그리스도를 맞바꾸었던 가롯 유다의 최후가 배가 터져 죽었던 것처럼, 그의 삶 자체가 형체도 없이 공중분해될 뿐입니다. 인간의 배는 많이 채우면 채울수록 더 빨리 썩어져 문드러지기 때문입니다.

우리 모두 바울처럼 예수 그리스도 안에서 하나님의 의에 주리고 목말라 함으로, 배에서 생수의 강이 넘치는 성령님의 사람들이 되십시다. 성령님의 빛 속에서 사람을 선동하는 악행과 선동당하는 무지를 반복하는 군중의 삶에서 탈피하여, 성령님의 인도하심을 따라 자신의 선택으로 자신만의 인생을 살아가십시다. 그때 우리는 언젠가 우리의 코끝에서 호흡이 멈추는 순간 우리의 삶에 대해 후회함이 없이, 우리 역시 바울처럼 '나는 선한 싸움을 싸우고 나의 달려갈 길을 마치고 믿음을 지켰다'(딤후 4:7)고 하나님 앞에서 자랑스럽게 고백할 수 있을 것입니다.

하나님께서는 우리를 집단적으로 만드시지 않았습니다. 우리를 집단적으로 부르신 것도 아닙니다. 하나님께서는 우리 개개인을 개별적으로 만드시고, 우리 개개인을 개별적으로 구원하시고, 우리 개개인의 이름을 하나님의 손바닥에 개별적으로 새겨 두시고, 우리 개개인의 이름을 개별적으로 불러 주십니다. 그런데도 나는 하나님 앞에서 깨어 있는 개별적 존재로서의 내가 아니라, 나 자신을 상실한 군중으로 살아왔습니다. 그 결과 군중심리에 휩쓸려, 하나님께서 원하시는 나의 삶마저 상실해 버린 나의 어리석음을 용서해 주십시오.

자기 배를 하나님으로 모시고 섬기는 사람은, 자기 배를 위해 사람을 선동하는 악행을 마다치 않습니다. 자기 배를 하나님으로 모시고 섬기는 사람은, 자기 배를 위해 선동당하는 무지를 서슴지 않습니다. 지금 온 세상이 돈이 하나님이라고, 자기 배를 하나님으로 모시고 섬기라고 사람들을 선동하고 있습니다. 하나님을 믿는 그리스도인인 나 역시 그 선동에 휘둘려 나의 배를 위해 사람을 선동하는 악행과 선동당하는 무지를 되풀이하느라, 결과적으로 그리스도의 원수로 살아온 나의 허물을 용서해 주십시오.

바울처럼 예수 그리스도 안에서 하나님의 의에 주리고 목말라함으로, 나의 배에서 생수의 강이 넘쳐 나는 성령님의 사람으로 살아가게 해주십시오. 성령님의 빛 속에서 성령님의 인도하심을 좇아, 깨어 있는 개별적 존재로 살게 해주십시오. 다시는 군중 속에서 나 자신을 상실하는 어리석음을 범치 않게 해주십시오. 언제나 성령님의 사람으로 내가 선택해야 할 것을 바르게 선택하며, 내가 살아야 할 나 자신의 삶을 바르게 살게 해주십시오. 그와 같은 나의 삶이 성령님의 전이 되게 해주시고, 나의 삶을 통해 많은 사람들이 군중 속에서 상실한 자기 자신을 되찾는 생명의 역사가 날마다 일어나게 해주십시오. 아멘.

18. 무리가 일제히 일어나 II

사도행전 16장 16-25절

우리가 기도하는 곳에 가다가 점치는 귀신 들린 여종 하나를 만나니 점으로 그
주인들에게 큰 이익을 주는 자라 그가 바울과 우리를 따라와 소리 질러 이르되
이 사람들은 지극히 높은 하나님의 종으로서 구원의 길을 너희에게 전하는 자
라 하며 이같이 여러 날을 하는지라 바울이 심히 괴로워하여 돌이켜 그 귀신에
게 이르되 예수 그리스도의 이름으로 내가 네게 명하노니 그에게서 나오라 하니
귀신이 즉시 나오니라 여종의 주인들은 자기 수익의 소망이 끊어진 것을 보고
바울과 실라를 붙잡아 장터로 관리들에게 끌어갔다가 상관들 앞에 데리고 가
서 말하되 이 사람들이 유대인인데 우리 성을 심히 요란하게 하여 로마 사람인
우리가 받지도 못하고 행하지도 못할 풍속을 전한다 하거늘 **무리가 일제히 일어
나** 고발하니 상관들이 옷을 찢어 벗기고 매로 치라 하여 많이 친 후에 옥에 가
두고 간수에게 명하여 든든히 지키라 하니 그가 이러한 명령을 받아 그들을 깊
은 옥에 가두고 그 발을 차꼬에 든든히 채웠더니 한밤중에 바울과 실라가 기도
하고 하나님을 찬송하매 죄수들이 듣더라

빌립보에서 바울 일행은 귀신 들린 여인을 만났습니다. 단 한 번 스치고 지나가며 만난 것이 아니라 여러 날에 걸쳐 계속 만났습니다. 귀신에 시달리는 그 가련한 여인으로 인해 심히 괴로워하던 바울은 그 여인을 억누르고 있는 더러운 귀신을 마침내 예수 그리스도의 이름으로 쫓아 주었습니다. 바울은 사도로서 마땅히 해야 할 일을 한 것이었습니다. 그러나 그 여인을 고용하고 있던 사람들은 바울과 실라 두 사람을 붙잡아 아고라의 관리들에게로 개 끌듯 끌고 갔습니다. 그들이 바울과 실라에게 그렇듯 폭력적이었던 이유는 단 하나, 오직 돈 때문이었습니다. 그들은 그동안 그녀를 고용하여 귀신을 힘입어 점을 치게 함으로써 큰돈을 벌어 왔었습니다. 그러나 바울이 귀신을 쫓아냄으로써 그녀를 이용해서는 더 이상 돈을 벌 수 없게 되자, 그들은 바울과 실라에게 폭력적인 방법마저 불사한 것이었습니다. 귀신 들린 여인의 생명의 존엄성이나 인권은 그들의 안중에도 없었습니다.

> 무리가 일제히 일어나 고발하니 상관들이 옷을 찢어 벗기고 매로 치라
> 하여 많이 친 후에 옥에 가두고 간수에게 명하여 든든히 지키라 하니
> (22-23절).

바울과 실라가 귀신 들린 여인을 고용했던 사람들에게 붙잡혀 아고라로 끌려가자, 그곳에 모여 있던 군중이 일제히 일어나 바울과 실라를 공격하였고, 빌립보의 집정관들은 심한 매질과 함께 바울과 실라를 투옥시켜 버렸습니다. 하지만 이건 좀 이상하지 않습니까? 바울이 가련한 여인을 괴롭히는 더러운 귀신을 쫓아내어 주고 그로 인해 그 여인을 고용했던 사람들이 그 여인을 이용하여서는 더 이상 돈을 벌 수 없게 되었다는 것은, 바울과 그 여인을 고용했던 사람들 사이의 철저하게 개인적인 일이지 않습니까?

그 개인 간의 개인적인 일로 인해 아고라에 모여 있던 군중이 일제히 합세하여 바울과 실라를 공격하고, 집정관들마저 심한 매질과 함께 그들을 투옥시켜 버렸다는 것은 선뜻 납득하기 어렵지 않습니까? 오히려 아고라에 모여 있던 군중이 더러운 귀신에 사로잡힌 채 악덕 고용주들에게 착취당하던 그 가련한 여인을 구원해 준 바울에게 감사의 박수를 쳐줌이 마땅하지 않겠습니까? 왜 그들은 그토록 흥분하여 일제히 바울과 실라를 공격했습니까?

> 여종의 주인들은 자기 수익의 소망이 끊어진 것을 보고 바울과 실라를 붙잡아 장터로 관리들에게 끌어갔다가 상관들 앞에 데리고 가서 말하되 이 사람들이 유대인인데 우리 성을 심히 요란하게 하여 로마 사람인 우리가 받지도 못하고 행하지도 못할 풍속을 전한다 하거늘(19-21절).

바울 일행은 바울과 실라에 디모데와 누가를 합쳐 모두 네 명이었습니다. 그러나 귀신 들린 여인을 고용했던 사람들은 그 네 명 가운데 순수 유대인인 바울과 실라 두 사람만 붙잡아 아고라로 끌고 갔습니다. 그리고 아고라의 군중 앞에서 빌립보의 집정관들에게 바울과 실라는 유대인이라고 소리쳤습니다. 지난 시간에 말씀드린 것처럼 제국의 수도 로마에서 폭동을 일으킨 유대인들을 추방한 황제 클라우디우스 1세에 동조하여, 평소 유대인들에게 반감을 품고 있던 빌립보 시민들이 유대인인 바울과 실라에 대해 공격적인 적개심을 표출하도록 선동하기 위함이었습니다. 그리고 귀신 들린 여인을 고용했던 사람들은 유대인인 바울과 실라가 빌립보를 심히 요란하게 할 뿐 아니라, 로마의 제도와 관례 그리고 규정을 허물어뜨리려 한다는 거짓 모함으로 바울과 실라를 고발하였습니다.

그들이 바울과 실라를 붙잡아 끌고 간 것은 바울로 인해 귀신 들린 여인을 이용하여서는 더 이상 돈을 벌 수 없게 되었기 때문입니다. 그러나 그들은 아고라의 집정관과 군중 앞에서 그 사실에 대해서는 일언반구도 언급하지 않았습니다. 자신들이 귀신 들린 가련한 여인마저 착취한 악덕 고용주였다는 사실에 대해서는 더더욱 함구하였습니다. 그 대신 그들은 자신들이 누구보다도 선량한 로마인인 것처럼, 누구보다도 로마제국의 미풍양속을 따르고 법과 제도를 존중하는 것처럼 바울과 실라를 거짓 모함으로 고발하였습니다. 그리고 아고라에 모여 있던 군중은 생각할 겨를도 없이, 바울과 실라를 수도 로마에서 폭동을 일으켰다가 추방당한 유대인들과 같은 위험 분자로 간주하여 일제히 합세하여 공격하였고, 집정관들은 심한 매질과 함께 바울과 실라를 투옥시켜 버리고 말았습니다.

귀신 들린 여인을 고용했던 사람들은 바울과 실라를 붙잡아 아고라로 끌고 간 다음에는, 손가락 하나 까딱하지 않고 자신들의 목적을 완전무결하게 이룬 셈이었습니다. 목적을 이룬 그들이 얼마나 기뻐했을는지는 충분히 짐작할 수 있습니다. 그들은 그토록 교활하고 잔인했습니다. 그들은 어떻게 하면 자신들이 목적하는 바를 위하여 사람들을 선동할 수 있는지, 자신들은 손가락 하나 까딱하지 않고 어떻게 다른 사람의 손을 이용하여 자신들의 뜻을 이룰 수 있는지 훤히 알고 있었습니다. 이것이 사악한 사람들의 공통점입니다.

사도 요한은 하나님에 대해 다음과 같이 증언하였습니다.

> 사랑하는 자들아 우리가 서로 사랑하자 사랑은 하나님께 속한 것이니 사랑하는 자마다 하나님으로부터 나서 하나님을 알고 사랑하지 아니하는 자는 하나님을 알지 못하나니 이는 하나님은 사랑이심이라(요일 4:7-8).

하나님께서 사랑이시기에 사랑이신 하나님을 알고 믿는 사람은 사랑의 삶을 살기 마련이고, 사랑이신 하나님을 알지 못하는 사람은 사랑과 무관한 삶을 살 수밖에 없습니다. 바울은 '사랑 장'이라 불리는 고린도전서 13장에서 사랑에 대해 설명하면서 '사랑은 악한 것을 생각하지 아니하며 불의를 기뻐하지 않는다'고 정의하였습니다. 우리말 '생각하다'로 번역된 헬라어 동사 '로기조마이λογίζομαι'는 '계산하다', '숙고하다'는 의미입니다. 하나님을 알고 믿는 사람은 악한 것을 계산하거나 숙고하지 않을 뿐 아니라, 자신의 뜻을 이룰 수 있다 하여 불의를 기뻐하지도 않습니다. 이것을 바꾸어 말하면 하나님을 알지 못하는 사람은 악한 것을 계산하고 숙고할 뿐 아니라, 자기 뜻만 이룰 수 있다면 불의도 마냥 기뻐하는 사악한 삶을 산다는 것입니다.

예수님께서 갈릴리에 계실 때 안식일을 맞아 회당을 찾아가셨습니다. 마침 회당 안에는 한쪽 손이 말라붙은 사람이 있었습니다. 그리고 예수님으로 인해 자신들의 종교적 기득권과 권위가 침해당한다는 피해의식을 지닌 서기관들과 바리새인들도 있었습니다. 그날 그 회당에서 있었던 일은 누가복음 6장이 전해 주고 있습니다.

> 서기관과 바리새인들이 예수를 고발할 증거를 찾으려 하여 안식일에 병을 고치시는가 엿보니(눅 6:7).

한 손이 말라붙어 쓰지 못한다면 그 처지가 얼마나 딱한 사람입니까? 그러나 서기관들과 바리새인들에게는 그 사람의 딱한 처지는 관심 밖의 일이었습니다. 그들은 자신들에게 눈엣가시인 예수님을 고발할 빌미를 잡기 위하여 예수님께서 안식일에 그 사람의 마른 손을 고쳐 주시는지 엿보았습니다. 우리말 '엿보다'로 번역된 헬라어 '파라테레오παρατηρέω'는 '예의 주시하다'는 뜻입니다. 예수님께서는 그들의 사악한 마음을 다 아시면서도 조금도 개의치 않고 그 사람의 마른 손을 회복시켜 주셨습니다. 말라붙었던 사람의 손이 치유되었다면 그것은 모든 사람이 다 함께 기뻐할 일이었습니다. 그러나 서기관들과 바리새인들만은 예외였습니다.

> 그들은 노기가 가득하여 예수를 어떻게 할까 하고 서로 의논하니라
> (눅 6:11).

서기관들과 바리새인들은 기뻐하기는커녕 분노에 휩싸여 예수님을 어떻게 할까 하고 서로 의논하였습니다. 이 구절과 병행 구절인 마가복음 3장 6절에 의하면, 그들은 어떻게 예수님을 죽일까 숙고하였습니다.

> 유월절이라 하는 무교절이 다가오매 대제사장들과 서기관들이 예수를 무슨 방도로 죽일까 궁리하니 이는 그들이 백성을 두려워함이더라
> (눅 22:1-2).

나는 새도 떨어뜨릴 정도의 권세를 지닌 대제사장들을 정점으로 한 유대교 지도자들은 유대인 최대의 명절인 유월절이 시작되기 전에 예수를 죽이고 싶었지만, 예수님에게 열광하는 백성이 마음에 걸렸습니다. 그래서 그들은 어떻게 하면 뒤탈 없이 예수를 죽일 수 있을지 함께 궁리하였습니다. 서로 머리를 맞대고 온갖 계책을 다 짜내었다는 말입니다. 마침내 그들은 예수님을 국사범國事犯으로 몰아 백성을 선동하여 빌라도 총독에게 예수님을 사형에 처하도록 압력을 가하는 계책을 택했습니다. 그리고 그들의 계책은 그대로 맞아떨어졌습니다. 예수님을 심문한 빌라도 총독은 예수님의 무죄

를 확신하였지만, 예수님의 무죄를 선포할 경우 유대교 지도자들에게 선동당한 백성이 민란을 일으킬지도 모른다는 두려움에 사로잡혀 예수님께 십자가형을 선고하고 말았습니다. 유대교 지도자들도 손가락 하나 까딱하지 않고 자신들의 목적을 이룬 것이었습니다. 그리고 자신들의 목적이 이루어짐과 동시에 그들이 다 함께 기뻐했을 것임도 능히 상상할 수 있습니다. 그들 역시 자신들의 목적을 위해 사람들을 어떻게 선동할 수 있는지, 다른 사람을 이용하여 자신의 뜻을 어떻게 이룰 수 있는지 꿰뚫고 있는 사악한 사람들이었습니다. 대제사장들, 서기관들, 바리새인들과 같은 유대교 지도자들의 종교적 열심은 타의 추종을 불허하였지만, 악한 것을 계산하고 숙고하고 궁리하고 실행하는 그들의 사악한 삶은 그들 자신이 본래 사악한 인간들이었음을 스스로 증명해 주었습니다. 그래서 사람을 선동하는 것이 악행이라면, 선동당하는 것은 무지라고 말씀드렸습니다.

오늘 이 시간에 우리가 주목하고자 하는 것은 그렇듯 악한 것을 숙고하고 계산하고 궁리하는 무리에 대해 그리스도인은 어떻게 대응해야 하느냐는 것입니다.

사악한 유대교 지도자들의 사악한 계책에 의해 십자가형을 선고받은 예수님께서도 그들이 취한 것과 똑같은 사악한 계책으로 그들과 맞서셨습니까? 어떤 계책이면 백성을 역선동하여 유대교 지도자 무리를 분쇄할 수 있을까 계산하고 숙고하고 궁리하셨습니까? 이 땅에 오신 예수님께서는 공생애를 시작하시면서 먼저 열두 명의 제자를 부르셨습니다. 그리고 그들을 훈련시켜 전도 여행을 보내시며 이렇게 당부하셨습니다.

보라 내가 너희를 보냄이 양을 이리 가운데로 보냄과 같도다 그러므로 너희는 뱀같이 지혜롭고 비둘기같이 순결하라(마 10:16).

　예수님께서는 당신의 제자를 "양"으로, 그리고 세상 사람을 "이리"로 표현
하셨습니다. 양은 스스로 먹이를 구할 수 없고, 스스로 길을 찾지 못하고,
외부의 공격으로부터 스스로 자신을 방어할 능력이 없습니다. 그 반면에 이
리는 어떻게 해야 먹잇감을 사냥할 수 있고, 어떤 먹잇감의 약점은 무엇이
며, 어떤 먹잇감의 급소는 어디인지를 정확하게 알고 있습니다. 먹잇감을 쫓
고 공격하는 이리의 수가 얼마나 많은지, 일단 이리의 사정권 내에 든 먹잇
감에게는 이리의 먹이가 되는 길 이외의 방안은 있을 수 없습니다. 그래서
예수님께서 양들인 당신의 제자들에게 세상으로 가서 이리처럼 사악한 사
람들에게 그냥 먹잇감이 되어 주라고 하신 것입니까? 결코 아닙니다. 예수
님께서는 그러므로 제자들에게 '뱀처럼 지혜롭고 비둘기같이 순결하라'고 말
씀하셨습니다. '지혜롭다'는 것은 사려 깊은 분별력을 의미합니다. 즉 하나님
의 말씀의 토대 위에서 주님의 제자로서 해야 할 것과 하지 말아야 할 것을
슬기롭게 분별하는 것입니다. 그리고 '순결하다'는 것은 하나님에 대한 순전
한 마음을 지니는 것입니다.

　순결이 배제된 지혜는 교활 혹은 사악과 구별되지 않습니다. 자기 손가락
하나 까딱하지 않고 백성을 선동하여 예수님을 십자가형에 처한 유대교 지
도자들, 그리고 빌립보에서 똑같은 방법으로 바울과 실라를 심한 매질과 함
께 투옥시켜 버린 사람들은 얼마나 지혜롭습니까? 그러나 그들에겐 순결함
이 결여되어 있었기에 그들의 지혜는 말씀에 뿌리를 둔 지혜가 아니라 교활
혹은 사악이었을 뿐입니다. 반면에 지혜를 수반하지 않은 순결은 백치 또
는 천치와 동의어입니다. 백치나 천치는 언제나 속고 선동당할 뿐, 결코 세
상을 변화시킬 수 없습니다. 그러므로 지혜와 순결은 동전의 양면처럼 언제

나 함께 가야 합니다. 예수님께서 말씀하신 지혜가 곧 순결이요, 순결이 바로 지혜인 것입니다.

그러나 예수님의 제자들이 양이라면 양이 아무리 지혜와 순결을 갖춘다 한들 양은 양일 뿐인데, 어떻게 양이 사악한 이리를 이길 수 있겠습니까? 양은 이리와 맞붙어서는 백전백패일 수밖에 없지 않습니까? 그렇습니다. 양은 절대로 이리를 이길 수 없습니다. 예수님의 제자들은 갈릴리 빈민 출신들로 배운 것도, 가진 것도 없는 그들 자신의 능력으로는 불의한 세상을, 사악한 세상 사람들을 결코 이길 수 없었습니다. 그럼에도 예수님께서 제자들에게 지혜와 순결을 요구하신 것은, 그들은 비록 무능력한 양일지라도, 그들이 하나님의 말씀에 뿌리를 둔 지혜와 순결을 지키는 한 예수님께서 친히 그들의 목자가 되셔서 그들로 하여금 불의한 세상을, 사악한 세상 사람을 이기게 해주실 것이기 때문이었습니다.

이 땅에 오신 예수님께서는 로마제국의 황태자로 태어나지 않으셨습니다. 달동네 나사렛의 빈민이었던 예수님께서는 단 한 번도 정규교육을 받아 보신 적이 없었습니다. 단 한 평의 땅도 소유하지 못했고, 내세울 만한 직업이나 직책을 가지신 적도 없었습니다. 그분은 세상의 것으로는 그 무엇으로도 무장한 것이 없었지만, 그러나 지혜와 순결 그 자체셨습니다. 그분은 하나님의 말씀에 뿌리를 둔 분별력에서 단 한 번도 벗어난 적이 없었고, 하나님에 대한 순전한 마음을 상실하신 적도 없었습니다. 사악한 유대교 지도자들은 손가락 하나 까딱하지 않고 사악한 방법으로 예수님을 십자가에 못박아 죽였습니다. 그것으로 예수님의 생애는 종말을 맞았습니까? 결코 아니었습니다. 지혜와 순결의 예수님을 하나님께서 죽음 한가운데에서 일으키셨습니다. 예수님을 못박아 죽인 사악한 무리는 2천 년 전 팔레스타인의 흙먼지로 형체도 없이 사라져 버렸지만, 하나님에 의해 죽음을 깨뜨리고 부활하신 예수님께서는 당신을 믿는 모든 사람을 위한 영원한 목자가 되셨습니다. 그래서 당신의 제자들이 사악한 세상에서 순교하며 비극적인 종말을 맞는 것처럼 보였지만, 그들의 목자 되신 예수님께서는 그들을, 세상을 새롭게 하고 영원히 세상을 이긴 영원한 사도로 영원 속에 우뚝 세워 주셨습니다.

본문의 바울의 경우도 마찬가지였습니다. 가련한 여인을 사로잡고 있는 귀신을 예수 그리스도의 이름으로 쫓아 주었다는 죄 아닌 죄목으로 사악한 무리에 의해 심한 매질과 함께 투옥당했지만, 바울은 그 억울하고 절망적인 상황 속에서도 그리스도인으로서의 지혜와 순결을 잃지 않았습니다. 그리스도인으로서의 분별력과 하나님에 대한 순전한 마음을 지켰다는 말입니다. 그때 바울의 목자 되신 예수님께서는, 다음 시간부터 살펴보겠지만 바울을 감옥에서 구해 내시고, 그로 하여금 그를 짓밟았던 사악한 세상을 영원히 이긴 영원한 사도가 되게 해주셨습니다.

우리가 살아가는 이 세상은 천국이 아닙니다. 오히려 그 반대입니다. 이 세상은 불의하고, 불의한 세상은 사악한 사람들로 가득합니다. 따라서 이 세상에서 그리스도인으로 살아간다는 것은 때로 불이익을 당하고, 때로 상처받고, 때로 고난당하는 것을 의미합니다. 그때 결코 세상의 악을 악으로 이기려 하지 마십시오. 세상의 사악한 사람들은 악을 계산하고, 숙고하고, 궁리하는 사람들입니다. 그들은 자신들의 목적을 위해 어떻게 사람들을 선동할 수 있으며, 자신의 손가락 하나 까딱하지 않고 다른 사람의 손을 빌려 어떻게 자신의 뜻을 이룰 수 있는지 꿰뚫고 있는 사람들입니다. 그러므로 세상의 악을 악으로 이기려 하면 더 큰 악을 초래하기 마련이요, 또 악은 아무리 강력해 보여도 언젠가 반드시 흙먼지처럼 사라질 뿐입니다. 그러므로 이 세상에서 우리가 할 일은 오직 지혜와 순결을 지키는 것입니다. 그때 우리의 목자이신 예수님께서 우리로 하여금 지혜와 순결로 세상의 불의와 악을 이기게 해주실 뿐 아니라, 우리를 통로로 삼아 이 세상을 새롭게 하실 것입니다.

열흘 전 미국 버지니아 연회의 조영진 목사님이 미국연합감리교회UMC 동남부지역총회에서 감독으로 선출되었습니다. 미국연합감리교회 역사상 한국인으로는 세 번째 감독이 된 셈입니다. 작년 안식월 기간 동안 제가 미국 워싱턴을 방문했을 때, 제 숙소를 찾아온 조영진 목사님이 함께 조찬을 하며 이렇게 기도했습니다.

하나님, 오늘도 평생 처음 맞는 아침을 주셔서 감사합니다.

이 짧은 구절은 제 마음에 큰 감동으로 와 닿았습니다. 우리가 매일 아무 생각 없이 맞는 아침은 또다시 맞을 수 있는 아침이 아닙니다. 그 아침은 어제의 아침과도 같지 않고, 내일의 아침과도 같을 수 없습니다. 우리가 매일 맞는 아침은 오직 그날 한 번뿐인, 평생 처음 맞는 아침입니다. 내일 아침은 내일 한 번뿐입니다. 그 아침은 다시는 돌아오지 않습니다. 그렇다면 매일 평생 처음 맞는 아침이, 매일 평생 처음 맞는 하루가 어떤 아침, 어떤 하루가 되기 원하십니까? 세상의 불의와 악에 오염된 더러운 누더기처럼 되기를 원하십니까? 그렇게 살아서야 평생 세상과 자신을 오염시키다가 결국 그 생이 후회와 탄식 속에서 막을 내리지 않겠습니까? 우리가 매일 평생 처음 맞는 아침, 평생 처음 맞는 하루가 진정 어제보다 새로운 아침, 오늘보다 새로운 하루가 되기를 원한다면, 우리 모두 예수 그리스도 안에서 지혜와 순결을 지키십시다. 하나님의 말씀에 뿌리를 둔 분별력과 하나님에 대한 순전한 믿음의 마음을 어떤 경우에도 견지하십시다. 우리는 비록 보잘것없는 양과 같아도, 우리의 목자이신 예수님께서 우리로 하여금 이 불의하고 사악한 세상을 이기는 새로운 아침, 새로운 하루를, 날마다 맞게 해주실 것입니다.

가만히 귀를 기울여 보십시오. 이 시간 우리를 이 자리에 불러 주신 예수 그리스도께서 지금 우리에게 이렇게 약속하고 계십니다. "세상에서는 너희가 환난을 당하나 담대하라. 내가 세상을 이기었노라"(요 16:33하).

하나님께서는 그동안 헤아릴 수도 없이 많은 아침들과 하루들을 내게 주셨습니다. 그러나 나는 그 많은 아침들과 하루들이 모두 내가 평생 처음 맞는 아침, 내가 평생 처음 맞는 하루임을 알지 못했습니다. 그저 아무 생각 없이 어제와 똑같은 오늘 아침, 오늘 하루와 다르지 않은 내일을 맞아 왔을 뿐입니다. 그래서 그리스도인이면서도 때로는 순결을 결여한 지혜를 추구하였기에 우리의 지혜는 교활함 그리고 사악함과 구별되지 않았고, 때로는 지혜가 배제된 순결을 내세웠기에 우리의 순결은 쉽게 속고 선동당하는 백치 혹은 천치와 다를 바 없었습니다. 그 결과 나는 그동안 욕망으로 세상과 나 자신을 동시에 오염시키는 더러운 누더기 같은 삶을 살아왔음을 회개하오니 용서해 주십시오.

불의한 세상과 사악한 사람들 속에서 세상의 불의와 악을, 불의와 악으로 이기려는 어리석음을 범치 않게 해주십시오. 악한 것을 계산하고 숙고하고 궁리하는 사악한 사람이 아니라, 어떻게 하면 예수 그리스도 안에서 말씀에 뿌리를 둔 분별력과 하나님에 대한 순전한 마음을 지킬 수 있는지 계산하고 숙고하고 궁리하는 주님의 참된 제자가 되게 해주십시오. 예수님처럼, 예수님의 제자들처럼, 본문의 바울처럼, 어떤 상황 속에서도 지혜와 순결을 지키게 해주십시오. 그리하여 우리의 목자 되신 예수님을 힘입어 세상을 이기게 하시고, 우리가 매일 평생 처음 맞는 아침과 하루가 예수 그리스도 안에서 어제보다 새로운 아침, 오늘보다 새로운 내일이 되게 해주십시오. 예수 그리스도 안에서 매일 새로워지는 우리의 삶을 통해 우리의 가정과 일터가, 교회와 이 세상이 날마다 새로워지게 해주십시오. 아멘.

19. 한밤중에

사도행전 16장 16-25절

우리가 기도하는 곳에 가다가 점치는 귀신 들린 여종 하나를 만나니 점으로 그 주인들에게 큰 이익을 주는 자라 그가 바울과 우리를 따라와 소리 질러 이르되 이 사람들은 지극히 높은 하나님의 종으로서 구원의 길을 너희에게 전하는 자라 하며 이같이 여러 날을 하는지라 바울이 심히 괴로워하여 돌이켜 그 귀신에게 이르되 예수 그리스도의 이름으로 내가 네게 명하노니 그에게서 나오라 하니 귀신이 즉시 나오니라 여종의 주인들은 자기 수익의 소망이 끊어진 것을 보고 바울과 실라를 붙잡아 장터로 관리들에게 끌어갔다가 상관들 앞에 데리고 가서 말하되 이 사람들이 유대인인데 우리 성을 심히 요란하게 하여 로마 사람인 우리가 받지도 못하고 행하지도 못할 풍속을 전한다 하거늘 무리가 일제히 일어나 고발하니 상관들이 옷을 찢어 벗기고 매로 치라 하여 많이 친 후에 옥에 가두고 간수에게 명하여 든든히 지키라 하니 그가 이러한 명령을 받아 그들을 깊은 옥에 가두고 그 발을 차꼬에 든든히 채웠더니 **한밤중에** 바울과 실라가 기도하고 하나님을 찬송하매 죄수들이 듣더라

제가 난생처음 해외여행을 한 것은 지금부터 40년 전인 1972년 2월이었습니다. 당시 외국인 회사에서 근무하던 저는 본사 연수를 받기 위하여 네덜란드의 암스테르담으로 갔습니다. 일본 하네다공항에서 네덜란드 항공으로 바꿔 타고 미국 알래스카의 앵커리지를 경유하는 북극항로를 이용하여, 김포공항을 출발한 지 만 24시간 만에 암스테르담에 도착하는 여정이었습니다. 서울에서 12시간이면 유럽 어느 도시든 직항으로 갈 수 있는 요즈음과 비교하면 아득히 먼 시절의 이야기인 셈입니다. 그때는 해외로 출국하는 한국인은 극소수에 지나지 않았습니다. 여권을 발급받는 것조차 쉽지 않은 시절이었습니다. 그래서 당시 국제공항이던 김포공항은 언제나 출국하는 사람보다도 출국하는 사람을 배웅하는 사람들로 붐볐습니다. 무슨 목적으로 출국하든 출국하는 사람의 가족들과 친지들이 대거 김포공항까지 배웅 나왔기 때문입니다. 출국자가 그리스도인일 경우에는 당사자가 다니는 교회 목사님과 교인들이 나와, 함께 원을 그리고 둘러서서 큰 목소리로 찬송을 부르고 기도하는 것을 당연하게 생각했습니다.

　그 시절에 생애 첫 해외여행을 앞두고 저는 일주일 전부터 밤마다 잠을 설쳤습니다. 출국일이 가까워 오면서 계속 들떠 오르는 마음을 도무지 진정할 재간이 없었기 때문입니다. 출국 전날 거의 뜬눈으로 밤을 새운 저는 아침에 일어나자마자 흥분된 마음으로 창문 커튼을 열어젖혔습니다. 그리고 소스라치게 놀랐습니다. 밤사이에 폭설이 내려 온 천지가 새하얗게 변해 있었습니다. 그리고 하늘은 온통 짙은 구름으로 뒤덮여 있었습니다. 오전 11시에 출발할 예정인 비행 시간에 맞추어 서둘러 김포공항으로 향하면서도 마음은 불안하기 짝이 없었습니다. 김포공항의 제설 설비가 변변치 않을 때여서, 폭설에 뒤덮인 활주로 여건상 비행기 이륙이 불가능할 것 같아서였습니다. 김포공항에 도착했더니, 친지들뿐 아니라 제가 다니던 교회 목사님과 교우님들이 저를 배웅하기 위해 먼저 나와 기다리고 있었습니다. 그러나 예상했던 대로 김포공항은 비행기 이륙이 불가능한 상황이었습니다. 항공사 측은 제설 작업이 언제 끝날지 현재로서는 도저히 예측할 수 없으므로, 전화번호를 남겨 두고 집에 가서 대기하고 있으면 전화로 출발 시간을 통보해 주겠다고 했습니다. 학수고대하던 첫 해외여행이었던 만큼 실망감도 컸습니다. 어쩔 수 없이 김포공항까지 배웅 나온 분들과 멋쩍게 작별 인사를 나눈 뒤 집으로 되돌아오면서도 불안감은 가시지 않았습니다. 잔뜩 찌푸린 날씨가 금방이라도 다시 눈이 내리면 비행기 이륙이 영영 불가능할 것 같았습니다.

오후 1시쯤 항공사 측에서 집으로 전화를 걸어 왔습니다. 오후 4시경에 비행기가 출발할 수 있을 것 같으므로 김포공항으로 다시 나오라는 것이었습니다. 그러나 날씨는 조금도 갤 기미가 보이지 않았습니다. 과연 비행기가 뜰 수 있을까? 반신반의하며 재차 김포공항으로 갔습니다. 출국 수속을 마치고 비행기에 탑승해서도 불안하기는 매한가지였습니다. 다시 내리라고 할 것만 같은 불안감이었습니다. 이윽고 비행기 출입문이 닫히고 기체가 활주로 위를 움직이기 시작하자 비로소 안도의 한숨이 나왔습니다. 생애 첫 해외여행이 정말 시작되었다는 실감이 그제야 난 것이었습니다.

활주로를 질주하던 비행기가 이륙하여 두터운 휘장처럼 하늘을 뒤덮고 있던 구름층을 뚫고 올라갔습니다. 그러자 그 짙은 구름층 위로 눈부시도록 새하얀 엷은 구름층이 또 있었습니다. 그 구름층마저 뚫고 올라가자 창공에 태양이 빛나고 있었습니다. 그 광경은, 조금 전까지 제가 가슴 졸이며 불안해하던 구름 아래 지상과는 너무나도 대조적인 광경이었습니다. 해외여행이 자유화된 오늘날에는 궂은 날씨에 비행기를 타면 누구든 어렵지 않게 체험할 수 있는 광경입니다. 그러나 폭설과 찌푸린 날씨로 인해 비행기가 이륙하기 직전까지 첫 해외여행이 무산되지나 않을까 가슴 졸이던 제게 그것은 경이로움 그 자체였습니다. 그때는 우리 나이로 스물네 살이었던 제가 타락의 나락으로 떨어지기 전이었지만, 그렇다고 신심이 깊지도 않을 때였습니다. 그렇지만 저도 모르게 제 눈에서 눈물이 주르르 흐르는 가운데, 저는 마음속으로 하나님을 찬양하지 않을 수 없었습니다. 창공에서 빛나는 태양이 저로 하여금 하나님과 저의 관계에 대한 귀한 깨달음을 얻게 해주었기 때문입니다.

하늘이 온통 짙은 구름으로 뒤덮이고 폭설로 인해 비행기 이륙마저 불가능했을 때, 이 세상에서 태양은 영영 사라진 것 같았습니다. 이 세상에 태양이 존재하고 있다는 사실을 생각할 수조차 없었습니다. 그러나 태양은 사라진 것이 아니었습니다. 태양이 자리를 옮긴 것도 아니었습니다. 태양은 태곳적부터 지켜 온 자리에서 변함없이 빛과 열을 발하고 있었습니다. 태양이 사라지거나 자리를 이동한 것이 아니라, 단지 하늘을 뒤덮고 있는 구름으로 인해 지상에서는 태양을 볼 수 없었을 뿐입니다. 그런데도 하늘이 먹구름으로 뒤덮이고 땅 위에 폭풍우와 폭설이 몰아친다고 해서 태양이 영영 사라져 버렸다고 속단한다면, 그것은 얼마나 어리석은 단견이겠습니까?

하나님과 우리의 관계도 이와 똑같습니다. 우리의 인생행로 위에서 우리의 계획이나 의도와는 달리 때로 폭풍우나 폭설이 우리에게 휘몰아칠 때 하나님은 어디에 계시느냐고, 당신은 나를 버리셨냐고, 우리는 하나님을 원망하며 절규하게 됩니다. 그러나 태양이 사라지거나 이동하지 않는 것처럼, 태양을 창조하신 하나님께서도 사라지시거나 당신의 거처를 옮기시지 않습니다. 시간과 공간을 초월하시는 하나님께서는 내가 어디에 있든 언제나 변함없이 나와 함께하고 계십니다. 단지 우리의 영혼이 죄의 구름, 불신의 구름으로 뒤덮여 있기에 하나님을 볼 수 없을 뿐입니다. 믿음은 십자가에서 우리의 죗값을 대신 치러 주신 예수 그리스도의 보혈로 죄의 구름, 불신의 구름을 걷어 내는 것입니다. 그리고 우리 영혼의 눈으로 언제나 우리와 함께하고 계시는 하나님을 보고, 느끼고, 또 하나님과 소통하는 것입니다. 그때부터 우리 삶의 의미가, 아니 우리 삶에 휘몰아친 폭풍우와 폭설의 의미가 하나님으로 인해 새로워지는 것입니다.

빌립보에서 바울은 귀신에 사로잡힌 가련한 여인으로부터 예수 그리스도의 이름으로 더러운 귀신을 쫓아내어 주었습니다. 바울은 사도로서 당연히 해야 할 일을 한 셈이었습니다. 그러나 그 여인을 고용했던 사람들은, 귀신에서 벗어난 그 여인을 통해서는 더 이상 돈을 벌 수 없게 되자 바울과 실라를 붙잡아 아고라로 개 끌듯 끌고 갔습니다. 그들은 아고라의 군중 앞에서 빌립보의 집정관들에게 바울과 실라를 가리켜, 이 사람들은 유대인이라고 소리쳤습니다. 그리고 마치 바울과 실라가 로마제국의 제도와 관례 그리고 규정을 허물어뜨리려 한 것처럼 거짓 모함으로 그들을 고발하였습니다. 빌립보 시민들이 유대인에 대해 지니고 있던 반감에 불을 지른 것이었습니다. 아고라에 모여 있던 군중은 유대인인 바울과 실라에 대한 불타는 적개심으로 그 두 사람을 일제히 공격하였습니다.

그리고 본문 22절이 계속하여 이렇게 증언하고 있습니다.

무리가 일제히 일어나 고발하니 상관들이 옷을 찢어 벗기고 매로 치라 하여.

우리말 '상관'으로 번역된 헬라어 '스트라테고스στρατηγός'는 빌립보의 최고 지도자인 '집정관'에 대한 호칭입니다. 그 집정관들 역시 유대인에 대한 인종적 편견을 지니고 있었음이 분명합니다. 그들은 정당한 법적 절차도 거치지 않은 채 바울과 실라의 옷을 찢어 벗긴 후에 매로 치게 했습니다. 바울과 실라의 맨몸을 몽둥이로 치게 한 것이었습니다. 요즈음은 학교에서 체벌이 법적으로 금지되어 있지만, 예전에는 선생님의 회초리 역시 교육의 일부분이었습니다. 숙제를 해가지 않았다든지 공부 시간에 떠들면, 으레 종아리로 선생님의 회초리를 맞아야만 했습니다. 그때 교복 위로 회초리를 때리는 선생님은 없었습니다. 반드시 교복 바지를 걷어 올리게 한 뒤에 맨 종아리에 회초리로 때렸습니다. 그래야 아픔의 효과가 극대화되기 때문이었습니다. 죄수의 옷 위로 매질을 하면 아무리 옷이 얇아도 옷이 일종의 방어막 역할을 해줍니다. 그래서 옛날 우리나라에서도 태형笞刑을 가할 때에는 반드시 죄수의 옷을 먼저 벗겼습니다. 옷을 벗긴 맨몸에 매질을 가하면 금방 살이 터질 뿐만 아니라, 때로는 몽둥이에 살점이 묻어나기도 합니다. 태형을 당해 보지 않은 사람은 어떻게 그 고통을 상상인들 할 수 있겠습니까?

많이 친 후에 옥에 가두고 간수에게 명하여 든든히 지키라 하니(23절).

집정관들의 명령에 따라 형리들은 바울과 실라에게 매질을 "많이" 했습니다. 구약성경 신명기 25장 3절은 태형을 가할 경우 40대를 초과할 수 없도록 규정하고 있습니다. 사람의 감정에 따라 무제한으로 태형을 가하지 못하게 하기 위한 장치였습니다. 그래서 유대인들은 태형을 가할 경우에 반드시 40에서 하나를 감한 39대까지만 매질을 했습니다. 자기도 모르게 횟수를 잘못 계산하여 40대를 초과하지 말라는 율법을 범치 않기 위함이었습니다. 그러나 이방인들의 태형에는 숫자의 제한이 없었습니다. 태형을 명한 사람이 중지 명령을 내릴 때까지 한도 없이 계속되었습니다. 본문 23절이 바울과 실라가 태형을 당했음을 증언하면서 '많이'라는 단어로 시작되었다는 사실은, 바울과 실라가 40대를 초과하는 심한 매질을 당했음을 의미합니다. 그러나 그것이 끝이었던 것은 아닙니다.

집정관들은 맨몸으로 심한 태형을 당한 바울과 실라를 투옥시킨 뒤, 감옥의 간수에게 두 사람을 철저하게 지키라고 명령하였습니다.

> 그가 이러한 명령을 받아 그들을 깊은 옥에 가두고 그 발을 차꼬에 든든히 채웠더니(24절).

집정관들의 명령을 받은 간수는 바울과 실라를 깊은 옥에 가두었습니다. 일반적으로 로마제국의 감옥은 복도를 사이에 두고 바깥쪽으로 창이 있는 외옥과 안쪽으로 창이 없는 내옥, 그리고 지하 감방으로 이루어져 있었습니다. 바울과 실라가 깊은 옥에 갇혔다는 것은 외부와 완전 단절된 지하 감방에 갇혔음을 의미했습니다. 그것도 모자라 간수는 바울과 실라의 발에 차꼬까지 채웠습니다. 차꼬는 죄수의 가랑이가 찢어질 정도로 두 다리를 벌려 고정시키는 형틀입니다. 로마제국의 차꼬는 벽에 부착되어 있어서 차꼬를 찬 사람은 등을 벽에 대고 편하게 기대앉을 수도 없었습니다. 그렇다고 바울과 실라가 차꼬를 찬 채로 감방 바닥에 드러누울 수도 없었던 것은, 맨몸으로 태형을 당했기에 누우면 등 뒤 상처 자국의 고통이 더욱 가중될 것이기 때문이었습니다.

그 상황 속에서 본문 25절은 "한밤중에"로 시작되고 있습니다. 한밤중은 하루 중에서 가장 어두운 시간입니다. 그래서 한밤중은 절망의 상징이기도 합니다. 지금 바울과 실라는 한밤중을 맞았습니다. 그것은 단순히 그 순간의 시간만을 의미하지 않습니다. 바울과 실라가 빌립보에서 살인강도 짓을 저질렀습니까? 바울과 실라가 협잡꾼이었습니까? 바울은 더러운 귀신에 사로잡힌 채 악덕 고용주에게 착취당하던 가련한 빌립보 여인을 구해 주었을 뿐입니다. 그것은 빌립보의 집정관들로부터 표창받을 일이지 비난받거나 고발당할 일이 아니었습니다. 그럼에도 바울과 실라는 재판도 받지 못한 상태에서 맨몸으로 헤아릴 수도 없이 많은 매질을 당했습니다. 그것도 모자라 지하 감방에 갇혀 두 발이 차꼬에 채인 채 몸을 벽에 기댈 수도, 바닥에 드러누울 수도 없는 처지가 되고 말았습니다. 바로 그 상태에서 바울과 실라는 한밤중을 맞았습니다. 그렇다면 그 한밤중이야말로 절망의 한밤중임이 분명했습니다. 그 한밤중에 바울과 실라는 대체 무엇을 했습니까?

> 한밤중에 바울과 실라가 기도하고 하나님을 찬송하매 죄수들이 듣더라 (25절).

그 한밤중에 바울과 실라는 기도하고 하나님을 찬송했습니다. 심한 매질을 당하고 두 발마저 차꼬에 채인 상태에서 탈진하여, 그저 입속으로 기도하고 흥얼거리듯 찬송한 것이 아니었습니다. 바울과 실라는 다른 감방의 죄수들이 들을 수 있을 정도로 큰 소리로 기도하고 찬송했습니다. 그렇다면 그들의 상황이 절박하고도 절망적이었던 만큼 자신들을 도와 달라고, 그 억울한 감옥으로부터 벗어나게 해달라고 절규하듯 기도하고 찬송한 것으로 이해할 수 있습니다. 그러나 그것은 사실이 아니었습니다. 만약 바울과 실라가 그런 마음으로 기도하고 찬송했더라면, 앞으로 계속 살펴보겠지만, 하나님께서 지진으로 옥문을 열어 주시고 발의 차꼬 역시 풀어 주셨을 때, 그들은 앞뒤 가리지 않고 감옥을 빠져나왔을 것입니다. 그러나 옥문이 열리고 차꼬가 풀렸음에도 바울과 실라는 감옥을 벗어나지 않고, 감옥 속에 그대로 앉아 있었습니다. 단순히 그 절망의 감옥에서 벗어나기 위해 기도한 것이 아니었기 때문입니다.

그렇다면 바울과 실라는 그 한밤중에 무엇을 위해 하나님께 기도하고 하나님을 찬송했겠습니까? 두말할 것도 없이 그 절망적인 한밤중의 감옥 속에서도 자신들을 통해 하나님의 뜻이 이루어지기를 기도했습니다. 그것이 옥문이 열리고 차꼬가 풀렸음에도 바울과 실라가 감옥 속에 그대로 앉아 있었던 이유였습니다. 그 결과, 역시 앞으로 살펴보겠지만, 그 한밤중에 그 감옥 속에서 간수와 그의 가족을 구원하시려는 하나님의 신비스러운 섭리가 이루어졌을 뿐 아니라, 주님의 부르심을 받은 바울이 스스로 배설물처럼 여겼던 로마 시민권이 하나님의 복음을 전하는 데 결정적인 역할을 할 수 있다는 중요한 사실을 그가 확인하게 되었습니다.

생각해 보십시오. 바울과 실라가 그 절망적인 한밤중의 감옥 속에서 단지 그 감옥을 벗어나기 위해 하나님께 기도했다면, 그것은 자신들이 억울하게 붙잡혀 재판도 없이 심한 매질을 당하고 두 발이 차꼬에 채인 채 투옥당한 것을 하나님은 보지도 알지도 못하는 하나님이라고 스스로 인정하는 것 아니겠습니까? 그것이 사실이라면, 그 하나님은 당신의 종들이 당신의 이름을 위해 억울하게 고통당하고 고난당하는 현장에서 사라져 버렸음이 분명하지 않습니까? 그런 하나님이라면 바울과 실라가 아무리 감옥 속에서 벗어나게 해달라고 절규한들 과연 그 기도에 응답할 수 있겠습니까? 그런 하나님이라면 믿을 이유나 가치가 어디에 있겠습니까?

그러나 바울은 주님의 부르심을 입은 후에 하나님께서 자신을 보고 계시고, 알고 계시고, 함께하고 계심을 한순간도 잊은 적이 없었습니다. 2차 전도 여행을 위해 수리아 안디옥을 출발한 바울은 오늘날 터키 대륙의 서부 지역에서 계속 복음을 전하기 원했지만 하나님께서 허락하시지 않았습니다.

그러나 바울은, 무슨 일이 있어도 나는 이곳에서 복음을 전해야겠다고 자기주장을 내세우지 않았습니다. 바울이 터키 대륙의 서북쪽에 위치한 무시아로 올라가 동쪽 비두니아 땅으로 진출하려 했을 때에도 하나님께서 가로막으셨습니다. 그때에도 바울은, 내 앞길을 또다시 가로막으시냐고 하나님께 불평을 터뜨리지 않았습니다. 드로아로 내려가 에게 해 너머 유럽 땅으로 건너가는 것이 하나님의 뜻임을 깨달았을 때에도, 아시아인인 나는 낯설고 물선 유럽 땅으로 건너갈 수 없다고 버티지 않았습니다. 그는 자신의 앞길이 가로막히면 막히는 대로, 자신이 전혀 원치 않는 길을 가게 되면 가는 대로, 주어진 모든 상황을 믿음으로 받아들였습니다. 자신을 보고 계시고, 알고 계시고, 자신과 함께하고 계신 하나님께서 그 모든 상황 속에서 자신을 통해 당신의 뜻을 이루실 것을 굳게 믿었기 때문입니다. 그 결과 유럽인인 루디아를 구원하시고 유럽 땅인 빌립보에 당신의 교회를 세우시려는 하나님의 신비로운 뜻이 바울을 통해 인류의 역사 속에 이루어지지 않았습니까?

오늘 본문의 상황도 마찬가지였습니다. 바울은 억울하게 붙잡혀 심한 매질을 당하고 투옥되어 발에 차꼬마저 채워지는 절망적인 한밤중을 맞았지만, 그 한밤중을 주신 분이 하나님이시요, 그 한밤중 속에서 자신을 통해 이루실 하나님의 뜻이 있음을 믿어 의심치 않았습니다. 그래서 바울은 실라와 함께 그 한밤중의 감옥 속에서 하나님의 뜻이 이루어지기를 기도하며 찬송했고, 그 한밤중의 감옥 속에서 간수와 그의 가족을 구원하시려는 하나님의 신비로운 섭리가 바울을 통해 이루어졌습니다. 극적으로 구원받은 간수와 그의 가족이 그 유명한 빌립보 교회의 충성스러운 일꾼들이 되었을 것임은 재론의 여지도 없습니다. 그러므로 그날 밤 그 한밤중은 절망의 한밤중이 아니었습니다. 그 한밤중이야말로 하나님의 구원의 생명이 찬란하게 그 빛을 발하는 신비로운 섭리의 한밤중이었습니다.

사람들은 자신의 뜻과 계획이 무참하게 무산되어 자기 인생에 폭풍우와 폭설이 몰아치는 절망의 한밤중을 당했을 때, 자신이 동원할 수 있을 방법을 다 동원하고서도 안 되면, 그제야 겸손한 마음으로 한밤중에서 벗어나게 해달라고 하나님께 간절히 기도합니다. 그것은 유한한 인간에게 자연스러운 일일 수는 있지만, 그리스도인에게 성숙한 믿음일 수는 없습니다. 그것은 내가 그런 한밤중을 당하는 현장에 하나님께서 계시지 않았다고, 하나님께서 그 현장을 보지 못하셨다고, 그래서 지금 내가 처해 있는 한밤중의 상황을 알지 못하신다고 인정하는 것과 같습니다. 내가 일일이 설명하지 않으면 나의 처지를 전혀 알지 못하는 하나님이라면 어찌 전능한 하나님일 수 있으며, 우리 믿음의 대상이 될 수 있겠습니까?

　이 세상이 온통 검은 구름으로 뒤덮이고 폭풍우와 폭설이 휘몰아쳐도 구름 위 창공에는 태양이 변함없이 제자리를 지키며 빛과 열을 발하고 있듯, 내 눈에 보이지 않는다고 해서 하나님께서 내 곁에 계시지 않거나, 내 삶의 현장을 보지 못하고 알지 못하시는 것은 결코 아닙니다. 하나님은 언제나 내 곁에 계시고, 나의 모든 상황을 보고 또 알고 계십니다. 이것을 믿는 것이 믿음입니다. 이 믿음을 지니지 못할 경우, 우리는 하나님을 믿는다면서도 우리의 계획이 무산될 때마다 절망의 한밤중을 헤매느라 소중한 인생의 대부분을 허망하게 허비하는 어리석음을 탈피할 수 없습니다.

　지금 어떤 절망의 한밤중을 헤매고 계십니까? 그러나 하나님께서는 나의 한밤중을 다 보고 계시고, 나의 한밤중을 다 알고 계시고, 그 한밤중 속에서 나와 함께 계심을 잊지 마십시다. 그 한밤중을 주신 분이 하나님이시기 때문입니다. 그 하나님을 믿음의 눈으로 바라보며 단지 그 한밤중에서 벗어나기 위해 기도하는 것이 아니라, 그 한밤중 속에서도 나를 통해 하나님의 뜻이 이루어지기를 기도하십시다. 그 한밤중은 절망의 한밤중이 아니라, 소망과 생명과 신비로운 섭리의 한밤중이 될 것입니다. 하나님께서 그 한밤중을 주신 이유가, 찬란하게 동터 오는 새벽빛을 맞게 해주시기 위함이기 때문입니다.

하늘이 온통 먹구름으로 뒤 덮였다고, 폭풍우가 우리 삶의 근간을 뒤흔든다고, 폭설이 우리의 발길을 묶는다고, 태양이 사라지거나 실종되지는 않습니다. 태양은 구름 위 창공에서 변함없이 자기 자리를 지키며 빛과 열을 발하고 있습니다. 그래서 곡식이 여물고 생명체는 생명을 유지할 수 있습니다. 하나님의 피조물인 태양도 이와 같다면, 하물며 태양을 창조하신 하나님이시야 두말해 무엇하겠습니까? 우리 눈에 하나님이 보이지 않는다고 하나님께서 계시지 않거나, 사라지신 것은 아닙니다. 그럼에도 우리의 계획이 무산될 때마다 우리는 절망의 한밤중을 헤매며, 하나님은 어디 계시냐고, 하나님은 나를 버리셨느냐고, 당신은 정말 살아 계시냐고 절규하곤 합니다. 우리의 이 무지와 불신과 어리석음을 용서해 주십시오. 우리의 영혼을 뒤덮고 있는 죄의 구름과 불신의 구름을 예수 그리스도의 보혈로 걷어 주셔서, 언제나 내 곁에 계시고, 나를 보고 계시고, 나의 모든 상황을 알고 계시는 하나님을 믿음의 눈으로 보고, 느끼고, 확인하게 해주십시오. 때로 내 인생에 폭풍우와 폭설이 몰아쳐도, 내 계획이 무산되고 나의 앞길이 가로막혀도, 내가 전혀 원치 않는 길로 나아가지 않을 수 없게 되어도, 그래서 내 인생이 칠흑 같은 한밤중을 맞아도, 단지 그 한밤중에서 벗어나기 위해 기도하는 것이 아니라, 그 한밤중 속에서도 그 한밤중을 주신 하나님의 뜻이 내 삶을 통해 이루어지기를 기도하는 성숙한 그리스도인, 진정한 믿음의 사람이 되게 해주십시오. 그리하

여 내가 맞닥뜨리는 인생의 한밤중이 절망과 좌절의 한밤중이 아니라, 찬
란하게 동터 오는 새벽빛을 향한 소망과 생명과 신비로운 섭리의 한밤중
이 되게 해주십시오. 아멘.

20. 매인 것이 다 벗어진지라

사도행전 16장 26-34절

이에 갑자기 큰 지진이 나서 옥터가 움직이고 문이 곧 다 열리며 모든 사람의 **매인 것이 다 벗어진지라** 간수가 자다가 깨어 옥문들이 열린 것을 보고 죄수들이 도망한 줄 생각하고 칼을 빼어 자결하려 하거늘 바울이 크게 소리 질러 이르되 네 몸을 상하지 말라 우리가 다 여기 있노라 하니 간수가 등불을 달라고 하며 뛰어 들어가 무서워 떨며 바울과 실라 앞에 엎드리고 그들을 데리고 나가 이르되 선생들이여 내가 어떻게 하여야 구원을 받으리이까 하거늘 이르되 주 예수를 믿으라 그리하면 너와 네 집이 구원을 받으리라 하고 주의 말씀을 그 사람과 그 집에 있는 모든 사람에게 전하더라 그 밤 그 시각에 간수가 그들을 데려다가 그 맞은 자리를 씻어 주고 자기와 그 온 가족이 다 세례를 받은 후 그들을 데리고 자기 집에 올라가서 음식을 차려 주고 그와 온 집안이 하나님을 믿으므로 크게 기뻐하니라

2천 년 전 바울이 방문했던 빌립보는 그로부터 천 년 후, 그러니까 지금부터 천 년 전에 대지진으로 인해 사람이 살 수 없는 폐허가 되고 말았습니

다. 그러나 오늘날 잘 발굴되어 있는 빌립보 유적지를 찾아가 보면, 2천 년 전 빌립보가 얼마나 거대한 도시였는지 놀라지 않을 수 없습니다. 오늘의 본문 속에서 바울과 실라가 갇혔던 감옥의 일부도 남아 있습니다. 그 감옥 앞으로 바울과 실라가 군중 앞에서 심한 태형을 당했던 아고라와 함께 거대한 빌립보의 전경이 펼쳐져 있습니다. 그리고 감옥 뒤쪽으로는 디오니소스 신전이 있습니다. 그리스신화에 등장하는 디오니소스는 '포도 재배의 신' 혹은 '포도주의 신'으로서 로마신화 속에서는 '바쿠스'로 불렸습니다. 감옥 너머의 언덕 위에는 무려 3천 명을 수용할 수 있는 야외극장이 있습니다. 그 아래 쪽으로 로마제국의 군사 및 상업 도로인 '에그나티아 가도'가 발칸반도의 동서를 연결하고 있습니다. 그리고 빌립보 맞은편의 해발 1,956미터의 팡가이온 산에서는 매년 1천 달란트의 금을 채굴했습니다. 1달란트가 약 34킬로그램에 해당하므로 팡가이온 산은 매년 34,000킬로그램의 금을 캐내는, 문자 그대로 노다지 금광산이었습니다.

그 빌립보에 한밤중이 찾아왔습니다. 거대하고 분주하던 빌립보가 한밤중의 적막에 휩싸인 것입니다. 바울과 실라를 아고라로 개 끌듯 끌고 가 거짓 모함으로 고발한 귀신 들린 여인마저 착취했던 악덕 고용주들도, 그 악덕 고용주들에게 충동질을 당해 무엇이 옳고 그른지 따지지도 않고 무조건 바울과 실라를 공격했던 아고라의 군중도, 정식 재판 절차마저 무시하고 심한 태형을 가한 후에 바울과 실라를 투옥시켜 버린 집정관들도, 바울과 실라를 지하 감방에 가두고 그 두 사람의 발에 차꼬까지 채웠던 간수도, 언제 무슨 일이 있었느냐는 듯 모두 깊은 잠에 곯아떨어졌습니다. 그리고 아침에 해가 뜨면 아무 일도 없었다는 듯이 아고라에는 또다시 군중이 모일 것이고, 디오니소스 신전에서는 포도주를 찬미하는 제사가 드려질 것이고, 야외극장에서는 수많은 관객들 앞에서 흥미진진한 볼거리가 공연될 것이고, 에

그나티아 가도는 물자를 가득 실은 마차들로 붐빌 것이고, 팡가이온 산에서는 사람들이 어제와 똑같이 노다지를 캐낼 것입니다. 그 거대하고 분주한 도시 빌립보에서 지하 감방에 갇혀 한밤중을 맞은 바울과 실라는 이미 잊힌 존재와 다름없었습니다. 적막에 휩싸인 한밤중의 빌립보에선, 이튿날 새 아침이 된다 한들 과연 누가 바울과 실라를 기억하고 또 생각하겠습니까?

그러나 빌립보 사람들이 모두 바울과 실라를 잊어도, 우리는 그들을 잊을 수 없습니다. 우리의 관심사는 분주하게 움직이는 거대 도시 빌립보가 아니라, 그 도시와는 완전 단절된 지하 감방에 갇혀 차꼬마저 차고 있는 초라한 몰골의 바울과 실라입니다. 빌립보의 모든 사람들이 이미 그들을 잊었어도, 우리가 믿는 하나님께서는 그 두 사람을 절대로 잊지 않으셨기 때문입니다. 바울과 실라 역시 그 사실을 잘 알고 있었습니다. 비록 자신들이 심한 태형을 당한 채 외부와 완전히 단절된 지하 감방에 갇혀 두 발에 차꼬까지 차고 있지만, 하나님께서 자신들을 보고 계시고, 자신들의 처지를 자신들보다 더 잘 알고 계시며, 그 한밤중의 감옥 속에서도 자신들과 함께하고 계심을 믿어 의심치 않았습니다. 그 믿음이 있었기에 그 감옥 속의 한밤중은 결코 절망과 좌절의 한밤중일 수 없었습니다. 오히려 바울과 실라는 그 한밤중의 감옥 속에서도 자신들을 통해 하나님의 뜻이 이루어지기를 기도하고 또 찬송했습니다. 그리고 본문 26절이 다음과 같이 증언하고 있습니다.

이에 갑자기 큰 지진이 나서 옥터가 움직이고 문이 곧 다 열리며 모든 사람의 매인 것이 다 벗어진지라.

갑자기 큰 지진이 감옥을 강타했습니다. 그와 동시에 감방과 감옥의 문들이 열리고 바울과 실라의 매인 것이 다 벗어졌습니다. 바울과 실라의 두 발에 채워져 있던 차꼬마저 절로 벗어진 것이었습니다. 그래서 감옥을 뒤흔든 것은 우리가 말하는 지진이 아니었습니다. 만약 지진이었다면 감방 바닥이 갈라지고 벽이 무너져 내려, 두 발에 차꼬를 차고 있던 바울과 실라는 감방 속에서 중상을 입고 말았을 것입니다. 그러나 분명히 옥터가 요동쳤지만 감방 바닥이 갈라지거나 벽이 무너져 내리는 일은 없었습니다. 그 대신 바울과 실라가 갇혀 있던 감방과 감옥의 문, 그리고 바울과 실라를 속박하고 있던 차꼬만 정확하게 열리고 벗어졌습니다. 그것은 단순한 지진이 아니라 하나님의 역사였기 때문입니다. '옥터가 움직이다', '문이 열리다', '매인 것이 벗어지다'는 동사가 모두 원문에 수동태로 기록되어 있습니다. 바울과 실라는 자신들이 갇혀 있는 감옥의 지반이 요동치고, 감방과 감옥의 문들이 절로 열리고, 자신들이 매여 있는 차꼬마저 절로 벗어지리라고는 상상하지도 못했습니다. 그러나 하나님께서는 바울과 실라를 위해 그 한밤중에도 그렇듯 치밀하게 일하셨습니다.

지금 빌립보 사람들은 모두 한밤중의 깊은 잠에 빠져 있습니다. 심지어 바울과 실라를 철통같이 지키라는 엄명을 받은 간수마저 잠에 곯아떨어져 있습니다. 그러나 바울과 실라가 믿었던 하나님께서는 그 한밤중에도 바울과 실라를 위해 졸지도 주무시지도 않으며 일하셨습니다. 하나님께서는 바울과 실라만을 위해 그날 그 한밤중에만 그렇게 하신 것입니까? 그렇지 않습니다. 오늘의 본문보다 천 년이나 일찍이 시인은 이렇게 노래하지 않았습니까?

> 여호와께서 너를 실족하지 아니하게 하시며 너를 지키시는 이가 졸지 아니하시리로다 이스라엘을 지키시는 이는 졸지도 아니하시고 주무시지도 아니하시리로다(시 121:3-4).

시간과 공간을 초월하시는 하나님께서는 당신의 백성을 지키시되 졸지도 주무시지도 않으며 지키십니다. 이 하나님을 믿을 때 우리의 삶 속에서 일어나는 크고 작은 일이 모두 하나님 안에서 절대적인 의미를 지니게 되고, 한밤중의 감옥과 같은 절망적인 상황 속에서도 우리 역시 바울과 실라처럼 우리의 삶을 통해 하나님의 뜻이 이루어지기를 기도하면서 하나님을 찬송할 수 있습니다.

바울과 실라를 위해 졸지도 않고 주무시지도 않는 하나님의 은총에 의해 바울과 실라의 매인 것이 다 벗겨졌습니다. 그러나 그 한밤중에 매인 것으로부터 벗어난 사람이 바울과 실라 두 사람만이었던 것은 아닙니다.

> 간수가 자다가 깨어 옥문들이 열린 것을 보고 죄수들이 도망한 줄 생각하고 칼을 빼어 자결하려 하거늘(27절).

깊은 잠에 곯아떨어졌던 간수는 갑자기 땅이 요동치자 깜짝 놀라 깨었습니다. 그리고 감방과 감옥 문들이 열린 것을 보자, 그는 집정관들이 철통같이 지키라고 엄명한 바울과 실라가 도망간 것으로 알고 자기 칼을 빼어 자결하려고 했습니다. 죄수가 도망쳤을 경우 간수가 얼마나 혹독한 고문을 당하면서 죽어야 하는지 그 자신이 너무나도 잘 알고 있었기 때문입니다.

> 바울이 크게 소리 질러 이르되 네 몸을 상하지 말라 우리가 다 여기 있노라 하니(28절).

지난 시간에 말씀드린 것처럼 바울과 실라는 감방과 감옥 문들이 열리고 매인 것이 다 벗어졌음에도 감방 안에 그대로 앉아 있었습니다. 감방에서 벗어나게 해달라고 기도한 것이 아니었기 때문입니다. 바울은 감방 밖을 지키던 간수가 자결하려는 것을 보고, 우리가 감방 안에 그대로 있으니 자살하지 말라고 큰 소리로 외쳤습니다. 바울은 간수가 왜 자살하려 하는지 그 이유를 간파했기 때문입니다.

간수가 등불을 달라고 하며 뛰어 들어가(29절 상).

감방 안에서 들리는 예상치 못한 바울의 소리에 간수는 부하에게 등불을 달라고 했습니다. 한글 성경에는 '등불'이 단수형이지만 원문에는 복수형으로 기록되어 있습니다. 간수는 하나의 등불이 아니라, 양손에 각각 등불을 들고 바울과 실라가 갇혀 있던 감방 안으로 뛰어 들어갔습니다. 방금 자신이 들은 소리가 환청인지 아니면 실제로 바울의 목소리였는지, 자신의 두 눈으로 똑똑하게 확인하기 위함이었습니다. 문이 열린 감방 안에는 차꼬에서 벗어난 바울과 실라가 그대로 앉아 있었습니다. 그것은 간수의 상식으로는 꿈에서조차 생각할 수 없는 일이었습니다.

간수가 등불을 달라고 하며 뛰어 들어가 무서워 떨며 바울과 실라 앞에 엎드리고 그들을 데리고 나가 이르되 선생들이여 내가 어떻게 하여야 구원을 받으리이까 하거늘 이르되 주 예수를 믿으라 그리하면 너와 네 집이 구원을 받으리라 하고 주의 말씀을 그 사람과 그 집에 있는 모든 사람에게 전하더라(29-32절).

간수는 얼마든지 감옥에서 빠져나갈 수 있는 상황이었음에도 감방 안에 그대로 앉아 있는 바울과 실라의 의연함에 압도당하고 말았습니다. 그는 알수 없는 힘에 사로잡혀 무서워 떨며 바울과 실라에게 엎드려 예를 갖춘 후에, 자신이 어떻게 해야 구원을 받을 수 있는지를 물었습니다. 이 질문에 대해서는 앞으로 깊이 생각해 보기로 하겠습니다. 간수의 그 근본적인 질문에 바울과 실라는 예수 그리스도의 복음으로 답했습니다. 그리고 그 결과는 33-34절이 밝혀 주고 있습니다.

> 그 밤 그 시각에 간수가 그들을 데려다가 그 맞은 자리를 씻어 주고 자기와 그 온 가족이 다 세례를 받은 후 그들을 데리고 자기 집에 올라가서 음식을 차려 주고 그와 온 집안이 하나님을 믿으므로 크게 기뻐하니라.

바울과 실라로부터 예수 그리스도의 복음을 영접한 간수는 그의 가족들과 함께 세례를 받음으로 구원받은 하나님의 자녀가 되었습니다. 이것은 바꾸어 표현하면 무슨 말이 됩니까? 간수와 그의 가족들이 그동안 매여 있던 죄와 사망의 속박으로부터 벗어났다는 의미입니다. 그날 밤 바울과 실라가 육적 속박에서 벗어났다면, 간수와 그의 가족들은 영적 속박에서 벗어난 것입니다. 어떻게 그들이 죄와 사망의 속박에서 벗어나게 되었습니까? 그들의 능력이나 의지나 노력의 결과입니까? 아닙니다. 그것은 하나님의 일방적인 은총의 결과였습니다. 그러나 그 은총은 하늘에서 그냥 떨어진 것이 아니었습니다. 만약 바울과 실라가 없었더라면, 그날 그 한밤중에 그 깊은 감옥 속에서 간수와 그의 가족들이 죄와 사망의 속박에서 벗어나는 은총을 입지는 못했을 것입니다.

빌립보에서 바울이 귀신 들린 여인을 여러 날 계속하여 만났을 때 바울은 심히 괴로워했었습니다. 그 가련한 여인을 더러운 귀신의 속박에서 벗어나게 해주고 싶었지만, 그렇게 했을 경우 그녀를 이용하여 돈을 벌던 악덕 고용주로부터 어떤 곤욕을 치르게 될지 알고 있었기 때문입니다. 그러나 바울은 자신이 당해야 할 곤욕이 있다면 기꺼이 감수하기로 하고, 예수 그리스도의 이름으로 그 가련한 여인을 더러운 귀신의 속박에서 벗어나게 해주었습니다. 그로 인해 바울이 실라와 함께 치러야 할 대가는 너무나도 혹독했습니다. 정식으로 재판을 받지도 못한 채 맨몸으로 심한 태형을 당하고, 지하 감방에 갇혀 두 발마저 차꼬에 매여 있어야만 했습니다. 하지만 그것이야말로 그 한밤중에 그 감옥의 간수와 그의 가족들을 구원하시려는 하나님의 신비스러운 섭리였습니다. 바울과 실라의 몸이 속박당함으로, 간수와 그의 가족들이 죄와 사망의 속박에서 벗어난 것입니다. 이것이 하나님의 구원의 원칙이요, 복음의 원리입니다.

죄와 사망의 속박으로부터 인간을 벗어나게 해주시기 위해 성자 하나님이신 예수 그리스도께서 친히 십자가 죽음의 속박을 당하지 않으셨습니까? 예수 그리스도의 제자들이 십자가의 복음을 전하기 위해 순교의 속박을 스스로 당함으로, 수많은 사람들이 죄와 사망의 속박에서 벗어나지 않았습니까? 가련한 여인을 귀신의 속박에서 벗어나게 해준 바울과 실라가 한밤중 깊은 감옥의 속박을 기꺼이 당함으로 역설적이게도, 그 감옥의 간수와 그의 권속들이 죄와 사망의 속박에서 벗어나지 않았습니까? 수많은 선교사들이 물설고 낯선 땅에서 헌신과 섬김의 속박을 당했기에, 우리까지도 죄와 사망의 속박에서 벗어날 수 있지 않았습니까? 이처럼 누군가가 자발적으로 속박당함으로 또 다른 누군가가 속박으로부터 벗어나게 된다는 것이, 67주년 광복절을 사흘 앞두고 하나님께서 오늘 본문을 통해 우리에게 주시는 메시지입니다.

이미 말씀드린 것처럼, 작년 안식월 동안 3월부터 5월까지 3개월간 일본 오키나와에 있었습니다. 오늘날 오키나와라고 불리는 섬은 인근 140여 개의 섬을 합쳐 본래 류큐[琉球]왕국을 이루고 있었습니다. 류큐왕국은 면적이나 인구 면에서는 아주 작은 나라였지만, 우리나라 조선왕조와 많은 공통점을 지니고 있습니다. 조선왕조는 1392년 그리고 류큐왕국은 1429년에 세워져, 두 왕조의 시작 시기가 비슷합니다. 두 나라 모두 독립국가였지만 호혜 실리의 차원에서 중국에 조공을 바쳤습니다. 조선왕조는 518년, 류큐왕조는 450년 동안 존속되어 왕조의 연수도 대단한 차이가 나는 것은 아닙니다. 또 두 나라 모두 일본에 의해 망했습니다. 그리고 일본에 망한 시기도 비슷합니다. 류큐왕국은 1879년 일본에 무력 병합되어 오키나와 현이 되었고, 조선왕조는 1910년에 일본에 강제 합병되었습니다.

류큐왕국과 조선왕조에는 이렇듯 여러 공통점이 있음에도 결정적인 차이점이 있습니다. 2차 세계대전 후 조선은 '대한민국'으로 독립을 회복했지만, 류큐왕국은 독립하지 못한 채 역사의 무대에서 완전히 사라져 버리고 말았다는 차이점입니다. 오키나와에서 3개월 동안 머물면서 류큐왕국의 아름다운 유적들을 볼 때마다 왜 류큐왕국은 독립하지 못하고 영영 일본의 부속 도서島嶼가 되고 말았는가, 하는 질문을 떨쳐 버릴 수 없었습니다. 그리고 이 질문에 대한 해답은 경희대학 중국법무학과 강효백 교수의 글을 통해 얻을 수 있었습니다. 그는 '루스벨트와 장제스'라는 제목의 글 속에서, 근래 공개된 카이로회담 회의록과 미국 스탠퍼드대학 후버연구소에 보관되어 있는 중화민국 장제스 총통의 일기를 토대로 중요한 사실을 밝혀 주고 있습니다.

2차 세계대전 말기 일본의 패색이 짙어 가던 1943년 11월 22일부터 27일까지 미국 루스벨트 대통령, 영국 처칠 수상, 중화민국 장제스 총통이 이집트의 수도 카이로에서 만나 전후 질서를 위한 '카이로선언'을 발표했습니다. 일본에 무조건 항복을 요구하면서, 일본이 탈취 또는 무력 점령한 영토를 반환한다는 것이 주된 내용이었습니다. 카이로선언이 특별히 우리 민족에게 중요한 것은, 그 선언 속에 '한국의 독립'이 최초로 명문화되었기 때문입니다.

카이로회담에서 미국 루스벨트 대통령과 중화민국 장제스 총통 간의 개별 회담은 두 차례 열렸습니다. 1차 회담은 1943년 11월 23일에, 그리고 2차 회담은 이틀 후인 11월 25일에 열렸습니다. 두 번의 회담에서 루스벨트 대통령은 일본이 무력으로 병합한 류큐열도를 중국이 원한다면, 류큐왕국이 조공을 바쳤던 중국에 넘겨주겠다고 제의했습니다. 그러나 장제스 총통은 두 번 모두 미국과 중국이 류큐열도를 공동으로 신탁통치하자는 식으로 루스벨트 대통령의 제안을 거절하였습니다. 만약 그때 장제스 총통이 루스벨트 대통령의 제안을 받아들였더라면, 오늘날 오키나와와 인근 140여 개 도서로 이루어져 있는 류큐열도는 중국령이 되어 있을 것입니다. 그러나 장제스 총통의 거절로 류큐열도는 전후에도 일본 오키나와 현으로 존속하고 있습니다. 장제스 총통이 루스벨트 대통령의 제안을 거절한 이유에 대해서는 여러 가지 설이 있습니다. 이를테면 장제스 총통은 처음부터 타이완과 펑후제도[澎湖諸島]도 그리고 만주처럼 일본이 무력으로 점령한 중국 영토의 회복에만 관심이 있었다는 설, 대륙 출신이었던 장제스 총통은 해양의 가치를 잘 알지 못했다는 설, 당시 장제스 총통은 마오쩌둥의 중국공산당을 섬멸하는 데 총력을 기울이느라 류큐열도에는 신경 쓸 겨를이 없었다는 설, 장제스 총통은 류큐열도를 넘겨주겠다는 루스벨트 대통령의 진의를 믿지 않았다는 설 등과 같은 것들입니다. 어느 설이 맞는지는 아무도 확실히 알 수 없습니다.

루스벨트 대통령의 제안을 거절한 장제스 총통은 그 대신 한국의 독립을 주장했습니다. 류큐열도에 대해서는 무관심하던 장 총통이 한국의 독립은 앞장서서 주장한 이유가 무엇이었겠습니까? 이에 대해 강효백 교수는 자신 있게 대답합니다. 류큐열도에는 독립투사들이 없었지만, 조선에는 자기 목숨을 아끼지 않는 수많은 독립투사들이 있었다는 것입니다. 장제스 총통은 특별히 청년 윤봉길의 상하이 의거(1932년 4월 29일)에 깊은 감명을 받았습니다. 당시 24세이던 청년 윤봉길 홀로 일본군 수뇌부를 괴멸시킨 것을 두고 장 총통은 "중국의 백만 대군이 이루지 못한 일을 조선 청년 한 명이 해내었다"고 극찬했습니다. 그리고 그 이후부터 장 총통은 거들떠보지도 않던 대한민국임시정부의 든든한 후원자가 되었습니다. 그리고 카이로회담 직전인 1943년 7월 26일 대한민국임시정부의 김구 주석을 접견한 장 총통은, 한국의 완전한 독립과 국제공동관리의 신탁통치를 반대하는 임시정부의 요구를 흔쾌히 수락하였습니다. 그리고 카이로회담 첫날인 1943년 11월 22일 장 총통은 그의 일기에 '종전 후 한국의 완전 독립과 자유를 제안할 예정'이란 기록을 남겼습니다. 그리고 실제로 카이로회담에서 한국을 신탁통치하자는 처칠 수상의 제안을 일축하고 카이로선언을 통해 한국의 독립을 국제적으로 천명하였습니다. 장제스 총통과 개인적인 친분을 맺었던 우리나라 이승만 초대 대통령도, 장 총통이 한국 독립의 확고한 후원자가 된 결정적인 계기는 윤봉길 의사의 의거였다고 말한 것으로 강효백 교수는 자신의 글 속에서 밝히고 있습니다.

오는 8월 15일은 우리 민족이 일제의 속박에서 벗어난 지 67주년을 맞는 광복절입니다. 67년 전 우리에게 잃었던 빛을 다시 회복할 광복의 능력이 있었습니까? 일본 군대를 물리칠 군대가 있었습니까? 우리에게는 아무것도 없었습니다. 우리는 단지 강대국에 의해 일제의 속박에서 벗어날 수 있었을 뿐입니다. 그러나 그 강대국들은 조선왕조와 여러 공통점을 지닌 류큐왕국까지 책임져 준 것은 아닙니다. 강대국들이 우리를 일제의 속박에서 벗어나게 해준 것은 윤봉길 의사 같은, 자기 목숨을 아끼지 않는 수많은 독립투사들이 있었기 때문입니다. 그분들이 조국의 독립을 위해 스스로 자기희생과 죽음의 속박을 기꺼이 당했기에, 우리 민족이 강대국의 도움으로 일제의 속박에서 벗어나게 된 것입니다. 그러나 우리는 그 배후에서 하나님께서 역사를 주관하셨음을 알고 있습니다. 자신이 자발적으로 속박당함으로 민족을 속박에서 벗어나게 하는 것—그것은 얼마나 성경적이고 복음적입니까? 그런 독립투사가 있는 이 나라와 민족으로 하여금, 하나님께서 강대국들을 당신의 통로로 삼아 광복의 기쁨을 누리게 해주신 것은 너무나도 당연한 일 아니겠습니까?

우리가 하나님의 이 구원의 원리와 복음의 원칙을 정녕 믿는다면, 누군가가 영육 간의 속박에서 벗어날 수 있게끔 우리 역시 자발적으로 속박당할 줄 아는 그리스도인이 되어야 하지 않겠습니까? 우리의 후손들이 대대손손 살아갈 이 땅이 다시는 외국의 속박에 매이지 않도록, 우리 각자가 대한민국 국민으로서 마땅히 치러야 할 책임과 의무의 속박을 자발적으로 당해야 하지 않겠습니까? 북녘땅 동포들이 굶주림과 억압의 속박에서 벗어날 수 있도록, 우리가 기꺼이 나눔과 헌신의 속박을 당할 수 있어야 하지 않겠습니까? 제3세계 사람들이 가난과 질병의 속박에서 벗어날 수 있도록, 우리가 스스로 사랑과 섬김의 속박을 당할 수 있어야 하지 않겠습니까?

우리 모두 한밤중 깊은 감옥의 속박을 기꺼이 당함으로, 그 감옥의 간수와 그의 가족들을 죄와 사망의 속박에서 벗어나게 한 바울과 실라가 되십시다. 그때 우리는 예수 그리스도 안에서 자기 감옥으로부터 벗어나는 진정한 광복절을 맞게 될 것이요, 인류를 영육 간의 속박에서 벗어나게 하는 하나님의 광복꾼들이 될 것입니다.

인간을 위해 성자 하나님이신 예수님께서 십자가 죽음의 속박을 자발적으로 당하심으로, 예수님의 대적이었던 바울이 죄와 사망의 속박에서 벗어났습니다. 빌립보의 가련한 여인을 예수 그리스도의 이름으로 귀신의 속박에서 벗어나게 한 바울은, 실라와 함께 한밤중 깊은 감옥의 속박을 당해야만 했습니다. 그러나 바울과 실라가 그 속박을 기꺼이 당함으로, 그 감옥의 간수와 그의 가족들이 죄와 사망의 속박에서 벗어나는 구원의 은총을 입었습니다. 127년 전 미개한 조선 땅을 위해 스스로 헌신과 섬김의 속박을 당한 선교사들이 있었기에, 이 민족이 구원의 빛을 얻었습니다. 일제에 나라를 빼앗겨 그 어디에서도 광복의 희망이 보이지 않을 때, 그럼에도 불구하고 조국의 독립을 위해 자기희생과 죽음의 속박을 기꺼이 당한 독립투사들이 있었기에, 역사의 주관자이신 하나님께서는 류큐왕국과는 달리 강대국들을 당신의 도구로 사용하셔서 67년 전 이 민족을 일제의 속박에서 벗어나게 해주셨습니다.

이처럼 수많은 사람들의 자발적인 속박당함을 통해, 우리가 속박에서 벗어난 자유인으로 살고 있습니다. 그러므로 이제부터 누군가를 속박에서 벗어나게 해주기 위해, 우리 역시 자발적으로 속박당하는 참된 그리스도인으로 살게 해주십시오. 우리가 예수 그리스도 안에서 헌신과 희생의 속박을 스스로 당함으로, 많은 사람과 나라가 영육 간의 속박에서 벗어나게 해주십시오. 특별히 우리가 우리를 속박했던 일본을 위해 사랑과 섬김의 속박을 기꺼이 당함으로, 일본인들을 죄와 사망의 속박에서 벗어나게 하는 하나님의 광복꾼들이 되게 해주십시오. 그리하여 우리를 죄와 사망의 속박에서 벗어나게 하시고, 67년 전 이 나라를 일제의 속박에서 벗어나게 해주신 하나님의 섭리가, 우리의 삶을 통해 인류의 역사 속에 아름답게 구현되게 해주십시오. 아멘.

21. 우리가 여기 있노라 I

사도행전 16장 26-34절

이에 갑자기 큰 지진이 나서 옥터가 움직이고 문이 곧 다 열리며 모든 사람의 매인 것이 다 벗어진지라 간수가 자다가 깨어 옥문들이 열린 것을 보고 죄수들이 도망한 줄 생각하고 칼을 빼어 자결하려 하거늘 바울이 크게 소리 질러 이르되 네 몸을 상하지 말라 **우리가** 다 **여기 있노라** 하니 간수가 등불을 달라고 하며 뛰어 들어가 무서워 떨며 바울과 실라 앞에 엎드리고 그들을 데리고 나가 이르되 선생들이여 내가 어떻게 하여야 구원을 받으리이까 하거늘 이르되 주 예수를 믿으라 그리하면 너와 네 집이 구원을 받으리라 하고 주의 말씀을 그 사람과 그 집에 있는 모든 사람에게 전하더라 그 밤 그 시각에 간수가 그들을 데려다가 그 맞은 자리를 씻어 주고 자기와 그 온 가족이 다 세례를 받은 후 그들을 데리고 자기 집에 올라가서 음식을 차려 주고 그와 온 집안이 하나님을 믿으므로 크게 기뻐하니라

모든 사람이 잠들어 온 빌립보가 정적에 휩싸인 그 한밤중은, 그때까지 잠 못 이루던 바울과 실라에게는 절망의 한밤중일 수 있었습니다. 그러나 간

수마저 깊은 잠에 곯아떨어진 그 한밤중에 이르기까지 바울과 실라가 잠을 이루지 못한 것은, 깊은 지하 감옥에 갇혀 두 발에 차꼬까지 차고 있어야 하는 자신들의 처지에 대한 절망이나 낙담으로 인함이 아니었습니다. 그들은 그 한밤중의 감옥 속에서도 하나님께서 자신들과 함께 계심을 믿어 의심치 않았습니다. 그들은 그 한밤중의 감옥 속에서도 자신들을 통해 하나님의 뜻이 이루어지기를 기도하고, 또 자신들과 함께하고 계시는 하나님을 찬양하기 위하여 모든 사람이 잠든 그 한밤중에도 깨어 있었습니다. 그래서 그 지하 감옥 속의 한밤중은 절망의 한밤중이 아니라, 하나님의 뜻을 이루기 위한 신비로운 섭리의 한밤중이었습니다.

얼마 지나지 않아 갑자기 옥터가 요동치면서 바울과 실라가 갇혀 있는 지하 감방과 감옥의 문들이 모두 절로 열렸습니다. 바울과 실라의 발에 채워져 있던 차꼬 역시 절로 벗어졌습니다. 그것은 바울과 실라로서는 전혀 예상치 못한 일이었습니다. 그렇다고 바울과 실라가 앞뒤 가리지 않고 감옥을 빠져나온 것은 아니었습니다. 그들은 단지 감옥에서 벗어나기 위해 기도한 것이 아니었기 때문입니다. 차꼬에서 벗어난 그들은 얼마든지 감옥을 빠져나올 수 있었음에도 감방 안에 그대로 앉아 있었습니다. 바로 그 순간이었습니다. 느닷없는 옥터의 요동에 깜짝 놀란 간수가 잠에서 깨어났습니다. 그는 감방과 감옥의 문들이 모두 열려 있는 것을 보는 순간 자신의 칼을 빼어 자결하려 했습니다. 빌립보의 집정관들이 철통같이 지키라고 엄명한 바울과 실라가 도망쳤다고 간주한 것이었습니다. 생각해 보십시오. 문들이 활짝 열려 있는 감옥의 감방 안에 죄수가 도망치지 않고 그대로 앉아 있으리라고 어느 간수가 상상인들 하겠습니까? 당시 죄수를 놓친 간수는 대개 죽음의 형벌을 받았는데, 죽기 전에 먼저 혹독한 고문의 과정을 거쳐야만 했습니다. 그 사실을 누구보다도 잘 알고 있는 간수였기에 스스로 자결하려 했습니다.

고문을 당하면서 구차하게 죽는 것보다 스스로 자결하는 것이 자신의 생을 깨끗하게 마감하는 길이라 판단한 것이었습니다. 감방 안에서 그 광경을 목격한 바울이 간수에게 소리쳤습니다.

> 바울이 크게 소리 질러 이르되 네 몸을 상하지 말라 우리가 다 여기 있노라 하니(28절).

스스로 자결하려는 간수에게 바울이 "네 몸을 상하지 말라"고 소리쳤습니다. 자살하지 말라는 의미였습니다. 바울이 그렇게 소리치면서 자살하려는 간수를 제지할 수 있었던 것은 "우리가 다 여기 있노라"는 바울의 진술처럼, 바울과 실라가 감방 안에 그대로 앉아 있었기에 가능한 일이었습니다. 옥터의 요동으로 감방과 감옥의 문들이 열리고 발의 차꼬마저 절로 벗어졌을 때, 만약 바울과 실라가 감옥을 빠져나와 버렸다면 그날 그 한밤중의 감옥 속에서 그 간수는 비극적인 자살로 자신의 생을 마감하고 말았을 것입니다. 그러나 그 상황 속에서 바울과 실라가 감방 안에 그대로 앉아 있었기에 지난 시간에 살펴본 것처럼, 그날 그 한밤중 그 감옥 속에서 자살하려던 간수는 도리어 그의 가족들과 함께 구원의 은총을 입었습니다.

발에 채워져 있던 차꼬에서 벗어난 바울과 실라가 문들마저 열려 있는 감옥 안에 그대로 앉아 있었더라도 그들이 파렴치한 흉악범들이었다면, 그 구원의 섭리는 이루어지지 않았을 것입니다. 바울과 실라가 얼마든지 벗어날 수 있는 감방 안에 그대로 앉아 있되 그들이 참된 그리스도인들이었기에, 그들을 통해 그 감옥의 간수와 그의 가족들을 그 한밤중의 감옥 속에서 구원하시려는 하나님의 섭리가 이루어질 수 있었습니다.

바울과 실라가 그 한밤중에 왜 그 감옥에 갇혀 있었습니까? 감옥은 본래 죄수들을 가두어 두는 곳 아닙니까? 바울과 실라가 범죄를 저지른 죄수들이었기에 영어囹圄의 몸이 된 것입니까? 아니었습니다. 바울과 실라가 한 일이라고는, 더러운 귀신에 사로잡힌 채 악덕 고용주에게 착취당하던 가련한 여인을 구해 준 것밖에 없었습니다. 그것은 사람들로부터 칭송받을 일이지 비난받거나 투옥당할 일이 아니었습니다. 그러나 그 가련한 여인을 고용했던 사람들의 거짓 모함에 선동당한 빌립보 시민의 고발로 바울과 실라는 맨몸으로 심한 태형을 당한 뒤, 지하 감옥에 투옥되어 두 발에 차꼬까지 채워지고 말았습니다. 선하고 의로운 일을 한 결과가 태형과 투옥과 차꼬라니, 그것이 그저 세상의 부조리로 인함이었습니까? 아니면 단순히 우연의 결과일 뿐이었습니까? 그렇지 않습니다. 그것은 그날 그 한밤중 그 감옥 속에서 그 간수를 구원하시려는 하나님의 필연이었습니다.

　바울과 실라가 억울한 누명을 쓰고 그 감옥에 갇히지 않았던들, 그 감옥의 간수는 영영 구원받지 못했을 것입니다. 바울과 실라가 두 발의 차꼬가 벗어지고 옥문이 절로 열렸을 때 감옥에서 피신해 버렸다면 그 간수는 비극적인 자살로 생을 마감했을 것이요, 그로 인해 그의 가족들은 일평생 피멍든 가슴으로 살아야만 했을 것입니다. 그러나 차꼬가 벗어지고 감옥의 문들마저 열려 얼마든지 감옥을 빠져나갈 수 있었던 바울과 실라가 감방 안에 그대로 앉아 있었기에 간수는 자기 육체의 생명을 보전할 수 있었습니다. 어디 그뿐입니까? 응당 피신해야 할 바울이 피신하지 않고 자신의 육적 생명을 지켜 주었기에 간수는 바울이 전하는 구원의 복음을 한마디도 빠뜨림 없이 그대로 영접할 수 있었고, 그 결과 바울과 실라를 통해 그날 그 한밤중 그 감옥 속에서 그 간수와 그의 가족들을 구원하시려는 하나님의 섭리가 온전히 이루어질 수 있었습니다.

여기에서 우리는 소중한 깨달음을 얻을 수 있습니다. 하나님께서 주시는 삶의 자리를 인간이 자신의 의지를 다해 '소명의 자리'로 지킬 때, 바로 그 소명의 자리를 통해 하나님의 뜻이 이루어진다는 깨달음입니다. 성령님의 인도하심을 좇아 빌립보를 찾은 바울 일행의 숙소는, 우리가 이미 알고 있는 것처럼 루디아의 집이었습니다. 바울로부터 복음을 영접하고 세례를 받은 루디아가 바울의 사양에도 불구하고 바울 일행이 자기 집에서 유숙하도록 강권한 결과였습니다. 그러나 그날 밤엔 바울과 실라가 루디아의 집에서 유숙할 수 없었습니다. 그날 밤 그들의 소명의 자리는 빌립보의 지하 감옥이었습니다. 그것은 그들의 계획이나 의도가 아니었습니다. 그것은 전적으로 하나님의 섭리였습니다. 그러나 차꼬가 벗어지고 감옥의 문들이 열렸음에도 감옥에서 빠져나오지 않고 감방 안에 그대로 앉아 있었던 것은 바울과 실라의 의지였습니다.

먹지 않으면 배가 고프고, 자지 않으면 졸리는 것은 인간의 본능입니다. 그 본능을 이기는 것이 인간의 의지입니다. 배가 고프지만 자신이 목적하는 바를 이루기 위해 의지로 배고픔을 이기고, 졸리지만 의지로 졸음을 물리치는 것입니다. 선한 일을 하고도 태형을 당하고 투옥되어 차꼬까지 차고 있는 사람 앞에서 옥터가 요동치면서 차꼬가 벗어지고 감옥의 문들이 절로 열려진다면, 자신의 억울함을 아는 하늘이 준 천재일우千載一遇의 기회로 생각하고 앞다투어 감옥에서 빠져나오는 것은 억울하게 갇힌 사람의 본능 아니겠습니까? 그럼에도 그 상황 속에서 바울과 실라가 감방 안에 그대로 앉아 자결하려는 간수를 향해 '네 몸을 상하지 말라. 우리가 다 여기 있노라'고 당당하게 소리칠 수 있었던 것은, 바울과 실라의 의지의 결과였습니다.

그러나 바울과 실라의 의지는 일반인의 의지와는 본질적으로 달랐습니다. 일반인의 의지의 원천이 자기 자신이라면, 바울과 실라의 의지의 원천은 하나님에 대한 믿음이었습니다. 만약 바울과 실라의 의지의 원천이 자기 자신들이었다면, 그들은 차꼬가 벗어지고 감옥의 문들이 절로 열리는 순간에 그들의 의지를 다해 감옥에서 빠져나오고 말았을 것입니다. 그러나 그날 밤 그들은 자신들이 투옥된 지하 감옥이 하나님께서 당신의 섭리를 위해 자신들에게 맡겨 주신 소명의 자리임을 믿었기에, 억울한 투옥이긴 하지만 그들은 자신들의 의지를 다해 그 소명의 자리를 믿음으로 지켰습니다. 그리고 바로 그 소명의 자리를 통해 그 감옥의 간수와 그의 가족들을 그날 그 한밤중에 구원하시려는 하나님의 섭리가 한 치의 오차도 없이 이루어졌습니다.

우리 각자에게 주어진 삶의 자리는 그 형태나 조건이 다 같지 않습니다. 그러나 어떤 형태와 조건의 자리이든 하나님께서 주신 소명의 자리로 알아 자신의 의지를 다해 그 자리를 믿음으로 지킬 때, 바로 그 자리를 통해 그 자리를 주신 하나님의 섭리가 이루어지게 됩니다.

남자와 여자가 결혼하여 아이를 낳으면 부모의 자리에 앉게 됩니다. 그때 부모가 자기 욕망과 이기심에 기인한 자기 본능으로만 자식을 사랑하고 키우면, 아무리 많은 스펙으로 자식을 장식해 주어도 그 부모는 자기 자식을 본능의 노예로 전락시키는 본능의 사육사가 될 뿐입니다. 그러나 부모의 자리가 하나님께서 주신 소명의 자리임을 깨달아 자기 자식을 예수 그리스도 안에서 진리의 사람으로 세우기 위해 자신의 의지를 다한다면, 그 부모는 자식을 믿음으로 양육하는 믿음의 부모가 될 것이요, 그 부모에게 당신의 자녀를 맡겨 주신 하나님의 뜻이 그 부모의 자리를 통해 이루어질 것입니다. 이것은 비단 가정이라는 삶의 자리에만 국한된 이야기가 아닙니다. 우리 각자가 속해 있는 일터라는 삶의 자리 역시 마찬가지입니다. 우리의 일터가 하나님께서 우리에게 맡겨 주신 소명의 자리라는 믿음의 자각이 없다면, 하나님을 믿는다는 우리는 일터에서 하나님을 믿지 않는 사람들과 구별될 수 없습니다. 내가 지금 속해 있는 일터가 어떤 일터이든 그 일터가 하나님께서 내게 맡겨 주신 소명의 자리임을 자각하고, 나의 의지를 다해 믿음으로 그 소명의 자리를 지킬 때, 나의 직급과 직책에 상관없이 나를 그 자리에 심어 두신 하나님의 뜻이 바로 그 자리를 통해 이루어지게 됩니다.

그날 밤 바울과 실라에게 소명의 자리는 분명히 빌립보의 지하 감옥이었습니다. 그렇다고 그날 이후로 바울과 실라가 그 지하 감옥에서 계속 살았던 것은 아닙니다. 바울과 실라는 이튿날 합법적으로 출옥하였습니다. 그리고 루디아의 집을 거친 뒤 바울 일행은 성령님의 인도하심을 좇아 데살로니가, 베뢰아, 아덴, 그리고 고린도로 소명의 자리를 계속 옮겨 갔습니다. 이처럼 우리에게 주어진 소명의 자리는 언제나 유동적입니다. 자식의 자리에서 결혼과 동시에 부모의 자리로 옮겨 가고, 청년의 자리에서 세월의 경과와 더불어 노년의 자리로 이동합니다. 부부가 둘이서 한 인생을 사는 자리에서 머물다가 어느 한쪽이 먼저 세상을 떠나면, 홀로 남은 사람이 혼자 두 인생을 사는 자리로 진입합니다. 다니던 직장에서 새 직장으로 옮겨 갈 수도 있고, 살던 집에서 다른 동네 다른 집으로 이사 갈 수도 있습니다. 이처럼 우리에게 주어진 소명의 자리는 기한이 정해져 있고 또 유동적입니다. 그러나 우리에게 주어진 소명의 자리 가운데 누구도 변경하거나 옮길 수 없는, 언제나 고정되어 있는 자리가 있습니다. 바로 우리가 속해 있는 나라입니다.

우리나라를 이루고 있는 한반도는 지정학적으로 중국과 일본 사이에 위치해 있습니다. 우리가 대한민국 국민인 것은 우리 자신의 의지나 노력이나 선택의 결과가 아닙니다. 우리가 여기, 한반도에서 태어나 대한민국 국민으로 살고 있는 것은 전적으로 하나님의 섭리입니다. 우리가 다른 나라로 이민 가서 그 나라의 국적을 취득하지 않는 한, 우리가 어디에 있든 우리나라는 언제나 여기 한반도, 대한민국일 것입니다. 이 한반도가 하나님으로부터 부여받은 우리의 소명의 자리인 것입니다. 그렇다면 우리는 그리스도인으로서 우리 소명의 자리인 대한민국을 우리의 의지를 다해 믿음으로 지켜야 합니다. 우리의 의지를 다해 이 나라를 하나님의 사랑과 공의가 강물처럼 흐르는 정의로운 나라로 세워 감은 물론이요, 어떤 경우에도 외부의 침략으로부터 국민의 생존권이 위협받지 않게끔 우리의 의지를 다해 우리의 주권과 영토를 지켜야 합니다.

나흘 전인 8월 29일은 국권피탈(경술국치) 102년째 되는 날이었습니다. 선조 25년인 1592년 우리나라를 침입하여 7년 동안 한반도를 유린하면서 엄청난 재물을 탈취하고 수많은 사람들을 살상하고 포로로 잡아갔던 일본이, 그로부터 318년이 지난 1910년 8월 29일 아예 우리나라의 주권과 영토를 무력으로 강탈하였습니다. 그 이후 1945년 8월 15일 해방을 맞을 때까지 만 35년 동안, 이 나라 백성이 일제의 압제와 수탈 속에서 당해야 했던 고통을 어찌 이루 다 필설로 표현할 수 있겠습니까? 그 후유증은 우리 사회 각 분야에 걸쳐 여전히 남아 있습니다. 그리고 국권피탈 102년을 맞는 오늘날의 상황도 녹록지 않습니다.

불행하게도 분단된 한반도는 남북한이 아직도 서로 대치 상태에 있습니다. 덩샤오핑의 개방정책 30년 만에 세계 두 번째 경제 대국으로 우뚝 선 중국은, 이제 군사 대국을 지향하면서 북한을 지렛대 삼아 우리를 다방면으로 압박하고 있습니다. 심지어는 우리 제주도민들이 아득히 먼 옛날부터 전설의 섬으로 불러 온 섬이자, 소설가 이청준 씨가 약 40년 전 자신의 소설 제목으로 사용했던 '이어도'(파랑도)마저 넘보고 있습니다. 일본의 경우는 더욱 심합니다. 우리나라 대통령이 우리나라의 영토인 독도를 방문하고, 일본 왕의 방한과 관련하여 '통석痛惜의 염念과 같은 말이나 하려면 안 오는 것이 낫다. 한국을 방문하고 싶으면 독립운동을 하다 돌아가신 분들에게 진심으로 사과했으면 좋겠다'고 발언한 것을 두고 여야를 막론하고 일본 정치인 대부분이 우리 대통령을 비난하였습니다. 대통령의 그 발언은 정부 차원의 공식 발언이 아니었습니다. 모 대학교 강연의 질의응답 시간에 행해진 질문에 대한 사적 답변이었습니다. 그런데도 일본의 총리마저 우리 대통령에게 일본 왕의 사과를 언급한 대통령의 발언을 철회하고, 그런 발언을 한 데 대해 사과할 것을 공개적으로 요구하였습니다.

일본인들은 일본 왕을 천황이라 부르며 신적 존재로 숭배합니다. 영국인들이 엘리자베스 여왕을 존경하고 사랑하듯이, 일본인들이 자신들의 왕을 천황으로 존경하고 숭배하는 것은 얼마든지 있을 수 있는 일입니다. 그러나 일본인에게 일본 왕이 존귀한 존재라면, 우리에게도 우리의 왕은 존귀한 존재이지 않겠습니까? 그러나 1895년 8월 20일(음력) 일본은 미우라 고로 공사의 주도로 칼잡이들을 동원하여 건청궁 옥호루에서 명성황후를 쓰러뜨려 발로 짓밟고 칼로 난자한 다음, 시신을 끌고 나가 궁궐 숲 속에서 석유를 붓고 불태워 버렸습니다(을미사변). 그때 명성황후의 나이 불과 45세였습니다. 주권국의 황후를 난도질하고 시신마저 불태우는 만행을 저지른 나라는 역사상 일본뿐이지 않습니까? 1907년 고종이 헤이그의 만국평화회의에 밀사를 파견한 것과 관련하여 고종을 폐위시킨 것도 일본이지 않습니까? 고종의 아들이자 조선의 마지막 왕인 순종이 자식을 낳지 못해 왕조의 대가 끊어져 버린 것 역시 일본의 공작이었다는 혐의로부터 일본은 자유롭지 못하지 않습니까? 그러나 우리는 일본이 우리의 왕과 왕실에 저지른 그 끔찍한 만행에 대해 지금까지 일본 왕이나 일본의 어떤 정치인으로부터도 사과의 말을 들어 본 적이 없습니다. 그 대신 '일본 왕이 한국을 방문하고 싶으면 독립운동하다 돌아가신 분들에게 진심으로 사과했으면 좋겠다'고 말한 우리 대통령의 사적 발언을 비난하고, 도리어 우리 대통령에게 사과를 요구하는 소리만 요란하게 들릴 뿐입니다.

그뿐이 아닙니다. 2차 세계대전 동안 일본군에 성노예로 끌려가 젊음을 유린당한 피해자들이 한국을 비롯하여 세계 곳곳에 아직도 버젓이 살아 있건만, 일본 정부는 강제 징용된 성노예 자체를 부정하고 있습니다. 일본 정부의 주장대로라면 성노예 피해자들은 모두 돈을 벌기 위해 자진하여 몸을 판 창녀라는 셈인데, 성노예 피해자에게 그보다 더 심한 모욕은 있을 수 없습니다.

특히 독도 문제는 더욱 심각합니다. 작년 9월 8일 양화진문화원이 주관하는 목요강좌 시간에 '역사적 사실로 본 독도—일본에 대한 올바른 대응'이란 제목으로 왜 독도가 역사적으로 한국의 영토인지, 독도가 일본 땅이라는 일본 정부의 주장이 왜 허구인지를 일목요연하게 강의해 준 호사카 유지[保坂祐二] 교수는 일본인입니다. 그분은 조선 말기에서 일제강점기에 이르기까지 일본이 왜 침략 국가가 되었는지를 연구하다가 아예 한국으로 귀화하였습니다. 독도에 대한 그분의 강의는 양화진문화원 홈페이지 동영상을 통해 언제든 시청할 수 있습니다. 현재 일본에서 독도 연구에 관한 한 최고의 전문가로 인정받고 있으며, 또 학문적 업적으로 일본 왕의 훈장까지 받은 나이토 세이추[內藤正中] 교수 역시 "독도는 일본 땅이 아니다"라고 분명하게 못박고 있습니다. 보도를 통해 접하셨겠습니다만 며칠 전에는 일본의 고지도 수집 전문가인 구보이 노리오[久保井規夫] 씨가 독도를 일본 땅으로 인식하지 않거나 한국 땅으로 표기한 일본의 고지도들을 공개하면서, 독도는 역사적으로 한국 땅이라고 밝혔습니다. 그는 "나 자신의 견해가 일본 정부의 입장에 배치되더라도 진실을 이야기할 수밖에 없다"라고 했습니다. 이처럼 역사적 문헌을 제대로 연구한 전문가들 사이에서는 독도가 한국 땅이라는 사실에 대해 한일 간에 이견이 없습니다. 그럼에도 몇 해 전부터 외교청서外交靑書와 초중고 검정 교과서를 통해 독도가 일본 땅이라고 주장하던 일본 정부는 올해 방위백서에도 독도를 일본 땅이라고 명기했습니다. 이것은 대체 무엇을 의미하겠습니까? 1592년 임진년에 한반도를 유린했듯이, 1910년 경술년에 우리나라를 무력으로 강탈했듯이, 기회만 되면 한국 땅인 독도를 침탈하라고 일본 정부가 일본의 후세대를 부추기고 있는 것입니다. 무력으로라도 남의 땅을 강탈하라고 후세대를 부추기는 것은 생각하면 할수록 얼마나 무서운 일입니까? 그러므로 우리는 하나님께서 우리에게 주신 소명의 자리인 이 한반도에서 다시는 일본에 의한 비극적인 임진왜란이나 국권피탈이 되풀이되지 않도록, 중국에 의한 병자호란이나 북한에 의한 남침이 재발되지 않도록, 우리의 의지를 다해 우리의 주권과 영토를 지혜롭게 지켜야 합니다.

그러나 우리가 우리의 의지를 다해 단지 우리의 주권과 영토를 지키는 것만으로 끝난다면, 하나님을 믿는 우리가 하나님을 믿지 않는 애국자들과 무슨 차이가 있을 수 있겠습니까? 그렇게만 해서야 우리를 중국과 일본 사이에 위치한 여기, 한반도에 대한민국 국민으로 태어나 그리스도인으로 살게 하신 하나님의 뜻이 어떻게 우리를 통해 이 시대의 역사 속에 이루어질 수 있겠습니까? 그러므로 우리는 대한민국 국민으로서 우리의 의지를 다해 우리의 주권과 영토를 지킴과 동시에, 그리스도인으로서 불행한 과거사로 얽혀 있는 중국 그리고 일본과 평화롭게 공존하는 미래를 일구기 위한 평화의 가교 역할을 우리의 의지를 다해 감당할 수 있어야 합니다. 다시 말해 우리는 그리스도인으로서 우리의 가장 가까운 이웃인 중국인들과 일본인들을 예수 그리스도 안에서 진심으로 사랑해야 합니다. 그때에만 중국과 일본 사이에 위치한 한반도는 하나님께서 우리를 믿고 우리에게 맡겨 주신 진정한 소명의 자리가 될 것이요. 우리는 그리스도인으로서 바울처럼 '우리가 다 여기에 있노라'고 우리의 이웃 나라들을 향해 자신 있게 말할 수 있을 것입니다. 우리가 그리스도인으로서 우리의 이웃인 중국과 일본 사이에서 어떻게 평화의 가교 역할을 할 수 있을 것인지에 대해서는 다음 시간에 구체적으로 생각해 보도록 하겠습니다.

사랑하는 교우 여러분!

우리나라를 비롯하여 우리의 일터와 가정, 그리고 우리가 맺고 있는 모든 인간관계 역시 하나님께서 주신 소명의 자리임을 잊지 마십시다. 하나님께서 정하신 기간 동안 우리의 의지를 다해 오직 믿음으로 그 소명의 자리를 지키는 바울과 실라가 되십시다. 그때 그 소명의 자리는 우리가 상상치도 못한 하나님의 뜻이 이루어지는 신비로운 섭리의 자리가 될 것입니다. 2천 년 전 빌립보의 지하 감옥 속에서 바울과 실라를 통해 당신의 섭리를 이루신 하나님께서, 바로 우리가 믿는 여호와 하나님이시기 때문입니다.

내가 주님의 부르심을 받은 그리스도인이기에, 내게 주어진 삶의 자리치고 소명의 자리 아닌 것이 없음을 깨닫게 해주셔서 감사합니다. 바울과 실라처럼, 하나님께서 주신 소명의 자리들을 나의 의지를 다해 믿음으로 지키게 해주십시오. 자식의 자리를, 부모의 자리를, 남편과 아내의 자리를, 형제자매의 자리를, 일터의 자리를, 매 순간 주어지는 삶의 자리를, 예수 그리스도 안에서 나의 의지를 다해 소명의 자리로 지키게 해주십시오. 바울과 실라가 의지를 다해 소명의 자리로 지켰던 지하 감옥 속에서 간수와 그의 권속들이 구원받는 하나님의 섭리가 이루어졌던 것처럼, 내가 의지를 다해 지키는 내 소명의 자리가 하나님의 뜻이 이루어지는 신비로운 섭리의 자리가 되게 해주십시오.

특별히 국권피탈 102년을 맞아, 우리나라가 다시는 외부의 침략으로 유린당하는 비극을 되풀이하지 않게끔 우리의 의지를 다해 우리의 주권과 영토를 지혜롭게 지킬 수 있도록 우리를 도와주십시오. 예수 그리스도 안에서 하나님의 말씀을 좇아 사는 우리로 인해 이 나라가, 하나님의 사랑과 공의가 강물처럼 흐르는 정의로운 나라로 든든히 세워지게 해주십시오. 무엇보다도 하나님께서 중국과 일본 사이에 위치하게 하신 한반도가 평화의 가교로 일구어질 수 있도록 우리 믿음의 의지를 다하게 해주십시오. 그리하여 여기 한반도에 그리스도인인 우리가 있음으로 인해, 한국과 중국과 일본의 후세대들이 평화롭게 공존하는 초석이 다져지게 해주십시오.

지난주 한반도를 강타한 태풍 볼라벤과 덴빈으로 수해를 당한 이재민들이, 이 땅의 그리스도인들을 통해 하나님의 사랑과 위로를 경험하게 해주십시오. 아멘.

22. 우리가 여기 있노라 II

사도행전 16장 26-34절

이에 갑자기 큰 지진이 나서 옥터가 움직이고 문이 곧 다 열리며 모든 사람의
매인 것이 다 벗어진지라 간수가 자다가 깨어 옥문들이 열린 것을 보고 죄수들
이 도망한 줄 생각하고 칼을 빼어 자결하려 하거늘 바울이 크게 소리 질러 이르
되 네 몸을 상하지 말라 **우리가** 다 **여기 있노라** 하니 간수가 등불을 달라고 하
며 뛰어 들어가 무서워 떨며 바울과 실라 앞에 엎드리고 그들을 데리고 나가 이
르되 선생들이여 내가 어떻게 하여야 구원을 받으리이까 하거늘 이르되 주 예
수를 믿으라 그리하면 너와 네 집이 구원을 받으리라 하고 주의 말씀을 그 사
람과 그 집에 있는 모든 사람에게 전하더라 그 밤 그 시각에 간수가 그들을 데
려다가 그 맞은 자리를 씻어 주고 자기와 그 온 가족이 다 세례를 받은 후 그들
을 데리고 자기 집에 올라가서 음식을 차려 주고 그와 온 집안이 하나님을 믿
으므로 크게 기뻐하니라

우리는 지난 시간에 하나님의 소명과 인간의 의지에 대해 생각해 보았습
니다. 우리가 하나님을 믿는다면, 우리에게 주어진 삶의 자리가 어떤 자리

이든 그 자리는 하나님께서 당신의 섭리를 이루시기 위해 주신 소명의 자리입니다. 그러므로 그 소명의 자리를 어떤 어려움이 있더라도 우리의 의지를 다해 믿음으로 지킬 때, 바로 그 소명의 자리를 통해 그 자리를 주신 하나님의 섭리가 이루어지게 됩니다.

창세기 6장은 노아 시대에 관한 내용입니다. 하나님 보시기에 그 시대는 온 세상이 인간의 죄악으로 가득 찬 패역한 시대였습니다. 그 패역한 시대에 노아의 등장을 알리는 창세기 6장 8절은 다음과 같이 증언하고 있습니다.

그러나 노아는 여호와께 은혜를 입었더라.

하나님께서 사악한 모든 인간을 쓸어 버리리라 작정하신 그 패역한 시대에 노아만은 하나님의 은혜를 입었습니다. 왜 노아입니까? 왜 노아만 은혜를 입었습니까? 성경은 이런 질문에 대해서는 그 어떤 답변도 주지 않습니다. 그것은 하나님의 절대적인 주권이요, 불가사의한 섭리이기 때문입니다. 그 대신 성경은, 하나님께서는 노아에게 홍수에 의한 하나님의 심판에 대비하여 방주를 짓도록 명령하셨음을 밝혀 주고 있습니다. 세상의 모든 짐승과 공중의 모든 새를 각 두 쌍씩 수용할 수 있는, 축구장보다 더 거대한 방주였습니다. 노아는 대형 선박 건조 기술자가 아니었습니다. 하나님께서 노아에게 방주 건조에 필요한 물자나 인부를 조달해 주신 것도 아니었습니다. 하나님께서는 단지 명령하셨을 뿐이요, 나머지는 모두 노아의 책임이었습니다. 노아는 그 책임을 완수하기 위해 자신의 전 재산을 쏟아부으며 장구한 세월 동안 수고의 땀을 흘려야만 했습니다. 그것은 노아가 자신의 의지를 다하지 않고서는, 세상 사람들의 조롱 속에서 도저히 감당할 수 없는 일이었습니다. 노아는 자신에게 먼저 은혜를 베풀어 주신 하나님께서 명하신 방주

건조의 자리를 자기 믿음의 의지를 다해 소명의 자리로 지켰기에, 그 소명의 자리를 통해 노아를 두 번째 시조로 삼아 인류의 역사를 새롭게 시작하시려는 하나님의 섭리가 성취될 수 있었습니다.

유다왕국 말엽에도 인간들이 패역하기는 마찬가지였습니다. 그 가운데 예레미야는 하나님의 말씀을 맡은 선지자로 살아가는 하나님의 은혜를 입은 사람이었습니다. 그러나 그 패역한 시대에 선지자의 자리는 영광의 자리가 아니었습니다. 인간의 패역함을 꾸짖고 인간의 파멸을 예고하는 하나님의 말씀을 대언하는 예레미야는 패역한 인간으로부터 온갖 수모와 박해를 당해야만 했습니다. 내가 왜 하필이면 이런 수모 속에서 살아야 하는가? 예레미야는 선지자의 자리를 박차고 싶은 마음이 한두 번이 아니었습니다. 그럼에도 예레미야가 끝까지 선지자의 자리를 고수할 수 있었던 까닭을 그는 이렇게 증언하고 있습니다.

> 내가 입을 열어 말을 할 때마다 '폭력'을 고발하고 '파멸'을 외치니, 주님의 말씀 때문에, 나는 날마다 치욕과 모욕거리가 됩니다. '이제는 주님을 말하지 않겠다. 다시는 주님의 이름으로 외치지 않겠다' 하고 결심하여 보지만, 그때마다, 주님의 말씀이 나의 심장 속에서 불처럼 타올라 뼛속에까지 타들어 가니, 나는 견디다 못해 그만 항복하고 맙니다
>
> (렘 20:8-9, 새번역).

예레미야가 박차고 싶은 선지자의 자리를 그대로 지킨 것은, 하나님의 말씀을 전하는 그 자리가 하나님께서 당신의 뜻을 이루시기 위해 자신에게 맡기신 소명의 자리임을 자각했기 때문입니다. 그래서 그는 온갖 수모와 박해와 모함 속에서도 자신의 의지를 다해 그 소명의 자리를 지켰고, 그의 소명

의 자리를 통해 그 시대 사람뿐 아니라 시간과 공간을 초월하여 오늘 우리에게까지 당신의 말씀을 주시려는 하나님의 섭리가 이루어질 수 있었습니다.

하나님의 독생자이신 예수님께서도 예외가 아니셨습니다. 하나님의 독생자가 인간으로 이 땅에 오신다는 것, 이 땅에 인간으로 오시되 로마제국의 황제가 아니라 비천한 갈릴리의 빈민으로 오신다는 것은 하나님의 섭리였습니다. 그러나 빈민 예수님의 삶은 가난만으로 끝나는 것이 아니었습니다. 빈민 예수님의 삶은 비극적인 십자가의 죽음으로 끝나야만 했습니다. 십자가에 사지가 못박혀 죽음의 형벌을 당하는 것은 인간이 당할 수 있는 고통 가운데 가장 큰 고통이었습니다. 그래서 그 십자가의 죽음을 앞두고 예수님께서 겟세마네 동산에서, 할 수만 있으면 십자가의 죽음을 피하게 해달라고 땀방울에 피가 맺히기까지 처절하게 기도하시지 않았습니까? 그러나 끝내 당신의 뜻이 아니라 하나님의 뜻을 위하여 십자가로 나아가, '어찌하여 나를 버리시나이까?' 절규하실망정 당신의 의지를 다해 십자가 죽음의 형벌을 감수하신 것은, 그 십자가가 당신께 주어진 소명의 자리임을 아셨기 때문입니다. 그래서 그 십자가를 통해 죄와 사망으로부터 인간을 구원하시려는 하나님의 섭리가 온전히 이루어질 수 있었습니다.

예수님께서도 당신께 주어진 소명의 자리를 당신의 의지를 다해 지킴으로 하나님의 섭리가 이루어질 수 있었다면, 그 예수님을 주인으로 모신 본문 속 바울과 실라야 두말해 무엇하겠습니까? 억울하게 투옥된 바울과 실라가 두 발에 차꼬까지 차고 있던 그 한밤중, 갑자기 옥터가 요동쳤습니다. 그와 동시에 감방과 감옥의 문들이 열리고 바울과 실라의 두 발에 채워져 있던 차꼬마저 절로 벗어졌습니다. 깊은 잠에 곯아떨어져 있던 감옥의 간수도 깜짝 놀라 깨어났습니다. 그는 감방과 감옥의 문들이 모두 열려 있는 것을 보는 즉시 자신의 칼을 빼어 자결하려 했습니다. 빌립보의 집정관들이 철통같이 지키라고 엄명한 바울과 실라가 탈옥한 것이 틀림없다고 속단한 것이었습니다. 그 광경을 감방 안에서 지켜보던 바울이 간수에게 소리쳤습니다.

네 몸을 상하지 말라 우리가 다 여기 있노라(28절 하).

더러운 귀신에 사로잡힌 채 악덕 고용주에게 착취당하던 가련한 여인을 구해 주는 선한 일을 하고서도 바울과 실라가 억울하게 태형을 당하고 지하 감옥에 투옥되어 두 발에 차꼬마저 채워진 것은, 그들의 의지와는 전혀 무관한 하나님의 섭리였습니다. 그러나 얼마든지 감옥에서 벗어날 수 있는 상황이 주어졌음에도 바울과 실라가 감방 안에 그대로 앉아 있었던 것은 그들의 의지였습니다. 그들은 그날 밤 지하 감옥이 하나님께서 당신의 섭리를 위해 자신들에게 주신 소명의 자리임을 믿었기에, 감옥에서 벗어날 수 있는 그 상황 속에서도 자신들의 의지를 다해 그 자리를 지켰습니다. 그래서 바울은 자살하려는 간수를 제지하면서 우리가 여기, 감방 안에 그대로 있노라고 소리칠 수 있었습니다.

바울과 실라가 선한 일을 하고서도 억울한 누명을 쓰고 그 감옥에 갇히지 않았던들 그 간수는 영영 구원받지 못했을 것입니다. 감옥의 문들이 열리고 차꼬가 벗어졌을 때 바울과 실라가 감옥에서 도주해 버렸다면, 간수는 그 한밤중에 비극적인 자살로 생을 마감하고 말았을 것이요, 그로 인해 그의 가족들은 일평생 피멍 든 가슴을 안고 살아야만 했을 것입니다. 그러나 그 상황 속에서도 바울과 실라가 자신들의 의지를 다해 자신들에게 주어진 소명의 자리를 지켰기에, 바로 그 자리를 통해 그 한밤중 그 감옥 속에서 간수와 그의 가족들을 구원하시려는 하나님의 섭리가 온전히 성취될 수 있었습니다.

그리스도인은 하나님의 뜻이 '내일', '저기'에서가 아니라, 바로 '지금', '여기'에서부터 이루어짐을 믿는 사람입니다. 그러므로 그리스도인에게 '지금', '여기'에 주어진 자리치고 소명의 자리 아닌 곳이 없습니다. 자신이 속한 가정과 일터는 말할 것도 없고, 바울과 실라처럼 선한 일을 하고도 억울하게 투옥당하면 그 감옥이 소명의 자리요, 지하철을 타면 그 차량 속이 소명의 자리가 됩니다. 그래서 그리스도인인 우리는 언제 어디에서든 '지금', '여기'에서 주어진 자리를 우리의 의지를 다해 소명의 자리로 일구어 가야 합니다. 그 소명의 자리에는 우리가 맺고 있는 사람과의 관계뿐 아니라, 우리가 살고 있는 나라도 포함된다고 했습니다. 그래서 지난 시간에 우리가 일본에 의해 무력으로 나라를 강탈당했던 국권피탈 102년을 맞아, 대한민국 국민으로서 우리는 다시는 외부의 침략에 의해 우리의 생존권이 위협받지 않도록 우리의 의지를 다해 우리의 주권과 영토를 지켜야 한다고 말씀드렸습니다. 그와 동시에 우리는 그리스도인으로서 하나님께서 우리에게 주신 여기, 중국과 일본 사이에 위치한 한반도를 우리 소명의 자리로 알아, 우리의 가장 가까운 이웃인 중국 그리고 일본과 더불어 평화롭게 공존하는 미래를 일구어 가기 위해 우리의 의지를 다해 평화의 가교 역할을 감당해야 한다고 했습니다.

남북으로 분단된 한반도의 남쪽에 살고 있는 우리나라 사람들은 비행기나 선박을 이용하지 않으면 외국에 갈 수가 없기에, 우리에게 외국은 늘 심정적으로 멀게만 느껴집니다. 자동차를 타거나 걸어서는 외국으로 가는 것이 불가능하기 때문입니다. 그래서 30여 년 전 미국에서 자동차를 타고 캐나다와 멕시코를 왕복한 것은 경이로운 경험이었습니다. 제가 난생처음으로 걸어서 국경을 건넌 것은 1994년 이집트에서 이스라엘로 들어갈 때였습니다. 먼저 이집트 쪽에서 버스에서 내려 이집트의 검문소를 통과하고, 걸어서 이집트·이스라엘 국경을 건넌 뒤, 다시 이스라엘 검문소를 통과해야만 했습니다. 중무장한 군인들이 삼엄하게 경비하는 가운데 몸 검색과 소지품 검사가 얼마나 철저하던지, 서로 국경을 맞대고 있는 이집트와 이스라엘의 심각한 적대 관계를 온 피부로 절감할 수 있었습니다.

제가 두 번째로 걸어서 국경을 넘나들던 것은 1998년 스위스와 프랑스의 국경이었습니다. 당시 저는 3년 기한으로 스위스의 제네바한인교회를 섬기기 위해 제네바로 갔습니다. 그러나 스위스의 제네바에서 집을 구하기까지 한 달 동안, 저는 제네바보다 방값이 싼 프랑스 지역 숙소에서 체류했습니다. 제네바에서 16번 전차를 타고 종점에서 내리면 세관이라 불리는 스위스의 검문소와 스위스·프랑스 국경, 그리고 프랑스 검문소가 거의 붙어 있다시피 합니다. 그러나 그곳의 분위기는 이집트·이스라엘의 국경과는 전혀 딴판입니다. 중무장한 군인은 그 어디에서도 찾아볼 수 없습니다. 특별히 수상해 보이는 사람이 아니고는 두 나라 검문소 관리들은 지나가는 사람의 여권이나 신분증 제시를 요구하지 않습니다. 보행자는 그냥 웃으면서 인사를 하고 지나가면 됩니다. 인사를 하지 않아도 물론 무방합니다. 국경이라고 해서 땅 위에 선이 그어져 있는 것도 아닙니다. 두 나라의 검문소가 마주 보고 있지 않다면 그곳이 국경임을 알 수조차 없을 정도입니다. 저는 한 달 동안 매일 아침 걸어서 국경 건너 스위스의 제네바로 갔다가, 저녁에 걸어서 다시 국경을 넘어 프랑스로 되돌아오면서 참 많은 생각을 했습니다. 프랑스와 스위스의 과거도 침략과 피침략의 아픈 역사로 얽혀 있습니다. 침략과 피침략의 역사 속에서 프랑스와 스위스 간에 보이지 않는 국경이 확정되기까지 그 국경을 서로 지키기 위해 얼마나 많은 사람들이 피를 흘렸겠습니까? 그럼에도 두 나라 국민이 아무런 제지도 받지 않고 자유롭게 국경을 넘나들 수 있기까지 얼마나 많은 사람들의 의지의 노력이 수반되었겠습니까? 3년 동안 스위스에서 살면서 자동차를 타고 여행한 서부 유럽의 국경은 대부분 그처럼 자유롭고도 평화로웠습니다. 그것은 남북이 대치하는 한반도의 남쪽, 섬 아닌 섬에 갇혀 살던 제게는 크나큰 감동이었습니다.

작년 안식월 기간 중 3개월 동안 독일에서 체류하면서 저는 더 큰 감동을 받았습니다. 10여 년 전 제가 스위스에서 살 때와는 달리 유럽연합EU 국가들의 국경에 검문소가 철폐된 것이었습니다. 1999년 유로Euro를 도입하면서 2002년 전면적인 화폐 통합을 이룬 유럽연합 국가들이 마침내 서로의 국경을 개방한 것이었습니다. 독일에서 자동차를 타고 프랑스, 벨기에, 네덜란드와 같은 유럽연합 국가에 갈 경우에, 도로 안내판을 확인하지 않으면 국경을 넘었다는 사실을 전혀 인식할 수 없었습니다. 비행기를 타도 마찬가지였습니다. 유럽연합 국가에서 유럽연합 국가로 비행기를 타고 이동할 경우 출국하는 나라에서도, 입국하는 나라에서도 이민국을 거칠 필요가 없었습니다. 분명히 국제선이지만 실은 국내선과 동일했습니다. 유럽연합 국가들이 명실공히 서로 평화롭게 공존하는 한 공동체를 이루고 있었습니다. 그렇다고 유럽연합 국가들이 각 나라의 주권과 영토를 포기한 것은 아닙니다. 각 나라의 주권과 영토는 그대로 지키면서도 주권과 영토를 초월하여 다 함께 공생·공존하고 있습니다. 그것은 얼마나 큰 감동입니까? 그리고 그것은 얼마나 많은 사람들의 의지의 결과이겠습니까?

유럽연합은 2차 세계대전이 끝난 후 독일 수상 콘라트 아데나워 같은 소수의 그리스도인들에 의해, 유럽 대륙에서 다시는 우리끼리 서로 총질하지 말자는 취지에서부터 시작되었습니다. 하지만 어제까지 서로 총을 들고 죽이던 사람들이 하루아침에 평화의 미래를 일군다는 것은 결코 쉬운 일이 아니었습니다. 그래서 1952년 8월 프랑스, 독일, 이탈리아, 베네룩스 3국이 석탄과 철강 부문 공동 정책으로 전후 경제 복구와 독일의 국제사회 복귀를 통한 전쟁 재발 방지를 위하여 파리 조약에 따라 유럽석탄철강공동체

ECSC를 발족시킬 때만 해도, 그 작고 제한된 구성체가 60년 후 27개의 나라가 화폐 통합을 이루고 국경을 개방하는 오늘날의 유럽연합으로 발전하리라고는 아무도 상상하지 못했습니다. 그러나 그동안 수많은 사람들의 의지를 다한 노력의 결과가 오늘날의 유럽연합이라는 역사적 실체로 드러나게 되었습니다. 2차 세계대전 이후 유럽 대륙을 유럽인의 화합을 위한 소명의 자리로 받아들인 소수 그리스도인들의 의지가 60년 만에 절대다수의 의지로 확장된 것입니다. 역사의 주관자가 하나님이시라면, 그 어찌 하나님의 섭리가 아니겠습니까?

요즈음 스페인, 이탈리아, 그리스와 같은 남부 유럽의 재정 위기에서 보듯이, 앞으로도 유럽연합은 넘어야 할 고비가 많이 있을 것입니다. 그러나 유럽연합 국가들 간에 서로 총질하지 않는 평화의 기틀이 공고하게 다져졌다는 의미에서, 오늘날의 유럽연합이 있기까지 의지를 다한 분들의 노고는 세월이 흘러갈수록 더욱 빛날 것입니다. 그 유럽 대륙에서 작년에 3개월 동안 체류하면서 동북아시아의 중국과 한국 그리고 일본이 평화롭게 공존하는 미래에 대한 소망을 품게 되었습니다.

제가 제네바한인교회를 섬길 때 스위스개혁교회총회에 참석했던 적이 있었습니다. 그 총회에 마침 일본에서 파송 나온 일본인 선교사도 있었습니다. 같은 동양인끼리 만나 반갑게 이야기를 나누었습니다. 그 광경을 지켜본 스위스 목사님 한 분이 제게 물었습니다.

"왜 당신은 같은 동양인과 한국어나 일본어로 말하지 않고 서로 남의 언어인 영어로 이야기합니까?"

그 질문은 제게는 신선한 충격이었습니다. 저는 그 질문을 받기 전까지 일본인을 만나 영어로 대화하는 것을 조금도 이상하게 생각해 본 적이 없었습니다. 유럽인들은 서로 만나면 대부분의 경우에 상대방의 언어로 대화하려고 서로 노력합니다. 따라서 그 스위스 목사님의 눈에는 같은 동양인끼리 머나먼 제3국 언어로 이야기하는 것이 이상하게 여겨졌던 것입니다. 옛날 일제 강점기에 사셨던 분들을 제외하면, 대부분의 한국인이나 일본인이 서로 만났을 때 일본어나 한국어로 대화할 수 없는 것을 당연하게 여기는 것은, 한국과 일본이 가장 가까우면서도 실은 가장 먼 나라임을 입증해 주고 있습니다. 그래서 저는 그 스위스 목사님의 질문을 받은 이후 어디서든 일본인을 만나면, 제가 아는 모든 일본어 단어를 동원하여 대화하려고 노력합니다.

우리가 여기, 중국과 일본 사이의 한반도가 하나님께서 우리에게 주신 소명의 자리임을 정녕 믿는다면, 우리는 '네 이웃을 네 몸처럼 사랑하라'는 주님의 말씀을 좇아 우리의 가장 가까운 이웃인 중국인과 일본인을 진심으로 사랑해야 합니다. 고린도전서 13장 7절은 '사랑은 모든 것을 믿으며 모든 것을 바라고 모든 것을 견딘다'고 증언하고 있습니다. 사랑은 모든 것을 믿는 것입니다. 그것은 하나님에 대한 믿음입니다. 우리가 비록 소수라 할지라도 한반도를 소명의 자리로 자각하고 한반도의 이웃인 중국인과 일본인을 내 몸처럼 사랑하는 한, 하나님께서 우리를 통로로 삼아 세 나라가 평화롭게 공존하는 미래를 반드시 일구어 주실 것을 믿는 것입니다. 사랑은 모든 것을 바라는 것입니다. 헬라어 동사 '엘피조ἐλπίζω'는 '소망하다'는 의미로, 이것은 사람에 대한 소망입니다. 우리가 예수 그리스도 안에서 중국인과 일본인을 사랑하는 한, 성령님의 감화 속에서 중국인과 일본인도 반드시 사랑으로 응답하리라는 소망을 품게 됩니다. 사랑은 또 견디는 것입니다. 사랑의 여정에 어떤 어려움과 고비가 있더라도 끝까지 인내하며 극복하는 것입니다. 그리스도인의 사랑은 한마디로 그리스도 안에서 자신의 의지를 다하는 것입니다. 의지가 수반되지 않는 사랑은 애당초 불가능합니다. 한반도를 소명의 자리로 알아 한반도의 가장 가까운 이웃인 중국인과 일본인을 예수 그리스도 안에서 자신의 의지를 다해 사랑하는 그리스도인이 있는 한, 하나님께서 오늘날의 유럽연합처럼 언젠가 한국과 중국 그리고 일본이 평화롭게 공존하는 동북아연합도 일구어 주실 것입니다. 무소부재하신 하나님께서는 유럽 대륙에서만 하나님이신 것이 아니라, 여기 한반도를 중심으로 한 동북아시아에서도 하나님이시기 때문입니다.

오랫동안 백인들의 차별과 냉대 속에서 고통당하던 미국의 흑인들이 오늘날에는 법적으로나 사회적으로 백인과 동등한 권리를 누리게 되었습니다. 이제 미국에서 흑인과 백인 간의 결혼을 이상하게 보는 사람은 없습니다. 누구든 흑인을 비하하는 인종차별적인 말을 했다가는 지위 고하를 막론하고 법적 제재를 당하게 됩니다. 게다가 오바마 현 미국 대통령도 흑인의 아들입니다. 이 모든 것은 불과 몇십 년 전만 하더라도 상상도 할 수 없는 일이었습니다. 미국이 오늘날과 같은 사회로 발전하게 된 꼭짓점에 한 사람의 흑인, 마틴 루터 킹 목사가 있습니다. 그는 자신이 태어난 미국을 백인과 흑인이 예수 그리스도 안에서 화합하는 소명의 자리로 일구기 위해, 인종차별주의자의 총에 맞아 숨을 거두는 순간까지 자신의 의지를 다했습니다. 그는 흑인으로 태어나 흑인만 사랑한 것이 아니라 백인도 진심으로 사랑했습니다. 그는 1963년 워싱턴 링컨기념관 광장에 운집한 25만 명의 청중 앞에서 그 유명한 연설을 했습니다.

오늘 여러분에게 이 말씀을 드리고 싶습니다. 지금도 그렇고 앞으로도 많은 어려움을 겪어야겠지만, 나에게는 꿈이 있습니다. 그것은 아메리칸드림에 깊이 뿌리내리고 있는 꿈입니다. 나에게는 언젠가 이 나라가 우뚝 솟을 것이며, '모든 사람은 평등하게 창조되었다'는 신조의 참뜻에 맞게 살아갈 것이라는 꿈이 있습니다. 어느 날 조지아 주의 붉은 언덕에서 노예의 후손과 노예 주인의 후손이 형제처럼 한 식탁에 앉게 되는 꿈입니다. 나에게는 꿈이 있습니다. ……흑인 어린이들과 백인 어린이들이 형제자매처럼 손을 맞잡게 되는 꿈입니다.

그가 하나님께서 자신의 조국으로 주신 미국을 흑백 화합을 구현하는 소명의 자리로 지키기 위해 그의 의지를 다했을 때 그의 꿈은 허황한 망상이 아니라, 미국의 법과 사회제도와 미국인의 의식 속에서 역사적 실체로 자리 잡게 되었습니다. 그가 믿었던 하나님께서 그를 통로로 삼아 당신의 섭리를 이루신 것임은 두말할 나위도 없습니다. 그렇다면 하나님을 믿는 우리 역시 마틴 루터 킹 목사의 꿈을 우리의 꿈으로 삼을 수 있어야 하지 않겠습니까?

우리에게는 꿈이 있습니다. 지금도 그렇고 앞으로도 많은 어려움을 겪어야겠지만, 우리에게는 꿈이 있습니다. 그것은 하나님의 말씀과 사랑에 깊이 뿌리내리고 있는 꿈입니다. 우리에게는 과거의 아픈 역사에도 불구하고 언젠가 한국인과 중국인과 일본인이 세계에서 가장 가까운 이웃으로서 서로 한국어와 중국어와 일본어로 대화를 나누며, 깊이 이해하고 소통하며 사랑하리라는 꿈입니다. 우리에게는 꿈이 있습니다. 한국 어린이들과 중국 어린이들 그리고 일본 어린이들이 친형제자매처럼 손을 맞잡고 함께 인류의 평화를 일구어 나가는 꿈입니다.

하나님께서 우리에게 주신 여기, 한반도를 지금부터 소명의 자리로 지키기 위해 그리스도인으로서 우리의 의지를 다한다면, 한국과 중국과 일본을 이웃하게 하신 하나님께서 당신의 섭리를 위해 우리의 꿈을 반드시 이루어

주실 것입니다. 불행한 과거의 역사로 얽혀 있는 이 동북아시아에서 한국과 중국과 일본이 화합하는 미래를 안겨 주는 것보다, 우리 후대를 위한 더 큰 선물은 없습니다.

하나님의 뜻은 '내일', '저기'에서 이루어지는 것이 아니라, '지금', '여기'에서부터 이루어지고 있기에, 지금 여기, 우리에게 주어진 모든 자리가 소명의 자리임을 일깨워 주신 하나님께서 이 시간 우리에게 꿈을 주셔서 감사합니다. 나의 가정이 진정한 믿음의 공동체로 서기 원하는 나의 꿈이 이루어질 수 있도록, 그리스도인인 내가 먼저 나의 의지를 다해 내 가정을 소명의 자리로 지키게 해주십시오. 나의 일터를 참된 화합의 공동체로 일구려는 나의 꿈이 이루어질 수 있도록, 그리스도인인 내가 먼저 나의 의지를 다해 내 일터를 소명의 자리로 지키게 해주십시오. 우리나라가 하나님의 공의와 사랑의 공동체로 세워지기 원하는 우리의 꿈이 이루어질 수 있게끔, 그리스도인인 우리가 먼저 우리의 의지를 다해 우리나라를 우리 소명의 자리로 지키게 해주십시오.

남북한이 서로 겨눈 총부리를 내리고 하루빨리 평화통일을 이루기를 기도하는 우리의 꿈이 이루어질 수 있도록, 그리스도인인 우리가 먼저 우리의 의지를 다해 한반도를 소명의 자리로 지키게 해주십시오. 한국인과 중국인과 일본인이 서로 손을 맞잡고 평화롭게 공존하는 미래가 도래하기를 믿고 소망하고 견디는 우리의 꿈이 이루어질 수 있도록, 그리스도인인 우리가 먼저 우리의 의지를 다해 여기 한반도에서부터 중국인과 일본인을 진심으로 사랑하게 해주십시오. 그리하여 우리 모두 예수 그리스도 안에서 이 시대를 위한 노아와 예레미야, 바울과 실라가 되게 해주시고, 우리의 꿈이 온 세계 인류를 위한 하나님의 섭리로 승화되게 해주십시오. 아멘.

23. 어떻게 하여야 구원을 받으리이까

사도행전 16장 26-34절

이에 갑자기 큰 지진이 나서 옥터가 움직이고 문이 곧 다 열리며 모든 사람의
매인 것이 다 벗어진지라 간수가 자다가 깨어 옥문들이 열린 것을 보고 죄수들
이 도망한 줄 생각하고 칼을 빼어 자결하려 하거늘 바울이 크게 소리 질러 이
르되 네 몸을 상하지 말라 우리가 다 여기 있노라 하니 간수가 등불을 달라고
하며 뛰어 들어가 무서워 떨며 바울과 실라 앞에 엎드리고 그들을 데리고 나가
이르되 선생들이여 내가 **어떻게 하여야 구원을 받으리이까** 하거늘 이르되 주 예
수를 믿으라 그리하면 너와 네 집이 구원을 받으리라 하고 주의 말씀을 그 사
람과 그 집에 있는 모든 사람에게 전하더라 그 밤 그 시각에 간수가 그들을 데
려다가 그 맞은 자리를 씻어 주고 자기와 그 온 가족이 다 세례를 받은 후 그들
을 데리고 자기 집에 올라가서 음식을 차려 주고 그와 온 집안이 하나님을 믿
으므로 크게 기뻐하니라

　빌립보의 지하 감옥에 바울과 실라가 억울하게 투옥되었던 그 한밤중, 갑
자기 옥터가 요동쳤습니다. 그와 동시에 감방과 감옥의 문들이 열리고, 바

울과 실라의 두 발에 채워져 있던 차꼬마저 벗겨졌습니다. 그 순간, 그 감옥 속에는 바울과 실라만 갇혀 있었던 것이 아닙니다. 지하 감옥에 갇혀 두 발에 차꼬마저 채워진 바울과 실라가 한밤중을 맞아 기도하면서 얼마나 큰 목소리로 하나님을 찬송했던지, 다른 감방의 죄수들이 그 소리를 들었음을 25절이 분명히 증언하고 있습니다. 그렇지만 감방과 감옥의 문들이 열리고 바울과 실라의 발에서 차꼬마저 절로 벗어진 상황을 증언하는 본문은, 다른 감방의 죄수들에 대해서는 일절 언급하지 않고 있습니다. 그때 다른 죄수들이 갇혀 있는 감방들의 문들도 모두 절로 열렸다면, 감옥에서 빠져나가려는 죄수들로 인해 감옥은 삽시간에 아수라장이 되고 말았을 것입니다. 그러나 다른 죄수들에 대한 본문의 침묵을 통해 우리는, 그날 밤 옥터의 요동과 함께 바울과 실라가 갇혀 있던 감방과 그 감방으로 통하는 감옥의 출입문들만 절로 열렸음을 알 수 있습니다. 마치 사도행전 12장에서 베드로가 예루살렘 감옥에 갇혔을 때, 참수형을 당하기 전날 밤 베드로가 갇혀 있던 감방과 그 감방으로 연결되는 감옥의 출입문들만 절로 열렸던 것처럼 말입니다.

느닷없는 옥터의 요동에, 깊은 잠에 곯아떨어져 있던 간수가 깜짝 놀라 깨어났습니다. 그는 바울과 실라가 갇혀 있던 감방 문과 감옥의 출입문들이 열린 것을 보자마자 자기 칼을 빼어 스스로 자결하려고 했습니다. 빌립보의 집정관들로부터 철통같이 지키라고 엄명을 받은 바울과 실라가 탈옥한 것이 분명하다고 속단한 것이었습니다. 그 광경을 감방 안에서 지켜보던 바울이, 우리가 다 여기, 감방 안에 그대로 있으니 자살하지 말라고 큰 소리로 외쳤습니다. 2천 년 전 빌립보 지하 감옥의 감방이 전깃불로 대낮처럼 밝을 리가 만무하지 않습니까? 갑자기 감방의 어둠 속에서 울려 퍼진 바울의 소리에 깜짝 놀란 간수가 취한 행동을 29절 상반절이 전해 주고 있습니다.

간수가 등불을 달라고 하며 뛰어 들어가.

어둠 속 감방 안에서 울려 퍼진 예상치 못한 바울의 소리에 간수는 부하에게 등불을 달라고 했습니다. 한글 성경에는 '등불'이 단수형이지만, 3주 전에 말씀드린 것처럼 헬라어 원문에는 복수형으로 기록되어 있습니다. 간수는 하나의 등불이 아니라, 양손에 각각 등불을 들고 바울과 실라가 갇혀 있던 감방 안으로 뛰어 들어갔습니다. 방금 자신이 들은 소리가 환청인지, 아니면 실제로 바울 소리였는지 확인하기 위함이었습니다. 다시 말해 자신이 생각했던 것처럼 바울과 실라가 탈옥한 것인지, 아니면 방금 들린 소리처럼 그 두 사람이 정말 감방 안에 그대로 있는지 자신의 두 눈으로 똑똑하게 확인하기 위함이었습니다. 놀랍게도 문이 열린 감방 안에는, 두 발의 차꼬에서마저 벗어난 바울과 실라가 아무 일도 없다는 듯 그대로 앉아 있었습니다. 그것은 간수의 상식으로는 상상조차 할 수 없는 일이었습니다.

간수가 등불을 달라고 하며 뛰어 들어가 무서워 떨며 바울과 실라 앞에 엎드리고(29절).

얼마든지 감옥에서 빠져나갈 수 있는 상황이 주어졌음에도 감방 안에 그대로 앉아 있는 바울과 실라의 의연한 카리스마에 간수는 압도당하고 말았습니다. 그는 알 수 없는 힘에 사로잡혀 무서워 떨며 바울과 실라 앞에 엎드렸습니다. 우리말 '엎드리다'로 번역된 헬라어 동사 '프로스핍토προσπίπτω'는 순간적으로 놀라거나 당황하여 앞으로 고꾸라지는 동작을 나타내는 표현입니다. 간수는 감옥에 갇힌 죄수를 지키는 프로 직업인입니다. 이를테면 간수는, 감옥에 갇힌 죄수는 대부분 기회만 주어지면 감옥에서 벗어나려고

함을 누구보다 잘 아는 사람입니다. 그렇기에 얼마든지 감옥에서 벗어날 수 있는 상황이 주어졌음에도 감방 안에 의연하게 앉아 있는 바울과 실라의 카리스마에 압도당한 간수는, 자기도 모르게 무서워 떨며 앞으로 고꾸라지듯 바울과 실라 앞에 무릎을 꿇어 엎드리고 말았습니다.

> 그들을 데리고 나가 이르되 선생들이여 내가 어떻게 하여야 구원을 받으리이까 하거늘(30절).

잠시 후 정신을 가다듬고 자리에서 일어난 간수는 바울과 실라를 감방에서 데리고 나갔습니다. 앞으로 살펴보겠습니다만 간수는 그 한밤중에 바울과 실라를 자기 집으로 데리고 갔습니다. 그리고 간수가 바울과 실라를 "선생들"이라고 불렀습니다. 헬라어 원문에는 '퀴리오스κύριος', 즉 '주님'이라고 기록되어 있습니다. 우리가 예수님을 향해 '주님'이라고 부를 때 사용되는 바로 그 '퀴리오스'입니다. 그것은 인간이 인간에게 붙일 수 있는 최고의 경칭敬稱이었습니다. 그리고 간수의 질문이 이어졌습니다. '내가 어떻게 하여야 구원을 받으리이까?'

이제 우리 자신이 2천 년 전 빌립보 감옥의 간수가 되어, 오늘 본문의 상황을 우리의 머릿속에 재현해 보십시다. 나는 빌립보 감옥의 간수입니다. 오늘 낮에 나는 빌립보의 최고 통치자인 집정관들로부터 명령을 하달받았습니다. 감옥으로 이송하는 바울과 실라라는 죄수를 철통같이 지키라는 엄명이었습니다. 그래서 나는 벽에 차꼬가 부착되어 있는 지하 감방에 그 두 사람을 가두고, 내 손으로 그들의 발에 차꼬까지 채웠습니다. 밤이 되었습니다. 행여 밤사이에 무슨 일이 일어나지 않게끔 나는 바울과 실라가 갇혀 있는 지하 감방 앞 복도를 지키고 있었습니다. 한밤중에 졸음을 이기지 못하고 그만 깊은 잠에 곯아떨어졌는데, 갑자기 옥터가 요란하게 요동쳐 깜짝 놀라 깨어났습니다. 그런데 이게 웬일입니까? 바울과 실라가 갇혀 있던 감방문과 감옥의 출입문들이 활짝 열려 있었습니다. 그것은 집정관들이 철통같이 지키라고 엄명한 바울과 실라가 탈옥했음을 의미했습니다. 그렇다면 내가 선택할 수 있는 길은 스스로 자살하는 것뿐이었습니다. 그렇지 않을 경우 죄수를 놓친 중죄로 혹독한 고문의 과정을 거쳐 죽음의 형벌을 당해야 하는데, 나에게 그보다 더 불명예스럽고도 수치스러운 죽음은 있을 수 없었습니다. 나는 허리춤에 차고 있던 칼을 빼었습니다. 그리고 할복하려는 순간, 갑자기 어둠의 정적을 깨뜨리는 소리가 들려왔습니다. "우리가 감방 안에 그대로 있으니 자살하지 말라"는 소리였습니다. 낮에 들었던 바울의 음성이 분명했습니다. 그러나 그럴 리가 없었습니다. 문들이 열린 감옥에서 죄수가 감옥을 빠져나가지 않고 감방 안에 그대로 앉아 있다는 것은, 그동안 간수로 살아온 나의 경험으로는 있을 수 없는 일이었습니다.

하지만 바울의 음성이 들렸던 것 또한 분명한 사실이었습니다. 나는 부하에게 건네받은 등불을 양손에 하나씩 들고 바울과 실라가 갇혀 있던, 문이 활짝 열려 젖혀진 감방 안으로 뛰어 들어가 등불로 방 안을 비췄습니다. 그리고 나는 깜짝 놀라지 않을 수 없었습니다. 그 감방 안에는 차꼬에서마저도 벗어난 바울과 실라가 그대로 앉아 있었습니다. 그것은 평생 간수로 살아온 나의 경험과 상상을 초월하는 일이었습니다. 그들의 그 의연한 카리스마에 나는 압도당하고 말았습니다. 나는 상상치 못한 상황 속에서 충격과 동시에 감동에 휩싸여, 또 한편으로는 이제 자살하지 않아도 된다는 안도감에 긴장이 풀어지면서, 나도 모르게 고꾸라지듯 바울과 실라의 발 앞에 무릎을 꿇어 엎드리고 말았습니다. 그리고 결과적으로 내 생명의 은인이 된 바울과 실라를 나는 '퀴리오스', '주님'이라고 불렀습니다.

내가, 우리 각자가 이런 상황을 맞았다면, 우리 각자는 감방 안에 그대로 앉아 있는 바울에게 무슨 말을 제일 먼저 건네겠습니까? 저라면, 결과적으로 제가 자살하지 않아도 되도록 저를 도와준 바울과 실라에게 어떤 형태로든 감사의 인사말을 제일 먼저 건넬 것입니다. 혹은 궁금해하는 마음으로 예의를 갖추어 '이런 상황 속에서 어떻게 이곳에 그냥 계시느냐?'고 물을 수도 있을 것입니다. 그것도 아니라면 충격과 감동 속에서 미안한 마음으로, '낮에 두 분을 투옥시키고 두 발에 차꼬를 채울 때 혹 제가 결례한 것이 있다면, 제 직책상 어쩔 수 없는 일이었으니 양해해 달라'고 사과의 말을 먼저 건넬 것입니다. 본문의 상황 속에서는 여러분 역시 마찬가지 아니겠습니까?

그러나 본문의 간수는 달랐습니다. 충격과 감동이 교차하는 상상 밖의 그 돌발적 상황 속에서 그가 바울과 실라에게 가장 먼저 건넨 말은, '내가 어떻게 하여야 구원을 받으리이까?'였습니다. 바로 구원에 대한 질문이었습니다. 원문을 문법적으로 보다 정확하게 옮기면 '내가 무엇을 하여야만 구원을 받을 수 있겠습니까?'라는 질문이었습니다. 이것은 무엇을 의미하겠습니까? 그 간수의 마음속에 평소 구원에 대한 질문이 각인되어 있었음을 의미합니다. 그는 공동묘지에서 한 줌의 흙으로 끝나 버리는 인간의 육적 삶 너머에 뭔가 영원한 삶이 있음을 어렴풋이 알았지만, 그 영원한 삶에 이르는 구원의 방법은 전혀 알지 못했습니다. 누구에게 질문해도, 우상의 도시 빌립보에서 영원한 삶을 향한 구원의 길을 답해 주는 사람은 아무도 없었기 때문입니다. 그래서 '내가 무엇을 하여야만 구원을 받을 수 있을까?'라는 근본적인 질문은 그의 마음속에서 떠날 날이 없었습니다. 그러던 중 간수는, 감방과 감옥의 문들이 열리고 차꼬마저 벗어진 상황 속에서도 감방 안에 의연하게 앉아 있는 바울과 실라의 의연한 카리스마에 압도당하면서, 이분들이라면 자신의 질문에 대하여 답변을 주리라는 믿음이 들었습니다. 그래서 그는 바울과 실라에게, 결과적으로 자신의 자살을 막아 준 데 대한 감사 인사나 궁금증을 해소하기 위한 질문, 혹은 자신의 무례함을 사과하는 말을 건네기 전에, 무엇보다도 먼저 '내가 무엇을 하여야만 구원을 얻을 수 있겠느냐?'는 질문을 던졌습니다.

바울은 마치 기다렸다는 듯이 '주 예수를 믿으라. 그리하면 너와 네 집이 구원을 받으리라'는 복음으로 답했고, 복음의 답을 얻은 간수는 자신의 가족들과 함께 세례를 받음으로 예수 그리스도 안에서 영원히 구원받은 하나님의 자녀가 되었습니다.

만약 그 간수가 평소에 '내가 무엇을 해야만 구원을 받을 수 있을까?'라는 질문을 마음속에 품고 사는 사람이 아니었더라면, 그날 그 한밤중 그 빌립보의 감옥에서 전개된 그 돌발적인 상황 속에서 그는 감방 안에 그대로 앉아 있던 바울과 실라와 구원과는 무관한 대화를 나누는 것으로 그쳤을 것이요, 결국 그는 구원의 기회를 스스로 박차고 말았을 것입니다. 그러나 그가 평소에 품고 있던 근본적인 질문을 던졌을 때, 그 질문에 답해 준 바울은 간수처럼 유럽 대륙의 빌립보에 사는 빌립보 시민이 아니었습니다. 바울은 아시아 대륙에 위치한 수리아의 안디옥교회의 목회자 아니었습니까? 바울이 2차 전도 여행을 위해 수리아의 안디옥을 출발할 때 그의 목적지는 유럽 대륙의 빌립보가 아니었습니다. 그는 아시아 대륙에서 유럽 대륙으로 건너간다는 것은 꿈에서조차 생각하지 않았습니다. 이미 우리가 잘 알고 있는 것처럼, 애당초 그의 계획은 오늘날의 터키 대륙에서 계속 복음을 전하는 것이었습니다. 그러나 하나님께서 때로는 바울의 앞길을 가로막으시고 때로는 바울이 전혀 예상치도 않은 길로 바울을 인도하시면서, 마침내 2천여 킬로미터를 거치는 우여곡절 끝에 바울과 실라를 그날 그 한밤중 유럽 대륙의 빌립보 지하 감옥에 수감되게 하셨습니다. 대체 그 이유가 무엇이었습니까? '내가 무엇을 하여야만 구원을 받을 수 있겠습니까?'라는 간수의 질문에 하나님께서 바울을 통해 친히 대답해 주시기 위함이었습니다.

"질문하는 사람만 답을 얻을 수 있다"고 말씀드린 적이 있습니다. "질문이 진지한 만큼 진지한 답을 얻을 수 있다"고도 했습니다. 세상에서도 질문하는 사람이 답을 얻고, 질문이 진지한 만큼 진지한 답을 얻을 수 있다면, 살아 계신 하나님과의 관계 속에서야 두말해 무엇하겠습니까? 하나님께서는 유럽 대륙 빌립보에 사는 간수의 '내가 무엇을 하여야만 구원을 받을 수 있겠습니까?'라는 진지한 질문을 들으시고, 아시아 대륙의 바울을 동원하시어 그 질문에 진지하게 대답해 주셨습니다. 바울과 실라가 감방과 감옥의 문들이 열리고 두 발의 차꼬마저 벗어진 감방 안에 그대로 앉아 있었던 것 역시 동일한 이유로 인함이었습니다.

오순절 이후 사도들을 통해 많은 생명의 역사가 일어나면서, 사도들을 따르는 무리가 점점 많아지게 되었습니다. 유대교 지도자들이 가만히 있을 리가 없었습니다. 사도들을 시기한 그들은 사도들을 붙잡아 투옥시켜 버렸습니다. 그리고 그날 밤에 있었던 일을 사도행전 5장 19-20절이 밝혀 주고 있습니다.

주의 사자가 밤에 옥문을 열고 끌어내어 이르되 가서 성전에 서서 이 생명의 말씀을 다 백성에게 말하라 하매.

그날 밤 주의 사자가 아무도 모르게 사도들이 갇혀 있는 옥문을 열어만 놓고 사라져 버린 것이 아니었습니다. 감옥 문을 연 주의 사자는 감방 안에 앉아 있던 사도들을 감옥 밖까지 직접 끌어내었습니다. 그들로 하여금 다시 하나님의 말씀을 전하게 하기 위함이었습니다. 서두에서 언급한 것처럼 베드로가 예루살렘 감옥에 갇혔을 때도 마찬가지였습니다. 참수형을 당하기 전날 밤 베드로는 감방 안에서 곤히 잠을 자고 있었습니다. 그때 베드로가 갇힌 감방 안에 홀연히 주의 사자가 나타나, 곤히 잠든 베드로의 옆구리를 쳐 깨웠습니다. 그와 동시에 베드로에게 묶여 있던 쇠사슬이 벗어졌습니다.

> 천사가 이르되 띠를 띠고 신을 신으라 하거늘 베드로가 그대로 하니 천사가 또 이르되 겉옷을 입고 따라오라 한대 베드로가 나와서 따라갈새 천사가 하는 것이 생시인 줄 알지 못하고 환상을 보는가 하니라 이에 첫째와 둘째 파수를 지나 시내로 통한 쇠문에 이르니 문이 저절로 열리는지라 나와서 한 거리를 지나매 천사가 곧 떠나더라(행 12:8-10).

갑자기 잠에서 깨어나 비몽사몽 속을 헤매는 베드로를 그때에도 주의 사자가 감옥 밖까지 직접 이끌어 주었습니다. 하나님께서 감옥 밖에서 베드로를 통해 이루실 당신의 섭리를 위함이었음은 두말할 나위가 없습니다.

그러나 본문 속 바울과 실라의 경우는 전혀 딴판이었습니다. 하나님께서 당신의 방법으로 그들이 갇혀 있는 감방과 감옥의 문들을 여시고 발의 차꼬까지 풀어 주셨지만, 그러나 그것이 전부였습니다. 주의 사자가 바울과 실라에게 나타나 당장 감옥에서 벗어나라고 명령하거나, 바울과 실라를 직접 감옥 밖으로 이끌어 내지 않았습니다. 그때 매사에 하나님의 뜻을 구하는 바울과 실라가 '이 상황 속에서 우리는 어떻게 해야 합니까?', 왜 질문하지 않았겠습니까? 그리고 그 상황 속에서는 하나님의 무응답이 그들의 질문에 대한 응답이었습니다. 감옥의 문들을 열어 주신 하나님께서 더 이상 말씀하시지 않는다는 것은, 열린 감옥 감방 속에 그대로 앉아 있으라는 하나님의 답변이었습니다. 하나님께서 '내가 무엇을 하여야만 구원을 받겠습니까?'라는 간수의 질문에 바울을 통해 대답해 주시기 위함이었습니다. 그래서 바울은 하나님의 무응답의 응답 속에서, 자신의 의지를 다해 소명의 자리를 지킬 수 있었습니다.

하박국은 패역한 세상 속에서 세상은 으레 그러려니 하며, 그저 세상과 타협하면서 아무 생각 없이 사는 사람이 아니었습니다. 그는 불의한 인간들이 득세하고, 그 불의한 인간들로 인해 의인들이 고통당하는 세상을 보면서, 하박국 1장을 통해 하나님께 거듭하여 질문하였습니다.

> 주께서는 눈이 정결하시므로 악을 차마 보지 못하시며 패역을 차마 보지 못하시거늘 어찌하여 거짓된 자들을 방관하시며 악인이 자기보다 의로운 사람을 삼키는데도 잠잠하시나이까(합 1:13).

그가 하나님께 거듭 질문했기에, 그는 "의인은 그의 믿음으로 말미암아 살리라"(합 2:4하)는 답을 얻었습니다. 불의한 인간들이 세상에서 아무리 득세하는 것처럼 보여도 그들은 절대로 하나님의 심판을 모면치 못할 것이요, 불의한 세상 속에서도 믿음으로 사는 사람들은 그들의 믿음으로 인해 영원히 살리라는 하나님의 답변이었습니다. 하박국이 질문하지 않았던들 결코 얻지 못했을 귀중한 믿음의 답변이었습니다.

그 유명한 예루살렘성전을 건축한 사람은 솔로몬이었습니다. 그는 자기 왕국의 온 국력을 동원하여 거대한 예루살렘성전을 건축하였습니다. 그러나 그의 마음속에서는 질문이 사라지지 않았습니다.

하나님이 참으로 땅에 거하시리이까 하늘과 하늘들의 하늘이라도 주를 용납하지 못하겠거든 하물며 내가 건축한 이 성전이오리이까(왕상 8:27).

자신이 건축한 성전이 아무리 웅장하다 한들 하나님 보시기에는 먼지보다 더 작을 터인데, 과연 하나님께서 그 작은 성전 안에 갇혀 계시겠느냐는 질문이었습니다. 그리고 '아니다'는 하나님의 답변을 얻은 솔로몬은, 이스라엘 백성이 무소부재하신 하나님을 만나고 예배하는 공간의 의미로 예루살렘성전을 하나님께 봉헌하였습니다. 그러나 세월이 지나면서 이스라엘 백성은 '하나님께서는 어디에 계시는가?' 진지하게 질문하지 않았습니다. 질문하지 않는 그들에게 답변이 있을 리도 없었습니다. 그들은 무소부재하신 하나님을 하나님 보시기에 먼지보다 더 작은 예루살렘성전 안에 가두어 두고, 인간의 건축물인 예루살렘성전 자체를 우상으로 섬기다가 그 성전과 더불어 그들도 몰락하고 말았습니다. 어디 그뿐입니까? 그들은 단 한 번도 '하나님은 누구신가?', '하나님은 어떤 분이신가?', '하나님께서는 어떻게 역사하시는가?' 진지하게 질문하지 않고 단지 종교적 관습에만 젖어 있다가, 인간으로 오신 임마누엘 하나님이신 예수님을 못박아 죽여 버리고 말았습니다.

질문하는 사람만 답을 얻을 수 있습니다. 질문이 진지한 만큼 진지한 답을 얻을 수 있습니다. 저 개인의 고백을 드리자면 모태 신앙인이었던 제게는 오래전부터 많은 질문들이 있었습니다. 하나님에 대해, 그리스도인의 신앙에 대해, 교회에 대해, 수많은 질문들이 있었지만 그 누구도 속 시원한 답을 주지 못했습니다. 그러나 제가 제 눈으로 하나님의 말씀을 읽기 시작하자 하나님께서는 당신의 말씀을 통해 제 질문들에 대해 일일이 답변해 주셨고, 제가 얻은 하나님의 답변들이 여러분들과 함께 나누는 '새신자반', '성숙자반', '사명자반' 등입니다.

여러분은 어떻습니까? 여러분은 하나님 앞에서 어떤 질문을 갖고 계십니까? 보다 성숙한 그리스도인으로 살아가기 위한 질문을 갖고 계십니까? '나는 하나님 앞에서 참된 그리스도인으로 살고 있는가?' 단 한 번이라도 하나님 앞에서 이렇게 진지하게 질문해 보신 적이 있습니까? 만약 없다면, 그 사람은 지금 참된 그리스도인과는 거리가 먼 삶을 살고 있음을 뜻합니다. '나는 크리스천 부모로서 내 자식을 하나님의 말씀 안에서 바르게 양육하고 있는가?' 이런 질문을 단 한 번이라도 하나님 앞에서 진지하게 제기해 본 적이 없다면, 그 부모는 하나님을 믿지 않는 세상 사람과 아무 차이가 없는 세속적 부모요, 언젠가는 자식 때문에 하나님 앞에서 뜨거운 눈물을 흘리며 회개하게 될 것입니다. '나는, 네 부모를 공경하라는 제5계명을 좇는 믿음의 자식인가?' 단 한 번이라도 진지하게 질문해 본 적이 없다면, 그 사람은 부모로 인해 하나님 앞에서 가슴을 치며 후회할 날을 맞게 될 것입니다. '나는 하나님의 명령에 순종하여 내 아내를 내 몸과 같이 사랑하는 남편인가? 나는 내 남편을 내 머리로 받드는 믿음의 아내인가?' 하나님 앞에서 이렇게 진지하게 질문한 적이 없다면 그 부부는 둘이서 한 몸을 이루어 한 인생을 살기보다는, 동상이몽 속에서 두 사람이 각각 두 인생을 사는 남남과 다를 바 없을 것입니다. '내 삶을 통해 하나님의 사랑과 정의가 구현되고 있는가?' 하나님 앞에서 이런 질문을 단 한 번이라도 진지하게 해본 적이 없다면, 그 사람은 하나님을 믿는다면서도 자기도 모르게 우리 사회의 일각을 허무는 불의에 가담하고 있음에 틀림없습니다.

이 혼탁하고 혼란한 세상 속에서 믿음의 답을 지닌 사람만 지혜롭고도 용기 있게 살 수 있고, 또 이 세상을 새롭게 할 수 있습니다. 그러나 그 답은 하나님께 질문하는 사람만 하나님의 말씀을 통해 얻을 수 있습니다. 질문이 진지한 만큼 진지한 답을 얻습니다. 그리고 하나님께 질문하는 사람만,

하나님의 무응답도 하나님의 구체적인 답변임을 알게 됩니다. 하나님께서는 그런 사람의 삶을 한 시대를 위한 당신의 답변으로 사용하실 것입니다.

'내가 무엇을 하여야만 구원을 얻을 수 있겠습니까?' 유럽 대륙 빌립보에 사는 간수의 이 간절한 질문에, 하나님께서는 아시아 대륙의 바울을 동원하시어 복음의 답변을 주셨고, 답을 얻은 간수는 그의 가족과 함께 예수 그리스도 안에서 구원받은 하나님의 자녀가 되었습니다. 솔로몬은 하나님께 질문함으로, 하나님께서는 인간이 지은 건축물에 갇히시는 분이 아니라는 답을 얻었고, 하박국 역시 질문함으로 의인은 그의 믿음으로 말미암아 살리라는 답을 얻었습니다. 그리고 빌립보 감옥 속의 바울과 실라는 질문을 통해 하나님의 무응답이 하나님의 구체적인 답변이라는 사실을 깨달았습니다. 이처럼 하나님께 질문하는 사람만 하나님의 답을 얻고, 질문이 진지한 만큼 진지한 답을 얻을 수 있음을 다시 한 번 마음속에 각인시켜 주셔서 감사합니다. 이 시간부터 하나님 앞에서 진지하게 질문할 줄 아는 사람이 되게 해주십시오. 하나님을 의심하는 불신의 질문이 아니라, 하나님을 믿기에 참된 그리스도인으로 보다 성숙하게 살기 위해 믿음으로 질문하게 해주십시오.

나는 하나님 보시기에 참된 그리스도인인가? 나는 진정한 믿음의 부모인가? 나는 그리스도인다운 남편, 그리스도인다운 아내, 그리스도인다운 자식인가? 지금 하나님은 어디에 계시는가? 내게 하나님은 누구신가? 나는 우리 사회를 하나님의 말씀 위에 바로 세우는 사람인가, 아니면 나의 욕망으로 허물어뜨리고 있는가? 배금주의가 판을 치는 이 세상 속에서 나는 정의를 좇는 사람인가, 내 주머니를 위해 불의와 야합하는 사람인가? 하나님께 늘 이렇게 진지하게 질문함으로, 하나님의 말씀을 통해 하나님의 진지한 답을 얻게 하시고, 그로 인해 이 세상을 용기 있는 그리스도인으로 살아가게 해주십시오. 무엇보다 하나님을 향한 진지한 질문을 통해 바울과 실라처럼, 하나님의 무응답도 하나님의 가장 구체적인 답변임을 깨닫는 성숙한 그리스도인이 되게 해주십시오. 그리하여 우리의 삶이 이 시대를 위한 하나님의 답변이 되게 해주십시오. 아멘.

24. 주 예수를 믿으라

사도행전 16장 26-34절

이에 갑자기 큰 지진이 나서 옥터가 움직이고 문이 곧 다 열리며 모든 사람의
매인 것이 다 벗어진지라 간수가 자다가 깨어 옥문들이 열린 것을 보고 죄수들
이 도망한 줄 생각하고 칼을 **빼어** 자결하려 하거늘 바울이 크게 소리 질러 이르
되 네 몸을 상하지 말라 우리가 다 여기 있노라 하니 간수가 등불을 달라고 하
며 뛰어 들어가 무서워 떨며 바울과 실라 앞에 엎드리고 그들을 데리고 나가 이
르되 선생들이여 내가 어떻게 하여야 구원을 받으리이까 하거늘 이르되 **주 예
수를 믿으라** 그리하면 너와 네 집이 구원을 받으리라 하고 주의 말씀을 그 사
람과 그 집에 있는 모든 사람에게 전하더라 그 밤 그 시각에 간수가 그들을 데
려다가 그 맞은 자리를 씻어 주고 자기와 그 온 가족이 다 세례를 받은 후 그들
을 데리고 자기 집에 올라가서 음식을 차려 주고 그와 온 집안이 하나님을 믿
으므로 크게 기뻐하니라

질문하는 사람만 답을 얻고, 질문이 진지한 만큼 진지한 답을 얻는다고
지난 시간에 말씀드렸습니다. 가끔 젊은 부부에게 이런 질문을 던져 봅니다.

'아빠는 어떤 사람인가?', '엄마는 뭘 하는 사람인가?' 아주 간단하고도 쉬운 질문 아닙니까? 그러나 이 쉬운 질문에 선뜻 대답하는 젊은이는 흔치 않습니다. '내가 한 생명을 책임지는 아빠가 된다는 것은 무엇을 의미하는가?', '내가 이 순결한 영혼의 크리스천 엄마라는 것은 하나님 앞에서 나 자신을 어떻게 가꾸어 가는 것을 뜻하는가?' 단 한 번도 이런 질문을 진지하게 제기해 본 적이 없기 때문입니다. 질문이 없는데 답인들 있을 리가 없지 않습니까? 결국 많은 사람들이 아무 생각 없이 아이를 낳고 아빠 엄마로 살아가고 있습니다. 그 삶이 믿지 않는 부모와 차이가 없을 것임은 당연하지 않겠습니까? 기업인에게 물어도 마찬가지입니다. '기업인은 누구입니까?' 하고 물으면 거의 대부분 답변을 머뭇거립니다. '내가 이 땅에서 크리스천 기업인으로 살아간다는 것은 하나님께서 나를 믿으시고 맡겨 주신 기업을 어떤 가치관으로 어떻게 꾸려 가는 것일까?' 이렇게 진지하고도 구체적인 질문을 제기해 본 적이 없는 탓입니다. 질문을 제기하지 않았으니 답이 있을 리 만무한 그 기업인이 소유한 기업은 최소의 경비로 최대의 이윤을 추구하는 경제 논리를 뛰어넘을 수 없고, 수단이 아닌 목적으로서의 경제 논리만으로는 복음의 정신을 구현할 수 없습니다.

바울은 예수님께서 이 땅에 계실 때 예수님을 단 한 번도 만난 적이 없었습니다. 베드로나 요한처럼 예수님과 사적인 대화를 나누어 본 적이 없음은 말할 것도 없고, 공개석상에서 예수님의 설교를 육성으로 들어 본 적도 없었습니다. 그래서 2천 년 전 바울의 비판자들은, 예수님께서 이 땅에 계시는 동안 예수님의 부르심을 받지 못한 바울은 사도의 자격이 없다고 바울을 공격했습니다. 그럼에도 바울이 쓴 글이 신약성경의 4분의 1이 넘을 정도로 그가 위대한 사도일 수 있었던 것은, 누구보다도 많은 질문을 통해 누구보다도 많은 하나님의 답을 지니고 있었기 때문입니다.

바울은 본래 교회를 짓밟고 그리스도인들을 색출, 연행, 투옥시키는 것을 천직으로 삼던 폭도였습니다. 하나님을 믿지 않아서였습니까? 오히려 그 반대였습니다. 열혈 유대교 신자였던 청년 바울은, 그것이 하나님에 대한 순전한 믿음이요 충성이라고 확신하고 있었습니다. 그리스도인들을 박해하는 열심이 어느 정도였는가 하면, 예루살렘에서 약 213킬로미터나 떨어진 다메섹의 그리스도인들을 잡으러 원정을 갈 정도였습니다. 그러나 바로 그 길 위에서 바울은 하늘에서 쏟아져 내린 빛에 사로잡혀 고꾸라지면서, 역시 하늘에서 들리는 소리를 들었습니다. '사울아 사울아, 네가 어찌하여 나를 박해하느냐?'(행 9:4하) 우리가 잘 아는 것처럼 사울은 바울의 옛 이름이었습니다. 그때 바울은 이미 유대교인으로서 하나님을 알고 있었기에, 하늘에서 울려 퍼지는 그 소리가 지엄하신 하나님의 음성임을 알지 않았겠습니까? 더러운 죄인이 거룩하신 하나님을 직접 대면하여 말씀을 듣는다는 것은 얼마나 두렵고 떨리는 일입니까? 그러나 바울은 두려움에 사로잡혀 입을 봉하고만 있었던 것은 아닙니다. 그 숨 막히는 상황 속에서 바울은 자신이 들은 음성의 주인공을 향해 질문을 드렸습니다. '주여, 누구시니이까?'(행 9:5상) 바울의 질문에 주님께서 답변하셨습니다. '나는 네가 박해하는 예수다'(행 9:5하).

바울은 주님의 답변을 통해 중요한 두 가지 사실을 확인하였습니다. 첫째는 자신이 박해하던 그리스도인들의 증언처럼, 유대인들이 신성모독죄로 십자가에 못박아 죽였던 예수님께서 정말 죽음을 깨뜨리고 부활하신 임마누엘 하나님이시라는 사실이었습니다. 그리고 둘째는, 사람을 괴롭히는 것이 삼위일체 하나님을 괴롭히는 것이요, 사람을 사랑하는 것이 하나님을 사랑하는 것이라는 사실이었습니다. 바울은 그때까지 그리스도인들을 박해했을 뿐이지, 단 한 번도 만난 적이 없는 예수님을 박해한 적은 없었습니다. 그러나 예수님께서는 바울에게 '나는 네가 박해하는 예수다'라고 대답하심으로, 박해받는 그리스도인들과 예수님 당신을 동일시하셨습니다. 그 이후 바울이 헬라인이든 야만인이든 지혜 있는 사람이든 어리석은 사람이든 가리지 않고, 사람을 사랑하기 위해 자신을 내던진 것은, 사람을 사랑하는 것이 삼위일체 하나님을 사랑하는 것이라는 주님의 답을 얻었기 때문입니다. 바울이 '당신이 누구시냐?'고 주님께 질문하지 않았던들 결코 얻을 수 없었을 소중한 답변이었습니다.

이처럼 바울과 주님의 관계는 주님의 부르심에 대한 바울의 질문으로 시작되었습니다. 그리고 질문으로 시작된 바울의 신앙생활은 계속 질문으로 이어지면서 날로 성숙해졌습니다.

그리스도인으로 살아가는 바울에게는 큰 괴로움이 있었습니다. 선하게 살기 원하는 자기 내면에 악이 공존하는 가운데, 마음속에서 일어나는 선과 악의 다툼으로 인한 괴롬이었습니다. 한마디로 여전히 자기 마음속에 남아 있는 죄성으로 인한 괴롬이었습니다. 그 죄성은, 죽어 마땅한 네까짓 죄인이 무슨 사도냐며 끊임없이 바울을 정죄하면서 바울의 양심을 예리한 칼날처럼 마구 후벼 팠습니다. 자기 정죄로 인한 그 괴로움으로 인해 바울은 주님 앞에서 절규하듯 질문했습니다.

> 오호라 나는 곤고한 사람이로다 이 사망의 몸에서 누가 나를 건져내랴
> (롬 7:24).

그리고 바울이 얻은 주님의 답변은 다음과 같았습니다.

> 그러므로 이제 그리스도 예수 안에 있는 자에게는 결코 정죄함이 없나니

이는 그리스도 예수 안에 있는 생명의 성령의 법이 죄와 사망의 법에서
너를 해방하였음이라(롬 8:1-2).

바울이 의인이었기에 주님께서 구원해 주신 것이 아니라, 바울이 교회를
짓밟는 폭도였을 때 당신의 십자가 보혈로 그를 죄와 사망으로부터 구원해
주셨기에, 주님께서는 과거의 바울을 결코 정죄하지 않으신다는 답변이었습
니다. 바울은 그 복음의 답변을 주신 주님의 사랑과 능력을 힘입어 자기 속
에 남아 있는 죄성을 이기고, 날마다 참된 그리스도인으로 살아갈 수 있었
습니다. 그러므로 바울처럼 자기 죄에 대해 처절하게 절망해 본 사람만, 자
신을 구원해 주시고 또 정죄하지 않으시는 하나님의 구원의 은혜의 참된 의
미를 바르게 깨달을 수 있습니다. 이것이 바울이 로마서 5장 20절을 통해
'죄가 더한 곳에 은혜가 더욱 넘친다'고 고백한 이유입니다. 어둠이 빛을 더
욱 빛나게 해주듯, 죄에 대한 철저한 자각이 하나님의 구원의 은혜를 더욱
심화시켜 주는 것입니다. 여기에서 바울은 또다시 질문하지 않을 수 없었
습니다.

그런즉 우리가 무슨 말을 하리요 은혜를 더하게 하려고 죄에 거하겠느냐
(롬 6:1).

죄에 대한 철저한 자각이 하나님의 구원의 은혜를 심화시켜 준다면, 하나
님의 은혜를 더 크게 누리기 위해 자발적으로 죄를 지을 수도 있느냐는 질
문이었습니다. 그 질문에 대해 바울이 얻은 주님의 답변이 로마서 6장 2절
이었습니다.

그럴 수 없느니라 죄에 대하여 죽은 우리가 어찌 그 가운데 더 살리요.

그리스도인이 된다는 것은 죄의 노예로 살던 사람이 주님을 주인으로 모시는 새로운 삶으로 돌아서는 것, 즉 회개하는 것을 의미합니다. 바울이 왜 돌아섰고, 왜 회개했습니까? 그 종착역이 사망일 수밖에 없는 죄에 대한 투철한 자각으로, 하나님께서 예수 그리스도의 십자가를 통해 베풀어 주신 구원의 은혜를 바르게 깨달았기 때문입니다. 그러므로 하나님의 은혜를 누리기 위해 자발적으로 죄를 짓겠다는 것은 자기 죄에 대한 자각도, 하나님의 구원의 은혜에 대한 바른 인식도 결여한 무지의 소치에 지나지 않은 것입니다. 바울은 주님의 구원을 입기 전에 교회를 짓밟고 그리스도인들을 박해했던 과거의 죄만으로도, 자기 마음속에 남아 있는 죄성만으로도 주님의 구원의 은혜를 깨닫기에 충분하고도 남았습니다.

지금까지 언급한 모든 것들은 바울이 질문을 통해 하나님으로부터 얻은 복음의 답변이었습니다. 특히 바울은 안디옥교회의 목회자로 부르심을 받기 전, 무려 13년 동안이나 고향 다소에서 칩거해야 하지 않았습니까? 젊은 나이에 아무 할 일 없는 실패자처럼 장장 13년이나 고향에서 칩거할 때, 청년 바울이 자신을 부르시고도 고향 땅에 내버려 두시는 하나님을 향해 얼마나 많은 질문들을 제기했겠습니까? 그리고 하나님으로부터 얼마나 많은 은혜로운 답변들을 얻었겠습니까?

> 생각하건대 현재의 고난은 장차 우리에게 나타날 영광과 비교할 수 없도다(롬 8:18).
> 우리가 알거니와 하나님을 사랑하는 자 곧 그의 뜻대로 부르심을 입은 자들에게는 모든 것이 합력하여 선을 이루느니라(롬 8:28).

말할 수 없는 고통 속에서 하나님께 질문한 사람만 하나님으로부터 얻을 수 있는 하나님의 답변들입니다. 이처럼 바울 자신이 질문을 통해 얻은 하나님의 답변 속에서 사는 사람이었기에, 그는 다른 사람의 질문에도 언제나 바른 답을 줄 수 있었습니다. 신약성경에 기록되어 있는 바울서신 대부분이 해당 교회의 신앙적 질문 혹은 문제에 대한 바울의 신앙적 답변 아닙니까? 오늘의 본문 역시 마찬가지입니다.

감방과 감옥의 문들이 모두 열리고 차꼬까지 절로 벗어나, 얼마든지 감옥에서 빠져나갈 수 있었음에도 바울과 실라는 감방 안에 그대로 앉아 있었습니다. 그것은 바울과 실라가 탈옥한 것으로 알고 자살하려던 간수에게는, 평생 간수로 살아온 자신의 경험과 판단과 상상을 초월하는 일이었습니다. 간수는 그 한밤중에 바울과 실라를 자신의 집으로 데리고 갔습니다. 그리고 바울과 실라를 '퀴리오스' 즉 '주님'이라고 부르면서, '내가 어떻게 하여야 구원을 받으리이까?' 하고 질문했습니다. 감옥에서 벗어날 수 있는 상황 속에서도 감방 안에 그대로 앉아 있음으로 인해 결과적으로 자신의 자살을 막아 준 생명의 은인인 바울과 실라에게 간수가 제일 먼저 건넨 말이 '내가 어떻게 해야 구원을 받으리이까?'라는 질문이었다는 사실은, 지난 시간에 말씀드린 것처럼 간수가 평소에 그 질문을 늘 마음속에 품고 사는 사람이었음을 의미합니다. 유럽 대륙의 빌립보에 사는 그 간수의 질문에 답하시기 위해 하나님께서 동원하신 사람이 아시아 대륙 수리아 안디옥의 바울이었습니다. 왜 바울이었습니까? 하나님을 향한 수많은 질문을 통해 누구보다도 많은 하나님의 답을 지니고 사는 사람이었기 때문입니다. 그 바울이 간수의 질문에 본문 31절을 통해 거침없이 대답했습니다.

주 예수를 믿으라 그리하면 너와 네 집이 구원을 받으리라.

지극히 단순한 대답인 것 같지만, 이 단순한 문장 속에 실은 복음의 모든 것이 농축되어 있습니다.

바울은 간수에게 그냥 예수님을 믿으라고 말하지 않고, "주 예수를 믿으라"고 대답했습니다. 예수님을 '퀴리오스', '주님'으로 믿으라는 말이었습니다. 간수는 바울과 실라를 '퀴리오스', '주님'이라고 불렀습니다. 이 호칭이 사람에게 사용되면 최고의 존칭이 된다고 했습니다. 당시 노예는 주인을 '퀴리오스', '주님'이라고 불렀습니다. 노예는 자신의 '주님'이 무엇을 시키든 시키는 대로 행하여야만 했습니다. 간수가 감옥 문이 열렸음에도 감방 안에 그대로 앉아 있는 바울과 실라의 카리스마에 압도당하여 '주님'이라고 불렀다는 것은, 당신들과 같은 분들이라면 노예가 주인을 섬기듯 당신들을 내 인생의 주인으로 모시겠다는 의미와도 같았습니다. 그 간수에게 바울은 예수님을 '퀴리오스', '주님'으로 믿으라고 말했습니다. 나는 너의 '주님'이 아니요, '주님'이 될 수도 없다는 말이었습니다. 더욱이 바울은 이 말을 할 때 '퀴리오스' 앞에 정관사를 붙였습니다. 바울은 간수에게, 이 세상에서 인간의 '주님'이 되실 수 있는 분은 오직 예수님 한 분뿐이심을 제일 먼저 일깨워 준 것이었습니다.

간수는 바울에게 '내가 어떻게 하여야 구원을 받으리이까?' 하고 질문했습니다. 원문의 정확한 의미는 '내가 무엇을 하여야만 구원을 받을 수 있겠습니까?'라고 했습니다. 간수는 구원을 받기 위해 자신이 무엇인가 선행先行해야만 한다고 생각했습니다. 구원에는 조건이 필요하다고 생각한 것입니다. 그 질문에 바울은 '주 예수를 믿으라'고만 대답했습니다. 인간의 그 어떤 행위도, 공로도, 구원의 조건일 수 없다는 것입니다. 그 이유가 무엇입니까?

하나님이 세상을 이처럼 사랑하사 독생자를 주셨으니 이는 그를 믿는 자마다 멸망하지 않고 영생을 얻게 하려 하심이라(요 3:16).

구원의 출처는 전적으로 하나님의 사랑, 하나님의 일방적인 은총이기 때문입니다. 그러나 왜 예수님이십니까? 하나님의 독생자이신 예수님만 인간의 죗값을 대신 치르시기 위해 십자가의 제물로 돌아가셨다가, 사흘째 되는 날 죽음을 깨뜨리고 영원히 부활하셨기 때문입니다. 그래서 바울은 간수에게 예수님을 구주, 생명의 주님으로 믿기만 하면 누구든지 죄와 사망으로부터 영원하신 하나님의 자녀로 구원받을 수 있다고 대답해 주었습니다.

간수는 '내가 어떻게 하여야 구원을 받으리이까?' 하고 물었습니다. 간수는 '나', 즉 자기 자신의 구원에만 관심을 지니고 있었습니다. 그러나 바울은 '주 예수를 믿으라. 그리하면 너와 네 집이 구원을 얻으리라'고 대답했습니다. '네 집'이란 '한 집 혹은 한 공간 속에서 함께 사는 사람들'을 의미합니다. 주 예수를 믿으면 간수 너 한 사람뿐 아니라, 네 가족을 포함하여 네 주위 사람도 구원받을 수 있다고 바울이 말한 것입니다. 그러나 이 말이, 한 사람만 대표로 믿으면 나머지 사람들은 가만히 있어도 그냥 패키지로 구원에 무임승차할 수 있다는 의미는 아닙니다. 우리말과는 달리 헬라어는 주어의 성과 수에 따라 동사가 변화합니다. 바울은 간수에게 '너와 네 집이 구원을 얻으리라'고 말했습니다. 주어가 '너와 네 집'입니다. 문법적으로 따지자면 주어가 2인칭 복수형입니다. 그렇다면 2인칭 복수형 주어에 이어지는, '구원을 얻으리라'는 동사 역시 응당 2인칭 복수형이어야만 합니다. 그러나 바울은 간수에게 그 동사를 2인칭 단수형으로 말했습니다. 구원은 한 사람이 대표로 믿어 그에게 속한 모든 사람이 단체로 무임승차하는 것이 아니라, 각 사람이 개별적으로 믿어 개별적으로 구원 얻는 것임을 분명하게 밝히기 위함이었습니다. 즉 바울은 간수에게, 너 한 사람이 주 예수를 믿어 구원을 얻으면 너를 통해 네 주위 사람들도 각각 주 예수를 믿음으로 모두 구원에 이르게 되리라고 대답한 것이었습니다.

그렇다면 믿는다는 것은 대체 무슨 의미입니까? 바울은 '주 예수를 믿으라'고 말할 때 우리말 '믿다'에 해당하는 헬라어 동사로 '피스튜오πιστεύω'를 사용했습니다. 그 동사는 명사형 '피스티스πίστις'에서 파생되었습니다. '피스티스'는 새신자반에서 배운 것처럼 '믿음'과 함께 '신실'이라는 의미를 지니고 있습니다. 믿는다는 것은 신실해지는 것입니다. 길이요 진리요 생명이신 예수 그리스도를 자기 생의 주인으로 정녕 믿는다면, 누구든 그의 삶이 예수 그리스도 안에서 어찌 신실해지지 않겠습니까? 또 사도행전 15장 11절을 살펴볼 때 말씀드렸던 것처럼, '믿다'라는 의미의 헬라어 동사 '피스튜오'는 '입증하다'라는 뜻도 내포하고 있습니다. 믿는다는 것은 스스로 입증하는 것입니다. 누군가가 주 예수를 믿음으로 그의 삶이 예수 그리스도의 말씀 안에서 신실해진다면, 신실해진 그의 삶이 그의 믿음을 스스로 입증하는 것입니다. 그러나 '믿음'이 '신실' 혹은 '입증'이라는 것은, 그것이 구원의 전제 조건이라는 말이 아닙니다. 우리가 먼저 신실해졌거나, 하나님 앞에서 우리의 믿음을 우리의 삶으로 입증하였기에 우리가 구원받은 것이 결코 아닙니다. 우리가 주님을 알기도 전에 주님의 구원의 은총이 우리에게 먼저 임했음을 믿을 때, 그 믿음이 결과적으로 예수 그리스도 안에서 '신실'과 '입증'으로 드러나지 않을 수 없는 것입니다. 그때 우리의 삶을 통해 하나님의 구원의 은총이 우리 주위 사람들에게 어찌 스며들지 않겠습니까?

이런 의미에서 '주 예수를 믿으라. 그리하면 너와 네 집이 구원을 받으리라'는 바울의 답변은 복음의 핵심이 아닐 수 없습니다.

한국 현대 불교의 최고 선승으로 추앙받고 있는 성철 스님은 생전에, 당신을 신적 존재로 떠받드는 불자들에게 "중한테 속지 말라"는 말을 남기셨습니다. 부처님의 불법을 믿어야지 중을 믿으려 하면 안 된다는 말이었습니다. 다시 말해 중에게 현혹되면 부처님을 만날 수 없다는 뜻이었습니다. 바울은 자신을 '주님'이라고 부르는 간수에게 제일 먼저 주님은 오직 주 예수뿐이심을 일러 주었습니다. 간수가 감옥 문이 열렸는데도 감방 안에 그대로 앉아 있던 바울 자신에게 현혹되어, 바울 자신이 전하려는 예수 그리스도를 간수가 놓치는 어리석음을 범치 않도록 해주기 위함이었습니다. 관광객이 가이드에게 현혹되면, 비싼 돈 들여 애써 찾아가고서도 정작 보아야 할 관광 명소는 놓치지 않겠습니까? 목사를 믿으려 하지 마십시오. 목사에게 현혹되지 마십시오. 목사는 예수 그리스도를 위한 가이드일 뿐입니다. 가이드인 목사에게 현혹되면, 예수 그리스도를 절대로 만날 수 없습니다. 믿어야 할 분은 목사나 특정 인간이 아니라, 오직 주 예수 그리스도이십니다.

돈을 주님으로 삼으려 하지도 마십시오. 돈은 인간을 공동묘지에서 구해 낼 수도 없을뿐더러, 인간에 의해 우상과 주님의 자리에 앉은 돈은 도리어 자기 몸에서 태어난 자식들마저 원수지간으로 만들고 맙니다. 우리의 주님이 되실 수 있는 분은, 우리가 의인과는 거리가 먼 죄인이었을 때 우리의 죗값을 대신 치르시기 위해 십자가의 제물로 돌아가셨다가 죽음을 깨뜨리고 부활하신 예수님 한 분뿐이십니다. 그 예수님만 우리의 주님이시요, 믿음의 대상이십니다.

믿음은 누구 한 사람이 대표로 믿어 나머지 사람들이 패키지로 구원 얻는 것이 아닙니다. 믿는 아내의 치맛자락을 잡고 남편이 구원받거나, 믿는 부모의 공로로 자식이 절로 구원 얻는 것이 아니라는 말입니다. 믿음과 구원은 단체로 이루어지는 것이 아니라, 하나님과 인간 사이에서 철저하게 개별적으로 일어나는 개별적인 생명의 사건입니다.

믿음은 머릿속 생각을 의미하는 것이 아닙니다. 믿음은 입으로 말하는 것만을 뜻하지도 않습니다. 믿음은 '신실'이요 '입증'입니다. 삼위일체 하나님이신 주 예수 그리스도를 진정으로 믿으면 예수 그리스도 안에서 예수 그리스도에 의해 신실해지기 마련이고, 결과적으로 우리 자신이 그리스도인임이 우리의 삶에 의해 입증되지 않을 수 없습니다. 그때 우리의 삶을 통해 하나님의 생명이 우리 주위의 사람들에게 스며들게 됩니다. 우리는 보잘것없지만, 하나님께서 우리를 당신의 통로로 사용하시기 때문입니다.

인생은 유일회적唯一回的임을 알고 계시지 않습니까? 단 한 번뿐인 인생을 대체 무엇에 거시겠습니까? 자신의 직업과 전공을 통해 사람을 영원히 살리는 일에 자신의 인생을 거십시오. 하나님은 생명이시고, 더러운 죄인들에게 영원한 생명을 주시기 위해 당신의 독생자마저 내놓으신 분이기에, 그 하나님 앞에서 사람을 살리는 일보다 더 값진 일은 없습니다. 그러나 그것은 우리의 주님이신 예수 그리스도 안에서만 가능합니다. 그래서 '주 예수를 믿으라. 그리하면 너와 네 집이 구원을 얻으리라'는 바울의 답변은 영원불변의 진리요, 복음 중의 복음입니다.

관광객이 가이드에게 현혹되어 애써 찾아가고서도 관광 명소를 놓치듯이, 가이드에 불과한 목사에게 현혹되어 예수 그리스도를 놓치는 어리석음을 범치 않게 해주십시오. 돈을 우상으로 섬기다가 코끝에서 호흡이 멎는 순간, 돈도 잃고 사람도 잃는 미련함에서도 벗어나게 해주십시오. 나의 주님이 되실 분은 나의 죗값을 대신 치르시기 위해 십자가의 제물로 돌아가셨다가 죽음을 깨뜨리고 부활하신 예수님, 오직 한 분뿐이심을 잊지 말게 해주십시오. 내게 자격이 있어서가 아니라, 내가 아직 죄인 되었을 때 나를 위해 돌아가신 예수님만 나의 구주로 믿게 해주십시오. 주 예수 그리스도를 믿음으로 나의 삶이 예수 그리스도 안에서 예수 그리스도를 힘입어 신실해지게 해주시고, 신실해진 나의 삶으로 내가 그리스도인 되었음이 스스로 입증되게 해주십시오. 내 삶 속에서 예수 그리스도의 생명이 넘쳐 나게 해주셔서, 내가 예수 그리스도의 생명 속에 살고 있음도 입증되게 해주십시오. 그와 같은 나의 삶을 통해, 내 주위 사람들에게 예수 그리스도의 생명이 스며들게 해주십시오. 나의 직업과 전공을 통해 주님께서 구하시려는 뭇사람들을 살리는, 주님의 통로로 살아가게 해주십시오. 그리하여 이 어둔 세상 속에서 바른길을 구하는 많은 사람들에게 '주 예수를 믿으라. 그리하면 너와 네 집이 구원을 얻으리라'고 우리의 삶으로 답해 주는, 이 시대의 바울이 되게 해주십시오. 아멘.

25. 크게 기뻐하니라

사도행전 16장 26-34절

이에 갑자기 큰 지진이 나서 옥터가 움직이고 문이 곧 다 열리며 모든 사람의 매인 것이 다 벗어진지라 간수가 자다가 깨어 옥문들이 열린 것을 보고 죄수들이 도망한 줄 생각하고 칼을 빼어 자결하려 하거늘 바울이 크게 소리 질러 이르되 네 몸을 상하지 말라 우리가 다 여기 있노라 하니 간수가 등불을 달라고 하며 뛰어 들어가 무서워 떨며 바울과 실라 앞에 엎드리고 그들을 데리고 나가 이르되 선생들이여 내가 어떻게 하여야 구원을 받으리이까 하거늘 이르되 주 예수를 믿으라 그리하면 너와 네 집이 구원을 받으리라 하고 주의 말씀을 그 사람과 그 집에 있는 모든 사람에게 전하더라 그 밤 그 시각에 간수가 그들을 데려다가 그 맞은 자리를 씻어 주고 자기와 그 온 가족이 다 세례를 받은 후 그들을 데리고 자기 집에 올라가서 음식을 차려 주고 그와 온 집안이 하나님을 믿으므로 **크게 기뻐하니라**

감방과 감옥의 문들이 모두 열리고 발의 차꼬까지 절로 벗어져 얼마든지 감옥에서 빠져나갈 수 있었음에도 바울과 실라는 감방 안에 그대로 앉아 있었습니다. 그것은 바울과 실라가 탈옥한 것으로 알고 자살하려던 간수에게는, 평생 직업 간수로 살아온 그의 경험과 판단과 생각과 상상을 초월하는 일이었습니다. 간수는 그 한밤중에 바울과 실라를 자기 집으로 데리고 갔습니다. 그리고 간수는 바울과 실라를 '주님'이라고 부르면서 평소 마음속에 품고 있던 질문, 그러나 빌립보의 그 누구로부터도 답을 얻을 수 없었던 질문을 던졌습니다. '내가 어떻게 하여야 구원을 받으리이까?' 유럽 대륙 빌립보에 사는 간수의 이 질문에 답해 주시기 위해 하나님께서 아시아 대륙 수리아의 안디옥에서부터 동원하신 바울은 간수에게 거침없이 대답했습니다. '주 예수를 믿으라. 그리하면 너와 네 집이 구원을 받으리라.' 지극히 단순한 답변이지만, 실은 복음의 모든 것을 내포하고 있는 이 답변의 의미에 대해서는 지난 시간에 상세하게 살펴보았습니다. 그리고 그 이후에 있었던 일은 본문 32절이 밝혀 주고 있습니다.

주의 말씀을 그 사람과 그 집에 있는 모든 사람에게 전하더라.

그때의 시각은 모든 사람이 깊이 잠든 한밤중이었습니다. 그러나 바울로부터 '주 예수를 믿으라. 그리하면 너와 네 집이 구원을 얻으리라'는 답변을 얻은 간수는 그 한밤중에 자기 가족들을 깨웠고, 바울은 그들 모두에게 "주의 말씀"을 전했습니다. 예수 그리스도의 복음을 전했다는 말입니다. 임마누엘 하나님이신 예수님께서 인간의 죗값을 대신 치르기 위해 십자가의 제물로 돌아가셨다가 사흘째 되는 날 죽음을 깨뜨리고 부활하심으로, 누구든지 예수 그리스도를 구주로 믿기만 하면 영원하신 하나님의 자녀로 영원히 구원 얻게 됨을 전한 것이었습니다.

만약 우리가 본문의 바울과 실라라면 이 상황 속에서 어떻게 했겠습니까?

감옥에 갇혀 있던 우리를 한밤중에 간수가 자기 집으로 데리고 가서 잠자던 가족을 깨워 예수님에 대해 설명해 주기를 부탁한다면, 우리는 어떤 내용으로 예수님을 증언하겠습니까? 감옥에 갇혀 있던 우리가 어떻게 한밤중에 간수의 집에 오게 되었는지부터 힘주어 설명하지 않겠습니까?

'나는 이 도시에서 감옥에 갇힐 범죄를 저지른 적이 없습니다. 내가 한 일은, 더러운 귀신에 사로잡힌 채 악덕 고용주들에게 착취당하던 가련한 여인을 내가 믿는 예수 그리스도의 이름으로 귀신의 손에서 구해 준 것밖에 없습니다. 그러나 그 여인을 고용했던 사람들의 모함으로 제 동료 실라와 함께 맨몸으로 심한 태형을 당하고 지하 감옥에 투옥되었습니다. 그것도 모자라 두 발에는 차꼬까지 채워졌습니다. 마른하늘에 날벼락처럼 황당한 일을 당한 것입니다. 그러나 실라와 저는 절망하지 않았습니다. 우리는 한밤중에 우리가 믿는 예수, 주님께 기도하며 찬양했습니다. 그때 갑자기 옥터가 요동치면서 우리가 갇혀 있던 감방과 감옥의 문들이 절로 열렸습니다. 두 발에 채워져 있던 차꼬도 절로 벗어졌습니다. 우리가 믿는 예수 그리스도께서 응답해 주신 것입니다. 그래서 우리가 이처럼 자유의 몸으로 여러분 앞에 서 있습니다. 세상에서 누가 또 이런 일을 할 수 있겠습니까. 여러분도 주 예수 그리스도를 믿으십시오. 그리하면 예수 그리스도께서 당신의 능력으로 여러분과 함께하시면서 여러분을 지켜 드릴 것입니다.'

이렇게 우리가 방금 체험한 예수 그리스도의 능력을 증언하지 않겠습니까? 그리고 그것은 얼마나 은혜로운 간증 집회가 되겠습니까? 그러나 바울은 자신을 그 철통같은 감옥에서 벗어나게 하신 주님의 능력에 대해서는 일절 언급하지 않았습니다. 그 이유가 무엇이겠습니까? 그 해답은 우리가 우리의 신앙을 고백하는 사도신경을 통해 얻을 수 있습니다.

사도신경에는 예수님의 생애에 대한 고백이 없습니다. 예수님께서는 이 땅에 계시는 동안, 소위 사람들이 기적이라고 말하는 이적을 수도 없이 행하셨습니다. 온갖 병자를 낫게 하신 것은 말할 것도 없고, 죽은 사람들을 살리시기도 했습니다. 빵 다섯 조각과 물고기 두 토막으로 거대한 군중을 배불리 먹이셨는가 하면, 말씀 한마디로 폭풍을 제압하셨고, 파도가 끓어오르는 바다 위를 걷기도 하셨습니다. 그 모든 일들은 유한한 인간들에게는 기적임이 분명했습니다. 그 결과 대부분의 사람들은 그와 같은 기적에 대한 믿음으로 주님에 대한 신앙을 고백했습니다. 그러나 사도신경에는 그런 기적에 대한 고백이 단 한 마디도 없습니다. 그 까닭이 대체 무엇이겠습니까? '성숙자반'에서 배운 것처럼, 그런 유의 기적 이야기는 다른 종교에도 얼마든지 있기 때문입니다. 아니, 하나님께는 그런 것들이 기적일 수 없기 때문입니다. 천지를 창조하신 전능하신 하나님께 어찌 병자를 살리고 폭풍을 잠재우는 것이 기적일 수 있겠습니까? 그래서 사도신경은 예수님의 출생에서 예수님의 생애를 훌쩍 뛰어넘어 예수님의 십자가 죽음과 부활 승천에 대한 신앙고백으로 곧장 이어집니다. 삼위일체 하나님께서 인간의 몸을 입고 인간의 역사 속으로 침투해 들어와 인간이 치러야 할 죗값을 대신 치르시기 위해 십자가의 제물이 되어 돌아가셨다가, 죽음을 깨뜨리고 부활하심으로 인간에게 영원한 생명의 길을 직접 닦아 주셨다는 것만 기적 중의 기적이요, 참된 기적이기 때문입니다.

2천 년 전 로마제국은 그리스신화가 판치는 세상이었습니다. 인간에 의해 만들어진 신화 속의 신들은 온갖 초능력을 다 행하였습니다. 만약 바울이 간수와 그의 가족들에게 옥터를 요동치게 하고 감옥의 문들을 열어 주고 발의 차꼬를 벗겨 주는 예수님만을 전했더라면, 간수와 그의 가족들에게 그 예수님은 그리스신화 속의 신들과 조금도 다를 바가 없었을 것입니다. 이것이 바울이 간수와 그의 가족들에게 오직 '주의 말씀', 예수 그리스도의 십자가

복음만을 전한 이유였습니다.

그리고 본문 33절이 그 결과를 전해 주고 있습니다.

그 밤 그 시각에 간수가 그들을 데려다가 그 맞은 자리를 씻어 주고 자기와 그 온 가족이 다 세례를 받은 후.

그 한밤중에 간수는 바울과 실라를 우물가로 데리고 가서 그들의 상처 자국을 씻어 주었습니다. 바울과 실라는 낮에 맨몸으로 심한 태형을 당했습니다. 그때 살이 찢어지고 터지면서 흘러내린 피로 그들의 몸이 흉측하지 않았겠습니까? 간수는 자기 손으로 그 핏자국과 상처 자국을 다 씻어 주었습니다. 그리고 그 우물가에서 간수와 그의 온 가족이 바울로부터 세례를 받았습니다. 간수와 그의 가족들이 각각 개인적인 신앙고백을 통하여 예수 그리스도를 구주로 영접한 것입니다. 바울은 갈라디아서 3장 27절을 통하여 세례를 '그리스도로 옷 입는 것'으로 정의하지 않았습니까? 간수와 그의 가족들이 세례를 받았다는 것은 그동안 걸치고 있던 죄와 사망의 누더기를 벗어던지고, 예수 그리스도의 영원한 생명의 옷으로 갈아입었다는 의미였습니다.

그들을 데리고 자기 집에 올라가서 음식을 차려 주고 그와 온 집안이 하나님을 믿으므로 크게 기뻐하니라(34절).

간수는 바울로부터 그의 가족과 우물가에서 세례를 받자마자 다시 바울과 실라를 데리고 집 안으로 들어갔습니다. 여전히 한밤중이었지만 그는 바울과 실라에게 음식을 대접하였습니다. 그리고 그는 자신과 자신의 가족들이 다함께 하나님을 믿게 되었음을 크게 기뻐하였습니다. 우리말 '크게 기뻐하다'로 번역된 헬라어 동사 '아갈리아오ἀγαλλιάω'는 '기뻐 날뛰다', '미칠 듯이 기뻐하다'는 뜻입니다. 얼마나 기쁜지, 기뻐 어쩔 줄 몰라 하는 모습을 묘사하는 단어입니다.

영국의 C. S. 루이스는 그의 저서 《예기치 못한 기쁨Surprised by Joy》에서 "기쁨은 마음의 상태 혹은 느낌이므로 기쁨 그 자체는 중요하지 않다. 기쁨의 참된 가치는 기쁨의 대상에 있다"고 말했습니다. 귀담아들어야 할 말입니다. 도박꾼이 판돈을 몽땅 싹쓸이하는 순간 그 마음이 기뻐 날뛰지 않겠습니까? 그러나 그가 추구하는 그 기쁨으로 인해 그의 인생이 망가지고 있지 않습니까? 소매치기가 날치기한 핸드백에서 억대의 보석을 발견한다면 미친듯이 기뻐하지 않겠습니까? 그러나 그런 기쁨이 그의 인생을 소리 없이 파멸시키고 있습니다. 많은 사람들이 돈을 기뻐하다가 그 기쁨 때문에 사람도 잃고 자기 인생도 잃습니다. 권력을 기뻐하다가 권력에 치이고, 명예를 기뻐하다가 불명예를 당하고, 자기 욕망을 기뻐하다가 자기 욕망에 자기 인생이 잠식당하고 맙니다.

그날 그 한밤중에 간수가 떼돈을 벌었기에 기뻐 날뛰었습니까? 그 한밤중에 상관으로부터 자신의 승진 소식을 듣고 그토록 크게 기뻐했습니까? 만약 간수의 기쁨이 그런 기쁨이었다면, 그 기쁨은 얼마 지나지 않아 텅 빈 허무함으로 끝나 버리고 말았을 것입니다. 간수는 자신의 가족과 함께 하나님께서 예수 그리스도 안에서 베풀어 주신 구원으로 인하여 기뻐하였습니다. 하나님께서 예수 그리스도를 통해 부어 주신 영원한 생명을 기뻐하였습니다. 하나님께서 입혀 주신 예수 그리스도의 옷, 영원한 진리의 옷을 기뻐하였습니다. 한마디로 간수의 기쁨의 대상은 이 세상의 그 무엇이나 그 누구도 아닌, 삼위일체 하나님이셨습니다. 그래서 간수의 기쁨은 영원한 기쁨일 수 있었습니다. 하나님께서 영원한 분이시기 때문입니다. 하나님께서는 당신의 자녀를, 결코 잊지 않으시기 때문입니다. 무소부재하신 하나님께서는 언제 어디서나 당신의 자녀와 함께하시기 때문입니다. 그 하나님을 간수가 자신의 가족과 함께 하나님 아버지로 믿고 부르게 되었으니, 어찌 그 간수의 마음이 그렇듯 기뻐 날아오르지 않을 수 있었겠습니까? 그러나 그 기쁨은 결코 절로 주어진 것이 아니었습니다.

하나님께서 간수와 그의 가족들에게 예기치 못한 그 영원한 기쁨을 주시기 위해 동원하신 바울과 실라가 어떻게 빌립보의 감옥에 이르게 되었는지 우리는 이미 잘 알고 있습니다. 2차 전도 여행을 위하여 아시아 대륙의 수리아 안디옥을 출발한 바울의 본래 계획은 오늘날의 터키 대륙에서 계속 복음을 전하는 것이었습니다. 그러나 하나님께서 두 번씩이나 바울의 앞길을 가로막으심으로 바울은 계획에도 없던 항구도시 드로아로 내려갔습니다. 그리고 그곳에서 바울은 밤에 자신에게 도움을 요청하는 마게도냐 사람의 환상을 보았습니다. 그 환상을 하나님의 부르심으로 받아들인 바울은 에게 해를 건너 상상치도 않았던 유럽 대륙의 빌립보로 갔습니다. 아시아 대륙의 수리아 안디옥을 출발한 바울이 유럽 대륙의 빌립보에 이르기까지 거친 거리는 무려 2천 킬로미터가 넘었습니다. 2천 년 전 당시 육상 여행의 주된 수단은 도보였습니다. 배를 타고 에게 해를 건넌 약 300킬로미터를 제외하면, 바울은 빌립보에 이르기까지 무려 1,700킬로미터 이상을 걸었습니다. 음식인들 제대로 먹었겠으며, 잠자린들 편했겠습니까? 그것은 한마디로 혹독한 고생길이었습니다. 만약 바울과 실라가 도중에서 그 고생길을 포기해 버렸다면, 그 간수는 예기치 못한 그 영원한 기쁨을 누릴 수 없었을 것입니다. 빌립보에서 억울하게 태형을 당하고 투옥된 바울과 실라가 문들이 열렸을 때 감옥에서 벗어나 버렸더라도 간수에게 그 영원한 기쁨은 불가능했을 것입니다. 바울과 실라가 문이 열린 감방 안에 그대로 앉아 있었더라도 자살하려는 간수를 보고 바울이 소리치며 제지하지 않았던들 그는 기쁨은커녕, 비극적인 자살로 생을 마감하고 말았을 것입니다. 간수가 예기치 못한 영원한 기쁨을 누릴 수 있었던 것은 이처럼 아시아 대륙 수리아의 안디옥을 출발한 바울이 하나님의 인도하심에 자신을 철저하게 맡긴 결과였습니다. 그것은 결코 쉬운 일이 아니었습니다. 그러나 실은 그보다 더 어려운 일이 있었습니다. 방금 말씀드린 내용은 바울이 '하나님과의 관계'에서 순종한 일들입니다. 그러나 하나님과의 관계보다 더 어려운 것이 '사람과의 관계'에서 일어나는 일입니다. 사람과의 관계 속에서는 늘 인간의 감정이 먼저 개입되기 때문입니다.

이제 바울과 실라의 입장에서 오늘의 본문을 머릿속에 다시 그려 보십시다. 그 한밤중에 간수가 바울과 실라를 자기 집에 데리고 갔습니다. 간수에게 바울과 실라가 누구입니까? 자살하려는 간수를 살려 준 생명의 은인 아닙니까? 그 간수가 자기 생명의 은인인 바울과 실라를 그 한밤중에 자기 집까지 데리고 간다면, 간수를 따라가는 바울과 실라로서는 간수가 뭔가 자신들에게 호의를 베풀려 하는 것으로 생각할 수 있지 않겠습니까? 그러나 집에 도착한 간수는 바울과 실라에게 찬물 한 모금도 대접하지 않았습니다. 낮에 맞은 태형으로 바울과 실라의 몸을 뒤덮고 있는 상처 자국도 그의 안중에는 없었습니다. 그 대신 뜬금없이 '내가 어떻게 하여야 구원을 받으리이까?' 하고 물었습니다. 아니, 그런 질문을 할 양이면 감방 안에서 할 일이지, 구태여 그 한밤중에 잠도 자지 못하게 바울과 실라를 자기 집까지 데려갈 이유가 어디에 있겠습니까? 그러나 바울은 사도답게

'주 예수를 믿으라. 그리하면 너와 네 집이 구원을 받으리라'고 대답했습니다. 그 대답을 들은 간수가 그다음에 한 일은 무엇이었습니까? 감사를 표하면서 바울과 실라에게 찬물이라도 한잔 대접했습니까? 아니었습니다. 곧히 잠들어 있는 자기 가족을 일일이 깨운 후, 바울에게 예수님에 대해 상세하게 설명해 줄 것을 요구했습니다. 그때는 한낮이 아니었습니다. 한밤중이었습니다. 낮에 심한 태형을 당한 바울과 실라는 지하 감방에 갇혀 조금 전까지 두 발에 차꼬까지 차고 있었습니다. 따라서 그 한밤중에 바울과 실라의 심신이 얼마나 지쳐 있었겠습니까? 그러나 그 한밤중에 간수는 바울과 실라의 지친 심신은 아랑곳하지 않고 자신이 방금 깨운 가족들에게 예수님에 대해 설명해 줄 것을 일방적으로 요구할 정도로 자기중심적인 인간이었습니다. 바울은 목석이거나 로봇이 아니었지 않습니까? 바울 역시 감정을 지닌 인간이었습니다. 심신이 지칠 대로 지친 바울은 그렇듯 자기중심적이기만 한 간수의 이기심에 속이 상할 수도 있지 않았겠습니까? 그렇지만 바울은 그 한밤중에 지친 몸으로 간수와 그의 가족들에게 예수 그리스도의 복음을 전했습니다. 그러자 간수는 바울과 실라로부터 세례를 받기 위해 가족들과 함께 우물가로 갔다가, 그제야 바울과 실라의 온몸을 뒤덮고 있는 상처 자국을 보고 물로 씻어 주었습니다. 그러나 그것도 따지고 보면 바울과 실라를 위함이 아니었습니다. 간수가 그제야 바울과 실라의 상처 자국을 보고 감사하고도 미안한 마음으로 그들의 상처 자국을 씻어 주었다면, 그 직후에도 바울과 실라를 위한 후속 조치가 이어져야 하지 않겠습니까? 그러나 간수는 바울과 실라의 상처 자국을 씻어 주자마자 그들로 하여금 자신과 자기 가족에게 세례를 베풀게 하였습니다. 결국 간수가 바울과 실라의 상처 자국을 씻어 준 것은, 그들로부터 세례를 받는 자신과 자기 가족들을 위해 집례자인 바울과 실라를 먼저 정결하게 해준 것이었습니다. 왜 바울과 실라에게 배알이 없었겠습니까? 그처럼 거듭되는 간수의 이기적인 행동에 바울과 실라의 배알이 뒤틀릴 수도 있지 않았겠습니까? 그럼에도 바울과 실라는 그 한밤중에 지친 몸으로 간수와 그의 가족들에게 일일이 세례를 베풀어 주었습니다.

그 모든 과정이 끝난 다음에야, 다시 말해 그 한밤중에 자신이 얻기 원하던 바를 다 얻은 다음에야, 간수는 바울과 실라를 다시 집 안으로 데리고 가서 먹을 것과 마실 것을 그제야 대접하였습니다. 그리고 영원하신 삼위일체 하나님을 믿게 되었음으로 인해 크게 기뻐하였습니다. 그것은 간수의 거듭된 자기중심적인 언행에도 불구하고 바울이 자기 감정에 매몰되지 않고 자기 감정을 초월하여 간수의 이기적 언행을 온전히 받아들인 결과였습니다. 그 결과 간수와 그의 가족만 기뻐했겠습니까? 기뻐하는 간수와 그의 가족을 보는 바울도 함께 기뻐하였을 것임은 두말할 나위도 없습니다. 이제 막 믿음의 길에 입문한 그 이기적인 간수가 믿음의 삶을 살아가면서 이타적인 그리스도인으로 성숙해 갈 것을 믿기 때문이요, 무엇보다도 하나님을 기뻐하는 그 간수로 인해 하나님께서 기뻐하실 것임을 바울은 알고 있었기 때문입니다. 이처럼 하나님의 기뻐하심을 자신의 기쁨으로 삼는 사람만 자신의 감정을 초월하여, 자기 주위 사람을 하나님으로 인해 기뻐하게 하는 참된 기쁨의 통로가 될 수 있습니다.

오늘은 흩어져 있던 가족들이 한데 모이는 우리 민족 최대의 명절인 한가위입니다. 그리스도인에게, 자신의 온 가족이 하나님으로 인해 다 함께 기뻐하는 믿음의 공동체를 이루는 것보다 더 큰 바람이 어디에 있겠습니까? '주 예수를 믿으라. 그리하면 너와 네 집이 구원을 받으리라'는 복음을 정녕 믿으십니까? 그렇다면 한밤중에 바울과 실라를 집으로 데리고 가서 잠자는 가족들을 깨워 복음을 듣게 하는 간수의 열심만으로는 안 됩니다. 그 위에,

하나님과 바른 관계를 맺으면서 사람과의 관계에서 자기 감정을 초월하는 바울과 실라의 중심이 더해져야 합니다. 가족은 가장 가까운 관계이기에 자기 감정에 얽매이기 쉽습니다. 자기 자신의 이기심 때문일 수도 있고, 가족 중 누군가의 이기적인 언행 때문일 수도 있습니다. 그때 감정이 개입되면서 서로 상처를 주고받고, 마침내 남남보다 못한 관계 속에서 살아가는 가족들이 얼마나 많습니까? 그렇게 해서야 아무리 교회에 다닌다 한들, 어떻게 '주 예수를 믿으라. 그리하면 너와 네 집이 구원을 받으리라'는 하나님의 약속이 성취될 수 있겠습니까?

가족 중에 누군가가 자기중심적으로 이기적인 언행을 일삼아 감정이 상하고 배알이 뒤틀리고 속이 뒤집어져도, 우리가 정녕 하나님의 구원과 생명을 기뻐하는 그리스도인이라면 우리의 감정을 뛰어넘는 바울이 되십시다. 하나님께서 우리를 그렇게 쓰시기 위해 바울을 빌립보의 지하 감방에 두셨듯이, 우리를 우리 집안에 그리스도인으로 심어 두셨음을 잊지 마십시다. 그때 우리가 비록 보잘것없는 존재라 할지라도 하나님께서 '주 예수를 믿으라. 그리하면 너와 네 집이 구원을 받으리라'는 당신의 약속을 우리의 삶을 통해 반드시 이루어 주실 것이요, 우리는 우리의 가족들과 더불어 하나님의 기쁨을 크게 기뻐하게 될 것입니다. 우리 집안의 구원을 가장 기뻐하실 분이 하나님이시기 때문입니다.

흩어져 살던 가족들이 한데 모이는 민족의 명절 한가위를 주셔서 감사합니다. 한 피를 나눈 가족으로 한 시대를 함께 살아간다는 것은 하나님의 특별하신 섭리임을 깨닫습니다. 그리스도인에게 하나님을 사랑하는 것이 사람을 사랑하는 것이라면, 그 사람 사랑은 한 피를 나눈 가족을 사랑하는 것으로부터 시작됨을 잊지 말게 해주십시오. 가장 가까운 가족이기에 나 자신이 가족들을 나 중심적으로만 대할 수도 있고, 가족 중 누군가가 이기적인 언행을 일삼을 수도 있습니다. 주님을 믿는 내가 먼저 하나님과의 관계에서 하나님의 인도하심에 나 자신을 철저하게 맡기는 순종의 사람이 되게 해주시고, 가족과의 관계에서 나 자신의 감정을 뛰어넘는 헌신자가 되게 해주십시오.

깊은 한밤중에 곤히 잠든 가족을 깨워서라도 복음을 듣게 한 간수의 열심에, 간수의 거듭된 이기적 언행도 감정을 초월하여 받아들인 바울의 중심이 더하여지게 해주십시오. 주님을 믿는 나의 삶을 통해 '주 예수를 믿으라. 그리하면 너와 네 집이 구원을 받으리라'는 하나님의 약속이 성취되게 해주십시오. 주님을 믿는 나를 통해 나의 사랑하는 온 가족들이 하나님으로 인해 기뻐하게 하시고, 그들을 기뻐하시는 하나님의 기쁨이 나의 가장 큰 기쁨이 되게 해주십시오. 그리하여 이번 한가위가 단순한 민족의 명절이 아니라, 예수 그리스도 안에서 신앙 명절로 승화되는 출발점이 되게 해주십시오. 아멘.

26. 날이 새매

사도행전 16장 35-40절

날이 새매 상관들이 부하를 보내어 이 사람들을 놓으라 하니 간수가 그 말대로 바울에게 말하되 상관들이 사람을 보내어 너희를 놓으라 하였으니 이제는 나가서 평안히 가라 하거늘 바울이 이르되 로마 사람인 우리를 죄도 정하지 아니하고 공중 앞에서 때리고 옥에 가두었다가 이제는 가만히 내보내고자 하느냐 아니라 그들이 친히 와서 우리를 데리고 나가야 하리라 한대 부하들이 이 말을 상관들에게 보고하니 그들이 로마 사람이라 하는 말을 듣고 두려워하여 와서 권하여 데리고 나가 그 성에서 떠나기를 청하니 두 사람이 옥에서 나와 루디아의 집에 들어가서 형제들을 만나 보고 위로하고 가니라

우리는 오늘로 18주째 유럽 대륙의 빌립보에서 있었던 바울의 행적을 뒤좇고 있습니다. 앞으로 살펴보겠습니다만 빌립보에서 전도 사역을 마친 바울은 데살로니가, 베뢰아, 아덴을 거쳐 고린도에서 1년 6개월을 체류하였습니다. 그때 세워진 교회가 그 유명한 고린도 교회였습니다. 그러나 바울이

고린도를 떠난 뒤 고린도 교회에는 심각한 분쟁이 일어났습니다. 교인들이 바울파, 아볼로파, 게바파, 그리스도파로 나뉘어, 서로 비방하고 파벌 싸움을 일삼은 것입니다. 바울파는 고린도 교회를 세운 바울을 존경한 나머지 바울 이외의 지도자는 인정하지 않으려는 무리였습니다. 아볼로는 바울 이후 고린도 교회의 지도자로서, 알렉산드리아의 유대인 학자 출신인 그는 헬라 학문에 밝고 성경에 능통할 뿐 아니라 언변이 뛰어난 사람이었습니다. 아볼로파는 그 아볼로를 절대시하는 분파였습니다. 게바는 베드로의 히브리식 이름입니다. 평소 히브리어를 사용하면서 예루살렘을 찾아가 베드로를 직접 만난 경험이 있는 것으로 추정되는, 베드로를 추종하는 유대인들이 게바파였습니다. 그리스도파는 그 어느 파도 아닌, 오직 그리스도에게 속했다는 사람들이었습니다. 언뜻 분파주의를 초월한 것 같았지만, 실은 자기들만의 우월주의에 빠진 또 하나의 파벌이었습니다.

사람이 여러 사람들 가운데 특정인을 더 좋아하는 것은 조금도 이상한 일이 아닙니다. 자기에게 더 큰 영적 깨달음을 준 지도자를 더 존경하는 것도 지극히 자연스러운 일입니다. 고린도 교인들이 그런 의미에서 바울이나 아볼로 혹은 베드로를 더 선호했다면 그것은 얼마든지 있을 수 있는 일이었습니다. 문제는 그들이 자기 분파만 그리스도를 독점한 듯이 착각하는 독선으로 배타적인 파당 싸움을 일삼았다는 것입니다. 그리고 그 결과로 고린도 교회는 분열의 위기에 직면하게 되었습니다. 주님께서 자신을 통해 세우신 고린도 교회가 파벌 싸움으로 분열의 위기에 처했다는 소식을 접한 바울의 마음이 얼마나 아팠겠습니까? 그는 고린도 교인들에게 쓴 편지인 고린도전서에서 이렇게 반문했습니다.

내가 이것을 말하거니와 너희가 각각 이르되 나는 바울에게, 나는 아볼로에게, 나는 게바에게, 나는 그리스도에게 속한 자라 한다는 것이니 그리스도께서 어찌 나뉘었느냐 바울이 너희를 위하여 십자가에 못박혔으며 바울의 이름으로 너희가 세례를 받았느냐(고전 1:12-13).

'너희들은 그리스도가 여러 조각으로 찢어져, 너희 각 파벌에 한 조각씩 나누어질 수 있다고 믿느냐? 나 바울이 아니라, 예수 그리스도께서 너희를 위해 십자가에 못박히시지 않았느냐? 너희가 바울의 이름이 아니라, 예수 그리스도의 이름으로 세례를 받지 않았느냐?' 바울은 이렇게 고린도 교인들에게 복음의 본질을 다시 상기시켜 주었습니다. 그리고 그는 계속해서 이렇게 증언하였습니다.

그런즉 아볼로는 무엇이며 바울은 무엇이냐 그들은 주께서 각각 주신 대로 너희로 하여금 믿게 한 사역자들이니라(고전 3:5).

바울은 고린도 교인들이 파당을 만들면서까지 절대시하는 아볼로와 바울 자신은 주님의 사역자에 지나지 않는다고 말했습니다. 우리말 '사역자'로 번역된 헬라어 '디아코노스διάκονος'는 '사환', '하인', '수종자', '일꾼'이라는 의미입니다. 아볼로와 바울 자신은 주님의 일꾼에 지나지 않음을 분명하게 밝힌 것입니다.

나는 심었고 아볼로는 물을 주었으되 오직 하나님께서 자라나게 하셨나니 그런즉 심는 이나 물 주는 이는 아무것도 아니로되 오직 자라게 하시는 이는 하나님뿐이니라(고전 3:6-7).

바울은 주님의 일꾼에 불과한 아볼로와 자신이 하는 일이란 고작 씨앗을 심고 물을 주는 육체적 노동일 뿐이요, 정작 그 씨앗의 생명을 움트게 하고 열매로 결실되게 하시는 분은 하나님이심을 고린도 교인들에게 재확인시켜 주었습니다. 아볼로와 바울 자신은 단지 복음의 전달자일 뿐이요, 영원한 생명인 복음의 주체는 오직 하나님뿐이시라는 의미였습니다.

> 심는 이와 물 주는 이는 한가지이나 각각 자기가 일한 대로 자기의 상을 받으리라(고전 3:8).

심는 사람과 물 주는 사람 중에 누가 우월할 수 있겠습니까? 결코 그럴 수 없습니다. 생명을 자라게 하는 하나님께서 계시지 않는다면, 심거나 물을 주는 일꾼은 아예 필요하지도 않습니다. 그러나 생명을 주관하는 하나님께서 계시기에 그 하나님 앞에서 심는 일도, 물을 주는 일도 똑같이 절대적인 의미를 지니게 됩니다. 하나님을 위한 일이라면 더 중요하거나, 덜 중요한 일이 없다는 말입니다. 하나님 앞에서는 모든 일이 절대적인 의미를 지닙니다. 하나님께서는 언제나 인간의 삶을 절대평가하시고, 하나님의 절대평가는 하나님의 상급으로 드러납니다. 그러므로 하나님의 영원한 상급을 믿는 사람만 다른 사람을 의식하거나 시기하지 않고 하나님께서 자기에게 주신 자신의 삶에 순종할 수 있습니다. 그래서 바울은 다음과 같이 결론을 내리고 있습니다.

> 우리는 하나님의 동역자들이요 너희는 하나님의 밭이요 하나님의 집이니라(고전 3:9).

바울이 언급한 '우리'는 바울 자신과 아볼로를 일컫습니다. 그리고 우리말 '동역자'로 번역된 헬라어 '쉬네르고스συνεργός' 역시 '일꾼'이라는 뜻을 지니고 있습니다. 바울은 자신과 아볼로가 하나님의 일꾼에 불과함을 다시 강조했습니다. 그리고 바울은 고린도 교인들을 향해 "너희는 하나님의 밭이요 하나님의 집이니라"고 말했습니다. 주인이 무슨 씨를 뿌리든 밭이 거부할 수 있겠습니까? 만약 거부한다면 그것은 사람이나 차량이 통행하는 도로이지 밭이 아닙니다. 밭은 주인이 무슨 씨를 뿌리든 따지지 않고 그 씨를 품어 최선을 다해 움트게 합니다. 아무리 비싼 자재로 건축된 집이라 할지라도 집 그 자체가 집주인인 것은 아닙니다. 집주인은 그 집의 법적 소유주입니다. 집주인이 집을 어떻게 처분하든, 어떻게 개조하고 개량하든, 집이 따지거나 불평할 수 없습니다. 그 모든 것은 전적으로 주인의 소관입니다.

바울이 이처럼 자신과 아볼로를 하나님의 일꾼으로, 고린도 교인들을 하나님의 밭과 집으로 표현한 것은, 하나님과 인간의 관계는 하나님에 대한 인간의 '순종'으로 성립됨을 일깨워 주기 위함이었습니다. 어떤 상황 속에서든 하나님께 순종하는 사람만 자신과 타인의 삶을 비교하거나 투기하지 않고, 자신의 삶으로 품어야 할 사람을 품고 아울러야 할 사람을 아우르는 진정한 그리스도인으로 살아갈 수 있습니다. 바울이 우리가 아는 위대한 바울일 수 있었던 것은, 주님의 부르심을 받은 뒤 오직 순종으로 일관한 그의 삶의 결과였습니다. 순종과 무관한 바울은 상상하는 것조차 불가능합니다.

오늘의 본문 역시 순종의 사람인 바울의 진면목을 보여 주고 있습니다. 본문 35절은 "날이 새매"라는 말로 시작되고 있습니다. 날이 밝았다는 말입니다. 우리는 그날이 밝기 전, 그러니까 그 전날 한밤중에 빌립보의 감옥에서 무슨 일이 있었는지를 잘 알고 있습니다.

억울하게 지하 감방에 투옥되어 두 발에 차꼬까지 차고 있어야 했지만 바울과 실라는 절망하지 않았습니다. 그들은 도리어 한밤중에 하나님께 기도하고 하나님을 찬송했습니다. 얼마 지나지 않아 갑자기 옥터가 요동치면서 감방과 감옥의 문들이 열리고 바울과 실라의 발에 채워져 있던 차꼬까지 절로 벗어졌습니다. 감옥을 빠져나갈 수 있는 절호의 기회가 주어진 셈이었지만 바울과 실라는 감방 안에 그대로 앉아 있었습니다. 갑작스러운 옥터의 요동에 잠에서 깬 간수는 감옥의 문들이 열린 것을 보고 자기 칼을 빼어 자살하려 했습니다. 빌립보의 집정관들이 철통같이 지키라고 엄명한 바울과 실라가 탈옥한 것이 틀림없다고 여겼기 때문입니다. 감방 안에서 그 광경을 목격한 바울이 간수에게, '우리가 다 여기 있으니 자살하지 말라'고 소리쳤습니다. 탈옥한 줄 알았던 바울의 목소리에 놀란 간수는 부하에게 건네받은 등불을 양손에 하나씩 들고, 바울이 갇혀 있던 감방 안으로 뛰어 들어갔습니다. 문이 열린 감방 안에는 차꼬에서마저 벗어난 바울과 실라가 그대로 앉아 있었습니다. 그것은 평생 직업 간수로 살아온 그의 생각과 경험과 상식과 판단을 초월하는 일이었습니다. 간수는 자기도 모르게 바울과 실라 앞에 무릎을 꿇어 엎드리고 말았습니다.

간수는 그 한밤중에 바울과 실라를 자기 집으로 데리고 갔습니다. 그리고 바울과 실라를 '주님'이라고 부르면서 자신이 평소에 늘 마음속에 품고 있던 질문, 그러나 빌립보의 그 누구로부터도 답을 얻을 수 없었던 질문을 던졌습니다. '내가 어떻게 하여야 구원을 받으리이까?' 그 질문에 바울이 거침없이 답했습니다. '주 예수를 믿으라. 그리하면 너와 네 집이 구원을 받으리라.' 그 대답을 들은 간수는 한밤중에 곤히 자고 있는 자기 가족들을 일일이 깨웠고, 바울은 그들 모두에게 예수 그리스도의 십자가 복음을 증언하였습니다. 간수는 가족들과 함께 바울과 실라를 데리고 우물가로 갔습니다. 그리고 태형으로 생긴 바울과 실라의 상처 자국을 씻어 준 뒤, 간수는 자신의 가족들과 함께 바울과 실라로부터 세례를 받았습니다. 그때의 시각이 여전히 한밤중이었음에도 세례 받은 간수는 바울과 실라를 다시 집 안으로 데리고 들어가 극진하게 음식을 대접하였습니다. 그리고 자신의 가족과 함께 하나님을 믿게 되었음을 크게 기뻐하였습니다.

하나님께서는 이처럼 유럽 대륙 빌립보 감옥의 간수와 그의 가족들을 구원하시기 위해 아시아 대륙 수리아 안디옥의 바울을, 바울 자신도 상상치 못한 신묘막측한 방법으로 동원하시고 또 사용하셨습니다. 그 얼마나 감격적이고도 은혜로운 구원의 드라마입니까? 그리고 드디어 날이 새려 합니다. 그렇다면 그 한밤중의 그 은혜로운 구원의 드라마는 어떻게 마무리되어야 할 것 같습니까? 간수와 그의 가족들을 구원하시려는 하나님의 통로로 쓰임 받은 바울과 실라는, 작별을 아쉬워하는 간수와 그의 가족들과 일일이 뜨거운 포옹으로 인사를 나눈 뒤, 빌립보에서 그들의 숙소였던 루디아의 집으로 돌아가는 해피엔딩으로 끝나야 하지 않겠습니까? 그래야 그 전날 한밤중의 그 은혜로운 구원의 드라마가 은혜롭게 마무리되는 셈 아니겠습니까?

그러나 본문의 증언은 우리의 기대와는 전혀 다르게 전개되고 있습니다.

날이 새매 상관들이 부하를 보내어 이 사람들을 놓으라 하니(35절).

날이 밝자, 그 전날 바울과 실라를 투옥시켰던 빌립보의 집정관들이 부하를 감옥으로 보내어 바울과 실라를 석방시켜 줄 것을 명령했습니다. 그때 바울과 실라가 이미 감옥을 빠져나가 그들이 갇혀 있던 감방이 텅 비어 있었습니까? 아니었습니다.

간수가 그 말대로 바울에게 말하되 상관들이 사람을 보내어 너희를 놓으라 하였으니 이제는 나가서 평안히 가라 하거늘(36절).

부하로부터 집정관들의 명령을 전해 받은 간수는, 한밤중에 바울로부터 세례를 받은 바로 그 간수였습니다. 그 간수는 바울에게 석방 소식을 전하면서 '이제는 나가서 평안히 돌아가십시오'라고 말했습니다. 이것은 무엇을 의미합니까? 한밤중에 간수를 따라 그의 집에 갔던 바울과 실라가 날이 새기도 전에 감방으로 돌아와 있었음을 의미합니다.

그렇다면 이 상황을 좀더 깊이 들여다볼 필요가 있습니다. 바울과 실라를 자신의 집으로 데리고 간 간수가 먼저 바울과 실라에게, 조금 있으면 동이 틀 테니 이제 감방으로 되돌아가라고 말할 수 있었겠습니까? 그것은 현실적으로 불가능한 일이었습니다. 감옥의 문들이 열리고 발의 차꼬까지 벗어진 상황 속에서도 감방 안에 그대로 앉아 있었던 바울과 실라는, 간수에게는 자신의 자살을 막아 준 생명의 은인이었습니다. 게다가 온 가족과 더불어 하나님으로부터 영원한 구원의 은총을 입게 해준 영적 은인이기도 했습니다. 설령 바울과 실라가 그 새벽에 자신들의 숙소인 루디아의 집으로 가려 한다 해도 간수는 감히 그들을 제지할 수 있는 입장이 아니었습니다. 그러므로 날이 밝았을 때 바울과 실라가 감방 안에 있었다는 것은, 그들이 날이 새기도 전에 자신들의 발로 감방에 스스로 되돌아갔음을 알게 됩니다. 그 이유가 무엇이었겠습니까?

만약 간수와 그의 가족들의 구원을 확인한 바울과 실라가 자신들의 사명은 끝났다며 그 새벽에 숙소인 루디아의 집으로 가버렸다면 어떤 결과가 초래되었겠습니까? 간수는 죄수를 놓친 중죄인이 되어 혹독한 고문의 과정을 거쳐 죽음의 형벌을 당해야만 합니다. 그로 인해 그의 가족들은 일평생 불명예 속에서 피멍 든 가슴으로 살아야 합니다. 그것이 간수와 그의 가족들에게 복음을 전하고 그들로 하여금 하나님의 구원을 크게 기뻐하게 했던 바울과 실라가 과연 취할 수 있는 행동이겠습니까? 그뿐 아닙니다. 감방으로 되돌아가지 않는다면 바울과 실라는 결과적으로 감옥을 탈옥한 범법자가 되고 맙니다. 완전히 고의로 범법자가 된 사람이 진리요 생명이신 주님의 증인이 된다는 것이 과연 타당한 일이겠습니까? 바울에게 그것은 있을 수 없는 일이었습니다. 그러므로 하나님의 가시적인 인도하심이 없는 상황 속에서 하나님의 뜻은, 두말할 것도 없이 본래 그들이 갇혀 있던 감방 안으로 되돌아가는 것이었습니다. 그 하나님의 뜻에 순종하기 위하여 바울과 실라는 자신들의 발로 빌립보의 지하 감방으로 되돌아갔습니다.

그 전날 바울과 실라가 빌립보의 지하 감옥에 투옥된 것은 그들의 의지와는 상관없이 불의한 인간들과 권력의 강압으로 인함이었습니다. 그러나 그날 새벽에는 그들은 그들의 의지로 감방으로 되돌아갔습니다. 강압에 의해 감옥에 끌려간다는 것과, 자발적으로 감방에 들어간다는 것은 결코 같은 말이 아닙니다. 바울과 실라 역시 우리와 똑같은 성정을 지닌 인간이었습니다. 캄캄한 지하 감방으로 되돌아가는 것이 어찌 달가울 수 있었겠습니까? 심신이 지칠 대로 지친 그들이 왜 편안한 루디아의 집으로 가고 싶지 않았겠습니까? 그러나 하나님의 뜻에 순종하기 위하여 캄캄한 지하 감방으로 되돌아가는 바울과 실라의 뒷모습은, 인간에 의해 그려진 이 세상의 그 어떤 성화보다도 더 감동적입니다. 그리고 하나님의 뜻에 순종하기 위해 되돌아간 감옥 속에서 하나님의 어떤 역사가 일어났었는지는 다음 시간에 구체적으로 살펴보겠습니다.

구약성경 사무엘상 5장과 6장에는 하나님의 법궤와 관련된 사건이 수록

되어 있습니다. 하나님을 경홀히 여기던 이스라엘 백성은 블레셋과의 전투에서 대패했고, 부적처럼 메고 나간 하나님의 법궤마저 빼앗기고 말았습니다. 아스돗으로 돌아간 블레셋군은 탈취한 법궤를 그들이 섬기는 다곤 신상 앞에 전리품으로 바쳤습니다. 그러나 이튿날 아침에 다곤 신상이 넘어져 하나님의 법궤 앞에 엎드려 있었습니다. 우연이라고 생각하며 다곤 신상을 제자리에 다시 세웠지만, 그다음 날 아침에는 다곤 신상의 목과 손목이 부러진 채 신상의 몸통이 하나님의 법궤 앞에 엎드러져 있었습니다. 설상가상으로 아스돗 사람들의 몸에 독한 종기가 번지기 시작했습니다. 상황이 심상치 않음을 확인한 블레셋 지도자들은 하나님의 법궤를 가드로 옮겼습니다. 그와 동시에 가드 사람들에게도 독한 종기가 퍼지기 시작했습니다. 블레셋 지도자들은 하나님의 법궤를 에그론으로 또다시 옮겼습니다. 그러나 하나님의 법궤 때문에 아스돗과 가드에서 일어난 일을 잘 알고 있는 에그론 사람들이 가만히 있을 리가 없었습니다. 더욱이 재앙이 에그론에서도 이미 시작되고 있었습니다. 블레셋 지도자들은 어쩔 수 없이 법궤를 이스라엘로 되돌려 보내기로 했습니다. 그러나 그동안 그들에게 내린 재앙이 정말 여호와 하나님으로부터 내렸는지 확인하는 방법을 취하기로 하였습니다. 즉 새 수레를 만들어 그 위에 하나님의 법궤를 싣고, 한 번도 멍에를 메어 보지 않은 젖 나는 암소 두 마리를 새끼와 격리시켜, 법궤를 실은 새 수레를 이스라엘 땅인 벧세메스로 끌고 가게 한다는 것이었습니다.

3천 년 전 수레를 만드는 기술은 지금처럼 정교할 수 없었습니다. 새로 만든 수레를 끌기 위해서는 바퀴가 자리 잡힌 헌 수레를 끄는 것보다 더 많은 힘이 필요했습니다. 한 번도 멍에를 메어 보지 않은 소라면, 처음으로 멍에를 메우려 할 때 심하게 거부하기 마련입니다. 더욱이 그 소가 막 새끼를 낳아 젖이 흐르는 어미 소라면, 새끼를 두고 가만히 멍에를 메고 수레를 끌 리가 없습니다. 블레셋 지도자들은 그런 암소 두 마리가 끄는 새 수레에 하나님의 법궤를 실어, 여전히 자신들의 영향권 내에 있는 이스라엘 땅 벧세메스로 보내기로 했습니다. 상식적으로는 멍에를 메어 보지 않은 젖 나는 암소가 새끼를 버려두고 얌전히 새 수레를 끈다는 것은 있을 수 없는 일이었습니다. 혹 한 마리라면 어쩌다가 그럴 수 있을지도 모르지만 갓 태어난 새끼를 둔 암소 두 마리, 그것도 멍에를 메어 본 적이 없는 암소 두 마리가 힘든 새 수레를 동시에 함께 끈다는 것은 상상조차 불가능한 일이었습니다. 그럼에도 그 암소들이 이스라엘 땅인 벧세메스를 향해 법궤가 실린 새 수레를 끌고 간다면 그동안의 재앙은 여호와 하나님께서 내리신 것이요, 만약 암소들이 수레를 끌지 않는다면 그 재앙은 우연일 뿐이므로 법궤를 되돌려 줄 필요가 없다는 것이 블레셋 지도자들의 생각이었습니다. 그들은 자신들의 계획을 곧 실행에 옮겼고, 그 결과는 다음과 같았습니다.

> 암소가 벧세메스 길로 바로 행하여 대로로 가며 갈 때에 울고 좌우로 치우치지 아니하였고 블레셋 방백들은 벧세메스 경계선까지 따라가니라
> (삼상 6:12).

놀랍게도 난생처음으로 멍에를 멘 젖 나는 암소 두 마리는 새끼를 생각하며 소리쳐 울지언정 하나님의 법궤가 실린 새 수레 끌기를 멈추지 않았습니다. 암소 두 마리는 울면서도 좌로나 우로나 치우치지 않고 곧장 벧세메스를 향해 나아갔습니다. 그로써 블레셋에 내린 재앙은 여호와 하나님의 재앙임이 밝혀졌고, 혹시나 하고 수레를 뒤따르던 블레셋 지도자들은 블레셋으로 되돌아가고 말았습니다. 이제 막 태어난 새끼를 생각하며 소리쳐 울지언정 하나님의 뜻에 순종하여 벧세메스를 향해 끝까지 새 수레를 끌고 가

는 암소들의 모습은 얼마나 숭고합니까? 그렇다면 하나님의 뜻에 순종하는 사람의 삶이 하나님 보시기에 더욱 숭고할 것임은 두말할 나위가 없지 않겠습니까? 어찌 그런 사람을 통해 하나님의 섭리가 이루어지지 않겠습니까?

하나님의 뜻에 순종한 벧세메스의 암소들이 이 지구상의 모든 소들과 구별되었듯이, 하나님의 뜻에 순종하기 위하여 캄캄한 지하 감방으로 되돌아간 바울과 실라는 위대한 사도로 구별되었습니다. 하나님께 순종하는 것보다 더 자신을 숭고하게 가꾸는 길은 없습니다. 하나님께 순종하는 것은, 유한한 인간이 자신의 삶을 영원하신 하나님의 장엄한 드라마로 엮어 가는 것을 의미합니다. 하나님께서 '순종이 제사보다 낫고 듣는 것이 숫양의 기름보다 낫다'(삼상 15:22하)고 말씀하신 이유가 바로 여기에 있습니다.

인류 최초의 인간인 아담과 하와는 선악과를 먹지 말라는 하나님의 명령에 불순종함으로 실낙원하였습니다. 노아는 방주를 지으라는 하나님의 명령에 순종하여 인류의 역사를 새롭게 시작하는 두 번째 시조가 되었습니다. 아브라함은 고향 친척 아버지 집을 떠나 가나안 땅으로 가라는 하나님의 부르심에 순종하여 믿음의 조상이 되었습니다. 아브라함의 조카롯이 욕망에 사로잡혀 찾아간 소돔은 하나님에 대한 불순종으로 멸망당하고 말았습니다. 애굽으로 돌아가 내 백성을 구원하라는 하나님의 명령에 순종으로 응답한 모세는 80세의 나이에 위대한 출애굽의 지도자가 되었습니다. 출애굽 1세대들은 해방의 감격을 누렸으면서도 작은 욕심으로 하나님께 불순종하다가 모두 광야에서 죽고 말았습니다. 사울은 이스라엘 첫 번째 왕이 되는 하나님의 은혜를 입었지만 권력욕에 눈이 멀어 불순종의 삶을 살다가 그의 왕국과 함께 파멸하고 말았습니다. 베들레헴의 양치기였던 다윗은 철저하게 하나님께 순종하는 삶으로 이스라엘의 영원한 별이 되었습니다.

주님, 불순종과 순종의 경계선에서 줄타기하는 어리석음을 더 이상 범치 않게 해주십시오. 순종이 제사보다 낫고, 하나님의 말씀을 듣는 것이 숫 양의 기름보다 낫다는 하나님의 말씀을 우리의 삶으로 입증하게 해주십 시오. 비록 하늘을 향해 소리쳐 울지언정, 하나님의 뜻에 순종하여 좌로 나 우로나 치우치지 않고 벧세메스로 향하는 암소가 되게 해주십시오. 날이 새기 전에 하나님의 뜻에 순종하기 위하여 자기 발로 다시 캄캄한 지하 감방으로 걸어 들어가는 바울과 실라가 되게 해주십시오. 그와 같 은 우리의 삶이, 이 시대의 역사 속에 하나님의 섭리를 이루는, 하나님의 장엄한 드라마가 되게 해주십시오. 아멘.

27. 로마 사람인 우리를 I

사도행전 16장 35-40절

날이 새매 상관들이 부하를 보내어 이 사람들을 놓으라 하니 간수가 그 말대로 바울에게 말하되 상관들이 사람을 보내어 너희를 놓으라 하였으니 이제는 나가서 평안히 가라 하거늘 바울이 이르되 **로마 사람인 우리를** 죄도 정하지 아니하고 공중 앞에서 때리고 옥에 가두었다가 이제는 가만히 내보내고자 하느냐 아니라 그들이 친히 와서 우리를 데리고 나가야 하리라 한대 부하들이 이 말을 상관들에게 보고하니 그들이 로마 사람이라 하는 말을 듣고 두려워하여 와서 권하여 데리고 나가 그 성에서 떠나기를 청하니 두 사람이 옥에서 나와 루디아의 집에 들어가서 형제들을 만나 보고 위로하고 가니라

한밤중에 갑자기 빌립보 감옥의 지반이 요동치면서 감방과 감옥의 문들이 열리고 발에 채워져 있던 차꼬까지 절로 벗어졌지만, 바울과 실라는 감방 안에 그대로 앉아 있었습니다. 그 결과 바울과 실라는, 그들이 탈옥한 것으로 알고 자살하려던 감옥 간수에게 생명의 은인이 되었습니다. 간수는 그 한

밤중에 생명의 은인인 바울과 실라를 자기 집으로 데리고 갔습니다. 그리고 '내가 어떻게 하여야 구원을 받으리이까?' 하고 질문을 던졌고, 바울이 '주 예수를 믿으라. 그리하면 너와 네 집이 구원을 받으리라'고 대답했습니다. '네 집이 구원을 받으리라'는 바울의 대답에 간수는 그 한밤중에 곤히 잠든 가족들을 일일이 깨웠고, 바울은 그들 모두에게 예수 그리스도의 십자가 복음을 전하였습니다. 간수는 가족들과 함께 우물가로 나가 바울과 실라로부터 세례를 받았습니다. 그리고 다시 집 안으로 들어가 바울과 실라에게 마실 것과 먹을 것을 극진하게 대접하면서, 온 가족과 더불어 하나님을 믿게 되었음을 크게 기뻐하였습니다.

옥터가 요동치면서 감옥의 문들이 절로 열리기 전까지는 간수가 바울과 실라에 대한 주도권을 쥐고 있었는데, 옥터가 요동친 이후에는 오히려 바울과 실라가 간수와 그의 가족들에 대해 주도권을 행사한 셈이었습니다. 간수는 바울과 실라가 어떻게 행동하든, 자신의 육적 생명의 은인인 동시에 영적 생명의 은인인 바울과 실라를 지켜볼 수밖에 없는 상황이었다는 말입니다. 그러나 간수와 그의 가족들을 구원하시는 하나님의 섭리를 이룬 바울과 실라는 자신들의 임무를 완수했다며, 간수의 집을 떠나 자신들의 숙소인 루디아의 집으로 가버리지 않았습니다. 그들은 날이 새기 전에 자신들의 발로 자진하여 빌립보의 지하 감방으로 되돌아갔습니다. 하나님의 가시적인 인도하심이 없는 상황에서 하나님의 뜻은, 그들이 본래 있었던 감방으로 되돌아가는 것이었기 때문입니다. 그리고 하나님께서 바울과 실라를 통해 간수와 그의 가족들에게 베푸신 그 신비스러운 구원의 역사를 당사자들 외에는 빌립보의 그 누구도 알지 못한 채, 마치 아무 일도 없었다는 듯이 날이 밝았습니다.

날이 새매 상관들이 부하를 보내어 이 사람들을 놓으라 하니(35절).

우리말 '상관'으로 번역된 헬라어 '스트라테고스'는 빌립보의 최고 통치자인 집정관을 일컫는 호칭입니다. 그 전날 바울과 실라에게 태형을 가하고 그들을 투옥시켰던 빌립보의 집정관들이 날이 새자 부하를 감옥으로 보내어 바울과 실라를 풀어 주도록 명령했습니다.

간수가 그 말대로 바울에게 말하되 상관들이 사람을 보내어 너희를 놓으라 하였으니 이제는 나가서 평안히 가라 하거늘(36절).

헬라어 원문에는 본문의 '간수' 앞에 정관사 '호ὁ'가 붙어 있습니다. 부하로부터 집정관들의 명령을 하달받은 간수가, 그 전날 한밤중에 바울로부터 복음을 영접하고 세례 받은 바로 그 간수였음을 밝히기 위함입니다. 그 전날 한밤중에 바울과 실라를 간수의 집으로 데리고 간 사람은 간수 자신이었습니다. 따라서 육적으로나 영적으로나 자기 생명의 은인인 바울과 실라가 날이 새기 전에 자신의 집에서 자진하여 지하 감방으로 되돌아갈 때, 자신의 은인들에게 그 어떤 현실적인 도움도 주지 못한 채 그들이 들어간 감방의 철문을 다시 걸어 잠글 때, 바울과 실라로부터 은혜를 입은 간수의 마음이 얼마나 아프고 안타까웠겠습니까? 반면에 부하로부터 바울과 실라를 석방시켜 주라는 집정관들의 명령을 하달받았을 때는 간수의 마음이 반대로 얼마나 기뻤겠습니까? 간수는 지하 감방으로 단숨에 달려가 바울에게 석방 소식을 전하면서 '이제는 나가셔서 평안히 가십시오' 하고 말했습니다. 바울로부터 세례를 받은 간수가 바울과 실라의 석방을 얼마나 간절히 빌었으면, '지금 당장'을 뜻하는 단어인 '이제'를 사용하여 '이제는 나가셔서 평안히 가십시오'라고 말했겠습니까?

　그러나 흥분한 간수와는 달리 바울은 자신의 석방 소식에 들떠하거나 기뻐하지 않았습니다. 그 대신 바울은 차분한 목소리로 간수에게 이의를 제기하였습니다.

> 바울이 이르되 로마 사람인 우리를 죄도 정하지 아니하고 공중 앞에서 때리고 옥에 가두었다가 이제는 가만히 내보내고자 하느냐 아니라 그들이 친히 와서 우리를 데리고 나가야 하리라 한대(37절).

　잘 아시는 것처럼 바울은 로마 시민권자였습니다. 그 바울이 자신과 실라를 가리켜 "로마 사람인 우리"라고 칭했습니다. 이로써 바울과 함께 투옥된 실라 역시 로마 시민권자였음을 알 수 있습니다. 바울이 "로마 사람인 우리를 죄도 정하지 아니하고 공중 앞에서 때리고 옥에 가두었다"고 한 말은, '로마 사람인 우리를 정식 재판도 거치도 않고 태형을 가하고 투옥시켰다'는 의미였습니다. 바울은 로마 시민권자로서 로마법에 의한 자신의 정당한 권리를 언급한 것이었습니다.
　로마제국 공화정시대에 제정된 발레리안Valerian법과 포르시안Porcian법에 의하면, 로마 시민은 본인의 동의하에서만 지방 법률에 따라 재판을 받았고, 재판 결과에 승복할 수 없을 경우에는 로마 황제에게 직접 상소할 수 있었습니다. 그러므로 로마제국 내 각 행정구역의 총독이나 집정관은 명백한 죄의 규명 없이, 다시 말해 재판의 과정을 거치지 않고 로마 시민에게 태형 혹은 고문을 가하거나 투옥시킬 수 없었고, 또 피고가 언제든 황제에게 상소할 수 있는 길을 열어 주어야만 했습니다. 더욱이 로마법은 피고인의 변론권을 보장하고 있었습니다. 계급사회인 로마제국 내에서 최하층인 노예의 변론권도 로마법이 인정해 줄 정도였으니 로마 시민권자는 두말할 나위도 없었습니다. 로마 시민의 자기 변론권은 정당한 법적 권리였습니다. 그러므로 정식 재판을 통한 유죄 선고 없이 로마 시민을 때리거나 투옥시키는 것은 실정법을 위반하는 범법 행위였습니다.

본래 바울 일행은 바울과 실라에 디모데와 누가를 합쳐 네 명이었습니다. 그러나 그 네 명 가운데 바울과 실라 두 사람만 투옥된 이유를 우리는 이미 알고 있습니다. 더러운 귀신에 사로잡힌 채 악덕 고용주들에게 착취당하던 가련한 여인을 바울이 귀신의 손에서 구해 주지 않았습니까? 그때 그 여인을 통해서는 더 이상 돈을 벌 수 없게 된 악덕 고용주들은 바울 일행 네 명 가운데 바울과 실라 두 사람만 아고라의 집정관들에게 개 끌듯 끌고 갔습니다. 누가는 순수 헬라인이고 디모데는 아버지가 헬라인이었던 반면, 바울과 실라는 순수 유대인이었기 때문입니다. 바울 일행이 본문에서 빌립보를 방문하기 1년 전쯤에 로마 황제 클라우디우스 1세는 제국의 수도 로마에서 일어난 유대인 폭동과 관련하여 유대인 2만 명을 수도에서 추방해 버렸습니다. 그로 인해 누구보다도 로마 황제에게 충성하던 빌립보 시민들 역시 유대인에 대한 반감을 지니고 있었습니다. 귀신 들렸던 여인의 고용주들이 바울 일행 네 명 가운데 순수 유대인인 바울과 실라 두 사람만 아고라의 집정관들에게 끌고 간 것은, 그와 같은 빌립보 시민의 반유대인 감정을 부추기기 위함이었습니다. 그들은 아고라에 모여 있는 시민들과 집정관들에게 이렇게 소리쳤습니다.

이 사람들이 유대인인데 우리 성을 심히 요란하게 하여 로마 사람인 우리가 받지도 못하고 행하지도 못할 풍속을 전한다 하거늘(20하–21절).

악덕 고용주들은 바울과 실라를 '유대인'으로, 아고라에 모인 집정관들과 시민들 그리고 자기 자신들을 '로마 사람인 우리'로 구별하여 불렀습니다. 유대인에 대한 빌립보 시민의 적개심에 불을 지르기 위함이었습니다. 그들은 유대인인 바울과 실라가 빌립보를 심히 소란케 할 뿐 아니라, 로마제국의 제도와 관례 그리고 규정을 허물어뜨리려 한다는 거짓 모함으로 바울과 실라를 고발하였습니다. 그 거짓 모함에 간단하게 선동당한 빌립보 시민들이 벌 떼처럼 일어나 악덕 고용주들에게 가세했고, 집정관들은 재판도 거치지 않고 바울과 실라의 옷을 찢어 심한 태형을 가한 뒤, 빌립보 감옥의 지하 감방에 투옥시켜 버리고 말았습니다.

그러나 거짓 모함으로 바울과 실라를 고발했던 악덕 고용주들, 그들에게 선동당하여 가세했던 아고라의 시민들, 그리고 바울과 실라를 투옥시켰던 빌립보의 집정관들은 중요한 사실 한 가지를 모르고 있었습니다. 그들이 유대인인 줄 알고 정식 재판을 거치지도 않고 태형을 가하고 투옥시켰던 바울과 실라는 혈통적으로는 분명히 유대인이지만, 그러나 법적으로는 로마법의 보호를 받는 로마 시민이라는 사실을 그들은 알지 못했습니다. 그래서 바울은 간수에게 악덕 고용주들이 자신들을 고발할 때 사용했던 표현을 그대로 인용하여, 로마 사람인 우리를 재판도 없이 사사로이 태형을 가하고 투옥시켰다가 이제 사사로이 석방시키려는 것은 부당하다고 지적하면서, 자신과 실라를 불법으로 투옥시킨 장본인들이 직접 와서 자신들을 석방시켜야 할 것이라고 이의를 제기한 것이었습니다.

지하 감옥에 수감시켰던 바울과 실라가 유대인인 줄만 알았는데, 실은 법적으로 로마 시민이라는 보고는 간수를 통해 즉각 집정관들에게 전해졌습니다. 그리고 그들의 반응은 다음과 같았습니다.

부하들이 이 말을 상관들에게 보고하니 그들이 로마 사람이라 하는 말을 듣고 두려워하여 와서 권하여 데리고 나가 그 성에서 떠나기를 청하니 (38-39절).

바울과 실라가 로마 시민이라는 보고를 접하자마자 집정관들은 두려움에 사로잡혔습니다. 적법한 절차를 거치지 않고 로마 시민인 바울과 실라를 때리고 투옥시킨 것은 로마법을 어긴 범법 행위일 뿐 아니라 로마제국을 모독한 행위였으므로, 당사자인 자신들이 상부의 문책을 받는 것은 말할 것도 없고 경우에 따라서는 심한 형벌도 받을 수 있었기 때문입니다. 그들은 지체 없이 바울과 실라가 갇혀 있는 지하 감방을 찾아갔습니다. 그리고 바울과 실라에게 감방에서 나가기를 청하고, 그들이 직접 감옥 밖까지 바울과 실라를 인도한 뒤, 자신들의 잘못을 문제 삼지 말고 조용히 다음 행선지로 떠나 주기를 간청했습니다. 간단히 말해 두 손이 닳도록 자신들의 잘못을 싹싹 빌었습니다.

두 사람이 옥에서 나와 루디아의 집에 들어가서 형제들을 만나 보고 위로하고 가니라(40절).

출옥한 바울과 실라는 자신들에게 불법을 자행한 집정관들을 처벌하라며 시위를 벌이지 않았습니다. 그들은 루디아의 집으로 가서 믿음의 형제자매들을 만난 뒤 빌립보를 떠나 다음 행선지로 갔습니다.

여기에서 우리는 한 가지 질문을 제기하지 않을 수 없습니다. 바울이 그 전날 실라와 함께 악덕 고용주들의 거짓 모함으로 고발당했을 때, 악덕 고용주들이 바울과 실라를 가리켜 유대인이라 소리치면서 빌립보 시민들의 반

유대인 감정을 자극할 때, 그때 왜 자신들이 로마 시민임을 밝히지 않았느냐는 질문입니다. 그때 밝혔더라면 바울과 실라는 정식 재판을 통하여 무죄 판결을 받았을 것이요, 만약 악덕 고용주들의 농간으로 재판 결과가 공정하지 못하다면 로마 황제에게 직접 상소할 수도 있었을 것입니다. 그러나 바울이 전도 여행 중에 곤욕을 치른 것이 이번이 처음인 것은 아니었습니다.

바울이 1차 전도 여행 중 바나바와 함께 비시디아 안디옥에 갔을 때의 일입니다. 바울을 시기한 유대인들이 그 도시의 귀부인들과 유력자들을 선동하여 바울과 바나바를 박해하고, 끝내는 그 도시에서 추방하여 버렸습니다. 정식 재판을 거치지도 않고 로마 시민인 바울의 주거와 통행의 자유를 제한해 버린 것입니다. 그러나 바울은 자신이 로마 시민임을 밝히면서 항의하지 않았습니다. 그다음에 찾아간 이고니온에서도 마찬가지였습니다. 그곳에서도 유대인들이 사람들을 선동하여 로마제국의 녹을 먹는 관리들까지도 바울을 돌로 치려 했지만, 바울은 아무것도 따지지 않고 그냥 그 도시를 떠났습니다. 루스드라에서는 비시디아 안디옥과 이고니온에서 원정 온 유대인들에게 선동당한 루스드라 사람들이 바울에게 얼마나 심하게 돌팔매질을 퍼부었던지, 쓰러진 바울을 죽었다고 단정하여 성 밖으로 질질 끌고 가 내버릴 정도였습니다. 그러나 다시 깨어나 루스드라로 되돌아간 바울은 자신이 로마 시민임을 밝히면서, 자신에게 불법적인 형벌을 가한 사람들로 하여금 와서 사과하라고 요구하지 않았습니다.

이상과 같은 사실은 '내가 그리스도를 위하여 모든 것을 잃어버리고 배설물로 여긴다'(빌 3:8)는 그의 고백처럼, 평소 바울은 자신이 로마 시민임을 의식하지 않고 살았음을 의미합니다. 다시 말하면 본문 속에서 바울이 스스로 로마 시민임을 밝히면서 자신에 대한 빌립보 집정관들의 부당한 처사에 대해 항의한 것은 바울이 지니고 있던 평소 생각의 반영이 아니라, 그날 자신이 로마 시민임을 우연히 상기한 결과로 일어난 예기치 못한 사건인 셈이 었습니다. 그러나 자신의 항의에 빌립보의 집정관들이 감방까지 찾아와 사과한 사건을 통해 바울에게는 대단히 중요한 변화가 일어났습니다.

아시아 대륙에 속해 있던 바울이 에게 해를 건너 유럽 대륙에 진출한 것은 드로아에서 본 환상으로 인함이었습니다. 마게도냐 사람이 바울에게, 와서 도와줄 것을 간청하는 환상이었습니다. 그 환상을 하나님의 뜻으로 받아들인 바울은 유럽 대륙으로 건너가, 로마제국의 속주인 마게도냐의 주요 도시 빌립보를 찾아갔습니다. 그리고 빌립보 사역을 마친 바울은 사도행전 17장 1절에 의하면, 암비볼리와 아볼로니아를 거쳐 데살로니가로 갔습니다. 데살로니가는 당시 마게도냐의 행정수도였습니다. 그 이후 바울은 베뢰아를 방문하였음을 사도행전 17장 10절이 밝혀 주고 있습니다. 베뢰아 역시 마게도냐에 속한 도시였습니다. 그러나 놀랍게도 사도행전 17장 15절은 그 이후에 바울이 아덴으로 갔음을 증언하고 있습니다. 아덴은 마게도냐의 경계를 훨씬 넘어 로마제국의 속주 아가야에 속해 있었습니다. 바울이 아시아 대륙의 드로아에서 배를 타고 유럽 대륙으로 건너간 것은, 자신이 본 환상에 따라 마게도냐 사람들에게 복음을 전하기 위함이었습니다. 그러나 바울은 마게도냐에서만 복음을 전하고 아시아 대륙으로 되돌아가지 않았습니다. 바울이 마게도냐의 경계를 넘어 아가야의 아덴까지 찾아갔다는 것은, 그가 유럽 대륙의 마게도냐를 처음 찾을 때와는 달리 그의 전도 대상 지역이 마게도냐에서 타 지역으로 이미 확장되었음을 의미합니다. 더욱이 사도행전 18장 1절에 의하면, 바울이 아덴 다음으로 찾아간 도시는 아가야의 고린도였습니다. 고린도가 중요한 것은, 고린도의 서쪽 항구 레카이온에서 배를 타고 아드리아 해를 건너면 로마제국의 수도 로마에 이를 수 있었기 때문입니다. 그러므로 바울이 3차 전도 여행을 하면서 자신의 생을 마지막으로 던질 곳이 로마제국의 수도 로마임을 밝힌 것은, 바울이 마게도냐를 넘어 아가야의 아덴과 고린도로 진출할 때부터 로마제국의 심장인 수도 로마를 향한 하나님의 섭리를 깨달았기 때문이요, 그 중요한 깨달음의 동기는 자신이 로마 시민임을 상기하게 해준 빌립보의 투옥 사건이었습니다.

그뿐이 아니었습니다. 다음 시간에 상세하게 살펴보겠지만 빌립보의 투옥 사건을 통해 바울은, 주님의 부르심을 받은 이후 자신이 배설물처럼 여겼던 로마 시민권이 복음 전도를 위한 소중한 도구로 사용될 수 있다는 귀한 깨달음도 얻었습니다. 그래서 3차 전도 여행을 마치고 예루살렘에서 유대인들의 고발로 체포당한 바울은 로마 시민의 자격으로 황제에게 상소하였고, 비록 죄수의 신분이기는 하지만 로마제국의 보호 속에서 로마에 도착한 바울에 의해 로마제국의 심장에 복음이 뿌리내릴 수 있었습니다.

선한 일을 하고도 악한 사람들의 모함으로 태형을 당하고, 심지어 옥에 갇히기까지 한다면 얼마나 억울한 일입니까? 만약 하나님을 믿는 사람이 당한 억울한 일이 억울한 일로만 끝난다면, 그것은 하나님이 계시지 않든가, 혹 계시더라도 무능한 하나님에 불과하다는 말 아니겠습니까? 그러나 바울이 믿었던 여호와 하나님은 부존재의 하나님도, 무능력의 하나님도 아니었습니다. 하나님께서 바울이 투옥당하도록 내버려 두신 것은 바울을 위한, 전능하신 하나님의 신비스러운 섭리였습니다. 억울한 투옥을 통해 바울은 감옥 간수와 그의 가족들을 구원하시는 하나님의 도구로만 쓰임 받은 것이 아니었습니다. 바울은 억울한 투옥을 통해 자신이 로마제국의 법적 보호를 받을 수 있고, 로마제국의 황제 앞에 설 수도 있는 로마 시민임을 새삼스럽게 확인하였습니다. 그 결과 유럽 대륙에서의 그의 전도 대상지는 마게도냐에 국한되지 않고, 아가야를 넘어 로마제국의 심장인 로마까지 겨냥하게 되었습니다. 그리고 마침내 로마제국의 심장에 들어가 복음의 씨를 뿌리고 순교의 피를 흘림으로, 바울은 온 로마제국을 새롭게 하는 영원한 사도가 되었습니다. 억울한 빌립보의 투옥을 믿음으로 받아들이지 않았던들 결코 얻을 수 없었을 하나님의 영원한 상급이었습니다.

혹 억울한 일을 당하셨습니까? 까닭 없는 고통 속에 계십니까? 그러나 우리가 믿는 하나님께서는 부존재의 하나님이거나 무능력의 하나님이 아니심을 잊지 마십시다. 그 억울한 고통을 우리를 위한 전능하신 하나님의 신비로운 섭리로 받아들이십시다. 하나님께서는 그 억울한 고통을 통해 우리를 도구 삼아 누군가를 구원하시는 것만으로 그치시지 않습니다. 하나님께서 우리로 하여금 그 억울한 고통을 겪게 하시는 것은, 하나님 앞에서 우리 자신의 가치를 재발견하게 해주시기 위함입니다. 나아가 우리가 이미 지니고 있는 것만으로도 이 세상에서 얼마든지 하나님의 뜻을 이루며 보람되게 살 수 있음을 확인하게 해주시기 위함입니다. 이 사실을 깨달을 때, 그 억울한 고통은 하나님께서 펼쳐 주시려는 새로운 삶을 향한 신비로운 발판이 될 것입니다. 억울한 고통 속에서 이 소중한 사실을 깨달았던 욥은, 그래서 이렇게 고백했습니다. "그러나 내가 가는 길을 그가 아시나니, 그가 나를 단련하신 후에는 내가 순금같이 되어 나오리라"(욥 23:10).

이 세상의 그 어떤 자식도 그의 부모에게는 소중한 자식이듯이, 우리 역시 하나님의 소중한 자녀들입니다. 하나님께서 우리를 얼마나 소중히 여기시고 사랑하셨으면, 우리를 살리시기 위해 하나님의 독생자마저 십자가의 제물로 내어 주셨겠습니까? 그런데도 우리는 자주 우리 자신을 비하합니다. 종종 열등감에 시달리기도 합니다.

하나님께서는 우리에게 꼭 필요한 것을 주십니다. 우리에게 없는 것은, 하나님께서 보시기에 우리에게 필요하지 않기 때문입니다. 그렇지만 우리는 우리에게 있는 것은 하찮게 여기면서, 다른 사람이 지닌 것을 부러워하며 살고 있습니다.

이 세상을 살면서 우리는 드물지 않게 억울한 일도 겪고, 또 고통도 당합니다. 그때마다 우리는 하나님을 원망하고 하나님의 존재를 의심하기도 합니다. 그러나 우리가 믿는 여호와 하나님께서는 부존재의 하나님도, 무능력의 하나님도 아니요, 천지를 창조하신 전능하신 하나님이심을 믿게 해주십시오. 우리가 겪고 당하는 억울한 고통이 하나님의 신비로운 섭리임을 믿음으로 받아들이게 해주십시오. 억울한 고통을 통해 하나님 앞에서 우리 자신의 가치와, 하나님께서 우리에게 주신 것들의 가치를 발견하고 확인하게 해주십시오. 내가 마른 막대기 하나뿐인 팔십 노인일지라도 그 막대기로 홍해를 가르는 모세가 될 수 있고, 물맷돌 하나만으로도 골리앗을 쓰러뜨리는 다윗이 될 수 있고, 죄수의 신분일망정 로마제국의 심장을 뒤집는 바울이 될 수 있음을 잊지 말게 해주십시오. 그리하여 "그가 나를 단련하신 후에는 내가 순금같이 되어 나오리라"는 욥의 고백이 우리 모두의 고백이 되게 해주십시오. 아멘.

28. 로마 사람인 우리를 II

사도행전 16장 35-40절

날이 새매 상관들이 부하를 보내어 이 사람들을 놓으라 하니 간수가 그 말대로
바울에게 말하되 상관들이 사람을 보내어 너희를 놓으라 하였으니 이제는 나가
서 평안히 가라 하거늘 바울이 이르되 **로마 사람인 우리를** 죄도 정하지 아니하
고 공중 앞에서 때리고 옥에 가두었다가 이제는 가만히 내보내고자 하느냐 아
니라 그들이 친히 와서 우리를 데리고 나가야 하리라 한대 부하들이 이 말을 상
관들에게 보고하니 그들이 로마 사람이라 하는 말을 듣고 두려워하여 와서 권
하여 데리고 나가 그 성에서 떠나기를 청하니 두 사람이 옥에서 나와 루디아의
집에 들어가서 형제들을 만나 보고 위로하고 가니라

　　우리는 오늘로 20주째 유럽 대륙의 빌립보에서 있었던 바울의 행적을 좇
고 있습니다. 2천 년 전 본문 속에서 빌립보를 방문했던 바울에 의해 그 유
명한 빌립보 교회가 세워졌습니다. 그리고 말년의 바울이 로마의 지하 감옥
에 갇혀 빌립보 교인들에게 보낸 편지가 신약성경의 빌립보서입니다. 그 편

지 속에서 바울은 자신과 관련하여 이렇게 고백하고 있습니다.

> 나는 팔일 만에 할례를 받고 이스라엘 족속이요 베냐민 지파요 히브리인
> 중의 히브리인이요 율법으로는 바리새인이요 열심으로는 교회를 박해하
> 고 율법의 의로는 흠이 없는 자라(빌 3:5-6).

유대인들은 율법에 따라 생후 8일 만에 할례를 받아야 했습니다. 바울이
태어난 지 8일 만에 할례를 받았다는 것은, 바울의 부모가 철저하게 율법을
준수하는 유대교인이었다는 말입니다. 바울은 이스라엘 족속이었습니다. 당
시 유대교인 중에는 개종한 이방인들도 많았습니다. 그러나 바울은 태어날
때부터 하나님의 선민인 이스라엘 족속이었습니다. 또 바울은 베냐민 지파
였습니다. 베냐민 지파는 이스라엘 역사상 초대 왕인 사울 왕을 배출한 지
파였습니다. 그리고 이스라엘이 페르시아제국의 지배를 받을 당시 하만의
흉계로 전 유대인이 떼죽음을 당하게 되었을 때, '죽으면 죽으리라'(에 4:16)
는 믿음으로 온 유대인을 살려 낸 페르시아제국의 왕비 에스더 역시 베냐
민 지파였습니다. 이스라엘이 남왕국과 북왕국으로 분열되었을 때에는, 베
냐민 지파는 끝까지 다윗 왕조에 충성하면서 성도聖都 예루살렘을 지켰습니
다. 그래서 베냐민 지파 사람들은 자신들이 베냐민 지파라는 사실에 큰 긍
지를 지니고 있었습니다.

그리고 바울은 히브리인 중의 히브리인이었습니다. 바울은 오늘날 터키 대
륙의 남쪽에 위치한 다소에서 출생한 디아스포라 유대인이었습니다. 이스라
엘 멸망과 함께 이스라엘 땅을 떠나 해외로 이주했던 디아스포라 유대인의
후손들은, 2천 년 전 지중해 세계 공용어였던 헬라어를 모국어로 사용하였
습니다. 그러나 디아스포라 유대인이었던 바울은 헬라어는 말할 것도 없고,

히브리어도 모국어로 완벽하게 구사할 수 있었습니다. 이런 의미에서 그는 스스로 히브리인의 얼을 지키는 히브리인 중의 히브리인이라고 말한 것이었습니다. 게다가 바울은 율법으로는 바리새인이었고, 열심으로는 교회를 박해했습니다. 바리새파는 유대교에서 율법에 대해 가장 엄격한 종파였습니다. 그래서 바리새파인 바울은 그리스도인들을 색출, 연행, 투옥시키는 것을 천직으로 삼았습니다. 자칭 하나님의 아들을 참칭하는 빈민 예수를 신성모독죄로 십자가에 못박아 처형한 유대교의 입장에서 볼 때, 처형당한 예수가 죽음을 깨뜨리고 부활한 메시아라고 주장하는 그리스도인들은 거짓 사설을 퍼뜨리는 사교 집단에 지나지 않았기 때문입니다.

그래서 바울은 자기 자신은 율법적으로 흠이 없는 사람이라는 자부심을 갖고 있었습니다. 그뿐이 아니었습니다. 바울은 이스라엘 최고의 율법선생인 가말리엘의 제자였고, 태어날 때부터 로마 시민권을 지니고 있었습니다. 외형적으로 볼 때 유대인 가운데 바울만큼 갖출 것을 다 갖춘 유대인은 흔치 않았습니다. 그대로만 가면 언젠가는 바울이 유대교 내에서 최고 지도자 자리에 앉게 될 것은 틀림없어 보였습니다.

그러나 바울의 고백은 다음과 같이 이어집니다.

> 그러나 무엇이든지 내게 유익하던 것을 내가 그리스도를 위하여 다 해로 여길뿐더러 또한 모든 것을 해로 여김은 내 주 그리스도 예수를 아는 지식이 가장 고상하기 때문이라 내가 그를 위하여 모든 것을 잃어버리고 배설물로 여김은 그리스도를 얻고 그 안에서 발견되려 함이니(빌 3:7-9상).

놀랍게도 바울은 자신에 대해 스스로 자부심을 지니게 해주었던 자신의 자랑거리들, 종교적이고 사회적인 자신의 모든 자랑거리들을 예수 그리스도를 위하여 모두 해로 여기고, 또 배설물로 간주한다고 선포했습니다. 대체 그 이유가 무엇이었습니까? 그와 같은 외형적 자랑거리를 생의 목적으로 추구한 결과로, 충격적이게도 자신이 가야 할 길을 상실해 버리고 말았기 때문입니다.

바울은 예루살렘에서 213킬로미터나 떨어진 다메섹의 그리스도인들을 연행하기 위한 원정길에 올랐다가, 그 길 위에서 주님의 빛에 사로잡히고 말았습니다. 그와 동시에 그는 더 이상 앞을 볼 수 없었습니다. 시력을 상실한 것이었습니다. 그는 다른 사람의 손에 이끌려서야 겨우 다메섹에 입성할 수 있었습니다. 날 때부터 맹인으로 태어난 사람과는 달리 한순간에 갑자기 시력을 상실한 바울의 심정이 얼마나 처참했겠습니까? 종교적으로나 사회적으로 수많은 자랑거리로 자신을 장식하고 자신의 신념을 관철하기 위해 보무도 당당하게 다메섹을 향하던 바울이, 갑자기 눈이 멀어 다른 사람의 손에 이끌려 가야만 했다는 것은 무슨 의미이겠습니까? 지금까지 바울이 살아온 삶은, 자신이 나아가야 할 방향조차 제대로 알지 못하는 바울의 삶은, 하나님 앞에서 완전 무효라는 것입니다. 눈을 뜨고도 정작 보아야 할 것을 바르게 보지 못하고 살아온 그의 삶은 하나님 앞에서 죽은 것과 다름없다는 뜻입니다. 이처럼 세상의 자랑거리들을 삶의 목적으로 살아온 결과가 인생 실종 혹은 자기 상실이라는 관점에서, 그동안 바울이 좇았던 세상의 모든 자랑거리들은 실은 바울의 삶을 허망하게 갉아먹은 백해무익한 해악이요, 무의미한 배설물에 지나지 않았습니다.

그러나 바울은 거기에서 그치지 않았습니다. 바울이 그동안 삶의 목적으로 추구해 온 자랑거리들을 해악과 배설물로 선언하는 것만으로 그쳐 버렸다면, 그가 허무주의나 염세주의를 표방하는 철학가가 될 수 있었을지는 모르지만, 2천 년 기독교 역사상 가장 위대한 사도가 되지는 못했을 것입니다. 그가 자신에게 유익하다고 판단하던 자랑거리들을 해로 여긴 것은 예수 그리스도를 아는 지식이 가장 고상함을 깨달았기 때문이요, 또 그가 주님을 위하여 모든 것을 잃어버리고 배설물로 여김은 도리어 그리스도를 얻고 그 안에서 발견되기 위함이었습니다. 눈이 멀어 자기 앞가림도 못하는 바울에게 그런 통찰력이 어떻게 가능할 수 있었겠습니까? 주님께서 보내신 아나니아에 의해 바울이 예수 그리스도 안에서 세상을 다시 보게 된 덕분이었습니다. 그것은 단순히 육체적 시력의 회복만을 뜻하지 않았습니다. 그것은 가치관의 대변화를 의미했습니다. 예전의 바울이 두 눈을 뜨고도 정작 보아야 할 것은 아무것도 보지 못하는 청맹과니였다면, 시력을 회복한 바울은 보이는 것 너머의 보이지 않는 영원한 것을 볼 줄 아는 영적 개안자였습니다. 보는 것과 보는 것의 의미가 달라진 것이었습니다.

바울은 예전에는 자신의 의와 공로로 구원받는 것으로 착각하였습니다. 세상의 자랑거리와 자신의 열심으로 자신의 의를 세우려 노력한 이유가 거기에 있었습니다. 그러나 질그릇에 아무리 금딱지를 붙여도 질그릇은 질그릇일 뿐이듯이, 인간이 자신의 의로 아무리 자신을 장식해도 하나님 보시기에는 변함없는 죄인일 뿐임을 바울은 예수 그리스도의 빛 속에서 비로소 깨달았습니다. 죄인인 인간은, 인간의 죗값을 대신 치러 주시기 위하여 십자가의 제물로 돌아가신 하나님의 독생자—'예수 그리스도의 의'를 힘입어서만 하나님의 구원을 입을 수 있었습니다. 예수 그리스도의 의는 이 세상의 무엇으로도 얻을 수 없었습니다. 그것은 오직 주님의 은혜로만 얻을 수 있었습니다. 그 은혜는 이 세상의 그 무엇과도 비견할 수 없었습니다. 그것은 이 세상의 모든 것을 뛰어넘어 오직 십자가의 주님만을 목적으로 삼지 않고서는 누릴 수 없는 은혜요, 의였습니다. 이 사실을 깨달은 바울이었기에 '내가 그리스도를 위하여 모든 것을 잃어버리고 배설물로 여김은 그리스도를 얻고 그 안에서 발견되려 함이라'고 고백하지 않을 수 없었습니다.

　바울이 '그리스도 안에서 발견되게 함이라'고 한 말은, 하나님께서 그리스도 안에 있는 바울 자신을 발견하게 하시기 위함이라는 의미입니다. 바울 자신은 여전히 죄인이지만 자신의 죗값을 대신 치르시기 위해 속죄의 피를 흘리신 예수 그리스도 안에 있으면, 하나님께서 예수 그리스도의 완전한 의를 보시고 그 안에 있는 바울 자신도 의롭다고 인정해 주시는 복음의 본질을 바울이 정확하게 이해한 것이었습니다. 우리는 여기에서 '그리스도 안에서 발견되게 함이라'는 바울의 고백을 좀더 깊이 생각해 볼 필요가 있습니다.

　하나님이 보시기에 예수 그리스도 안에 있는 바울은 예전의 바울과는 아무 상관없는, 갈릴리의 무식한 어부 출신 베드로 같은 사람이 되었습니까? 아니었습니다. 바울은 여전히 누구보다도 율법에 밝고, 누구보다도 헬라어와 히브리어에 능통하고, 누구보다도 학식이 풍부하고, 유대인이면서도 로마 시민인 바울 그대로였습니다. 그러므로 바울이 자신에게 유익하던 세상의 자랑거리를 '그리스도 안에서 발견되게' 하기 위하여 배설물로 여긴다는 것은, 아무것도 배운 것 없는 일자무식꾼처럼 살겠다는 말이 아니었습니다. 십자가의 보혈로 자신을 구원해 주신 예수 그리스도만을 이제부터 삶의 목적으로 삼고, 그동안 삶의 목적으로 삼아 온 모든 것들은 주님을 위한 수단으로 삼겠다는 의미였습니다. 그 결과 바울은 위대한 율법학자 가말리엘의 제자로서 누구보다도 율법에 밝았기에 율법과 복음의 관계를 완벽하게 설명할 수 있었고, 누구보다도 헬라어에 능통했기에 헬라어로 기록된 신약성경 4분의 1 이상을 기록할 수 있었고, 누구보다도 히브리어에 능통했기에 헬라어를 알지 못하는 유대인들에게 히브리어로 복음을 온전히 전할 수 있었고,

누구보다도 학식이 풍부했기에 어느 도시에서든 그 도시 상류층과도 거리낌 없이 대화를 나눌 수 있었습니다. 그가 태어날 때부터 부모로부터 상속받은 로마 시민권도 마찬가지였습니다.

지난 시간에 살펴본 것처럼 날이 새자, 그 전날 바울과 실라를 정식 재판도 거치지 않고 태형을 가하고 투옥시켰던 빌립보의 집정관들이 부하를 감옥으로 보내어 두 사람을 석방시켜 주라고 명령했습니다. 그러나 간수로부터 자신의 석방 소식을 전해 들은 바울은 기뻐하는 대신 이의를 제기하였습니다.

> 바울이 이르되 로마 사람인 우리를 죄도 정하지 아니하고 공중 앞에서 때리고 옥에 가두었다가 이제는 가만히 내보내고자 하느냐 아니라 그들이 친히 와서 우리를 데리고 나가야 하리라 한대(37절).

바울이 간수에게, 로마 시민인 자신과 실라를 정식 재판도 없이 사사로이 태형을 가하고 투옥시켰다가 이제 와서 사사로이 석방시키려는 것은 로마법을 위반한 부당한 처사이므로, 자신들에게 불법을 자행한 장본인들이 직접 와서 자신들을 석방시켜야 할 것이라고 이의를 제기한 것이었습니다. 바울과 실라가 로마 시민이라는 보고를 접한 집정관들은 두려움에 사로잡히고 말았습니다. 적법한 절차를 거치지 않고 로마 시민을 때리고 투옥시킨 것은 로마법을 어긴 범법 행위일 뿐 아니라 로마제국에 대한 모독 행위였으므로, 당사자인 자신들이 상부의 문책을 받는 것은 물론이요, 경우에 따라서는 심한 형벌까지 받을 수 있었기 때문입니다. 집정관들은 바울과 실라가 갇혀 있는 지하 감방을 직접 찾아갔습니다. 그들은 바울과 실라에게 감방에서 나가기를 간청하면서 바울과 실라를 감옥 밖까지 직접 인도하였습니다.

그리고 자신들의 잘못을 제발 문제 삼지 말고 조용하게 다음 행선지로 떠나 줄 것을 간청하였습니다.

지난 시간에 확인했듯이 바울은 전도 여행 중 수차례에 걸쳐 부당하게 박해를 당하고 곤욕을 치렀지만, 자신이 로마 시민임을 내세우면서 항의한 것은 본문 속 빌립보가 처음이었습니다. 그것은 자신에게 유익하던 것들을 배설물처럼 여기던 바울이 평소에 자신이 로마 시민임을 의식하지 않고 살았음을 의미했습니다. 다시 말해 바울이 본문에서 자신이 로마 시민임을 내세우면서 빌립보 집정관들의 부당한 처사에 대해 항의한 것은 바울이 평소 지니고 있던 생각의 반영이 아니라, 그날 자신이 로마 시민임을 우연히 상기한 결과로 일어난 예기치 못한 사건이었습니다. 그러나 자신의 항의에 빌립보의 집정관들이 지하 감방까지 찾아와 사과하는 사건을 통해 바울은, 자신이 평소 의식지도 않았던 로마 시민권이 주님의 복음 전도를 위한 좋은 도구, 더 없이 좋은 수단이 될 수 있음을 확인하였습니다.

당시 열혈 유대교인들에게 바울은 반드시 제거해야 할 공적公敵 1호였습니다. 유대인들은 태어나면서부터 유대교인으로 태어났습니다. 그런데 유대인인 바울이 유대교인들에게 예수 그리스도의 복음을 전하면서 유대교인들로 하여금 그리스도인으로 개종하게 하는 것은, 유대교의 입장에서 본다면 유대교를 와해시키려는 배교 행위이자 적대 행위였습니다. 그래서 3차 전도 여행을 마친 바울이 예루살렘으로 올라가자, 예루살렘의 유대교인들이 바울을 죽이려고 크게 소동을 벌였습니다. 천부장이 치안 유지를 위해 군대를 이끌고 소동 현장에 출동했다가 바울을 체포했습니다. 그리고 바울이 도대체 무슨 죄를 지었기에 예루살렘의 유대인들이 죽이려 했는지 심문하기 위해 바울에게 채찍질을 하도록 명령했습니다. 그러자 바울은 자신이 로마 시민임을 밝혔고, 그 말에 천부장은 도리어 바울을 보호해 주었습니다. 40여

명의 열혈 유대교인들이 바울을 죽이기 위한 암살단을 구성했다는 정보를 입수한 천부장은 바울을 보호하기 위해 보병 200명, 기병 70명, 창병 200명을 동원하여 백부장 두 명으로 하여금 로마제국의 총독이 있는 가이사랴로 바울을 호송하게 했습니다(행 23:23). 로마 시민인 바울 한 사람을 보호하기 위해 총 472명의 군인을 동원한 것이었습니다. 유대교 지도자들이 가이사랴까지 내려와 총독에게 바울을 고발하자, 바울은 로마 시민의 자격으로 로마 황제에게 상소했습니다. 바울의 상소를 받아들인 총독 베스도는 로마 황제의 직할부대인 아구스도대의 백부장 율리오에게 바울을 로마까지 호송하게 했습니다. 이스라엘의 가이사랴에서 로마제국의 수도 로마에 이르기까지 무려 2,240킬로미터의 거리를 로마제국의 장교가 로마 시민인 바울을 호송한 것입니다. 만약 바울이 로마제국의 보호를 받을 수 있는 로마 시민이 아니었던들 자신의 마지막 생을 로마에 던지겠다는 그의 소망은 물거품이 되고 말았을 것이요, 결과적으로 바울에 의해 로마제국의 심장부에 복음이 뿌리내릴 수도 없었을 것입니다. 바울이 로마에 이르기도 전에, 아니 이스라엘 땅을 벗어나기도 전에, 그는 유대인 암살단에 의해 암살당하고 말았을 것이기 때문입니다.

바울이 세상의 자랑거리들을 생의 목적으로 삼았을 때 그 결과는 자기 생의 실종이었을 뿐이었습니다. 그러나 자신을 구원해 주신 예수 그리스도를 자기 생의 목적으로 삼는 순간부터 그 모든 것들은, 심지어 잊고 있던 것들까지도 주님을 위한 소중한 도구로 승화되었습니다. 이상과 같은 바울의 삶은 우리가 이 세상을 사는 동안에 무엇을 혹은 누구를 우리 삶의 목적으로 삼느냐에 따라, 우리의 인생과 우리가 지닌 것들의 의미가 얼마나 달라지는지를 확연하게 일깨워 주고 있습니다.

오늘날 세계 전자업계의 최강자로 부상한 삼성전자의 모태인 삼성그룹의 창업주는, 잘 아시는 바와 같이 고 이병철 회장입니다. 그분은 젊은 시절부터 이 땅에서 부자의 대명사였습니다. 제가 어릴 때, 그러니까 1950년대와 60년대 사람들은 그분을 '돈병철 회장'이라고 불렀습니다. 당시에 그분의 이름 자체가 돈의 상징이었던 것입니다. 그래서 당시 사람들은 돈 좀 있다고 으스대는 사람에게 "네가 돈병철이냐?"고 타박을 주곤 했습니다. 아무리 돈이 많아도 그분을 따라갈 수는 없다는 의미였습니다. 그분은 한국에서 돈이 제일 많았고, 제일 큰 그룹의 총수였을 뿐 아니라, 한국에서 가장 큰 골동품 및 예술품 수집가로도 유명했습니다. 한마디로 그분에게는 이 세상에서 없는 것이 없는 셈이었습니다. 그분에게 이 세상의 자랑거리가 얼마나 많았겠습니까? 그러나 1987년 그분은 타계하기 한 달 전 질문지를 남겼습니다. 작년 연말에 공개된 그분의 질문들은 돈에 관한 질문이나 기업 경영에 관한 질문이 아니었습니다. 총 24개 항으로 이루어진 질문들은 이런 질문들이었습니다.

신(하느님)의 존재를 어떻게 증명할 수 있는가? 신(하느님)은 왜 자신의 존재를 똑똑히 드러내 보이지 않는가?

신(하느님)은 우주 만물의 창조주라는데 무엇으로 증명할 수 있는가?

신(하느님)이 인간을 사랑했다면, 왜 고통과 불행과 죽음을 주었는가?

예수는 우리의 죄를 대신 속죄하기 위해 죽었다는데, 우리의 죄란 무엇인가? 왜 우리로 하여금 죄를 짓게 내버려 두었는가?

성경은 어떻게 만들어졌는가? 그것이 하느님의 말씀이라는 것을 어떻게 증명할 수 있는가?

인간이 죽은 후에 영혼은 죽지 않고 천국이나 지옥으로 간다는 것을 어떻게 믿을 수 있는가?

지구의 종말은 오는가?

이 세상에서 아쉬울 것 없이 모든 것을 소유했던 그분은, 그러나 정작 자신의 인생이 궁극적으로 어디로 가는지, 어디로 가야만 하는 것인지를 알지 못했습니다. 그분의 모든 질문은, 예수 그리스도 안에서 당신을 계시하시고 인간의 질문에 친히 답하시는 하나님의 말씀 속에서 바른 답을 얻을 수 있는 질문들이었습니다. 그분의 질문지는 천주교 신부님에게 전해졌지만, 2년 동안 투병하던 그분의 폐암 증세가 갑자기 악화되어 그분은 신부님의 답변을 듣지 못한 채 타계하고 말았습니다. 그때 그분의 나이 만 77세였습니다.

그분의 질문 중에는 이런 질문도 있었습니다.

성경에 부자가 천국에 가는 것을 약대가 바늘구멍에 들어가는 것에 비유했는데, 부자는 악인이란 말인가?

돈을 절대시하는 부자가 다 그렇듯이, 그분 역시 그 성경구절이 마음에 걸렸음이 분명합니다. 돈을 목적으로 삼는 사람이라면, 그가 누구든 상관없이 하나님 보시기에는 의인이거나 선인일 수 없습니다. 돈을 목적으로 삼아서는 아무리 자선사업을 많이 해도 하나님과 바른 관계를 맺을 길이 없기 때문입니다. 그러나 누구든지 자신이 지닌 것들을 주님을 위한 수단으로 삼는다면, 그 사람은 또 한 명의 바울이 될 수 있습니다. 주님을 목적으로 삼는 그 사람이 지닌 것들 역시 바울의 로마 시민권처럼, 주님을 위한 영원한 진리의 도구로 승화될 것이기 때문입니다.

얼마나 많은 것들을 소유하고 계십니까? 얼마나 많은 자랑거리들을 지니고 계십니까? 그러나 그런 것들을 생의 목적으로 삼지는 마십시오. 그런 것들을 생의 목적으로 삼는 삶의 결국은 허망하게도 자기 인생의 상실, 자기 실종으로 끝날 따름입니다. 우리가 지닌 것이 무엇이든, 우리 생의 목적이신 주님을 위한 수단으로 사용하는 지혜로운 그리스도인들이 되십시다. 그때부터 우리 자신과, 우리가 지닌 것들의 가치가 완전히 달라질 것입니다. 하나님께서 우리를 통해 친히 역사하실 것이기 때문입니다.

바울이 세상의 것들을 삶의 목적으로 삼은 결과는 다메섹 도상에서 자기 인생의 상실, 자기 자신의 실종이었습니다. 세상의 것들로 무장하고, 세상의 것들을 자랑거리로 여기면서, 그리스도인들을 연행하기 위해 보무도 당당하게 다메섹을 향하던 바울은, 그 길 위에서 시력을 상실한 채, 어디로 가야 할지를 알지 못해 다른 사람의 손에 이끌려서야 겨우 다메섹으로 들어갈 수 있었습니다. 그 어리석은 바울의 모습이 바로 우리 자신의 실상임을 일깨워 주셔서 감사합니다.

우리는 눈을 뜨고 있지만 정작 보아야 할 것은 아무것도 보지 못하는 청맹과니에 불과합니다. 아침부터 밤늦게까지 열심히 일하며 살고 있지만, 우리가 지금 어디로 가고 있는지, 우리가 가는 길이 어디에서 어떻게 끝날 것인지는 알지도 못하고, 또 알려고도 하지 않습니다. 그럼에도 우리를 포기하지 않으시고, 오늘도 우리를 불러 주시고, 성령님의 빛으로 우리의 눈을 열어 주시니 감사합니다.

이제부터 이 세상의 보이는 것 너머에, 보이지 않는 영원을 바라보는 영적 개안자가 되게 해주십시오. 십자가의 보혈로 구원의 은혜를 베풀어 주신 예수 그리스도만을 우리 생의 주인이자 목적으로 삼는 참된 믿음의 사람이 되게 해주십시오. 오늘 본문 속의 바울처럼 우리가 지닌 것이 무엇이든, 오직 주님을 위한 수단으로 사용하게 해주십시오. 아리마대 요셉이 자신을 위해 준비한 무덤을 주님께 드림으로, 죽음의 묘지로 끝나 버렸을 그 무덤이 영원한 부활의 시발점으로 승화되었듯이, 우리가 지닌 것이 무엇이든 영원한 진리를 위한 도구로 승화되게 해주십시오. 그리하여 우리 자신은 보잘것없을지라도, 우리를 통해 역사하시는 주님으로 인해 우리 역시 이 시대를 위한 바울이 되게 해주십시오. 아멘.

29. 로마 사람인 우리를 III

사도행전 16장 35-40절

날이 새매 상관들이 부하를 보내어 이 사람들을 놓으라 하니 간수가 그 말대로
바울에게 말하되 상관들이 사람을 보내어 너희를 놓으라 하였으니 이제는 나가
서 평안히 가라 하거늘 바울이 이르되 **로마 사람인 우리를** 죄도 정하지 아니하
고 공중 앞에서 때리고 옥에 가두었다가 이제는 가만히 내보내고자 하느냐 아
니라 그들이 친히 와서 우리를 데리고 나가야 하리라 한대 부하들이 이 말을 상
관들에게 보고하니 그들이 로마 사람이라 하는 말을 듣고 두려워하여 와서 권
하여 데리고 나가 그 성에서 떠나기를 청하니 두 사람이 옥에서 나와 루디아의
집에 들어가서 형제들을 만나 보고 위로하고 가니라

이 시간에 제 목회 경험에 대해 말씀드리는 것을 양해해 주시기 바랍니다.
제 목회 경험을 말씀드린다고 해서 저 자신을 드러내려 함이 아니라, 저를 통
해 역사하신 주님을 드높이기 위함이므로 오해 없이 들어 주시기 바랍니다.

사회생활을 하던 제가 신학교로 인생 항로를 바꾼 뒤, 난생처음으로 전임

목회를 시작했던 교회는 현재 서울 송파구에 위치한 주님의교회였습니다. 그 교회에서 제가 스스로 정한 임기 10년을 마치고 1998년 퇴임하자마자 제가 가장 먼저 한 일은 한 권의 책을 쓴 것입니다. 《회복의 목회》라는 제목의 그 책을 쓴 데는 까닭이 있었습니다. 주님의교회 목회를 시작할 때 저의 목회 경력은, 3년에 걸친 영락교회의 파트타임 교육 전도사 경력이 전부였습니다. 다시 말해 전임 목회 경력은 전무한 상태였습니다. 그러나 《회복의 목회》 서문에서 밝힌 것처럼 주님의교회가 창립된 지 얼마 지나지 않아서부터, 이상하게도 많은 사람들이 주님의교회를 주목하기 시작했습니다. 그리고 여러 단체나 교회가 제게, 소위 교회 성장에 관한 설교나 강의를 요청하였습니다. 하지만 그때마다 저는 사양하지 않을 수 없었습니다. 저는 교회 성장에 대해서는 문외한이었을 뿐 아니라, 교회 성장의 관점에서 목회를 해 본 적도 없었기 때문입니다.

그러나 매년 동일한 요청과 사양이 반복되던 중에, 저는 언젠가 때가 되면 주님의교회에 대한 책을 써야겠다는 마음을 품게 되었습니다. 제가 주님의교회 목회를 통해 확인하고 체험한 한, 목회의 주체는 교회의 주인이신 주님 한 분이셨습니다. 주님의교회를 세우시고 키우신 분은 오직 주님이셨습니다. 주님의교회 교우님들과 제가 한 일이란, 단지 교회의 주인이신 주님의 뜻을 바르게 분별하고 또 응답하려고 노력한 것뿐입니다. 따라서 주님께서 주님의교회 교우님들과 제게 얼마나 선한 생각들을 주셨는지, 그리고 주님의교회 교우님들과 부족한 저를 통해 얼마나 아름다운 일들을 펼치셨는지 증언하기 위해, 저는 주님의교회를 퇴임하자마자 책을 써야만 했습니다. 첫째로는 목사의 자격을 전혀 갖추지 못한 제게 베풀어 주신 하나님의 은혜에 보답하기 위함이요, 둘째로는 앞에서 언급한 이유로 제가 거절하지 않을 수 없었던 많은 분들의 요청에 서면으로 응답하기 위함이었습니다. 그리고 마지막으로 또 하나의 이유가 더 있었습니다. 제 퇴임과 함께 주님의교회에 오시기로 예정된 분이 임영수 목사님이셨습니다. 임영수 목사님은 개인적으로는 신학교 대선배님이셨고, 당시 명실공히 한국 교회를 대표하던 영락교회의 담임목사를 역임한 분이셨습니다. 그런 분이 새까만 후배가 목회하던, 영락교회에 비해 턱없이 작은 교회의 후임자가 된다는 것은 결코 쉬운 일이 아니었습니다. 그래서 그분께 감사하는 마음으로, '10년 동안 주님께서 당신의 몸 된 교회를 이렇게 세워 주시고 이끌어 주셨습니다'라고 저 나름대로의 보고서를 전해 드리기 위해 《회복의 목회》를 쓰게 되었습니다.

그 책 속에 저는 '목회자의 자기 관리'와 관련하여 이런 내용을 남겼습니다.

지난 10년 동안 나의 목회지는 주님의교회였다. 나는 주님의교회를 떠나 본 적이 없다. 부흥사처럼 다른 교회에 집회를 다닌 적도 없다. 그럼에도 불구하고 나는 지난 10년 동안, 나의 목회가 주님의교회에만 국한된다는 생각을 해본 적이 없다. 나의 목회 대상은 한국 교회라는 마음으로 10년을 지내 왔다. 내가 주님의교회에서만 목회한다 할지라도 나의 목회는 반드시 자국을 남기게 마련이고, 그 자국은 긍정적이든 부정적이든 필히 한국 교회에 영향을 미친다고 확신했기 때문이다. 우리가 만나 본 적도 없는, 그리고 그 당시에는 결코 유명 인사가 아니었던 주기철 목사님이나 손양원 목사님 같은 분을 존경하며 본받으려 하는 것은, 그분들이 남긴 바른 삶의 자국 때문일 것이다. 그래서 나는 목회자로서 자기 관리에 충실키 위하여 애쓰지 않을 수 없었다. 내가 남긴 목회 자국이, 어떤 의미에서건 한국 교회에 부정적 영향을 미치게 해서는 안 되겠기에 말이다. 이런 의미에서 서산대사의 시는 모든 목회자에게 금언이 된다.

눈 덮인 들판을 걸어갈 때
발걸음 하나라도 어지럽히지 말라
오늘 내가 가는 이 길은
뒷사람의 이정표가 되리라

  제가 10년 동안 주님의교회만 목회하면서도 제 목회 대상이 한국 교회라
고 생각한 것, 제 목회가 주님의교회에만 국한되지 않고 어떤 형태로든 반드
시 한국 교회에 영향을 미칠 것이라고 여긴 것은, 저의 교만한 발상이거나
오만한 판단이 아니었습니다. 그것은 제 믿음의 대상이신 삼위일체 하나님
께서 시간과 공간을 초월하시는 하나님이심을 믿었기 때문입니다. 하나님께
서 정녕 시간과 공간을 초월하시는 하나님이시라면, 내가 아무도 보지 않는
외진 곳에서 진리의 씨를 뿌려도 하나님께서 그 열매가 시간과 공간을 초월
하여 동서남북 사방에서 맺히게 하시지 않겠습니까?
  오늘날 적지 않은 교회들이 예배당을 소유하지 않는 대신에 학교 강당을
예배당으로 빌려 쓰고 있고, 그중에는 아예 강당을 지어 주고 학교와 공동
으로 사용하는 교회도 있습니다. 그리고 교회가 특정인에 의해 좌지우지 되
는 것을 미연에 방지하기 위해 임기제를 실시하고, 주님의 사랑을 온전히 실
천하기 위하여 헌금의 50퍼센트를 이웃 사랑을 위해 사용하고, 만인제사장
정신에 입각하여 목사와 교인을 차별하는 가운을 목사가 입지 않고, 하나님
께 바쳐지는 헌금의 순수성을 지키기 위해 예배 시간에 헌금주머니를 돌리
지 않고 전 교인이 무명으로 헌금하며, 참된 봉사의 정신을 지키기 위해 성
가대 지휘자들과 오르가니스트들도 사례비를 받지 않고 자원봉사하며, 국
민의 의무를 다하기 위해 전임 교역자들이 갑근세를 자진 납부하고, 재정운
영의 투명성을 위하여 교인들에게 매달 재정을 보고하고, 임직자의 투표시

투표의 공정성을 위해 선거인명부를 작성하고 기표소를 설치하여 비밀투표를 실시하는 것과 같은 사례들을 전부 혹은 부분적으로 실행하는 교회가 날이 갈수록 늘어나고 있습니다. 국내뿐 아니라 해외에 있는 한인 교회들 가운데에서도 그런 교회들이 증가 추세에 있습니다.

이상 언급한 모든 것들은 하나님께서 주님의교회로 하여금 최초로 실행하게 하셨던 일들입니다. 이미 말씀드린 것처럼 저는 주님의교회 10년 동안 주님의교회만 목회했을 뿐입니다. 목회에 관한 한, 주님의교회 이외의 곳은 얼씬도 하지 않았습니다. 주님의교회는 소위 대형 교회가 아니었습니다. 당시 40대였던 저는 무경력에 무명의 초년병 목사에 지나지 않았습니다. 그러나 주님께 바르게 응답하기 위해 애썼을 때 주님께서는 주님의교회로 하여금 뿌려야 할 씨를 뿌리게 하셨고, 그 열매를 국내외를 포함하여 동서남북 도처에서 시간과 공간을 초월하여 거두셨고, 또 거두고 계십니다.

우리가 믿는, 시간과 공간을 초월하는 하나님께서는 이런 분이십니다. 따라서 하나님을 믿는 우리가 하는 일은 세상의 가치관으로는 측량할 수 없습니다. 우리가 하는 일이 아무리 보잘것없어도 그 일의 열매는 시간과 공간을 초월하여 동서남북 도처에서, 심지어는 지구의 반대편에서도 거두어지기 때문입니다. 그러므로 우리가 이 세상의 가장 외진 곳에서 하는 일이라도 그것이 주님을 위한 일이라면, 그것은 곧 세계를 위한 일입니다. 우리가 하는 모든 일이 하나님 앞에서 절대적 의미를 지니는 이유가 여기에 있습니다.

요즈음 올해의 프로야구 최강자를 가리는 한국시리즈가 진행 중입니다. 야구 해설가들은, 선발투수는 적게는 70~80개에서 많게는 130~140개의 공을 던지는데 그 가운데 의미 없는 공은 없다는 말들을 합니다. 백번 옳은 말입니다. 투수는 때로는 타자를 잡기 위해, 때로는 유인하기 위해 공을 던

집니다. 결과적으로 실투나 폭투라 할지라도 그 공을 던지는 순간에는 투수는 자신의 투구에 반드시 의미를 부여하기 마련입니다. 성경도 마찬가지입니다. 성경이 하나님의 말씀이라면 각 단어, 구절, 문장마다 어찌 의미가 내포되어 있지 않겠습니까? 이런 의미에서 오늘의 본문도 예외가 아닙니다.

날이 새자, 그 전날 바울과 실라를 정식 재판도 거치지 않고 태형을 가하고 투옥시켰던 빌립보의 집정관들이 부하를 감옥으로 보내어 두 사람을 풀어 주라고 명령했습니다. 그러나 간수로부터 자신의 석방 소식을 전해 들은 바울은 기뻐하기는커녕 도리어 이의를 제기하였습니다.

> 바울이 이르되 로마 사람인 우리를 죄도 정하지 아니하고 공중 앞에서 때리고 옥에 가두었다가 이제는 가만히 내보내고자 하느냐 아니라 그들이 친히 와서 우리를 데리고 나가야 하리라 한대(37절).

바울이 간수에게, 로마 사람인 자신과 실라를 정식 재판도 없이 사사로이 태형을 가하고 투옥시켰다가 이제 와서 사사로이 석방시키려는 것은 로마법을 위반한 부당한 처사임을 지적하면서, 자신들에게 불법을 자행한 장본인들이 직접 와서 자신들을 석방시켜야 할 것이라고 이의를 제기한 것이었습니다.

> 부하들이 이 말을 상관들에게 보고하니 그들이 로마 사람이라 하는 말을 듣고 두려워하여 와서 권하여 데리고 나가 그 성에서 떠나기를 청하니 (38-39절).

바울과 실라가 로마 시민이라는 보고를 접한 집정관들은 두려움에 사로잡히고 말았습니다. 적법한 절차를 거치지 않고 로마 시민을 때리고 투옥시킨 것은 로마법을 어긴 범법 행위일 뿐 아니라 로마제국에 대한 모독 행위였으므로, 당사자인 자신들이 상부의 문책을 당하는 것은 물론이요 경우에 따라서는 심한 형벌을 받을 수도 있었습니다. 집정관들은 즉각 바울과 실라가 갇혀 있는 지하 감방을 찾아갔습니다. 그들은 바울과 실라에게 감방에서 나가기를 권하면서, 바울과 실라를 감옥 밖까지 직접 인도하였습니다. 그리고 자신들의 잘못을 문제 삼지 말고 제발 다음 행선지로 조용하게 떠나 줄 것을 간청하였습니다. 이에 바울과 실라는 그들의 숙소였던 루디아의 집을 거쳐 다음 행선지로 떠났습니다.

여기에서 이런 질문이 제기됩니다. 바울이 로마 시민임을 내세우면서 집정관들의 부당한 처사에 대해 항의하고, 깜짝 놀란 집정관들이 지하 감옥까지 찾아와 바울에게 사과한 이야기가 왜 하나님의 말씀인 성경 속에 기록되어 있느냐는 질문입니다. 이 이야기가 빠져도 본문의 전개에는 전혀 무리가 없습니다. 이를테면 본문 37-39절을 빼고, 본문 36절을 40절과 바로 연결시키는 것입니다.

간수가 그 말대로 바울에게 말하되 상관들이 사람을 보내어 너희를 놓으라 하였으니 이제는 나가서 평안히 가라 하거늘 두 사람이 옥에서 나와 루디아의 집에 들어가서 형제들을 만나 보고 위로하고 가니라.

본문이 이렇게만 기록되어도 독자들은 전날 억울하게 투옥되었던 바울과 실라가 하루 만에 누명을 벗고 출옥하여 전도 여행을 계속하였음을 얼마든지 이해할 수 있습니다. 그럼에도 성경은 왜 로마 시민임을 내세우는 바울의 항의와 집정관들의 사과에 관한 내용을 굳이 본문 속에 포함시키고 있습니까? 두말할 것도 없이 그 사건이 절대적인 의미를 지니고 있기 때문입니다. 대체 그 의미가 무엇이겠습니까?

지난 두 주에 걸쳐 살펴본 것처럼, 주님의 부르심을 받은 이후 자신의 세상적 자랑거리들을 배설물로 여겼던 바울은 평소 자신이 로마 시민권자라는 사실을 의식하지 않고 살았습니다. 그러나 빌립보의 투옥 사건을 통해 자신이 로마 시민임을 상기한 바울이 항의하고 집정관들이 황급히 그를 찾아와 사과한 사건은, 바울이 그 후에 자신의 마지막 생을 로마제국의 수도인 로마에 던지기로 결심하는 데 절대적인 계기가 되었습니다. 그리고 말년의 바울이 로마에서 참수형을 당해 순교의 피를 뿌림으로 로마제국의 심장에 복음이 뿌리내리고, 마침내 로마제국의 복음화가 이루어지게 되었습니다. 결과적으로 바울이 억울하게 투옥되었던 빌립보의 지하 감방은 주님 안에서 로마제국의 심장인 수도 로마와 직결되어 있었습니다.

당시 지중해 세계가 온통 로마제국이었습니다. 그 거대한 지중해 세계에서 바울이 예루살렘의 유대인들에게는 이름이 알려져 있었을지라도, 로마제국 전체를 놓고 보면 무명의 존재였습니다. 더욱이 그는 아무도 보지 못하는 빌립보의 지하 감방에 투옥되어 있었습니다. 지하 감방에 갇혀 한밤중에 두 발에 차꼬까지 차고 있는 바울을 거대한 로마제국의 누가 알았겠습니까? 그러나 바울의 빌립보 지하 감방 투옥 사건은 로마 복음화의 단초였습니다. 바울이 빌립보에서 억울하게 지하 감방에 투옥되는 순간부터 로마제국의 복음화는 이미 시작되고 있었습니다. 어디 로마제국뿐입니까? 2천 년 전 지구 반대편에 살았던 바울의 일거수일투족은 2천 년이 지난 오늘날 한반도에 살고 있는 우리에게까지 지대한 영향을 미치고 있습니다. 어떻게 이런 일이 가능할 수 있습니까? 바울이 믿었던 하나님께서 시간과 공간을 초월하시는 하나님이시기 때문입니다. 2천 년 전 지구 반대편에서 바울이 뿌린 복음의 씨앗을 통해 시간과 공간을 초월하시는 하나님께서, 오늘날 한반도에 살고 있는 우리의 삶 속에서도 역사하시는 것입니다.

이런 의미에서 2천 년 전 바울의 전도 대상지는 지중해 세계의 서북 지역에만 국한되어 있었지만, 결과적으로 그는 하나님 안에서 시간과 공간을 초월하여 온 세계를 누비고 다닌 것과 같은 위대한 그리스도인이었습니다. 그가 위대해서가 아니라, 그를 통해 역사하신 하나님께서 시간과 공간을 초월하시는 위대하신 하나님이셨기 때문입니다.

2천 년 전 베들레헴의 외양간에서 태어나신 예수님께서는 갈릴리의 달동네 나사렛에서 사셨습니다. 예수님의 공생애 역시 대부분 가난한 갈릴리에서 이루어졌습니다. 그분은 지중해를 건너, 당시 지중해 세계의 중심이던 로마나 아테네로 여행해 보신 적이 없었습니다. 그분은 이스라엘 땅에서 태어나시고, 이스라엘 땅에서 사시다가, 이스라엘 땅에서 죽으시고 부활 승천하셨습니다. 이스라엘은 로마제국처럼 거대한 땅덩어리로 이루어져 있지 않습니다. 이스라엘의 면적은 고작 우리나라 경상북도 정도의 크기에 지나지 않습니다. 로마제국 내에서 이스라엘은 변방 중의 작은 변방일 뿐이었습니다. 그러나 그 작은 변방 이스라엘 땅에서 인간의 죗값을 대신 치르시기 위해 십자가의 제물로 돌아가신 예수 그리스도의 복음은, 그 변방 안에 갇히거나 소멸되지 않았습니다. 오히려 그 변방에서 동서남북으로 퍼져 나가 오대양 육대주에 뿌리내렸습니다. 예수 그리스도께서 시간과 공간을 초월하시는 하나님의 독생자이셨기 때문입니다. 십자가의 제물로 돌아가셨다가 사흘째 되는 날 죽음을 깨뜨리고 부활 승천하신 그분 자신이 시간과 공간을 초월하신 임마누엘 하나님이셨기 때문입니다. 그렇기에 그 주님께서 당신의 복음을 위해 바울이 억울하게 투옥된 빌립보의 지하 감방과, 로마제국의 심장인 수도 로마를 시간과 공간을 초월하여 직결하여 주신 것은 조금도 이상한 일이 아니었습니다. 이것은 성경 속에서만의 이야기가 아닙니다.

중세 로마가톨릭교회의 타락상이 얼마나 극심했었는지는 이미 잘 알려져 있습니다. 그 직접적인 원인은 성직자들의 타락이었습니다. 중세 로마가톨릭교회는 정교일치政敎一致 제도 속에서 국가와 일체를 이루고 있었습니다. 이를테면 가톨릭 신부들은 국가 공무원으로서, 일단 신부가 되기만 하면 죽을 때까지 안락한 삶이 보장되었습니다. 게다가 신부들의 축첩蓄妾과 축재蓄財도 공공연하게 이루어졌습니다. 세속적인 관점으로 따지자면 신부보다 더 좋은 직업이 없었습니다. 그 결과 많은 사람들이 신학적 훈련을 거치지 않고 성직 매매를 통하여 성직자가 되었습니다. 그들은 성직을 사들이는 데 소요한 돈을 성도들로부터 벌충하였습니다. 소위 목이 좋은 성당이나 지역의 성직을 차지하기 위해서는 더 많은 금액을 지불해야만 했고, 그 대가로 해당 지역의 교인들은 그 몇 배를 갈취당해야만 했습니다. 특히 면죄부는 베드로성당 건축 때만 판매된 것이 아니었습니다. 중세 초기부터 교황들은 교황청 확장과 재정 확충을 위해 면죄부를 활용하였습니다. 예수님의 표현을 빌리자면 중세 로마가톨릭교회는 교회가 아니라 '강도의 소굴'(마 21:13)이었습니다.

그 와중에 1517년 독일인 신부 마르틴 루터가 비텐베르크대학 부속 성당 정문에 95개조의 반박문을 게재함으로써 마침내 종교개혁의 서막이 올랐습니다. 그때 마르틴 루터는 34세의 젊은 신부였습니다. 당시 온 유럽을 장악하고 있던 거대한 로마가톨릭교회 앞에 34세의 젊은 신부 마르틴 루터는 보잘것없는 무명의 존재에 불과했습니다. 그러나 그가 일군 종교개혁의 불씨는 비텐베르크에서 사그라지지 않았습니다. 그 불씨는 요원의 불길이 되어 온 유럽 대륙으로 퍼져 나갔습니다. 어디 그뿐입니까? 그로부터 다섯 세기가 지난 오늘날 지구 반대편에 사는 우리 역시 개신교도로 살고 있습니다. 500년 전 지구 반대편의 마르틴 루터와 오늘날 한반도에 살고 있는 우리가 주님 안에서 직결되어 있는 셈입니다. 마르틴 루터가 타락한 중세 가톨릭교회에 맞서 자신의 생명을 걸고 좇았던 예수 그리스도께서 시간과 공간을 초월하시는 삼위일체 하나님이시기에 가능한 일입니다.

오늘 종교개혁 495주년 기념 주일을 맞이하여 본문이 우리에게 주는 메시지가 바로 이것입니다. '개혁'은 다른 사람에게 요구하는 것이 아니라 내가 먼저 실천하는 것입니다. 그리스도인에게 개혁은 주님을 주인으로 모시고, 주님의 말씀을 좇아 사는 것입니다. 주님의 말씀을 좇아 사는 데 걸림이 되거나 장애가 되는 것은, 그것이 무엇이든 자발적으로 제거해 가는 것입니다. 주님의 말씀을 좇아 살기 위해 맞서야 할 불의가 있다면, 어떤 대가를 치르더라도 맞서 싸우는 것입니다. 주님의 말씀을 좇아 살기 위해 싸워야 할 가장 큰 대상은 그 누구도 아닌 자기 자신임을 알아, 날마다 진리 안에서 자신을 쳐서 복종시키는 것입니다.

내가 주님의 말씀을 좇아 사는 한, 나의 삶이 아무리 보잘것없어도 이 세상의 가치관으로는 나의 삶을 측량할 수 없습니다. 내가 아무도 보지 않는 외딴곳에서 주님의 말씀을 좇아 살아도 나의 삶은 지구 반대편까지 새롭게 하고, 100년 후 누군가의 삶까지도 바로 세울 수 있기 때문입니다. 우리가 믿는 하나님께서 시간과 공간을 초월하는 분이시기에 이것이 가능함은 두말할 나위도 없습니다. 이 사실을 믿는 사람만 사람이 보든 보지 않든, 오직 하나님만을 의식하면서 진정한 개혁가로 살아갈 수 있습니다.

"눈 덮인 들판을 걸어갈 때/ 발걸음 하나라도 어지럽히지 말라/ 오늘 내가 가는 이 길은/ 뒷사람의 이정표가 되리라."

오늘날 이 땅의 개신교회는 세상의 근심거리가 되었습니다. 어느 학자는 중세 로마가톨릭교회가 면죄부를 판매한 이래, 지상의 교회가 오늘날의 한국 개신교만큼 타락한 적은 없었다고 한탄합니다. 종교개혁으로 태동한 개신교회가 이 땅에서는 오히려 개혁의 대상으로 전락하고 말았습니다. 그래서 저마다 개혁을 외치지만, 개혁은 타인에게 요구하는 것이 아니라 내가 먼저 실천하는 것임을 깨닫게 해주셔서 감사합니다.

그리스도인에게 개혁은 주님을 주인으로 모시고 주님의 말씀을 좇아 사는 것이요, 주님의 말씀을 좇아 사는 데 걸림돌이 되는 것은 자발적으로 제거하는 것이요, 주님의 말씀을 좇아 살기 위해 맞서야 할 불의가 있으면 내 삶을 던져 맞서 싸우는 것이요, 주님의 말씀을 좇아 살기 위해 싸워야 할 가장 큰 대상은 나 자신임을 알아 날마다 진리 안에서 나를 쳐 복종시키는 것임을 잊지 말게 해주십시오. 내가 말씀을 좇아 살아가는 한, 시간과 공간을 초월하시는 주님 안에서 내 삶의 현장과 지구 반대편이 직결되어 있으며, 내가 뿌린 진리의 씨앗을 통해 백 년 후에 누군가의 삶도 바로 세워질 수 있음을 믿는 믿음 속에서 살아가게 해주십시오. 그리하여 우리 모두 시간과 공간을 초월하시는 주님 안에서 이 세대와 오는 세대를 새롭게 하는 진정한 개혁가로 살아가는, 참된 삶의 희열을 누리게 해주십시오. 아멘.

30. 위로하고 가니라

사도행전 16장 35-40절
날이 새매 상관들이 부하를 보내어 이 사람들을 놓으라 하니 간수가 그 말대로
바울에게 말하되 상관들이 사람을 보내어 너희를 놓으라 하였으니 이제는 나가
서 평안히 가라 하거늘 바울이 이르되 로마 사람인 우리를 죄도 정하지 아니하
고 공중 앞에서 때리고 옥에 가두었다가 이제는 가만히 내보내고자 하느냐 아
니라 그들이 친히 와서 우리를 데리고 나가야 하리라 한대 부하들이 이 말을 상
관들에게 보고하니 그들이 로마 사람이라 하는 말을 듣고 두려워하여 와서 권
하여 데리고 나가 그 성에서 떠나기를 청하니 두 사람이 옥에서 나와 루디아의
집에 들어가서 형제들을 만나 보고 **위로하고 가니라**

지난 시간에 살펴보았듯이, 바울의 억울한 빌립보 지하 감옥 투옥 사건
은 로마 복음화의 결정적 단초가 되었습니다. 더러운 귀신에 사로잡힌 채
악덕 고용주들에게 착취당하던 가련한 여인을 귀신의 속박에서 풀어 주는
선한 일을 하고서도, 도리어 악덕 고용주들의 모함으로 심한 태형을 당하

고 지하 감옥에 수감되었다면, 당사자인 바울과 실라로서는 그보다 더 억울한 일이 어디에 있겠습니까? 그러나 바울이 정식 재판도 받지 못하고 억울하게 매를 맞고 투옥당하는 그 순간부터 로마의 복음화는 이미 시작되고 있었습니다. 얼마나 신비로운 하나님의 섭리입니까? 이러한 섭리를 자신의 삶으로 수없이 체험한 바울은 고린도후서 1장 5-6절을 통해 다음과 같이 증언했습니다.

> 그리스도의 고난이 우리에게 넘친 것같이 우리가 받는 위로도 그리스도로 말미암아 넘치는도다 우리가 환난당하는 것도 너희가 위로와 구원을 받게 하려는 것이요 우리가 위로를 받는 것도 너희가 위로를 받게 하려는 것이니 이 위로가 너희 속에 역사하여 우리가 받는 것 같은 고난을 너희도 견디게 하느니라.

그리스도의 길을 좇는 바울에게는 많은 고난이 있었습니다. 그리스도인에게 단지 고난만 있다면 이 세상 어느 누가 감히 그리스도의 길을 좇을 수 있겠습니까? 바울에게는 고난이 있는 만큼 그리스도로 말미암는 위로는 더욱 넘쳤습니다. 바울이 선한 일을 하고서도 심한 매질과 함께 억울하게 투옥된 것은 크나큰 고난이었습니다. 그러나 그 고난의 한밤중에 하나님께서는 옥터가 요동치게 하시면서 바울의 발에 채워져 있던 차꼬를 벗기시고 감방의 문도 열어젖히셨습니다. 그로 인해 그 한밤중에 빌립보 감옥의 간수와 그의 가족들이 바울을 통해 복음을 영접하고 구원받은 하나님의 자녀가 되었습니다. 이튿날에는 빌립보의 집정관들이 지하 감방까지 찾아와 로마 시민인 바울을 부당하게 대우한 데 대해 바울에게 사과함으로써, 바울의 시선이 로마제국의 심장인 수도 로마로 향하게 되었습니다. 그것은 바울이 빌립보에서 당한 고난과는 비교도 할 수 없는, 주님의 크나큰 위로였습니다. 바울이 억울한 투옥의 고난을 당하지 않았던들 결코 누리지 못했을, 넘치는 주님의 위로였습니다.

그러나 바울은 자신이 경험한 고난과 주님의 위로를 개인적인 신앙 체험으로 축소시키지 않았습니다. 바울은 주님께서 주님의 길을 좇는 자신으로 하여금 고난을 겪게 하시는 것은 누군가 고난당하는 사람의 이웃이 되게 하려 하심이요, 주님께서 바울 자신에게 넘치는 위로로 함께하시는 것도 고난당하는 누군가를 위로하게 하심임을 알고 있었습니다. 참으로 위대한 통찰입니다. 고난당해 본 적이 없는 사람이 어떻게 고난당하는 사람의 마음을 헤아릴 수 있겠습니까? 도무지 고난당해 본 적이 없는 사람이 어떻게 고난당하는 사람의 아픔과 슬픔에 동참할 수 있겠습니까? 고난당한 사람만 고난당하는 사람의 이웃이 될 수 있습니다. 그러나 아무리 고난을 많이 당해도 주님의 위로로 채움 받지 못했다면, 그 사람은 고난당한 사람과 서로 한풀이를 하면서 일시적인 카타르시스는 가능할지 몰라도, 고난당하는 사람을 진정으로 위로할 수는 없습니다. 인간의 위로는 어떤 말이든 본질적으로는 빈말일 뿐이기에 참된 위로가 될 수 없습니다. 그러나 바울은 많은 고난을 통해 주님의 넘치는 위로로 채움 받은 사람이었기에 고난당하는 사람을 주님의 말씀으로, 주님의 생명으로, 주님의 사랑으로, 주님의 마음으로, 그리고 주님의 소망으로 위로할 수 있었습니다.

바울이 고난당하는 사람을 주님의 위로로 위로한 것은 그로 하여금 주님의 위로의 종착역이 되게 하기 위함이 아니었습니다. 그 사람이 주님의 위로로 고난을 이기고, 고난당하는 또 다른 사람을 위로하는 주님의 통로로 세워 주기 위함이었습니다. 이와 같은 믿음을 지닌 바울이었기에 많은 사람이 바울을 통해 고난 속에서 주님의 위로를 힘입어 주님의 통로로 세움 받았고,

또 주님께서 2천 년 전 온 지중해 세계를 석권한 로마제국의 복음화를 위해
바울을 당신의 통로로 사용하신 것은 사필귀정이었습니다.

우리는 이 세상을 살아가는 동안에 여러 형태의 고난을 당할 수 있습니
다. 그러나 우리가 믿는 주님께서 정녕 살아 계신다면, 주님을 믿는 우리가
당하는 고난 중에 어찌 의미 없는 고난이 있을 수 있겠습니까? 주님을 믿는
우리가 당하는 모든 고난은 주님께서 당신의 넘치는 위로로 우리를 채워 주
심으로써, 고난당하는 누군가를 위로하기 위한 당신의 통로로 우리를 사용
하시려는 주님의 섭리입니다. 인간은 본래 이기적이어서 고난을 통해 이기
심의 각질을 탈피하지 않고서는 그 누구의 참된 이웃도 될 수 없기 때문입
니다. 이 사실을 깨달을 때 우리는 눈앞의 고난에 일희일비하는 믿음의 경
박성에서 벗어나, 바울처럼 '생각하건대 현재의 고난은 장차 우리에게 나타
날 영광과 비교할 수 없도다'(롬 8:18)라고 고백하는 성숙한 그리스도인으로
살아갈 수 있습니다.

날이 밝아 빌립보의 집정관들로부터 사과를 받고 출옥한 바울과 실라의
행적은 본문 40절이 밝혀 주고 있습니다.

> 두 사람이 옥에서 나와 루디아의 집에 들어가서 형제들을 만나 보고 위
> 로하고 가니라.

바울과 실라는 출옥하자마자 빌립보에서 자신들의 숙소였던 루디아의 집
으로 갔습니다. 바울로부터 복음을 영접하고 세례를 받은 루디아와 그녀의
가족들은 빌립보 최초의 그리스도인들이었습니다. 그리고 루디아의 집에는
바울의 일행 중 투옥을 모면한 디모데와 누가도 있었습니다. 그들이 갑자기

거짓 모함으로 태형을 당하고 투옥당한 바울과 실라를 밤새 얼마나 염려했겠습니까? 루디아의 집으로 간 바울과 실라는 그 믿음의 형제자매들을 다시 만나 위로하였습니다. 바울과 실라가 자신들이 빌립보의 지하 감옥에 갇혀 있던 한밤중에 주님께서 어떻게 옥터를 뒤흔드시며 감옥의 문들을 열어 주셨는지, 그 한밤중에 지하 감옥 속에서 자살하려던 간수와 그의 가족들을 자신들을 통해 어떻게 구원해 주셨는지, 날이 밝자 빌립보의 집정관들로 하여금 자신들에게 어떻게 사과하게 하셨는지 증언할 때, 밤새 염려하던 믿음의 형제자매들이 얼마나 큰 위로를 받았겠습니까?

예수님께서는 요한복음 16장 7절을 통해 성령님을 '보혜사'라고 부르셨습니다. 우리말 '보혜사'로 번역된 헬라어 명사 '파라클레토스παράκλητος'는 '위로자'라는 의미입니다. 그리고 오늘 본문 가운데 바울과 실라가 믿음의 형제자매들을 위로했다는 대목에서 '위로하다'는 의미로 사용된 헬라어 동사 '파라칼레오παρακαλέω'는 성령님을 뜻하는 '파라클레토스'의 동사형입니다. 바울과 실라가 억울하게 지하 감방에 갇힌 자신들을 위해 주님께서 어떻게 역사하셨는지 증언할 때, 그 증언을 듣는 믿음의 형제자매들은 단순히 바울과 실라로부터 위로를 받은 것이 아니었습니다. 그들은 바울과 실라의 증언을 들으면서 보혜사 성령님이신 '파라클레토스'의 감동 속에서 주님의 '파라칼레오'—위로를 받았습니다. 그리고 그들 역시 주님만 좇아 살리라 다시 한 번 각오를 다졌을 것입니다.

본문을 자세히 보면 단어 "위로하고" 앞에 숫자가 붙어 있습니다. 그래서 아래쪽 주란의 해당 번호를 보면 "권면하고"라고 기록되어 있습니다. 헬라어 동사 '파라칼레오'는 '위로하다'는 의미와 함께 '권면하다', 다시 말해 '가르치다'는 뜻도 지니고 있습니다. 헬라어로는 '위로하다'와 '권면하다'가 구별되지 않는 것입니다. 바울과 실라는 루디아의 집에서 다시 만난 믿음의 형제자매들에게 그들이 감옥에서 겪은 일을 간증만 한 것이 아니었습니다. 그들은 자신들과 함께하신 주님의 말씀으로 그들을 권면하였습니다. 그것이 그들에 대한 위로였습니다. 구약성경 잠언 25장 11절은 "경우에 합당한 말은 아로새긴 은 쟁반에 금 사과니라"고 증언합니다. 얼마나 적절한 표현입니까? 필요할 때 필요한 주님의 말씀으로 권면하는 것보다 더 확실한 위로는 없습니다. 주님의 말씀은 곧 주님의 생명이요, 사랑이요, 능력이기 때문입니다.

중요한 사실은 '위로하다' 혹은 '권면하다'는 의미의 헬라어 동사 '파라칼레오'가 39절에도 사용되었다는 것입니다.

> 부하들이 이 말을 상관들에게 보고하니 그들이 로마 사람이라 하는 말을 듣고 두려워하여 와서 권하여 데리고 나가 그 성에서 떠나기를 청하니 (38-39절).

이 구절에서 우리말 '권하다'는 의미로 번역된 헬라어 동사가 '파라칼레오'입니다. 즉 헬라어 동사 '파라칼레오'는 '간청하다'는 의미도 지니고 있습니다. 간수가 바울에게 석방 소식을 전했을 때 바울은 기뻐하기는커녕 간수에게 이의를 제기하지 않았습니까? 로마 시민인 자신과 실라를 정식 재판도 없이 불법으로 태형을 가하고 투옥시킨 장본인들이 직접 와서 자신들을 석방시켜야 한다고 항의한 것이었습니다. 로마 시민이라는 바울의 항의에 화들짝 놀란 집정관들이 지하 감방으로 직접 찾아와 바울과 실라에게 제발 감옥에서 나가 주기를 '파라칼레오'—간청했습니다.

헬라어 동사 '파라칼레오'는 '곁에서'를 뜻하는 전치사 '파라παρά'와 '부르다'라는 의미의 동사 '칼레오καλέω'가 합쳐진 합성동사로서, '곁에서 부르다' 혹은 '곁으로 부르다'라는 문자적 의미를 지니고 있습니다. 이를테면 바로 곁에서 아주 친근하게 말하는 동작을 표현하는 단어입니다. '파라클레토스'—보혜사 성령님께서는 우리를 위로해 주시기 위해 우리 곁에 다가오셔서 우리의 상하고 지친 심령을 어루만져 주십니다. 출옥한 바울과 실라는 투옥된 자신들로 인해 밤잠을 설쳤을 믿음의 형제자매를 찾아가 그들의 곁에서, 주님께서 자신들을 위해 행하신 일과 주님의 말씀으로 그들을 '파라칼레오'—권면하고 위로했습니다. 그러나 빌립보의 집정관들은 지하 감방을 찾아 로마 시민인 바울과 실라에게 부당하게 행하였던 자신들의 잘못을 대외적으로 은폐하기 위해, 바울과 실라 곁에서 그들이 제발 조용히 감방에서 나가 주기를 '파라칼레오'—간청했습니다. 전날 빌립보 시민들의 반유대주의 감정에 편승하여 바울과 실라에게 태형과 투옥을 명령할 때의 기세등등했던 모습과는 너무도 대조적인 비굴한 처신이었습니다. 똑같은 동사 '파라칼레오'가 사용되었지만, 그 동사의 주체가 바울이냐 아니면 빌립보의 집정관이냐에 따라 그 동사의 의미는 이렇듯 판이하게 달라졌습니다.

그렇다면 우리 자신은 어느 쪽입니까? 우리가 누군가의 곁으로 다정하게 다가간다면 바울처럼 그 사람을 위로하고, 주님의 말씀으로 권면하고, 성령님의 역사 속에서 그 사람을 주님의 통로로 세워 주기 위함입니까? 아니면 빌립보의 집정관들처럼 자신의 잘못을 은폐하고, 단지 자신의 유익을 위하여 일시적으로 그 사람을 이용하기 위함입니까? 우리가 빌립보의 집정관들처럼 살아서는 주님께서 우리를 통해 역사하실 리가 없습니다. 우리가 정녕 보혜사 성령님이신 '파라클레토스'의 사람이라면 바울처럼 누군가의 곁에서 그 사람을 주님의 말씀으로 위로하고 격려하는 '파라칼레오'의 삶을 살아야 합니다. 그것이 매일 매 순간 나 자신이 주님의 '파라칼레오' 속에서 살아가는 비결입니다.

본문 40절을 다시 보시겠습니다.

두 사람이 옥에서 나와 루디아의 집에 들어가서 형제들을 만나 보고 위로하고 가니라.

이 구절의 주어는 감옥에서 출옥한 바울과 실라 두 사람, 즉 3인칭 복수형입니다. 그래서 출옥한 바울과 실라가 루디아의 집에 들어가 믿음의 형제자매들을 만나 위로했다는 동사도 모두 원문에 3인칭 복수형으로 기록되어 있습니다. 그리고 이 구절의 마지막 동사는 '가니라'입니다. 바울 일행이 빌립보에서 다음 행선지로 떠나갔다는 말입니다. 원문에 '가니라'는 동사 역시 3인칭 복수형으로 기록되어 있습니다. 그러나 사도행전 16장 전체를 놓고 보면 동사 '위로하다'의 주어는 3인칭 복수인 바울과 실라 두 사람이지만, '가니라'는 동사의 주어는 그 두 사람뿐일 수는 없음을 알게 됩니다. 바울과 함께한 일행은 본래 바울과 실라에 디모데와 누가를 합쳐 총 네 명이었지 않습니까? 그러므로 바울 일행이 빌립보 사역을 끝내고 다음 행선지로 떠날 때는 동사의 주어를 이루는 사람이 바울과 실라 두 사람만일 수는 없었습니다.

여기에서 우리는 16절을 주목할 필요가 있습니다.

우리가 기도하는 곳에 가다가 점치는 귀신 들린 여종 하나를 만나니 점으로 그 주인들에게 큰 이익을 주는 자라.

바울과 실라가 억울하게 투옥되는 계기였던 귀신 들린 여인과의 만남을 전하는 이 구절에서 바울 일행은 '우리', 즉 1인칭 복수형입니다. 그것은 우리가 이미 알고 있는 것처럼 사도행전을 기록한 누가가 빌립보를 방문한 바울 일행 속에 포함되어 있었기 때문입니다. 그러나 바울이 귀신 들린 여인을 구해줌으로 인해 바울과 실라가 투옥된 이후인 25절부터 감옥 속에서의 주어는 바울과 실라, 두 사람으로 바뀝니다. 그렇다면 바울과 실라가 출옥하여 루디아의 집으로 가서 믿음의 형제자매들을 위로한 뒤에 빌립보를 떠날 때는 다시 주어가 '우리'로 환원되어야 합니다. 루디아의 집에 있던 디모데와 누가 역시 출옥한 바울과 실라와 함께 빌립보를 떠나야 하기 때문입니다. 그러나 이미 말씀드린 것처럼 본문 40절에서 '가니라'는 동사는 1인칭이 아니라 3인칭 복수형으로 기록되어 있습니다. 그리고 본문 40절 다음 구절인 17장 1절도 3인칭 복수형 주어인 '그들이'로 시작되고 있습니다. 사도행전의 기록자인 누가가 왜 본문을 이렇게 기술했겠습니까? 바울이 빌립보를 떠날 때 실라와 디모데는 바울과 함께 동행했지만, 누가 자신은 홀로 빌립보에 남았기 때문입니다. 그리고 바울의 3차 전도 여행을 증언하는 사도행전 20장 5절에 이르러서야 바울 일행은 다시 '우리'로 기술되었습니다. 오늘 본문 40절에서 홀로 빌립보에 남았던 누가가 그제야 바울 일행에 재합류했다는 말입니다. 누가가 홀로 빌립보에 남은 이유가 대체 무엇이겠습니까? 두말할 것 없이 초신자들인 빌립보의 교인들을 돌보기 위함이었습니다.

바울 일행은 사도행전 16장 10절에서부터, 다시 말해 드로아에서부터 '우리'로 기술되고 있습니다. 사도행전의 기록자인 누가가 그곳에서부터 바울 일행의 일원이 되었기 때문입니다. 누가의 직업은 원래 의사였지 않습니까? 2천 년 전에도 의사는 부와 명예가 동시에 보장된 직업이었습니다. 그러나 주님의 부르심을 받은 누가는 주님의 증인으로 살기 위해 그 모든 것을 포기하고 바울 일행에 합류하여 에게 해를 건너 빌립보로 갔습니다. 그리고 빌립보 사역을 마친 바울이 빌립보를 떠나면서 누가에게 홀로 빌립보에 남아 그곳의 교인들을 보살펴 주기 원했을 때, 누가는 '왜 하필이면 나냐?'고 불평하거나 원망하지 않고 전적으로 순종하였습니다. 그리고 누가가 사도행전 20장 5절에서 바울의 3차 전도 여행에 재합류한 것은 본문의 시점으로부터 5년이 경과한 후였습니다. 만약 그 기간 동안 누가가 계속 빌립보에서만 체류했다면 그는 빌립보 교인들을 위해 5년이나 헌신한 셈이 됩니다. 그럼에도 누가는 자신이 기록한 사도행전 속에 자신이 빌립보에 홀로 남아 헌신하였음을 직접 기술하지 않고, 본문의 동사 '가니라'를 1인칭이 아닌 3인칭 복수형으로 기록함으로써 겸손하게 간접적으로만 밝히고 있습니다.

빌립보 교회는 초기 교회 가운데 모범적인 교회였고, 또 바울의 전도 사역에 가장 협조적이었던 교회로 유명합니다. 사람들은 '빌립보 교회' 하면 바울만 연상합니다. 물론 아시아 대륙에서 머나먼 유럽 대륙의 빌립보까지 찾아가 사람들에게 복음을 전하고 세례를 준 바울의 수고는 아무리 강조해도 지나침이 없을 것입니다. 그러나 그 유명한 빌립보 교회는 바울 한 사람의 수고만으로 이루어진 것이 아니었습니다. 빌립보 교회가 그 유명한 빌립보 교회로 세워질 수 있었던 것은 빌립보 교인들을 위해 자신을 드러내지 않고 소리도 없이 헌신한 누가가 있었기 때문입니다.

의사였던 누가가 홀로 남아 보살폈던 빌립보 교회는 요즈음처럼 번듯한 규모나 시설을 갖춘 교회가 아니었습니다. 바울이 빌립보를 떠날 때 빌립보의 그리스도인들은 바울로부터 복음을 영접하고 세례를 받은 루디아와 그녀의 가족들, 그리고 빌립보 감옥의 간수와 그의 가족들이 전부였습니다. 루디아와 간수의 가족을 각각 최대 열 명씩 잡아도 초기 빌립보 교회 교인의 총수는 스무 명에 불과합니다. 스무 명 정도라면 우리 교회 한 개 구역에 속한 교인 수보다도 적은 수입니다. 누가는 배우지 못했거나 할 일 없는 백수가 아니었습니다. 의사 출신인 그는 당시 최고의 엘리트였습니다. 그럼에도 그 작은 무리를 위해 누가는 홀로 빌립보에 남아 오랫동안 자신의 삶을 던졌습니다. 주님의 말씀으로 빌립보 교인들을 '파라칼레오'—권면한 것입니다. '파라칼레오'는 '권면하다'는 의미와 동시에 '위로하다'는 의미라 하지 않았습니까? 누가는 주님의 말씀으로 빌립보 교인들을 권면하고 위로하며 격려해 주었습니다.

우리 주님께서는 무생명체인 나무나 쇠붙이로 만들어진 우상이거나 전설 속의 허상이 아니시지 않습니까? 주님께서는 시간과 공간을 초월하여 살아 계신 삼위일체 하나님이시지 않습니까? 그렇다면 그 작은 신앙 공동체를 자신의 삶을 던져 주님의 말씀으로 '파라칼레오'—권면하고 위로하고 격려하는 누가를, '파라클레토스'—보혜사 성령님께서 어찌 주님의 말씀으로 '파라칼레오'—권면하고 위로해 주시지 않았겠습니까? 어찌 누가의 심령을 주님의 말씀으로 채워 주시지 않았겠습니까? 그 이후에 누가가 하나님의 말씀인 누가복음과 사도행전의 기록자가 된 것은 결코 우연한 일이 아니었습니다. 그러므로 누가가 빌립보에 홀로 남아 얼마 되지 않는 빌립보 교인들을 주님의 말씀으로 '파라칼레오' 한 것은 빌립보 교인만을 위한 헌신이 아니었습니다. 그것은 주님의 '파라칼레오' 속에서 자기 자신을 영원 속에 우뚝 세우는 지혜였습니다.

이미 경험해서 아시겠지만 세상에는 참된 위로가 없습니다. 이 세상에 속한 것은 모두 유한하고 일시적인 까닭입니다. 참된 위로는 오직 영원한 삼위일체 하나님으로부터만 주어집니다. 하나님의 그 영원한 위로와 격려 속에서 날마다 새 힘을 얻으며 살고 싶으십니까? 그렇다면 지금부터 단 한 사람에게라도 그 사람의 곁에서 하나님의 말씀으로 '파라칼레오'—위로하고 권면하는 삶을 시작하십시오. 구역에서 하나님의 말씀을 배우는 구역원으로 만족하지 말고, 구역원들을 주님의 말씀으로 '파라칼레오'—위로하고 권면하고 격려하는 구역 리더로 헌신하십시오. 내가 주님의 말씀으로 누군가를 '파라칼레오' 한다는 것은 곧 나 자신이 주님의 말씀의 통로가 된 것을 의미함인즉, 나를 통해 흘러가는 주님의 말씀이 어찌 나 자신을 먼저 '파라칼레오'—위로하고 권면하며 격려해 주시지 않겠습니까? 그때 내가 아무리 보잘 것없는 인간이라도, 창조와 생명의 능력인 주님의 말씀으로 주님의 '파라칼레오'를 힘입은 나의 삶이, '파라클레토스'이신 보혜사 성령님의 도우심 속에서, 어찌 날마다 누가복음과 사도행전으로 엮어지지 않겠습니까? 이것을 알고 실천하는 것이 믿음이요, 지혜입니다.

　

그동안 우리가 누군가의 곁으로 다가가 다정하게 말을 걸 때에는, 나의 잘못을 감추거나, 진실을 은폐하거나, 불의한 짓을 공모하거나, 나의 유익을 위해 상대방을 일시적으로 이용하기 위함이었습니다. 그래서 우리는 그동안 사람을 바르게 세우는 주님의 통로로 쓰임 받지 못했습니다. 우리의 이 미련한 허물을 회개하오니 용서해 주십시오.

이제부터 우리가 주님을 좇다가 당하는 고난이 도리어 주님의 넘치는 위로를 담는 은혜의 그릇이 되게 해주시고, 그 신앙 체험이 고난당하는 누군가의 곁에서 그 사람을 위로하고 바로 세우는 원동력이 되게 해주십시오. 누군가를 위로하되 단순한 공기의 진동에 불과한 우리 자신의 빈말이 아니라, 창조와 생명의 능력이신 주님의 말씀으로 위로하고 격려하는 '파라칼레오'의 사람이 되게 해주십시오. 주님의 말씀의 통로로 살아가는 우리 자신이 주님의 '파라칼레오' 속에서 위로받고 격려받아, 날마다 이 험한 세상을 이기는 새 힘을 얻게 해주십시오. 그리하여 우리가 이 세상에서는 비록 보잘것없는 존재라 할지라도, 보혜사 성령님이신 '파라클레토스'의 도우심 속에서 우리의 삶이 매일 누가복음과 사도행전으로 엮어지게 해주십시오. 아멘.